U0746776

中國古代史學叢書

[漢]班固 撰 [清]王先謙 補注
上海師範大學古籍整理研究所 整理

漢書補注

柒

陳勝項籍傳第一〔一〕

漢書三十一

〔一〕服虔曰：傳次其時之先後耳，不以賢智功之大小也。師古曰：雖次時之先後，亦以事類相從，如江充、息夫躬與蒯通同傳，賈山與路温舒同傳，嚴助與賈捐之同傳之類是也。

陳勝字涉，陽城人。〔一〕吳廣字叔，陽夏人也。〔二〕勝少時嘗與人傭耕，〔三〕輟耕之壟上，〔四〕悵然甚久，曰：「苟富貴，無相忘！」〔五〕傭者笑而應曰：「若爲傭耕，何富貴也？」勝太息曰：「嗟乎，燕雀安知鴻鵠之志哉！」〔六〕

〔一〕師古曰：地理志屬汝南郡。【補注】齊召南曰：志屬潁川，不屬汝南，顔注誤。錢大昕曰：汝南、潁川皆有陽城縣。汝南之陽城爲侯國，宣帝時始置，此當是潁川之陽城。先謙曰：潁川陽城在今河南府登封縣東南三十五里。凡言在今某縣幾里，皆謂故城，後不復出。秦世並無汝南郡也。

〔二〕師古曰：地理志屬淮陽。夏音工雅反。【補注】先謙曰：秦時無淮陽。陽夏蓋是楚郡所屬，今陳州府太康縣治。

〔三〕師古曰：與人，與人俱也。傭耕謂受其雇直而爲之耕，言賣功傭也。

〔四〕師古曰：輟，止也。之，往也。壟上謂田中之高處。

〔五〕師古曰：但一人富貴，不問彼此，皆不相忘也。

〔六〕師古曰：鴻，大鳥也，水居。鵠，黄鵠也，一舉千里。鵠音胡督反。【補注】沈欽韓曰：吕覽長利篇「今使燕雀爲鴻鵠鳳皇慮，則必不得矣」。與此意同。

秦二世元年秋七月，發閭左戍漁陽九百人，〔一〕勝、廣皆爲屯長。〔二〕行至蘄大澤鄉，〔三〕會天大雨，道不通，度已失期，失期法斬。〔四〕勝、廣乃謀曰：「今亡亦死，舉大計亦死，等死，死國可乎？」〔五〕勝曰：「天下苦秦久矣。吾聞二世，少子，不當立，〔六〕當立者乃公子扶蘇。扶蘇以數諫故不得立，上使外將兵。〔七〕今或聞無罪，二世殺之。百姓多聞其賢，未知其死。〔八〕項燕爲楚將，數有功，〔九〕愛士卒，楚人憐之，或以爲在。〔一〇〕今誠以吾衆爲天下倡，宜多應者。」〔一一〕廣以爲然。乃行卜。卜者知其指意，曰：「足下事皆成，有功。然足下卜之鬼乎！」〔一二〕勝、廣喜，念鬼，〔一三〕曰：「此教我先威衆耳！」乃丹書帛曰「陳勝王」，置人所罾魚腹中。〔一四〕卒買魚，亨食，得書，已怪之矣。〔一五〕又間令廣之次所旁叢祠中，夜構火，狐鳴，呼曰：「大楚興，陳勝王。」〔一六〕卒皆夜驚恐。旦日，卒中往往指目勝、廣。〔一七〕

〔一〕師古曰：閭，里門也。發閭左之人皆遣戍也。解具在食貨志。【補注】先謙曰：漁陽，漁陽縣，今順天府密雲縣西南三十里。

〔二〕師古曰：人所聚曰屯，爲其長帥也。【補注】先謙曰：史記「皆」下有「次當行」三字。

〔三〕【補注】先謙曰：蘄，漢沛郡縣，秦屬泗水郡，今鳳陽府宿州南。大澤，鄉名。

〔四〕師古曰：度謂量計之，音大各反。

〔五〕【補注】先謙曰：史記索隱「謂欲經營圖國，假使不成而敗，猶愈爲戍卒而死」。

〔六〕【補注】王先慎曰：索隱「姚氏按：隱士遺章邯書云『李斯爲二世廢十七兄而立今王』，則二世是始皇第十八子」。

〔七〕師古曰：數音所角反，下皆類此。

〔八〕如淳曰：扶蘇自殺，故人不知其死。或以爲不知何坐而死，故天下寃二世殺之。師古曰：如、或說皆非也。此言我聞二世已殺扶蘇矣，而百姓皆未知之，故勝、廣舉事詐自稱扶蘇耳。【補注】先謙曰：官本注無「也」字。

〔九〕師古曰：燕音一千反。

〔一〇〕【補注】沈欽韓曰：楚世家、六國年表、王翦傳，並言先殺將軍項燕，後虜荊王負芻。獨始皇紀言二十二年虜荊王，項燕立昌平君爲荊王。二十四年，王翦、蒙武破荊軍，昌平君死，項燕遂自殺。推校陳勝言，或以項燕爲在者，則始皇紀作自殺爲是。若先一年爲秦所殺，楚人豈得不知乎？先謙曰：史記作「或以爲死，或以爲亡」。

〔一一〕師古曰：倡讀曰唱，謂首號令也。【補注】先謙曰：史記「衆」下有「詐自稱公子扶蘇項燕」九字。官本顏注在「宜」上。

〔一二〕李奇曰：卜者誠曰，所卜事雖成，當死爲鬼。惡指斥言，而勝失其指，反依鬼神起怪也。蘇林曰：狐鳴祠中即是也。如淳曰：以鬼道威衆乎，或但用人事也。師古曰：李、如之說皆非也。卜者云事成有功，然須假託鬼神乃可暴起耳，故勝、廣曉此意，則爲魚書、狐鳴以威衆耳。【補注】沈欽韓曰：列子說符篇「楚人鬼而越人禨」。張湛注「信鬼神與禨祥」。呂覽異寶篇「荆人畏鬼，越人信禨」。此卜者語勝、廣之意也。先謙曰：官本注無「或」字。「曉」下衍「其」字。

〔一三〕【補注】先謙曰：索隱「念，思也。謂思念欲假鬼神之事」。

〔一四〕師古曰：罾，魚網也，形如仰繖蓋，四維而舉之，音曾。

〔一五〕師古曰：亨音普庚反。

〔一六〕鄭氏曰：間謂竊令人行也。張晏曰：戍人所止處也。叢，鬼所憑也。師古曰：張說非也。此言密於廣所次舍處旁側叢祠中爲之，非戍人所止處也。叢謂草木岑蔚者也。祠，神祠也。構謂結起也。呼音火故反。【補注】宋祁曰：旁音步浪反。王念孫曰：張説是也。下文言卒皆夜驚恐，則此「次所」明是戍卒所止處，非廣所止處也。且構火狐鳴，所以驚戍卒也。若非戍卒所止處，則構火狐鳴何爲乎？沈欽韓曰：古者二十五家爲閭，閭各立社，即擇其木之茂者爲位，故名樹爲社又爲叢也。六韜略地篇「社叢勿伐」。墨子明鬼篇「建國營都，必擇木之修茂者，以爲叢位」。秦策「應侯謂昭王曰：『亦聞恆思有神叢與？』」此叢爲社之證。張説是，顏説非也。史記作「篝火」，「篝」、「構」通用字。方言「篝謂之牆居」，郭云「今熏籠也」。蓋置火其中，使隱約若燐火，而爲狐鳴也。顏謂火結起，解爲束苣之義，亦非。先謙曰：史記「次」下有「近」字。「旁」如字讀，亦通。

〔一七〕師古曰：指而私目視之。【補注】劉奉世曰：案此諸詭異，但主陳勝耳，卒何爲並目吳廣？然則衍「廣」字。王念孫曰：此文本作「旦日，卒中往往指目勝。（句）廣素愛人，士卒多爲用」。上文皆曰「陳勝王」，故卒指目勝，而廣不與。廣素得士卒心，故忿尉辱己，以激怒衆，而勝不與。史記作「旦日，卒中往往語皆指目陳勝。（句）吳廣素愛人，士卒多爲用者」，是其證。今本「指目勝」下有「廣」字，「廣素愛人」上又有「勝」字，則與上下文不合。

勝、廣素愛人，士卒多爲用，將尉醉，〔一〕廣故數言欲亡，忿尉，令辱之，以激怒其衆，尉果笞廣，尉劍挺，廣起奪而殺尉。〔二〕勝佐之，并殺兩尉。召令徒屬曰：「公等遇雨，皆已失期，當斬。藉弟令毋斬，〔三〕而戍死者固什六七。且壯士不死則已，死則舉大名耳。〔四〕侯王將相，寧有種乎！」〔五〕徒屬皆曰：「敬受令。」乃詐稱公子扶蘇、項燕，從民望也。袒右，稱大楚。〔六〕爲壇而盟，祭以尉首。〔七〕勝自立爲將軍，廣爲都尉。攻大澤鄉，拔之。收兵而攻蘄，蘄下。〔八〕乃令符離人葛嬰〔九〕將兵徇蘄以東，〔一〇〕攻銍、酇、苦、柘、譙，皆下之。〔一一〕行收兵，比至陳，〔一二〕兵車六七百乘，騎千餘，卒數萬人。攻陳，陳守令皆不在，〔一三〕獨守丞與戰譙門中。〔一四〕不勝，守丞死。乃入據陳。數日，號召三老豪桀會計事。〔一五〕皆曰：「將軍身被堅執銳，〔一六〕伐無道，誅暴秦，復立楚之社稷，功宜爲王。」勝乃立爲王，號爲張楚。〔一七〕

〔一〕師古曰：將尉者，其官本尉耳，時領戍人，故爲將尉。【補注】吳仁傑曰：左傳「闔閭傷將指」，正義謂「大指爲將指」者，言其將領諸指也。足之用力，大指爲多，故足以大指爲將指。於時有兩尉，故以其大者爲將尉，猶以大指爲將指也。晉語「祁奚爲軍尉，謂之元尉」，亦以有佐尉故爾。將、元皆訓大。先謙曰：索隱「尉，官也。漢舊儀『大縣三人，其尉將屯九百人』，故云將尉」。

〔二〕師古曰：挺，拔也。尉劍自拔出，廣因奪取之。

〔三〕服虔曰：藉猶借也。弟，使也。應劭曰：藉，吏士名藉也。弟，次也。言今失期當斬，就使藉弟幸得不斬，戍死者固十六七也。蘇林曰：藉，假；弟，且也。晉灼曰：酈食其傳「弟言之」，外戚傳「弟一見我」，蘇說是也。師古曰：服、應說弟義皆非也。晉氏意頗近之，而猶未得。漢書諸言弟者甚衆。弟，但也，語有緩急耳。言但令無斬也。今俗人語稱但者，急言之則音如弟矣。酈食其、外戚傳所云弟者，皆謂但耳，義非且也。【補注】先謙曰：官本「弟」皆作「第」。史記集解引服說作「藉，假也。第，次第也」。與此異。應讀「藉」爲「籍」，失之。索隱以蘇說爲近。

〔四〕【補注】先謙曰：大名即謂侯王之屬。項籍傳「衆欲立陳嬰爲王，嬰母言，暴得大名不祥」，是其證也。

〔五〕師古曰：言求之而得，不必胤冑。

〔六〕師古曰：袒右者，脫右肩之衣。當時取異於凡衆也。【補注】周壽昌曰：國策「齊王孫賈入市曰：『淖齒亂齊國，殺王。欲與我誅者，袒右。』」本書周勃誅諸呂，又以「爲劉者左袒」令於衆，蓋左右無所區別，但以卜一時衆心之從違耳。王氏應麟引儀禮覲禮「左右袒」以證周勃事，則陳勝倉卒造亂，得暇講明禮制乎？

〔七〕師古曰：以所殺尉之首祭神也。

〔八〕【補注】先謙曰：索隱「下，降也」。

〔九〕【補注】先謙曰：符離，沛郡縣，今鳳陽府宿州治。

〔一〇〕李奇曰：徇，略也。師古曰：音似峻反。

〔一一〕師古曰：五縣名也。銍音竹乙反。酇音才多反。【補注】先謙曰：銍今宿州南四十六里，酇今歸德府永城縣西南，苦今鹿邑縣東七十里，柘今柘城縣北，譙今潁州府亳州治。銍、酇、譙屬沛郡縣，苦、柘屬漢淮陽國。

〔一二〕師古曰：比音必寐反。【補注】先謙曰：「比」，史記作「北」。陳，漢淮陽縣，今陳州府淮寧縣治。

〔一三〕師古曰：守，郡守也。令，縣令也。【補注】劉攽曰：案秦不以陳爲郡，何庸有守乎？疑衍「皆」字。又守者非正官，權守者耳。先謙曰：胡三省云「秦分天下爲郡縣，郡置守、尉、監，縣置令、丞、尉」。(原)〔貢〕父以此「守」爲權守之守，良是。遷、固二史作「守令皆不在」，通鑑作「守尉皆不在」，蓋二史「令」下缺「尉」字，而通鑑「尉」上缺「令」字也。先謙案，陳是秦楚郡治，故有守有令，顔説是也。漢爲淮陽國治。

〔一四〕晉灼曰：譙門，義闕。師古曰：守丞，謂郡丞之居守者。一曰郡守之丞，故曰守丞。譙門，謂門上爲高樓以望者耳。樓一名譙，故謂美麗之樓爲麗譙。譙亦呼爲巢。所謂巢車者，亦於兵革之上爲樓以望敵也。譙、巢聲相近，本一物也。今流俗書本譙下有城字，非也。此自陳耳，非譙之城。譙城前已下矣。【補注】劉奉世曰：門名譙，陳與譙鄰，門去譙路者也。先謙曰：「譙」，劉説是。守丞，顔前説是。官本注「革」作「車」，是。

〔一五〕師古曰：號令召呼之。

〔一六〕師古曰：堅，堅甲也。鋭，利兵也。

〔一七〕劉德曰：若云「張大楚國」也。張晏曰：先是楚爲秦滅，已弛，今立楚，爲張也。師古曰：張説是也。【補注】錢大昭曰：閩本「號」下無「爲」字。王念孫曰：張耳陳餘傳「陳王今以張大楚」，以與已同。則劉説不誤。先謙曰：

張楚，即大楚也。廣雅釋詁「張，大也」。「號」下官本無「爲」字。

於是諸郡縣苦秦吏暴，皆殺其長吏，將以應勝。乃以廣爲假王，監諸將以西擊滎陽。〔一〕令陳人武臣、張耳、陳餘徇趙，汝陰人鄧宗徇九江郡。〔二〕當此時，楚兵數千人爲聚者不可勝數。〔三〕

〔一〕【補注】周壽昌曰：滎陽屬河南郡，在秦爲三川郡，李斯子由所守。葉德輝曰：文選曹子建贈丁儀王粲詩注引楚漢春秋：「吳廣説陳涉曰『王引兵西擊，則野無交兵』。」先謙曰：滎陽，今開封府滎澤縣西南十七里。

〔二〕【補注】先謙曰：汝陰縣，漢屬汝南郡，今潁州府阜陽縣治。

〔三〕師古曰：聚音材喻反。

葛嬰至東城，立襄彊爲楚王。〔一〕後聞勝已立，因殺襄彊，還報。至陳，勝殺嬰，令魏人周市北徇魏地。〔二〕廣圍滎陽。李由爲三川守守滎陽，廣不能下。勝徵國之豪桀與計，〔三〕以上蔡人房君蔡賜爲上柱國。〔四〕

〔一〕師古曰：東城，縣名，地理志屬九江郡。【補注】先謙曰：今鳳陽府定遠縣東南。

〔二〕師古曰：即梁地，非河東之魏也。

〔三〕師古曰：徵，召也。

〔四〕鄭氏曰：房君，官號也。姓蔡名賜。晉灼曰：張耳傳言「相國房君」是也。師古曰：房君者，封邑之名，非官號也。【補注】先謙曰：上蔡，漢汝南縣，今汝寧府上蔡縣西十里。上柱國，楚官，見齊、楚策。漢汝南有吳房縣，本房子國，是蔡賜封邑。

周文，陳賢人也，嘗爲項燕軍視日，〔一〕事春申君，〔二〕自言習兵。勝與之將軍印，西擊秦。行收兵至關，車千乘，卒十萬，〔三〕至戲，軍焉。〔四〕秦令少府章邯免驪山徒、人奴産子，〔五〕悉發以擊楚軍，大敗之。周文走出關，止屯曹陽。〔六〕二月餘，〔七〕章邯追敗之，復走黽池。〔八〕十餘日，章邯擊，大破之。周文自剄，軍遂不戰。

〔一〕文穎曰：周文即周章也。服虔曰：視日旁氣也。如淳曰：視日時吉凶舉動之占。師古曰：視日，如説是也。【補注】沈欽韓曰：藝文志天文家有「視日旁氣」。周壽昌曰：高紀應劭注「周章字文」，此變文稱字，下又云周章。

〔二〕應劭曰：楚相黄歇。

〔三〕【補注】王先和曰：張耳、陳餘、劉向傳並云「周文將卒百萬」。史記淮南王安傳云「周章之兵百二十萬」，蓋是當時號稱之數，不如此傳爲得其實。

〔四〕師古曰：戲，水名，在新豐東，音許宜反。解具在高紀。

〔五〕服虔曰：家人之産奴也。師古曰：奴産子，猶今人云家生奴也。

〔六〕晉灼曰：亭名也，在弘農東十三里，魏武帝改爲好陽。師古曰：曹水之陽也。其水出陝縣西南峴頭山而北流入河，今謂之好陽澗，在陝縣西四十五里。【補注】先謙曰：陝，弘農縣，今陝州曹陽，詳地理志。

〔七〕【補注】葉德輝曰：史記月表「二世元年九月，周文兵至戲，敗走。二年十一月，周文死」。此云「二月餘」，與表合。陳涉世家作「二三月」，亦約計之。秦以十月爲歲首，九月至十一月，凡三月也。

〔八〕師古曰：黽音沔。【補注】先謙曰：黽池，弘農縣，今河南府黽池縣治。

武臣至邯鄲，自立爲趙王，陳餘爲大將軍，張耳、召騷爲左右丞相。〔一〕勝怒，捕繫武臣等家室，欲誅之。柱國曰：「秦未亡而誅趙王將相家屬，此生一秦，〔二〕不如因立之。」勝乃遣使者賀趙，而徙繫武臣等家屬宮中，〔三〕而封張耳子敖爲成都君，〔四〕趣趙兵亟入關。〔五〕趙王將相相與謀曰：「王王趙，非楚意也。楚已誅秦，必加兵於趙。計莫如毋西兵，〔六〕使使北徇燕地以自廣。趙南據大河，北有燕代，楚雖勝秦，不敢制趙，若不勝秦，必重趙。〔七〕趙承秦楚之敝，可以得志於天下。」〔八〕趙王以爲然，因不西兵，而遣故上谷卒史韓廣將兵北徇燕。〔九〕

〔一〕師古曰：召讀曰邵。

〔二〕師古曰：言爲讎敵，與秦無異。【補注】宋祁曰：案張耳傳作「相國房君諫」。先謙曰：即此柱國也，文偶異耳。

〔三〕師古曰：徙居宮中，示優禮也。拘而不遣，故謂之繫。

〔四〕【補注】先謙曰：史記正義「成都，蜀郡縣。涉遥封之」。案以上文房君例之，成都自是封邑，然涉何事取名遠郡，張說非也。後漢南陽郡有成都縣，當即敖封邑，故因置縣，差爲近耳。

〔五〕師古曰：趣讀曰促，亟，急也，音居力反。

〔六〕師古曰：勿令兵西出也。

〔七〕師古曰：重謂尊重也。

〔八〕【補注】沈欽韓曰：案此仍策士之故智，六國之所以亡者，正以人人欲安坐而乘其敝，巧爲自便而蹙縮以至澌滅。張、陳號稱國士，觀其始終言論，與宋義等耳。項王云：「趙舉而秦强，何敝之乘？」此固英雄也。

〔九〕張晏曰：卒史，曹史也。

燕地貴人豪桀謂韓廣曰：〔一〕「楚趙皆已立王。燕雖小，亦萬乘之國也，願將軍立爲王。」韓廣曰：「廣母在趙，不可。」燕人曰：「趙方西憂秦，南憂楚，其力不能禁。我且以楚之强，不敢害趙王將相之家，今趙又安敢害將軍之家乎？」〔二〕韓廣以爲然，乃自立爲燕王。居數月，趙奉燕王母家屬歸之。

〔一〕【補注】王先慎曰：「地」字當在上文「北徇燕」下。「燕地貴人」當爲「燕故貴人」。「故貴人」，謂昔六國時燕貴人而今失勢者，如李廣傳「故將軍」之比。若此秦時燕地，無所謂貴人也。疑轉寫者脱「故」字，誤移「地」字實之。史記「地」作「故」，上「燕」下有「地」字，即其證。

〔二〕【補注】錢大昭曰：閩本「又」作「獨」，無「之」字。南監本作「獨」，有「之」字。王先慎曰：史記與監本同，無「乎」字。先謙曰：官本與閩本同。

是時，諸將徇地者不可勝數。周市北至狄，〔一〕狄人田儋殺狄令，自立爲齊王，反擊周市。市軍散，還至魏地，立魏後故甯陵君咎爲魏王。〔二〕咎在勝所，不得之魏。魏地已定，欲立周市爲王，市不肯。使者五反，〔三〕勝乃立甯陵君爲魏王，遣之國。周市爲相。

〔一〕師古曰：縣名也，後漢安帝時改名臨濟。【補注】先謙曰：狄，漢千乘縣，秦屬齊郡。

〔二〕應劭曰：魏諸公子，名咎。欲立六國後以樹黨也。

〔三〕師古曰：反謂回還也。

將軍田臧等相與謀曰：「周章軍已破，〔一〕秦兵且至，我守滎陽城不能下，〔二〕秦軍至，必大敗。不如少遺兵，足以守滎陽，〔三〕悉精兵迎秦軍。〔四〕今假王驕，不知兵權，不可與計，非誅之，事恐敗。」因相與矯陳王令以誅吳廣，〔五〕獻其首於勝。勝使賜田臧楚令尹印，使爲上將。田臧乃使諸將李歸等守滎陽城，自以精兵西迎秦軍於敖倉。與戰，田臧死，軍破。章邯進擊李歸等滎陽下，破之，李歸死。

〔一〕服虔曰：周章即周文。

〔二〕【補注】先謙曰：史記「且」作「日暮」，「守」作「圍」。

〔三〕師古曰：遺，留也。

〔四〕師古曰：悉，盡也。

〔五〕師古曰：矯，詐也。託言受令也。

陽城人鄧説將兵居郯，〔一〕章邯別將擊破之，〔二〕鄧説走陳。銍人五逢將兵居許，章邯擊破之。五逢亦走陳。〔三〕勝誅鄧説。

〔一〕師古曰：説讀曰悦。郯，東海縣也，音談。【補注】先謙曰：官本考證云，索隱「此時章邯軍未至東海，此『郯』恐當作『郟』」。正義「郟今汝州郟縣地」。鄧説陽城人，陽城與郟地相近」。先謙案：陽城、郟並潁川縣。陽城今河南府登封縣東南三十五里。郟，今汝州郟縣治。

〔二〕【補注】劉攽曰：案是時章邯方至滎陽，何得遣將圖東海？疑「郯」乃是「郟」字，下乃有「郯下軍」耳。先謙曰：説已詳上。

〔三〕【補注】先謙曰：史記「五逢」作「伍徐」。王引之云：「徐」與「逢」聲不相近，「徐」當爲「⿰彳夆」字之誤。説文「⿰彳夆讀若蠭」，與逢聲相近，故字相通。案漢書伍姓皆作「五」。許，潁川縣，今許州治。

勝初立時，淩人秦嘉、銍人董緤、符離人朱雞石、取慮人鄭布、徐人丁疾等皆特起，〔一〕將兵圍東海守於郯。〔二〕勝聞，乃使武平君畔爲將軍，〔三〕監郯下軍。秦嘉自立爲大司馬，惡屬人，〔四〕告軍吏曰：「武平君年少，不知兵事，勿聽。」因矯以王命殺武平君畔。

〔一〕張晏曰：淩，泗水縣也。銍、符離，沛縣也。取慮、徐，臨淮縣也。師古曰：緤音先列反。取音趨，又音秋。慮音廬。【補注】先謙曰：淩縣，今徐州府宿遷縣東南五十里。取慮，今徐州府睢寧縣西南。徐縣，今泗州盱眙縣西北八十里。

〔二〕【補注】先謙曰：據史記，守名慶。郯，東海縣，今沂州府郯城縣西南二十里。

〔三〕張晏曰：畔，名也。

〔四〕師古曰：不欲統屬於人。

章邯已破五逢，擊陳，柱國房君死。章邯又進擊陳西張賀軍。勝出臨戰，〔一〕軍破，張賀死。

〔一〕【補注】錢大昭曰：「軍」下閩本有「敗」字。先謙曰：史記「臨」作「監」，於義爲長，疑字形相近而誤。

臘月，〔一〕勝之汝陰，還至下城父，〔二〕其御莊賈殺勝以降秦。葬碭，謚曰隱王。

〔一〕張晏曰：秦之臘月，夏之九月。臣瓚曰：建丑之月也。師古曰：史記云胡亥二年十月誅葛嬰，十一月周文死，十二月陳涉死。瓚說是也。

〔二〕師古曰：下城父，地名，在城父縣東。父音甫。【補注】齊召南曰：續志「汝南山桑縣故屬沛，有下城父聚」。

勝故涓人將軍呂臣爲蒼頭軍，〔一〕起新陽，〔二〕攻陳下之，殺莊賈，復以陳爲楚。

〔一〕應劭曰：涓人，如謁者。將軍姓呂名臣也。時軍皆著青巾，故曰蒼頭。服虔曰：蒼頭謂士卒青帛巾，若赤眉之號，以相別也。師古曰：涓，潔也。涓人，主潔除之人。涓音蠲。【補注】沈欽韓曰：吳語「楚靈王呼涓人疇」。呂覽淫辭篇「荆柱國莊伯令涓人取冠」。楚有此官舊矣。

〔二〕師古曰：縣名也，屬汝南郡。【補注】先謙曰：今潁州府太和縣西北六十里。

初，勝令銍人宋留將兵定南陽，入武關。留已徇南陽，聞勝死，南陽復爲秦。〔一〕宋留不能入武關，乃東至新蔡，遇秦軍，宋留以軍降秦。秦傳留至咸陽，車裂留以徇。〔二〕

〔一〕師古曰：爲音于僞反。【補注】先謙曰：上「以陳爲楚」，索隱云「爲如字讀」。此「爲」字亦當如字讀，言復爲秦地也。

〔二〕師古曰：徇，行示也，以示衆爲戒。徇音辭峻反。

秦嘉等聞勝軍敗，乃立景駒爲楚王，引兵之方與，〔一〕欲擊秦軍濟陰下。〔二〕使公孫慶使齊王，欲與并力俱進。齊王曰：「陳王戰敗，未知其死生，楚安得不請而立王？」公孫慶曰：「齊不請楚而立王，楚何故請齊而立王？且楚首事，當令於天下。」〔三〕田儋殺公孫慶。

〔一〕師古曰：之，往也。方與，縣名也。方音房。與音豫。【補注】先謙曰：方與，山陽縣，今濟甯州魚臺縣北。

〔二〕【補注】齊召南曰：案史記作「定陶下」，據志，濟陰郡治定陶，本是一地，固可通稱。但濟陰郡名，至後始立，則史記作「定陶」是也。

〔三〕師古曰：首事，謂最先兵起。【補注】先謙曰：官本「兵起」作「起兵」。

秦左右校復攻陳，下之。呂將軍走，徼兵復聚，〔一〕與番盜英布相遇，〔二〕攻擊秦左右校，破之青波，〔三〕復以陳爲楚。會項梁立懷王孫心爲楚王。

〔一〕如淳曰：徼，要也。徼要散卒復相聚斂也。師古曰：徼音工堯反。【補注】周壽昌曰：復相聚耳。如兼訓斂則非矣。先謙曰：官本注無次「要」字。

〔二〕師古曰：番即番陽縣也。於番爲盜，故曰番盜。番音蒲何反。其後「番」字改作「鄱」。

〔三〕文穎曰：地名也。【補注】沈欽韓曰：青波即青陂也。淮水注「淮水東逕白城南，楚白公勝之邑也。東北去白亭十里。又東，逕長陵戍南。又東，青陂水注之，分青陂東瀆，東南逕白亭西」。輿地廣記「蔡州褒信縣有白亭」。明史地理志「光州息縣東北有褒信縣」。一統志「青陂在汝甯府新蔡縣西南，接息縣界，久廢」。

陳勝王凡六月。初爲王，其故人嘗與傭耕者聞之，乃之陳，叩宮門曰：「吾欲見涉。」宮門令欲縛之。自辯數，乃置，〔一〕不肯爲通。勝出，遮道而呼涉。〔二〕乃召見，載與歸。入宮，見殿屋帷帳，客曰：「夥，涉之爲王沈沈者！」〔三〕楚人謂多爲夥，〔四〕故天下傳之，「夥涉爲王」，由陳涉始。〔五〕客出入愈益發舒，言勝故情。或言「客愚無知，專妄言，輕威」。勝斬之。諸故人皆自引去，由是無親勝者。以朱防爲中正，〔六〕胡武爲司過，〔七〕主司羣臣。〔八〕諸將徇地，至，令之不是者，繫而罪之。以苛察爲忠。其所不善者，不下吏，輒自治。〔九〕勝信用之，諸將以故不親附，此其所以敗也。

〔一〕師古曰：辯數，謂自分別其姓名也，并歷道與涉故舊之事，故舍而不縛也。數音山羽反。

〔二〕師古曰：呼謂大唤也，音火故反。

〔三〕應劭曰：夥音禍。沈沈，宮室深邃之貌也。沈音長含反。【補注】周壽昌曰：夥，史記作「夥頤」。服虔云「楚人謂多爲夥，又言頤者，助聲之辭也。謂涉爲王，宮殿帷帳庶物夥多，驚而偉之，故稱『夥頤』也」。案説文繫傳「𡖇」字注引史曰：「𡖇乎，涉之爲王沈沈者也」！𡖇即夥，亦無「頤」字。但夥訓多，用爲驚訝之辭，無「頤」字則音義俱未足。「頤」與「貽」音同。西都賦「猶愕貽而不能階」，李注「貽，驚貌」。今楚人乍見物之盛多者，驚呼曰「阿噫」，俗轉作「呵呀」，皆此音也。從史記有「頤」字，是。

〔四〕【補注】周壽昌曰：方言「凡物盛多謂之寇。齊、宋之郊，楚、魏之際曰夥，非獨楚語然矣」。

〔五〕【補注】先謙曰：漢世相傳鄙語。

〔六〕【補注】先謙曰：史記「防」作「房」，則「防」是「房」之誤。

〔七〕【補注】沈欽韓曰：趙世家「武靈王少置左右司過三人」。

〔八〕【補注】先謙曰：司讀曰伺。

〔九〕師古曰：不以付吏，而防、武自治之。

勝雖已死，其所置遣侯王將相竟亡秦。高祖時爲勝置守冢于碭，〔一〕至今血食。王莽敗，乃絶。〔二〕

〔一〕【補注】先謙曰：史記云「三十家」。

〔二〕師古曰：「至今血食」者，司馬遷作史記本語也。「莽敗乃絶」者，班固之詞也，於文爲衍。蓋失不刪耳。【補注】吳仁傑曰：史通云「陳涉世家稱其子孫至今血食，漢書涉傳乃具載遷文即如是，豈陳氏苗裔祚流東京乎」？余案高帝詔「楚隱王亡後，其與守冢十家」，則勝固亡後矣。世家初不著子孫兩字，不知劉知幾何以言之。句踐表會稽山以爲范蠡奉邑事正類此，蓋使尸而祝之耳。郊祀志顏注「祭有牲牢，故言血食」。宋景文作高朕贊云「與文偶祠，血食千古」。此爲得遷、固遺意，蓋不必其子孫然後血食也。

項籍字羽，下相人也。〔一〕初起，年二十四。其季父梁，梁父即楚名將項燕者也。〔二〕家世楚將，封於項，〔三〕故姓項氏。籍少時，學書不成，去；學劍又不成，去。梁怒之。籍曰：「書足記姓名而已。劍一人敵，不足學，學萬人敵耳。」於是梁奇其意，乃教以兵法。籍大喜，略知其意，又不肯竟。〔四〕梁嘗有櫟陽逮，〔五〕請蘄獄掾曹咎書〔六〕抵櫟陽史司馬欣，以故事皆已。〔七〕梁嘗殺人，與籍避仇吳中。吳中賢士大夫皆出梁下。〔八〕每有大繇役及喪，梁常主辦，陰以兵法部勒賓客子弟，以知其能。〔九〕秦始皇帝東遊會稽渡浙江，〔一〇〕梁與籍觀。籍曰：「彼可取而代也。」梁掩其口，曰：「無妄言，族矣！」〔一一〕梁以此奇籍。籍長八尺二寸，力扛鼎，〔一二〕才氣過人。吳中弟子皆憚籍。〔一三〕

〔一〕韋昭曰：臨淮縣。【補注】先謙曰：今徐州府宿遷縣西七里。

〔二〕【補注】錢大昭曰：漢紀云「故楚將項燕之孫」。

〔三〕師古曰：即今項城縣。【補注】先謙曰：項，汝南縣，今陳州府項城縣東北。

〔四〕【補注】何焯曰：藝文志兵法形勢中有項王一篇。黥布置陣如項籍軍，高祖望而惡之。蓋治兵置陣是其所長，故能力戰摧鋒，而不足於權謀。其後往來奔命，卒爲人乘其罷而踣之，所謂略知其意而不竟者也。

〔五〕【補注】先謙曰：史記「逮」下有「捕」字。索隱「逮訓及，謂有罪相連及，爲櫟陽縣所逮録也」。

〔六〕【補注】錢大昭曰：咎後爲楚海春侯大司馬。

〔七〕應劭曰：項梁曾坐事傳繫櫟陽獄，從蘄獄掾曹咎取書與司馬欣。抵，相歸抵也。已，止也。【補注】王先慎曰：事止梁一人，不當云「皆已」。「皆」字涉下文誤衍。史記作「得已」，是。先謙曰：集解引韋昭云「抵，至也」。索隱「劉伯莊云：相，憑託也」。語較明顯。

〔八〕師古曰：言皆不及也。

〔九〕【補注】葉德輝曰：御覽三百八十六引楚漢春秋云「項梁陰養士，最高者多力拔樹以擊地」。八百三十五引云「項梁陰養死士九十人，參木者，所與計謀者也。木佯疾於室中，鑄大錢，以具甲兵」。

〔一〇〕應劭曰：浙音折。晉灼曰：江水至會稽山陰爲浙江。

〔一一〕師古曰：凡言族者，謂族誅之。

〔一二〕師古曰：扛，舉也，音江。

〔一三〕【補注】葉德輝曰：閩本德藩本「弟子」作「子弟」。先謙曰：官本作「子弟」，史記同。以上「子弟」例之，此誤倒。

秦二世元年，陳勝起。九月，會稽假守通〔一〕素賢梁，乃召與計事。梁曰：「方今江西皆反秦，此亦天亡秦時也。先發制人，後發制於人。」〔二〕守歎曰：「聞夫子楚將世家，唯足下耳！」梁曰：「吳有奇士桓楚，〔三〕亡在澤中，人莫知其處，獨籍知之。」梁乃戒籍持劍居外待。梁復入，與守語曰：「請召籍，使受令召桓楚。」籍入，梁眴籍曰：「可行矣！」〔四〕籍遂拔劍擊斬守。梁持守頭，佩其印綬。門下驚擾，籍所擊殺數十百人。〔五〕府中皆讋伏，莫敢復起。〔六〕梁乃召故人所知豪吏，諭以所爲，〔七〕遂舉吳中兵。使人收下縣，〔八〕得精兵八千人，部署豪桀爲校尉、候、司馬。〔九〕有一人不得官，自言。梁曰：「某時某喪，使公主某事，不能辦，以故不任公。」衆乃皆服。梁爲會稽將，〔一〇〕籍爲裨將，〔一一〕徇下縣。〔一二〕

〔一〕張晏曰：假守，兼守也。晉灼曰：楚漢春秋云「姓殷」。【補注】錢大昭曰：漢紀作「殷通」。姚鼐曰：南史「謝朏爲侍中，齊受禪，朏當日在直侍中，當解璽，乃引枕臥。傳詔使稱疾，欲取兼人」。王延之傳内載「宋孝武選侍中四人，王彧、謝莊爲一雙，阮韜、何偃爲一雙，常充兼假」。案侍中每日應有人在省正直；無人正直，攝者爲兼假，若既常充，是正直矣，而又謂之兼假，蓋重其官，不遽以予人之意。謂假攝曰兼，此蓋漢制舊已有此語。王莽傳「縣宰缺者數年，守兼」是也。今人不達古時俗語，觀晏此注，反增惑矣。

〔二〕【補注】先謙曰：淩稚隆云「方今四句，史記作守通謂梁，此作梁語。又史記『守通使桓楚將』，此謂自出梁意，敘事迥別」。齊召南云：「案此傳與史記本紀多有異同，蓋班氏刪訂原文也。又案『江西』二字，師古無注。顧炎武云『大江自歷陽斜北下京口，故有東西之名。今所謂江北，昔之所謂江西也。故晉地理志以廬江、九江自合肥以北至壽春，皆謂之江西』。此説甚確。下文『江東已定，渡江而西』，謂渡江而北也」。

〔三〕【補注】周壽昌曰：此即後羽殺宋義使報命懷王者。時梁特令羽假其名以入，後亦別無所見。

〔四〕師古曰：眴，動目也，音舜，動目而使之也。今書本有作「眄」字者，流俗所改耳。

〔五〕師古曰：數十百人者，八九十乃至百也。他皆類此。

〔六〕師古曰：讋，失氣也，音章涉反。【補注】錢大昭曰：史記作「慴伏」。案説文「讋，失氣言」。傅毅讀若「慴」。讋與慴古字通。

〔七〕師古曰：諭，曉告之。【補注】先謙曰：史記無「人」字。案，「人」字當衍。
〔八〕師古曰：四面諸縣也。非郡所都，故謂之下也。
〔九〕師古曰：分部而署置之。【補注】沈欽韓曰：續志「校尉比二千石，軍司馬比千石。部下有曲，曲軍候比六百石」。
〔一〇〕【補注】先謙曰：言爲會稽守也。上文云「佩守印綬」，知是自爲守。郡守亦稱郡將，故班易守爲將。史記作「爲會稽守」。
〔一一〕師古曰：裨，助也，相副助也。裨音頻移反。他皆類此。
〔一二〕【補注】錢大昭曰：此「下縣」與上文「使人收下縣」同。漢紀作「下邳縣」，非。

秦二年，廣陵人召平爲陳勝徇廣陵，〔一〕未下。聞陳勝敗走，秦將章邯且至，乃渡江矯陳王令，拜梁爲楚上柱國，曰：「江東已定，急引兵西擊秦。」梁乃以八千人渡江而西。聞陳嬰已下東陽，〔二〕使使欲與連和俱西。陳嬰者，故東陽令史，〔三〕居縣，素信，爲長者。〔四〕東陽少年殺其令，相聚數千人，欲立長，無適用，〔五〕乃請陳嬰。嬰謝不能，遂强立之，縣中從之者得二萬人。欲立嬰爲王，異軍蒼頭特起。〔六〕嬰母謂嬰曰：「自吾爲乃家婦，聞先故未曾貴。〔七〕今暴得大名，不祥。不如有所屬，事成猶得封侯，事敗易以亡，非世所指名也。」嬰乃不敢爲王，謂其軍曰：〔八〕「項氏世世將家，有名於楚，〔九〕今欲舉大事，將非其人，不可。〔一〇〕我倚名族，亡秦必矣。」〔一一〕其衆從之，乃以其兵屬梁。梁渡淮，英布、蒲將軍亦以其兵屬焉。〔一二〕凡六七萬人，軍下邳。〔一三〕

〔一〕師古曰：召讀曰邵。【補注】先謙曰：廣陵，廣陵縣，今揚州府江都縣東北。許應元云「此別一召平，非東陵種瓜者也」。

〔二〕【補注】先謙曰：東陽，臨淮縣，今泗州天長縣西北七十里。

〔三〕蘇林曰：曹史也。晉灼曰：漢儀注「令(史)〔吏〕曰令史，丞(史)〔吏〕曰丞史」。師古曰：晉說是也。

〔四〕師古曰：素立恩信，號爲長者。【補注】先謙曰：史記「素信謹，稱爲長者」。

〔五〕師古曰：適，主也，音與的同。

〔六〕應劭曰：言與衆異也。【補注】先謙曰：「蒼頭特起」，俱見上文「爲此軍容以示新起特異也」。

〔七〕師古曰：乃，汝也。【補注】葉德輝曰：集解引張晏曰：陳嬰母，潘旌人。閩本、德藩本無「自」字。先謙曰：官本無「自」字，引宋祁云曰：「別本作『自我爲乃家婦』。」

〔八〕【補注】錢大昭曰：南監本、閩本「軍」下有「吏」字。葉德輝曰：德藩本有「吏」字。先謙曰：官本有「吏」字，史記同。此脫。

〔九〕【補注】錢大昭曰：「名」，閩本作「功」。先謙曰：官本作「功」，史記作「名」。

〔一〇〕師古曰：言以不材之人爲將，不可求勝也。【補注】劉敞曰：言欲舉大事，爲將者非此人不可。先謙曰：「其」不訓「此」，顏說爲優。下「名族」乃謂項氏耳。

〔一一〕師古曰：倚，依也，音於綺反。

〔一二〕服虔曰：英布起於蒲地，因以爲號也。如淳曰：史記項羽紀言當陽君、蒲將軍皆屬項羽，自比更有蒲將軍也。師古曰：此二人也，服說失之。若是一人，不當先言姓名，後乃稱將軍也。【補注】先謙曰：索隱「韋昭云『蒲，姓也』。服云『英布起蒲』，非也。布初起於江湖之間」。案吳仁傑刊誤補遺，臆斷蒲將軍爲棘蒲侯陳武，今不取。注文「自比」三字，集解引作「此自」，是也，傳寫倒誤耳。

〔一三〕【補注】先謙曰：下邳東海縣，今徐州府邳州東三里。

是時，秦嘉已立景駒爲楚王，軍彭城東，欲以距梁。〔一〕梁謂軍吏曰：「陳王首事，戰不利，未聞所在。今秦嘉背陳王立景駒，大逆亡道。」乃引兵擊秦嘉。軍敗走，追至胡陵。〔二〕嘉還戰〔三〕一日，嘉死，軍降。景駒走死梁地。梁已并秦嘉，軍胡陵，〔四〕將引而西。章邯至栗，〔五〕梁使別將朱雞石、餘樊君與戰。餘樊君死。朱雞石敗，亡走胡陵。梁乃引兵入薛，〔六〕誅朱雞石。梁前使羽別攻襄城，〔七〕襄城堅守不下。已拔，皆阬之，〔八〕還報梁。聞陳王定死，召諸別將會薛計事。時沛公亦從沛往。

〔一〕【補注】先謙曰：彭城，楚國縣。今徐州府銅山縣治。
〔二〕【補注】先謙曰：「軍」上當更有「嘉」字。史記有，此脫。胡陵，山陽縣，今魚臺縣東南六十里。
〔三〕師古曰：復來戰。
〔四〕【補注】錢大昭曰：南監本、閩本「軍」下皆重「軍」字。先謙曰：官本重「軍」字，史記同。此脫。
〔五〕師古曰：栗，縣名。地理志屬沛郡。【補注】先謙曰：今歸德府夏邑縣治。
〔六〕【補注】先謙曰：薛，魯國縣。今兖州府滕縣東南四十四里。
〔七〕【補注】先謙曰：襄城，潁川縣，今許州襄城縣治。
〔八〕師古曰：陷之於阬，盡殺之。

居鄛人范增〔一〕年七十，素好奇計，往說梁曰：「陳勝敗固當。〔二〕夫秦滅六國，楚最亡罪，自懷王入秦不反，楚人憐之至今，故南公稱曰『楚雖三户，亡秦必楚』。〔三〕今陳勝首事，不立楚後，其勢不長。今君起江東，楚蠭起之將皆爭附君者，〔四〕以君世世楚將，爲能復立楚之後也。」於是梁乃求楚懷王孫心，在民間爲人牧羊，立以爲楚懷王，從民望也。陳嬰爲上柱國，封五縣，與懷王都盱台。〔五〕梁自號武信君，引兵攻亢父。〔六〕

〔一〕晉灼曰：鄛音鄛絶之鄛。師古曰：居鄛，縣名也，地理志屬廬江縣。鄛音巢，字亦作「巢」。本春秋時巢國。【補注】先謙曰：今廬州府巢縣東北五里。官本「鄛絶」之「鄛」作「勦」。「江」下「縣」作「郡」，是。

〔二〕師古曰：言其計畫非是，宜應敗也。

〔三〕服虔曰：南公，南方之老人也。蘇林曰：但令有三户在，其怨深，足以亡秦。【補注】齊召南曰：南公自是姓南。索隱引虞喜志林曰「南公者，道士，識廢興之數，知亡秦者必楚」。本書藝文志南公十三篇，六國時人，在陰陽家流。服注謂「南方之老人」，非也。沈欽韓曰：廣韻注「南公複姓，六國時有南公子，著書言陰陽五行事」，案即此南公也。廣韻蓋據此傳「南公稱」以「稱」爲南公名。索隱：三户，地名。案左哀四年傳「畀楚師於三户」，紀年「惠成王二十四年，孫何侵楚，入三户郛」。以爲地名，固有實徵。然蘇氏望文爲解，於辭順也。

〔四〕師古曰：蠭，古蜂字也。蠭起，如蠭之起，言其衆也。一說蠭與鋒同，言鋒鋭而起者。【補注】先謙曰：「蠭起」，索隱單行本作「蠭午」，今本史記作「蠭起」。王念孫以爲史漢皆作「蠭午」。說詳史記雜志。

〔五〕師古曰：盱音許于反。台音怡。【補注】先謙曰：盱台，臨淮縣，今泗州盱眙縣東北。

〔六〕師古曰：亢音抗。父音甫。【補注】先謙曰：亢父，東平縣，今濟甯州南五十里。

初，章邯既殺齊王田儋於臨菑，〔一〕田假復自立爲齊王。儋弟榮走保東阿，〔二〕章邯追圍之。梁引兵救東阿，大破秦軍東阿。田榮即引兵歸，逐王假。假亡走楚，相田角亡走趙。角弟閒，故將，〔三〕居趙不敢歸。田榮立儋子市爲齊王。梁已破東阿下軍，遂追秦軍。數使使趣齊兵俱西。〔四〕榮曰：「楚殺田假，趙殺田角、田閒，乃發兵。」梁曰：「田假與國之王，〔五〕窮來歸我，不忍殺。」趙亦不殺角、閒以市於齊。〔六〕齊遂不肯發兵助楚。梁使羽與沛公別攻城陽，〔七〕屠之。西破秦軍濮陽東，〔八〕秦兵收入濮陽。沛公、羽攻定陶。定陶未下，去，西略地至雍丘，大破秦軍，斬李由。還攻外黄，〔九〕外黄未下。

〔一〕師古曰：高紀及儋傳並言於臨濟，此獨言臨菑，疑此誤也。

〔二〕【補注】先謙曰：東阿，東郡縣，今兖州府陽穀縣東北五十里。

〔三〕【補注】先謙曰：史記作「故齊將」。

〔四〕師古曰：趣讀曰促。

〔五〕張晏曰：與，黨與也。【補注】宋祁曰：「田假與國之王」，又在田儋傳作懷王語。

〔六〕張晏曰：若市買相貿易以利也。梁救榮難，榮猶不用命。梁念殺假等，榮未必多出兵，不如待以初，又可以貿易他利，以除己害，遂背德，可輔假以伐齊，故曰市。市，貿易也。晉灼曰：欲令楚殺田假以爲己利，而楚保全不殺以買其計，故曰市也。師古曰：二説皆非也。市者，以角、閒市取齊兵也。直言趙不殺角、閒，以求齊兵耳。【補注】先謙曰：官本「如」作「加」，「初」作「禮」，是。集解引張注「不如」下多「依春秋寄公」五字。官本無「故曰市也」四字。

〔七〕【補注】齊召南曰：案「城陽」當作「成陽」。此傳及高紀並傳寫之失誤，加土旁耳。胡三省云「成陽縣與定陶、濮陽皆相近，非城陽國之城陽」，可以補三劉刊誤所不及。先謙曰：成陽，濟陰縣，今曹州府濮州東南。「城」、「成」通作，齊謂非城陽國之城陽，是矣。以爲誤加土旁，非也。

〔八〕【補注】先謙曰：濮陽，東郡縣，今大名府開州南。

〔九〕【補注】先謙曰：定陶，濟陰縣，今曹州府定陶縣西北。雍丘、外黄並陳留縣。雍丘今開封府杞縣治，外黄今杞縣東六十里。

梁起東阿，比至定陶，再破秦軍，〔一〕羽等又斬李由，益輕秦，有驕色。宋義諫曰：「戰勝而將驕卒惰者敗。今少惰矣，秦兵日益，臣爲君畏之。」梁不聽。乃使宋義於齊。道遇齊使者高陵君顯，〔二〕曰：「公將見武信君乎？」曰：「然。」義曰：「臣論武信君軍必敗。公徐行則免，疾行則及禍。」秦果悉起兵益章邯，夜銜枚擊楚，大破之定陶，〔三〕梁死。沛公與羽去外黄，攻陳留，陳留堅守不下。沛公、羽相與謀曰：「今梁軍敗，士卒恐。」乃與吕臣俱引兵而東。吕臣軍彭城東，羽軍彭城西，沛公軍碭。

〔一〕師古曰：比音必寐反。
〔二〕張晏曰：名顯，封於高陵。晉灼曰：高陵，瑯邪縣也。【補注】先謙曰：官本注末四字作「是琅邪縣」。
〔三〕師古曰：銜枚解在高紀。

章邯已破梁軍，則以爲楚地兵不足憂，乃渡河北擊趙，大破之。當此之時，趙歇爲王，陳餘爲將，張耳爲相，走入鉅鹿城。〔一〕秦將王離、涉閒圍鉅鹿，〔二〕章邯軍其南，築甬道而輸之粟。〔三〕陳餘將卒數萬人軍鉅鹿北，所謂河北軍也。

〔一〕師古曰：趙歇、張耳共入鉅鹿也。【補注】先謙曰：鉅鹿，鉅鹿縣，今順德府平鄉縣治。
〔二〕張晏曰：秦二將也。王離，王翦孫。涉姓閒名也。
〔三〕師古曰：章邯爲甬道而運粟，以餽王離、涉閒之軍。

宋義所遇齊使者高陵君顯見楚懷王曰：「宋義論武信君必敗，數日果敗。軍未戰先見敗徵，〔一〕可謂知兵矣。」王召宋義與計事而説之，〔二〕因以爲上將軍；羽爲魯公，爲次將，范增爲末將。諸別將皆屬，號卿子冠軍。〔三〕北救趙，至安陽，留不進。〔四〕秦三年，羽謂宋義曰：「今秦軍圍鉅鹿，疾引兵渡河，楚擊其外，趙應其內，破秦軍必矣。」宋義曰：「不然。夫搏牛之蝱不可以破蝨。〔五〕今秦攻趙，戰勝則兵罷，我承其敝；〔六〕不勝，則我引兵鼓行而西，必舉秦矣。〔七〕故不如先鬬秦、趙。夫擊輕鋭，我不如公；坐運籌策，公不如我。」因下令軍中曰：「猛如虎，佷如羊，貪如狼，强不可令者，皆斬。」遣其子襄相齊，身送之無鹽，〔八〕飲酒高會。〔九〕天寒大雨，士卒凍飢。羽曰：「將戮力而攻秦，久留不行。今歲飢民貧，卒食半菽，〔一〇〕軍無見糧，〔一一〕乃飲酒高會，不引兵渡河因趙食，與并力擊秦，乃曰『承其敝』。夫以秦之强，攻新造之趙，其勢必舉趙。趙舉秦强，何敝之承！且國兵新破，王坐不安席，掃境內而屬將軍，〔一二〕國家安危，在此一舉。今不卹士卒而徇私宴，〔一三〕非社稷之臣也。」羽晨朝上將軍宋義，即其帳中斬義頭，〔一四〕出令軍中曰：「宋義與齊謀反楚，楚王陰令籍誅之。」諸將讋服，〔一五〕莫敢枝梧。〔一六〕皆曰：「首立楚者，將軍家也。今將軍誅亂。」乃相與共立羽爲假上將軍。〔一七〕使人追宋義子，及之齊，殺之。使桓楚報命於王。王因使使立羽爲上將軍。

〔一〕師古曰：徵，證也。

〔二〕師古曰：説讀曰悦。

〔三〕師古曰：冠軍，言其在諸軍之上。【補注】錢大昭曰：「皆屬」下當有「義」字。先謙曰：集解引文穎云「卿子」，時人相褒尊之詞，猶言公子也。冠軍者，張晏云「若霍去病功冠三軍，因封爲冠軍侯」。

〔四〕師古曰：今相州安陽縣。【補注】葉德輝曰：史記作「留四十六日不進」。先謙曰：通鑑胡注「索隱云，傅寬傳『從攻安陽、杠里』，則當俱在河南」。案此時兵未渡河，不應即至相州。後魏地形志「己氏有安陽城」是也。在今宋州楚邱西北。沈欽韓云：以下文「宋義送子至無鹽」證之，謂在己氏者是也。一統志「安陽在今曹州府曹縣東」。

〔五〕張晏曰：搏音博。蘇林曰：蝱喻秦，蝨喻章邯等，言小大不同勢，欲滅秦當寬邯等也。如淳曰：猶言本欲以大力伐秦，而不可以救趙也。師古曰：搏，擊也，言以手擊牛之背，可以殺其上蝱，而不能破蝨，喻今將兵方欲滅秦，不可盡力與章邯即戰。或未能禽，徒費力也。如説近也。【補注】先謙曰：索隱引鄒氏云「搏音附，言蝱之搏牛，本不擬破其上之蟣蝨，以言志在大不在小也」。似較顔説文義爲順。沈欽韓云：羅願爾雅翼「蝱有數種，商淅以南江嶺間，有大木蝱，長大，緑色，殆如次蟬，咂牛馬或至頓仆。蜚蝱狀如蜜蜂，黄黑色。又一種小者，名鹿蝱，大如蠅，齧牛馬亦猛」。據此，是蝱有搏牛者。沈説與鄒意合。

〔六〕師古曰：罷讀曰疲。

〔七〕師古曰：鼓行，謂擊鼓而行，無畏懼也。

〔八〕師古曰：縣名。【補注】先謙曰：無鹽，東平縣，今泰安府東平州東二十里。

〔九〕師古曰：高會，大會也。

〔一〇〕孟康曰：半，五斗器名也。臣瓚曰：士卒食蔬菜以菽雜半之。師古曰：瓚説是也。菽謂豆也。【補注】先謙曰：史記作「芋菽」。集解引徐廣云「『芋』一作『半』。半，五升器也」。索隱引王劭云「半，量器名，容五升也」。是「半」本器名，此言卒須食五升菽耳。今無見糧，不堪供食。文本相承，瓚説非也。孟注「斗」字乃「升」之譌。

〔一一〕師古曰：無見在之糧。

〔一二〕師古曰：屬，委也，音之欲反。
〔一三〕【補注】先謙曰：官本無「宴」字。
〔一四〕師古曰：即，就也。
〔一五〕師古曰：讋，失氣也，音之涉反。
〔一六〕如淳曰：梧音悟。枝梧猶枝扞也。臣瓚曰：小柱爲枝，邪柱爲梧，今屋梧邪柱是也。【補注】先謙曰：官本注「悟」作「吾」。
〔一七〕師古曰：未得懷王之命，故且爲假也。【補注】先謙曰：正義「假，攝也」。

羽已殺卿子冠軍，威震楚國，名聞諸侯。乃遣當陽君、蒲將軍將卒二萬人渡河救鉅鹿。戰少利，〔一〕陳餘復請兵。羽乃悉引兵渡河。已渡，皆湛舡，〔二〕破釜甑，燒廬舍，持三日糧，視士必死，無還心。〔三〕於是至則圍王離，與秦軍遇，九戰，絶甬道，大破之，殺蘇角，〔四〕虜王離。涉閒不降，自燒殺。當是時，楚兵冠諸侯。〔五〕諸侯軍救鉅鹿者十餘壁，莫敢縱兵。及楚擊秦，諸侯皆從壁上觀。楚戰士無不一當十，呼聲動天地。〔六〕諸侯軍人人惴恐。〔七〕於是楚已破秦軍，羽見諸侯將，入轅門，〔八〕膝行而前，莫敢仰視。羽繇是始爲諸侯上〔九〕將軍，兵皆屬焉。〔一〇〕

〔一〕【補注】先謙曰：當陽君，英布。河即漳水也。
〔二〕師古曰：湛讀曰沈，謂沈没其舡於水中。【補注】葉德輝曰：閩本、德藩本「舡」作「船」。先謙曰：官本作「船」。
〔三〕師古曰：視讀曰示。【補注】先謙曰：官本「士」下有「卒」字，史記同。

〔四〕文穎曰：秦將。
〔五〕師古曰：言最爲上也。
〔六〕師古曰：呼音火故反。
〔七〕服虔曰：惴音章瑞反。【補注】先謙曰：官本無注。
〔八〕張晏曰：軍行以車爲陳，轅相向爲門，故曰轅門。師古曰：周禮掌舍，王行則設車宮轅門也。【補注】先謙曰：史記重「諸侯將」三字，是。
〔九〕師古曰：繇讀與由同。
〔一〇〕【補注】劉攽曰：「將軍」字聯上爲句。按史記云「始爲諸侯上將軍，諸侯皆屬焉」。

章邯軍棘原，〔一〕羽軍漳南，相持未戰。秦軍數卻，〔二〕二世使人讓章邯。〔三〕章邯恐，使長史欣請事。至咸陽，留司馬門三日，〔四〕趙高不見，有不信之心。長史欣恐，還走，不敢出故道。趙高果使人追之，不及。欣至軍，報曰：「事亡可爲者。〔五〕相國趙高顓國主斷。〔六〕今戰而勝，高嫉吾功；不勝，不免於死。願將軍熟計之。」〔七〕陳餘亦遺章邯書曰：「白起爲秦將，南并鄢郢，北阬馬服，〔八〕攻城略地，不可勝計，而卒賜死。〔九〕蒙恬爲秦將，北逐戎人，開榆中地數十里，〔一〇〕竟斬陽周。〔一一〕何者？功多，秦不能封，〔一二〕因以法誅之。今將軍爲秦將三歲矣，所亡失已十萬數，而諸侯並起茲益多。〔一三〕彼趙高素諛日久，〔一四〕今事急，亦恐二世誅之，故欲以法誅將軍以塞責，〔一五〕使人更代以脱其禍。〔一六〕將軍居外久，多内隙，有功亦誅，亡功亦誅。且天之亡秦，無愚智皆知之。今將軍内不能直諫，外爲亡國將，孤立而欲長存，豈不哀哉！將軍何不還兵與諸侯爲從，〔一七〕南面稱孤，孰與身伏斧質，妻子爲戮乎？」〔一八〕章邯狐疑，陰使候始成使羽，欲約。〔一九〕約未成，羽使蒲將軍引兵渡三户，〔二〇〕軍漳南，與秦戰，再破之。羽悉引兵擊秦軍汙水上，〔二一〕大破之。

〔一〕晉灼曰：地名，在鉅鹿南。【補注】沈欽韓曰：明史地理志「順德府平鄉縣南有棘原，西南有漳河」。

〔二〕師古曰：卻，退也，音丘略反。

〔三〕師古曰：讓謂責也。

〔四〕師古曰：凡言司馬門者，宮垣之内兵衞所在，四面皆有司馬。司馬主武事，故總謂宮之外門爲司馬門。

〔五〕師古曰：言不可復爲軍旅之事。

〔六〕師古曰：顓與專同也。

〔七〕【補注】葉德輝曰：「熟」，閩本、德藩本作「孰」。

〔八〕服虔曰：馬服，趙括也。父奢爲趙將，有功，賜號馬服。馬服猶服馬也，故世稱之。師古曰：鄢郢，皆楚邑也。鄢音偃。郢音弋井反。【補注】周壽昌曰：注「賜號馬服」當作「馬服君」。

〔九〕師古曰：卒，終也。

〔一〇〕服虔曰：金城縣所治也。蘇林曰：在上郡。師古曰：即今之榆林，古者上郡界。蘇説是也。【補注】朱一新曰：監本「十」作「千」，是。先謙曰：官本作「千」，史記同。

〔一一〕孟康曰：縣名也，屬上郡。晉灼曰：恬賜死，死於此縣。【補注】先謙曰：今延安府安定縣北九十里。

〔一二〕【補注】先謙曰：史記「封」上有「盡」字。

〔一三〕【補注】先謙曰：史記「兹」作「滋」，通用字。

〔一四〕師古曰：諛，諂也。

〔一五〕師古曰：塞，當也。

〔一六〕師古曰：脱，免也。

〔一七〕文穎曰：關東爲從，關西爲横。孟康曰：南北爲從，東西爲横。師古曰：言欲如六國時共敵秦。二説皆是也。還兵謂迴兵内嚮以攻秦也。從音子容反。

〔一八〕師古曰：質謂鍖也。古者斬人，加於鍖上而斫之也。鍖音竹林反。

〔一九〕鄭氏曰：候，軍候也。始，姓；成，名也。【補注】先謙曰：索隱「始成其名」，蓋是。

〔二〇〕服虔曰：漳水津也。孟康曰：在鄴西三十里。【補注】先謙曰：官本考證云：「水經注『漳水東逕三户峽，爲三户津』。」

〔二一〕師古曰：汙水在鄴西南，音于。【補注】錢大昭曰：水經注「汙水出武安山，南經汙城北入漳」。沈欽韓曰：彰德府志「汙水在臨漳縣西入漳，其源出武安山，今絶」。

邯使使見羽，欲約。羽召軍吏謀曰：「糧少，欲聽其約。」軍吏皆曰：「善。」羽乃與盟洹水南殷虚上。〔一〕已盟，章邯見羽流涕，爲言趙高。羽乃立章邯爲雍王，置軍中。使長史欣爲上將，〔二〕將秦軍行前。〔三〕

〔一〕應劭曰：洹水在湯陰界。殷虚，故殷都也。師古曰：洹水出林慮縣東北，至于長樂入清水。洹音桓，俗音袁，非也。虚讀曰墟。【補注】先謙曰：集解引瓚曰：洹水在今安陽縣北，去朝歌殷都一百五十里。然則此殷虚非朝歌。索隱「汲冢古文云『盤庚自奄遷于北冢，曰殷虚，南去鄴州三十里』，是殷虚南舊地名號北冢也」。官本注「至」下無「于」字。

〔二〕【補注】先謙曰：史記作「上將軍」。

〔三〕師古曰：行前，謂居前而行。

漢元年，羽將諸侯兵三十餘萬，〔一〕行略地至河南，遂西到新安。〔二〕異時諸侯吏卒繇役屯戍過秦中，〔三〕秦中遇之多亡狀，〔四〕及秦軍降諸侯，諸侯吏卒乘勝奴虜使之，輕重折辱秦吏卒。〔五〕吏卒多竊言：〔六〕「章將軍詐吾屬降諸侯，〔七〕今能入關破秦，大善；即不能，諸侯虜吾屬而東，秦又盡誅吾父母妻子。」〔八〕諸將微聞其計，〔九〕以告羽。羽乃召英布、蒲將軍計曰：「秦吏卒尚衆，其心不服，至關不聽，事必危，不如擊之，〔一〇〕獨與章邯、長史欣、都尉翳入秦。」於是夜擊阬秦軍二十餘萬人。

〔一〕【補注】葉德輝曰：史記月表作「四十餘萬」。

〔二〕師古曰：今穀州新安城是。【補注】先謙曰：新安弘農縣，今河南府澠池縣東塔泥鎮是。

〔三〕師古曰：異時，猶言先時也。秦中，關中秦地也。

〔四〕師古曰：無善形狀也。【補注】先謙曰：史記「秦中」下多「吏卒」二字。

〔五〕【補注】宋祁曰：一本無「重」字。先謙曰：史記亦無，一本是。

〔六〕【補注】錢大昭曰：南監本、閩本「竊言」下有「曰」字。葉德輝曰：德藩本有「曰」字。先謙曰：官本有「曰」字，史記同。

〔七〕【補注】葉德輝曰：閩本、德藩本「章將軍」下有「等」字。先謙曰：官本亦有，史記同。

〔八〕【補注】先謙曰：案史記「又」作「必」，是。

〔九〕【補注】先謙曰：列子説符篇注「微，猶密也」。聞其計慮如此。

〔一〇〕【補注】先謙曰：史記「至關」下有「中」字，「擊」下有「殺」字，皆是。疑本書奪文。

至函谷關，有兵守，不得入。聞沛公已屠咸陽，〔一〕羽大怒，使當陽君擊關。羽遂入，至戲西鴻門，〔二〕聞沛公欲王關中，獨有秦府庫珍寶。亞父范增亦大怒，勸羽擊沛公。饗士，旦日合戰。羽季父項伯素善張良。良時從沛公，項伯夜以語良。良與俱見沛公，因伯自解於羽。〔三〕明日，沛公從百餘騎至鴻門謝羽，自陳「封秦府庫，還軍霸上以待大王，閉關以備他盜，不敢背德」。羽意既解，范增欲害沛公，賴張良、樊噲得免。語在高紀。

〔一〕【補注】先謙曰：史記「屠」作「破」。

〔二〕【補注】沈欽韓曰：長安志「鴻門坂，在臨潼縣東十七里，漢舊大道北下阪口名也」。

〔三〕師古曰：自解，猶今言分疏也。【補注】先謙曰：官本注無「也」字。

後數日，羽乃屠咸陽，殺秦降王子嬰，燒其宮室，火三月不滅；收其寶貨，略婦女而東。秦民失望。〔一〕於是韓生説羽曰：「關中阻山帶河，四塞之地，〔二〕肥饒，可都以伯。」〔三〕羽見秦宮室皆已燒殘，〔四〕又懷思東歸，曰：「富貴不歸故鄉，如衣錦夜行。」〔五〕韓生曰：「人謂楚人沐猴而冠，果然。」〔六〕羽聞之，斬韓生。〔七〕

〔一〕師古曰：沛公入關，儉節自處，約法三章，反秦之政。而項羽屠殺焚燒，恣其殘酷，故關中之人失所望也。【補注】宋祁曰：景本作「收其貨賂婦女而東」。

〔二〕【補注】葉德輝曰：集解引徐廣曰「東函谷，南武關，西散關，北蕭關」。
〔三〕師古曰：伯讀曰霸。
〔四〕【補注】先謙曰：官本無「宫室」字，引宋祁曰「新本『秦』字下有『宫室』字」。
〔五〕師古曰：言無人見之，不榮顯矣。【補注】宋祁曰：史記作「衣繡」。
〔六〕張晏曰：沐猴，獼猴也。師古曰：言雖著人衣冠，其心不類人也。果然，果如人之言也。【補注】沈欽韓曰：初學記毛詩草蟲經曰「猱，獼猴也，楚人謂之沐猴」。先謙曰：官本「如」上無「果」字。
〔七〕【補注】周壽昌曰：法言重黎篇「韓生」作「蔡生」，「沐猴」作「木侯」，「斬韓生」作「亨之」。

初，懷王與諸將約，先入關者王其地。羽既背約，使人致命於懷王。懷王曰：「如約。」羽乃曰：「懷王者，吾家武信君所立耳，非有功伐，〔一〕何以得顓主約？〔二〕天下初發難，〔三〕假立諸侯後以伐秦。然身被堅執鋭首事，暴露於野三年，滅秦定天下者，皆將相諸君與籍力也。懷王亡功，固當分其地王之。」諸將皆曰：「善。」羽乃陽尊懷王爲義帝，曰：「古之王者，地方千里，必居上游。」〔四〕徙之長沙，都郴。〔五〕乃分天下以王諸侯。

〔一〕張晏曰：積功曰伐。
〔二〕師古曰：顓與專同。
〔三〕服虔曰：兵初起時也。
〔四〕文穎曰：居水之上流也。「游」或作「流」。師古曰：游即流也。
〔五〕師古曰：郴音丑林反。【補注】先謙曰：郴，桂陽縣，今郴州治。

羽與范增疑沛公，業已講解，〔一〕又惡背約，恐諸侯叛之，陰謀曰：「巴、蜀道險，秦之遷民皆居之。」乃曰：「巴、蜀亦關中地。」故立沛公爲漢王，王巴、蜀、漢中。而參分關中，王秦降將以距塞漢道。乃立章邯爲雍王，王咸陽以西。長史司馬欣，故櫟陽獄吏，嘗有德於梁；都尉董翳，本勸章邯降。故立欣爲塞王，王咸陽以東至河；立翳爲翟王，王上郡。徙魏王豹爲西魏王，王河東。瑕丘公申陽者，〔二〕張耳嬖臣也，〔三〕先下河南，迎楚河上。立陽爲河南王。趙將司馬卬定河内，數有功。立卬爲殷王，王河内。徙趙王歇王代。趙相張耳素賢，又從入關，立爲常山王，王趙地。當陽君英布爲楚將，常冠軍，立布爲九江王。番君吴芮〔四〕帥百粤佐諸侯從入關。立芮爲衡山王。義帝柱國共敖〔五〕將兵擊南郡，功多，因立爲臨江王。徙燕王韓廣爲遼東王。燕將臧荼〔六〕從楚救趙，因從入關。立荼爲燕王。徙齊王田市爲膠東王。齊將田都從共救趙，入關。〔七〕立都爲齊王。故秦所滅齊王建孫田安，羽方渡河救趙，安下濟北數城，引兵降羽。立安爲濟北王。田榮者，背梁不肯助楚擊秦，以故不得封。陳餘棄將印去，不從入關，然素聞其賢，有功於趙，聞其在南皮，故因環封之三縣。〔八〕番君將梅鋗〔九〕功多，故封十萬户侯。羽自立爲西楚伯王，〔一〇〕王梁、楚地九郡，都彭城。

〔一〕蘇林曰：講和也。

〔二〕孟康曰：瑕丘縣之老人也，姓申名陽。【補注】錢大昕曰：予謂此「公」非老人之稱。春秋之世，楚縣令皆僭稱公，楚、漢之際，官名多沿楚制，故漢王起沛稱沛公，楚有蕭公、薛公、郯公、留公、柘公，漢有滕公、戚公，皆縣令之稱。

此瑕丘公亦是瑕丘縣令。孟説非也。

〔三〕師古曰：嬖謂愛幸也。

〔四〕師古曰：番音蒲河反。

〔五〕師古曰：共讀曰龔。

〔六〕師古曰：荼音塗。

〔七〕【補注】宋祁曰：「共」，一作「兵」。先謙曰：史記亦作「共」。

〔八〕孟康曰：繞南皮三縣以封之。師古曰：環音宦。【補注】先謙曰：南皮，勃海縣。今天津府南皮縣東北八里。

〔九〕師古曰：銷音火玄反。【補注】先謙曰：官本注在「侯」字下。

〔一〇〕師古曰：伯讀曰霸。

諸侯各就國。田榮聞羽徙齊王市膠東，而立田都爲齊王，大怒，不肯遣市之膠東，因以齊反，迎擊都。都走楚。市畏羽，乃亡之膠東就國。榮怒，追殺之即墨，〔一〕自立爲齊王。予彭越將軍印，令反梁地。越乃擊殺濟北王田安。〔二〕田榮遂并王三齊之地。時漢王還定三秦。羽聞漢并關中，且東，〔三〕齊、梁畔之，〔四〕大怒，乃以故吴令鄭昌爲韓王以距漢，令蕭公角等擊彭越。越敗蕭公角等。〔五〕時，張良徇韓，遺項王書曰：「漢王失職，欲得關中，如約即止，不敢東。」〔六〕又以齊、梁反書遺羽，羽以此故無西意，而北擊齊。徵兵九江王布。布稱疾不行，使將將數千人往。二年，羽陰使九江王布殺義帝。〔七〕陳餘使張同、夏説説齊王榮，〔八〕曰：「項王爲天下宰不平，今盡王故王於醜地，〔九〕而王羣臣諸將善地，逐其故主趙王，乃北居代，餘以爲不可。〔一〇〕聞大王起兵，且不聽不義，〔一一〕願大王資餘兵，〔一二〕使擊常山，以復趙王，請以國爲扞蔽。」〔一三〕齊王許之，因遣兵往。陳餘悉三縣兵，〔一四〕與齊并力擊常山，大破之。張耳走歸漢。陳餘迎故趙王歇反之趙。趙王因立餘爲代王。羽至城陽，田榮亦將兵會戰。榮不勝，走至平原，平原民殺之。羽遂北燒夷齊城郭室屋，〔一五〕皆阬降卒，係虜老弱婦女。徇齊至北海，所過殘滅。齊人相聚而畔之。於是田榮弟橫收得亡卒數萬人，反城陽。羽因留，連戰未能下。

〔一〕【補注】先謙曰：即墨，膠東縣，今萊州府平度州東南。

〔二〕【補注】何焯曰：田儋傳「榮還，攻殺安」，與異姓諸侯王表同。此云越殺，誤也。越傳亦止云「下濟陰以擊楚」。

〔三〕師古曰：言方欲出關而擊楚也。

〔四〕【補注】齊召南曰：案史記作「齊、趙畔之」。趙指陳餘破常山王張耳，迎故趙王歇還趙也。此傳敍趙叛尚在二年，故改「齊、趙」爲「齊、梁」。下文「張良以齊、趙反書遺羽」亦改爲「齊、梁反書」，梁即指彭越反梁地也。先謙曰：齊謂傳改「齊、趙爲齊、梁」，是矣。下「齊、梁反書」，史記與此同，非齊、趙也。齊偶誤。

〔五〕【補注】沈欽韓曰：蕭縣公名角。通鑑直云「蕭角」，似非。

〔六〕師古曰：如本要約也。

〔七〕【補注】宋祁曰：史記云「令衡山、臨江擊殺之江中」。先謙曰：三王同受羽令，而布遂殺之，非。史駮文。

〔八〕師古曰：夏説讀曰悦，下説齊王，説音式芮反。

〔九〕師古曰：醜，惡也。

〔一〇〕師古曰：於義不當然。

〔一一〕師古曰：凡不義之事，皆不聽順。
〔一二〕師古曰：資，給也。
〔一三〕師古曰：猶爲齊之藩屏。
〔一四〕師古曰：悉，盡也。
〔一五〕師古曰：夷，平也。

漢王劫五諸侯兵，〔一〕凡五十六萬人，東伐楚。羽聞之，即令諸將擊齊，而自以精兵三萬人南從魯出胡陵。〔二〕漢王皆已破彭城，收其貨賂美人，日置酒高會。羽乃從蕭晨擊漢軍而東，至彭城，日中，大破漢軍。〔三〕漢軍皆走，追之穀、泗水。〔四〕漢軍皆南走山，〔五〕楚又追擊至靈辟東睢水上。〔六〕漢軍卻，爲楚所擠，〔七〕多殺。漢卒十餘萬皆入睢水，睢水爲不流。〔八〕漢王乃與數十騎遁去。語在高紀。太公、吕后閒求漢王，〔九〕反遇楚軍。楚軍與歸，羽常置軍中。

〔一〕服虔曰：時有十八諸侯，漢得其五。師古曰：常山、河南、魏、韓、殷也。解在高紀。十八諸侯，漢時又先已得塞、翟矣。服説非也。【補注】葉德輝曰：「劫」，史記作「部」。先謙曰：顔説亦非。詳在高紀。
〔二〕【補注】先謙曰：魯，魯國縣，今兖州府曲阜縣治。
〔三〕張晏曰：一日之中。或曰早擊之，至日中大破。師古曰：或説是也。【補注】先謙曰：蕭，沛郡縣，今徐州府蕭縣西北。
〔四〕臣瓚曰：二水皆在沛郡彭城。
〔五〕師古曰：走，趣也，音奏。

〔六〕師古曰：睢音雖。【補注】先謙曰：靈壁，至趙宋爲縣，今鳳陽府靈壁縣治。明地理志「宿州靈壁縣北有睢河」。
〔七〕臣瓚曰：擠，排也。師古曰：音子詣反，又音子奚反。
〔八〕師古曰：言殺人多，填於水中。
〔九〕師古曰：閒行而求之。

漢王稍收散卒，蕭何亦發關中卒悉詣滎陽，戰京、索閒，〔一〕敗楚。楚以故不能過滎陽而西。漢軍滎陽，築甬道，取敖倉食。三年，羽數擊絶漢甬道，漢王食乏，請和，割滎陽以西爲漢。羽欲聽之。歷陽侯范增曰：〔二〕「漢易與耳，今不取，後必悔之。」羽乃急圍滎陽。漢王患之，乃與陳平金四萬斤以閒楚君臣。〔三〕語在陳平傳。項羽以故疑范增，稍奪之權。范增怒曰：「天下事大定矣，君王自爲之！願賜骸骨歸。」行未至彭城，疽發背死。〔四〕於是漢將紀信詐爲漢王出降，以誑楚軍，故漢王得與數十騎從西門出。令周苛、樅公、魏豹守滎陽。〔五〕漢王西入關收兵，還出宛、葉閒，〔六〕與九江王黥布行收兵。羽聞之，即引兵南。漢王堅壁不與戰。

〔一〕師古曰：索音山各反。【補注】先謙曰：京，河内縣。有大索、小索亭，詳志。
〔二〕【補注】先謙曰：歷陽，九江縣，今和州治。
〔三〕師古曰：閒音居莧反。
〔四〕師古曰：疽，癰創也，音千餘反。【補注】先謙曰：官本注「創」作「瘡」。
〔五〕師古曰：苛音何。樅音千容反。【補注】沈欽韓曰：元和姓纂作「從」，漢有將軍從成公。廣韻同作「從」。何氏姓菀云「今東莞人」。則此「樅」字俗加「木」旁。

〔六〕師古曰：葉音式涉反。【補注】先謙曰：宛、葉，並南陽縣。宛，今南陽縣治；葉，今葉縣治。

是時，彭越渡睢，與項聲、薛公戰下邳，〔一〕殺薛公。羽乃東擊彭越。漢王亦引兵北軍成皋。〔二〕羽已破走彭越，〔三〕引兵西下滎陽城，亨周苛，殺樅公，虜韓王信，進圍成皋。漢王跳，〔四〕獨與滕公得出。北渡河，至修武，從張耳、韓信。〔五〕楚遂拔成皋。漢王得韓信軍，留止，使盧綰、劉賈渡白馬津入楚地，佐彭越共擊破楚軍燕郭西，〔六〕燒其積聚，攻下梁地十餘城。羽聞之，謂海春侯大司馬曹咎曰：「謹守成皋。即漢欲挑戰，慎毋與戰，勿令得東而已。我十五日必定梁地，復從將軍。」於是引兵東。

〔一〕【補注】先謙曰：史記作「彭越渡河擊楚東阿」。

〔二〕【補注】先謙曰：成皋，河南縣，今開封府汜水縣西北。

〔三〕師古曰：擊破之，令其走。

〔四〕師古曰：輕身而急出也。跳音徒彫反。【補注】先謙曰：史記「跳」作「逃」。

〔五〕【補注】先謙曰：修武，河内縣，今衞輝府獲嘉縣治。

〔六〕師古曰：燕縣，故南燕國也，屬東郡。【補注】先謙曰：今衞輝府延津縣東三十五里。

四年，羽擊陳留、外黄，外黄不下。〔一〕數日降，羽悉令男子年十五以上詣城東，欲阬之。外黄令舍人兒年十三，〔二〕往説羽曰：「彭越强劫外黄，〔三〕外黄恐，故且降，待大王。大王至，又皆阬之，百姓豈有所歸心哉！從此以東，梁地十餘城皆恐，莫肯下矣。」羽然其言，乃赦外黃當阬者，而東至睢陽，聞之皆爭下。〔四〕

〔一〕【補注】錢大昭曰：閩本不重「外黃」二字。

〔二〕蘇林曰：今之舍人兒也。臣瓚曰：稱兒者，以其幼弱，故係其父。

〔三〕師古曰：强音其兩反。

〔四〕【補注】先謙曰：睢陽，梁國縣，今歸德府商丘縣南。

漢果數挑楚軍戰，楚軍不出。使人辱之，五六日，大司馬怒，渡兵汜水。〔一〕卒半渡，漢擊，大破之，盡得楚國金玉貨賂。大司馬咎、長史欣皆自剄汜水上。咎故蘄獄掾，欣故塞王，羽信任之。羽至睢陽，聞咎等破，則引兵還。漢軍方圍鍾離昧於滎陽東，〔二〕羽軍至，漢軍畏楚，盡走險阻。〔三〕羽亦軍廣武相守，〔四〕乃爲高俎，置太公其上，〔五〕告漢王曰：「今不急下，吾亨太公。」漢王曰：「吾與若俱北面受命懷王，〔六〕約爲兄弟，吾翁即汝翁。〔七〕必欲亨乃翁，幸分我一杯羹。」〔八〕羽怒，欲殺之。項伯曰：「天下事未可知。且爲天下者不顧家，雖殺之無益，但益怨耳。」羽從之。乃使人謂漢王曰：「天下匈匈，徒以吾兩人。〔九〕願與王挑戰，決雌雄，毋徒罷天下父子爲也。」〔一〇〕漢王笑謝曰：「吾寧鬭智，不能鬭力。」羽令壯士出挑戰。漢有善騎射曰樓煩，〔一一〕楚挑戰，三合，樓煩輒射殺之。羽大怒，自被甲持戟挑戰。樓煩欲射，羽瞋目叱之，〔一二〕樓煩目不能視，手不能發，走還入壁，不敢復出。漢王使間問之，乃羽也。〔一三〕漢王大驚。於是羽與漢王相與臨廣武間而語。漢王數羽十罪。〔一四〕語在高紀。羽怒，伏弩射傷漢王。漢王入成皋。

〔一〕師古曰：氾音凡。解在高紀。

〔二〕師古曰：昧音莫葛反。【補注】先謙曰：官本「昧」皆作「眛」，是。注「葛」作「曷」。

〔三〕師古曰：走音奏。【補注】先謙曰：官本無注。

〔四〕【補注】先謙曰：史記云「項王已定東海來西，與漢俱臨廣武而軍」。

〔五〕如淳曰：高俎，几之上也。李奇曰：軍中巢櫓謂之俎。師古曰：俎者，所以薦肉。示欲烹之，故置俎上。如説是也。【補注】周壽昌曰：御覽一百七十六引郡國志曰「滎陽縣有大武城。高祖與項氏各在一城。東城有高壇，即項羽置太公於上處，今名之曰項羽堆，亦呼爲太公臺」。

〔六〕師古曰：若，汝也。

〔七〕師古曰：翁謂父也。

〔八〕師古曰：乃亦汝也。古者以杯盛羹，今之側杯有兩耳者是也。

〔九〕師古曰：匈匈，讙擾之意也。他皆類此。

〔一〇〕師古曰：罷讀曰疲。【補注】先謙曰：史記「天下」下有「之民」二字。

〔一一〕應劭曰：樓煩，胡人也。李奇曰：後爲縣，屬鴈門。此縣人善騎射，謂士爲樓煩。取其稱耳，未必樓煩人也。師古曰：李説是也。【補注】劉攽曰：安知無姓樓名煩者乎？錢大昭曰：功臣表有樓煩將丁復，蓋將樓煩之兵耳。「樓煩」非姓名。沈欽韓曰：灌嬰傳「斬樓煩將五人」，與此同也。

〔一二〕師古曰：瞋目，張目也，音充人反。

〔一三〕師古曰：問，微問之也。
〔一四〕師古曰：數，責也，音所具反。

時彭越數反梁地，絶楚糧食，又韓信破齊，且欲擊楚。羽使從兄子項它爲大將，龍且爲裨將，〔一〕救齊。韓信破殺龍且，追至成陽，虜齊王廣。信遂自立爲齊王。羽聞之，恐，使武涉往説信，語在信傳。〔二〕

〔一〕師古曰：它音徒何反，且音子余反。高紀云「項聲」，此傳云「項它」，紀、傳不同，未知孰是。【補注】王鳴盛曰：高紀於是役但書「龍且」，不言「項聲」。師古云云，不知何據。而南監本竟無此注，當是傳寫脱去。考其實則當作「項聲」，紀所以不言者，以傳中可互見，且羽雖不信人，以項氏子監軍，而龍且實主兵，故其敍事皆稱龍且，無項聲也。史記項羽紀及漢紀亦皆但有龍且，史記高紀又以是役爲龍且與周蘭二人。曹參傳云「從韓信擊斬龍且，虜亞將周蘭」。灌嬰傳略同。皆與史記高紀合。然則是役楚所遣將凡三人矣。項聲、項它皆楚將，其戰事散見諸紀傳中者甚多。觀高紀「楚使項聲、龍且攻黥布」，曹參傳「東擊龍且、項佗定陶，破之」，與灌嬰傳「擊項羽將龍且、魏相項佗軍定陶南，破之」，是一事。則二人皆嘗與龍且同事，所以史書致誤。灌嬰傳「降彭城，虜柱國項佗」，其事在破斬龍且後，相距甚遠。項它果與龍且同救齊，其時且死，周蘭被獲，全軍盡没，不應它獨得免，至彭城方被虜。故知救齊乃項聲，非它也。

〔二〕【補注】先謙曰：史記項羽紀序羽擊彭越，欲阬外黄，及漢破海春侯於此下，與史、漢高帝紀不合。今傳移於韓信破龍且前爲是。

時，漢關中兵益出，食多，羽兵食少。漢王使侯公説羽，羽乃與漢王約，中分天下，割鴻溝而西者爲漢，東者爲楚，歸漢王父母妻子。已約，羽解而東。五年，漢王進兵追羽，至故陵，〔一〕復爲羽所敗。漢王用張良計，致齊王信、建成侯彭越兵，及劉賈入楚地，圍壽春。〔二〕大司馬周殷叛楚，舉九江兵隨劉賈，迎黥布，與齊梁諸侯皆大會。

〔一〕【補注】先謙曰：官本「故」作「固」，是。史記高紀、羽紀、本書高紀「故」作「固」，説詳紀。

〔二〕【補注】先謙曰：壽春，九江縣，今鳳陽府壽州治。

羽壁垓下，〔一〕軍少食盡。漢帥諸侯兵圍之數重。羽夜聞漢軍四面皆楚歌，乃驚曰：「漢皆已得楚乎？是何楚人多也！」起飲帳中。有美人姓虞氏，〔二〕常幸從；駿馬名騅，常騎。〔三〕乃悲歌忼慨，自爲歌詩曰：「力拔山兮氣蓋世，時不利兮騅不逝。騅不逝兮可柰何！虞兮虞兮柰若何！」〔四〕歌數曲，美人和之。羽泣下數行，左右皆泣，莫能仰視。

〔一〕【補注】先謙曰：漢沛郡洨縣垓下聚，在今鳳陽府靈壁縣東南。

〔二〕【補注】周壽昌曰：史記作「有美人名虞」。案婦人從夫姓，即以己姓爲名，後世猶然。後書曹世叔妻班昭字曰惠班，晉李恒妻衞鑠稱名曰李衞，元趙孟頫妻管道昇稱名曰趙管，皆是。

〔三〕師古曰：蒼白雜毛曰騅，蓋以其色名之。

〔四〕師古曰：若，汝也。

於是羽遂上馬，戲下騎從者八百餘人，〔一〕夜直潰圍南出馳，平明，漢軍乃覺之，令騎將灌嬰以五千騎追羽，羽渡淮，騎能屬者百餘人。〔二〕羽至陰陵，迷失道，〔三〕問一田父，田父紿曰

「左」。〔四〕左，乃陷大澤中，以故漢追及之。羽復引而東，至東城，〔五〕乃有二十八騎。追者數千，羽自度不得脱，〔六〕謂其騎曰：「吾起兵至今八歲矣。身七十餘戰，所當者破，所擊者服，未嘗敗北，遂伯有天下。〔七〕然今卒困於此，〔八〕此天亡我，非戰之罪也。今日固決死，願爲諸軍快戰，〔九〕必三勝，斬將，艾旗，乃後死，〔一〇〕使諸君知我非用兵罪，〔一一〕天亡我也。」於是引其騎因四隤山〔一二〕而爲圜陳外嚮。〔一三〕漢騎圍之數重。羽謂其騎曰：「吾爲公取彼一將。」令四面騎馳下，期山東爲三處。於是羽大呼馳下，〔一四〕漢軍皆披靡，〔一五〕遂殺漢一將。是時，楊喜爲郎騎，追羽，羽還叱之，〔一六〕喜人馬俱驚，辟易數里。〔一七〕與其騎會三處。漢軍不知羽所居，分軍爲三，復圍之。羽乃馳，復斬漢一都尉，殺數十百人。復聚其騎，亡兩騎。乃謂騎曰：「何如？」騎皆服曰：「如大王言。」
〔一〕師古曰：戲，大將之旗也，音許宜反，又音許爲反。漢書通以戲爲旌麾及指麾字。
〔二〕師古曰：屬，聯及也，音之欲反。
〔三〕孟康曰：縣名，屬九江郡。【補注】先謙曰：今鳳陽府定遠縣西北六十五里。
〔四〕文穎曰：紿，欺也；欺令左也。
〔五〕【補注】宋祁曰：東城，縣名。先謙曰：九江縣，今定遠縣東南。
〔六〕師古曰：脱，免也，音土活反。
〔七〕師古曰：伯讀曰霸。
〔八〕師古曰：卒，終也。

〔九〕【補注】錢大昭曰：「快」，南監本、閩本並作「決」，漢紀同。王念孫曰：「諸軍」，當依史記、漢紀作「諸君」。羽此時但有二十八騎，不得言諸軍也。下亦作「諸君」。葉德輝曰：德藩本作「決」。先謙曰：史集解本作「快」，官本「決」。

〔一〇〕師古曰：艾音刈。【補注】先謙曰：史記作「刈」。

〔一一〕【補注】葉德輝曰：「知我」，閩本、德藩本作「知吾」。先謙曰：官本作「知吾」。

〔一二〕孟康曰：四下隤陁也。師古曰：隤音徒回反。【補注】沈欽韓曰：輿地紀勝「四隤山在烏江縣西北三十里，直陰陵山」。方輿紀要亦名四馬山。

〔一三〕師古曰：圜陳，四周爲之也。外嚮，謂兵刃皆在外也。【補注】先謙曰：史記云「分其騎以爲四隊，四嚮」。

〔一四〕師古曰：呼，叫也，音火故反。

〔一五〕師古曰：披音普彼反。

〔一六〕師古曰：還謂迴面也。

〔一七〕師古曰：辟易，謂開張而易其本處。辟音頻亦反。

於是羽遂引東，欲渡烏江。〔一〕烏江亭長檥船待，〔二〕謂羽曰：「江東雖小，地方千里，衆數十萬，亦足王也。願大王急渡。今獨臣有船，漢軍至，亡以渡。」羽笑曰：「乃天亡我，何渡爲！且籍與江東子弟八千人渡而西，今亡一人還，縱江東父兄憐而王我，我何面目見之哉？縱彼不言，籍獨不愧於心乎！」謂亭長曰：「吾知公長者也，吾騎此馬五歲，所當亡敵，嘗一日千里，吾不忍殺，以賜公。」乃令騎皆去馬，步持短兵接戰。羽獨所殺漢軍數百人。羽亦被十餘創。顧見漢騎司馬吕馬童曰：「若非吾故人乎？」〔三〕馬童面之，〔四〕指王翳曰：〔五〕「此項王也。」羽乃曰：「吾聞漢購我頭千金，邑萬户，〔六〕吾爲公得。」〔七〕乃自剄。王翳取其頭，亂相轢蹈〔八〕爭羽相殺者數十人。最後楊喜、吕馬童、郎中吕勝、楊武各得其一體。故分其地以封五人，皆爲列侯。〔九〕漢王乃以魯公號葬羽於穀城。〔一〇〕諸項支屬皆不誅。封項伯等四人爲列侯，賜姓劉氏。〔一一〕

〔一〕臣瓚曰：在牛渚。【補注】先謙曰：正義引括地志云「烏江亭即和州烏江縣是也，晉初爲縣」。案，在今和州東北。
〔二〕服虔曰：檥音蟻。如淳曰：南方人謂整船向岸曰檥。
〔三〕師古曰：若，汝也。
〔四〕張晏曰：以故人難親斫之，故背之也。如淳曰：面謂不正視也。師古曰：如説非也，面謂背之，不面向也。面縛亦謂反偝而縛之。杜元凱以爲「但見其面」，非也。【補注】劉攽曰：面之，直面向之耳。沈欽韓曰：劉説是。少儀云「遇於道，見則面」。鄭注「可以隱則隱，則謂面爲向也，亦作偭」。説文「偭，鄉也」。少儀「尊壺者偭其鼻」。
〔五〕如淳曰：指示王翳。【補注】朱一新曰：功臣表作「王翳」。索隱引表又作「王翥」。
〔六〕師古曰：購，以財設賞，音工豆反。
〔七〕鄧展曰：令公得我爲功也。晉灼曰：字或作德。【補注】先謙曰：史記作「德」字，通。
〔八〕師古曰：轢，踐也，音人九反。【補注】先謙曰：史記作「餘騎相蹂踐」。
〔九〕【補注】錢大昭曰：喜，赤泉侯；翳，杜衍侯；馬童，中水侯；勝，涅陽侯；武，吴房侯。
〔一〇〕【補注】何焯曰：羽受命懷王救趙時，以魯公爲次將。被以魯公號，以正楚君臣之分也。先謙曰：穀城説詳高紀。
〔一一〕【補注】先謙曰：功臣表有劉纏、劉襄、劉它三人。其一，羽紀云玄武侯，表不載。

贊曰：昔賈生之過秦曰：〔一〕

〔一〕應劭曰：賈生書有過秦二篇，言秦之過。此第一篇也。司馬遷取以爲贊，班固因之。

秦孝公據殽函之固，擁雍州之地，〔二〕君臣固守而闚周室，有席卷天下，包舉宇內，囊括四海，并吞八荒之心。〔二〕當是時也，商君佐之，〔三〕內立法度，務耕織，修守戰之備，外連衡而鬭諸侯。於是秦人拱手而取西河之外。〔四〕

〔二〕師古曰：殽謂殽山，今陝縣東二殽是也。函謂函谷，今桃林縣南洪溜澗是也。

〔二〕張晏曰：括，結囊也，言其能包含天下。師古曰：八荒，八方荒忽極遠之地也。【補注】先謙曰：新書、陳涉世家贊「四海」下有「之意」二字，文選同。始皇紀作「之志」。

〔三〕師古曰：衞鞅也，封於商。

〔四〕師古曰：言其不費功力也。【補注】沈欽韓曰：呂覽觀表篇「吳起治西河之外，王錯譖之於魏武侯，武侯使人召之。吳起至於岸門，索隱「劉氏云，河東皮氏縣有岸頭亭」。止車望西河，泣數行下，曰：『君聽讒人之議，而不知我。西河之爲秦也不久矣。』」案秦紀「孝公下令曰：三晉攻奪我先君河西地」，是則魏先侵食秦地，故得築長城自洛北有上郡也。自吳起去後，秦用商君，東地至河，而魏西境蹙矣。齊策「蘇代説閔王曰『衞鞅見魏王』云云，魏王大恐，按兵於國而東次於齊。當是時，秦王垂拱而受西河之外」。此惠成王之世也。然其地猶未盡入秦。世家襄王五年，予秦西河之地。秦惠王八年。七年，魏盡入上郡於秦。惠王十年正義「案，丹鄜、延綏等州，北至固陽並上郡地，魏築長城界。自華州鄭縣已北，濱洛源縣白於山，即東北至勝州(固)〔固〕陽縣東至河西上郡之地，盡入於秦」。秦策「楚攻魏。張儀謂秦王曰：『不如與魏以勁之。』魏戰勝威王，兵罷敝，恐畏秦，獻西河之外」。此即襄王獻地之由也。韓非子、韓策俱云

「魏兩用犀首、張儀，而西河之外亡」。淮南氾論「魏兩用樓翟、吴起而亡西河」，皆非核實之言。

孝公既没，惠文、武、昭襄〔一〕蒙故業，因遺策，南取漢中，西舉巴蜀，東割膏腴之地，收要害之郡。諸侯恐懼，會盟而謀弱秦，不愛珍器重寶肥饒之地，以致天下之士。合從締交，〔二〕相與爲一。當此之時，齊有孟嘗，〔三〕趙有平原，〔四〕楚有春申，〔五〕魏有信陵。〔六〕此四賢者，〔七〕皆明智而忠信，寬厚而愛人，尊賢重士，約從離横，〔八〕兼韓、魏、燕、趙、宋、衞、中山之衆。〔九〕於是六國之士〔一〇〕有甯越、徐尚、蘇秦、杜赫之屬爲之謀，〔一一〕齊明、周最、陳軫、召滑、樓緩、翟景、蘇厲、樂毅之徒通其意，〔一二〕吴起、孫臏、帶他、兒良、王廖、田忌、廉頗、趙奢之朋制其兵。〔一三〕常以十倍之地，百萬之軍，仰關而攻秦。〔一四〕秦人開關延敵，九國之師遁巡而不敢進。〔一五〕秦無亡矢遺鏃之費，而天下已困矣。〔一六〕於是從散約敗，争割地而賂秦。秦有餘力而制其弊，追亡逐北，伏尸百萬，流血漂鹵，〔一七〕因利乘便，宰割天下，分裂山河，强國請服，弱國入朝。

〔一〕師古曰：惠文王，孝公之子。武王，惠文王之子。昭襄王，武王之弟。【補注】先謙曰：新書作「惠文、武、昭襄王」。涉世家贊作「惠文王、武王、昭王」。始皇紀作「惠王、武王」。文選作「惠文、武、昭」。

〔二〕師古曰：締，結也。從音子容反。締音大系反。

〔三〕師古曰：孟嘗君田文。

〔四〕師古曰：平原君趙勝。

〔五〕師古曰：春申君黃歇。

〔六〕師古曰：公子無忌爲信陵君。

〔七〕【補注】先謙曰：新書、史記、文選作「四君」。

〔八〕師古曰：約誓爲從，欲以分離爲横。横謂秦也。從音子容反。其下亦同。【補注】先謙曰：涉世家贊作「連衡」。始皇紀、新書、文選與此同。言離散秦之横。連字誤。

〔九〕【補注】王念孫曰：始皇紀「燕」下有「楚、齊」二字，是也。下文兩言「九國之師」，又云「陳涉之位，不齒於齊、楚、燕、趙、韓、魏、宋、衛、中山之君」，是其證。今本漢書及陳涉世家、賈子、文選脱「楚、齊」二字。

〔一〇〕【補注】先謙曰：衛微弱，宋、中山又先滅，故止言六國。

〔一一〕【補注】周壽昌曰：吕覽不廣篇「甯越可謂知用文武矣」。注「甯越，趙中牟人」。諭大篇「杜赫説周昭文君以安天下」。注「杜赫，周人，杜伯之後」。亦見周策。

〔一二〕師古曰：召讀曰邵。【補注】沈欽韓曰：召滑，楚策作「卓滑」，聲之轉也。齊明説卓滑以伐秦，則滑爲楚相。先謙曰：始皇紀作「昭滑」，涉世家贊作「邵滑」。索隱：「國策『齊明，東周臣，後仕秦、楚及韓』。」周最，周之公子，亦仕秦。樓緩，魏文侯之弟，所謂樓子也。翟景，王念孫以爲即楚魏策之翟强，「景」、「强」聲近，引史記高祖功臣表「杜衍彊侯王郢人」，徐廣注「彊」一作「景」，爲「景」、「彊」通作之證。

〔一三〕師古曰：臏音頻忍反。他音徒何反。兒音五奚反。廖音聊。【補注】王念孫曰：易林益之臨云「帶季、兒良，明知權兵，將師合戰，敵不能當，趙、魏以强」。帶季蓋即帶佗，二人爲趙魏將，故云「趙魏以强」。但未知孰趙孰魏也。周壽昌曰：藝文志兵權謀家有兒良一篇。吕覽不二篇「王廖貴先，兒良貴後，二人皆天下之豪士」。注云「王廖謀兵事，貴先建策也。兒良作兵謀，貴後」。

〔一四〕師古曰：秦之地形高，而諸侯之兵欲攻關中者皆仰嚮，故云仰關也。今流俗書本「仰」字作「叩」，非也。【補注】王念孫曰：「仰」本作「卬」，古仰望字皆如此作。師古注當云「卬讀曰仰」，此四字見於師古注者不可枚舉。今本則正文、注文「卬」字皆改爲「仰」，又删去「卬讀曰仰」四字矣。卬、叩字相似，故卬誤爲叩。若本是「仰」字，何緣誤爲「叩」乎？先謙曰：始皇紀、文選並作「叩」，叩，擊也，於義亦通。新書潭本作「扣關」，與「叩」同。建本作「仰關」。

〔一五〕師古曰：遁巡，謂疑懼而卻退也。遁音千旬反。流俗書本「巡」字誤作「逃」，讀者因之而爲遁逃之義。潘岳西征賦云「逃遁以奔竄」，斯亦誤矣。【補注】先謙曰：官本注「懼」作「出」，引宋祁曰：「姚本注文『疑出』作『疑懼』。」又注「逃遁」，官本作「遁逃」。沈欽韓云「新書作『逡遁』」是也。遁、巡、循皆一字。鄉射禮「賓少退」，鄭注「少，逡遁」。釋言「逡，退也」，郭注「逡巡，卻去也」。管子戒篇亦作「逡遁」，晏子問篇作「逡循」，莊子至樂篇「蹲循而爭」，無作「遁巡」者。師古所妄改也。

〔一六〕師古曰：鏃，矢鋒也，音子木反。【補注】先謙曰：諸書「天下」下有「諸侯」二字。官本注在「費」下。

〔一七〕師古曰：漂，浮也。鹵，盾也。其血可以浮盾，言殺人多也。漂音匹遥反。【補注】錢大昭曰：説文「櫓，大盾也」，或作「樐」，鹵又樐之省文。先謙曰：官本注無末五字。史記、文選作「櫓」，新書作「樐」。

施及孝文、莊襄王，〔一〕享國之日淺，國家亡事。

〔一〕師古曰：施，延也。孝文王，昭襄王之子也。莊襄王，孝文王之子，即始皇父也。施音戈豉反。

及至始皇，奮六世之餘烈，〔一〕振長策而馭宇内，〔二〕吞二周而亡諸侯，履至尊而制六合，執敲扑以鞭笞天下，〔三〕威震四海。〔四〕南取百粤之地，以爲桂林、象郡。百粤之君頫首係頸，〔五〕委命下吏。乃使蒙恬北築長城而守藩籬，〔六〕卻匈奴七百餘里，〔七〕胡人不敢南下而牧馬，士不敢彎弓而報怨。〔八〕於是廢先王之道，焚百家之言，以愚黔首。隳名城，殺豪俊，〔九〕收天下之兵聚之咸陽，銷鋒鍉，〔一〇〕鑄以爲金人十二，〔一一〕以弱天下之民。然後踐華爲城，〔一二〕因河爲池，據億丈之城，臨不測之川，以爲固。〔一三〕良將勁弩，守要害之處，信臣精卒，陳利兵而誰何。〔一四〕天下已定，始皇之心，自以爲關中之固，金城千里，子孫帝王萬世之業也。

〔一〕師古曰：孝公、惠文王、武王、昭襄王、孝文王、莊襄王，凡六君也。烈，業也。

〔二〕師古曰：以乘馬爲喻也。策，所以撾馬也。

〔三〕鄧展曰：敲，短杖也。扑，捶也。師古曰：敲音苦交反。扑音普木反。

〔四〕【補注】錢大昭曰：此句與下文「餘威震于殊俗」，史記、新書「震」皆作「振」，古字通。

〔五〕鄧展曰：頫音俯。師古曰：古俯字。

〔六〕師古曰：言以長城扞蔽胡寇，如人家之有藩籬。

〔七〕師古曰：卻音丘略反。

〔八〕【補注】先謙曰：涉世家贊作「貫弓」，字同。

〔九〕師古曰：墮，毀也，音火規反。

〔一〇〕如淳曰：鍉音嫡，箭鏃也。師古曰：鋒，戈戟刃也。鍉與鏑同，即箭鏃也。如音是也。

〔一一〕師古曰：所謂公仲者也。三輔黃圖云，坐高三丈。其銘曰「皇帝二十六年，初兼天下，改諸侯爲郡縣，一法律，同度量。大人來見臨洮，其長五丈，足跡六尺」。【補注】先謙曰：索隱云「各重千石，坐高二丈」。與此三丈異。「公」作「翁」，字同。

〔一二〕服虔曰：斷華山爲城。晉灼曰：踐，登也。師古曰：晉說是。【補注】先謙曰：官本注末有「也」字。

〔一三〕【補注】先謙曰：川，史記、文選作「谿」，新書作「淵」。

〔一四〕師古曰：問之爲誰，又云何人，其義一也。【補注】沈欽韓曰：六韜金鼓篇「凡三軍以戒爲固，以怠爲敗，令我壘上，誰何不絶」。

始皇既没，餘威震于殊俗。然而陳涉甕牖繩樞之子，〔一〕甿隸之人，〔二〕遷徙之徒也，材能不及中庸，〔三〕非有仲尼、墨翟之知，〔四〕陶朱、猗頓之富。〔五〕躡足行伍之間，〔六〕而免起阡陌之中，〔七〕帥罷散之卒，將數百之衆，〔八〕轉而攻秦。〔九〕斬木爲兵，揭竿爲旗，〔一〇〕天下雲合嚮應，〔一一〕贏糧而景從，〔一二〕山東豪俊遂並起而亡秦族矣。

〔一〕服虔曰：以繩係户樞。孟康曰：瓦甕爲樞也。【補注】先謙曰：官本〔注〕「樞也」作「窻也」，是。

〔二〕如淳曰：甿，古文萌字。甿，民也。【補注】先謙曰：官本作「萌」，民也。

〔三〕【補注】周壽昌曰：「中庸」，史記作「中人」。案中庸，古止訓中人，庸人非美稱也。唐劉知幾史通兩稱中庸，俱作中人解，可證。先謙曰：文選注：「方言『庸，賤稱也，言不及中等庸人也』。」

〔四〕文穎曰：墨翟，宋人，爲墨家者也。【補注】先謙曰：新書、史記、文選「知」作「賢」。

〔五〕師古曰：越人范蠡逃越，止於陶，自謂陶朱公。猗頓本魯人。大畜牛羊於猗氏之南，貲撥王公，馳名天下。【補注】先謙曰：官本注「撥」作「擬」，是。

〔六〕如淳曰：躡音疊。師古曰：躡音女涉反。

〔七〕如淳曰：時皆僻屈在阡陌之中也。師古曰：免者，言免脱傜役也。免字或作俛，讀與俯同。【補注】王念孫曰：「阡陌」本作「什伯」，此因「什伯」誤作「仟佰」，故又誤作「阡陌」耳。今本漢書及史記陳涉世家、賈子、文選皆誤作「阡陌」，唯始皇紀作「什伯」。羣書治要引同。集解引漢書音義云「首出十長百長之中」。如淳云「時皆辟屈在十百之中」。據此，則正文及如注皆本作「什伯」明矣。陳涉世家索隱亦作「什伯」，注云，謂在十人百人之長也。今本「什伯」誤作「仟伯」，「十人」誤作「千人」，與匈奴傳索隱不合。且下文云「將數百之衆」，則不得言「千」明矣。匈奴傳索隱引續漢書百官志云「里魁掌一里百家，什主十家，伍長五家」。又引過秦論云「俛起什百之中」，此皆其明證。上言行伍，故下言什伯。淮南兵略篇所謂「正行伍連什伯」也。或謂陳涉起於田間，當以作阡陌者爲是。不知陳涉起於大澤，乃爲屯長時事，非爲耕夫時事。上文先言「甿隷之人」，後言「遷徙之徒」，此文行伍、什伯，皆承「遷徙之徒」言之。下文「適戍之衆」，又承行伍、什伯言之。「躡足行伍之間，免起什伯之中，率罷散之卒，將數百之衆」四句，一意相承，皆謂戍卒也。若作「阡陌」，則與上下文不類矣。先謙曰：新書潭本作「倔起」，建本作「俛起」，始皇紀作「倔起」，世家作「俛仰」，文選作「俛起」。官本注「俯」作「免」。

〔八〕師古曰：罷讀曰疲。

〔九〕【補注】先謙曰：史記作「而轉攻秦」。新書、文選與此同。

〔一〇〕師古曰：揭音竭，謂豎之也。今讀之者爲「負揭」之「揭」，非也。

〔一一〕師古曰：嚮讀曰響，言如響之應聲。

〔一二〕師古曰：贏，擔也。景從，言如影之隨形也。

且天下非小弱也，雍州之地，殽函之固，自若也。〔一〕陳涉之位，不齒於齊、楚、燕、趙、韓、魏、宋、衞、中山之君；〔二〕鉏櫌棘矜，不敵於鉤戟長鎩；〔三〕適戍之衆，不亢於九國之師；〔四〕深謀遠慮，行軍用兵之道，非及曩時之士也。〔五〕然而成敗異變，功業相反，何也？〔六〕試使山東之國與陳涉度長絜大，〔七〕比權量力，〔八〕不可同年而語矣。然秦以區區之地，致萬乘之權，〔九〕招八州而朝同列，〔一〇〕百有餘年，然后以六合爲家，〔一一〕殽函

爲宫。一夫作難而七廟墮，〔一二〕身死人手，爲天下笑者，何也？仁誼不施，而攻守之勢異也。〔一三〕

〔一〕師古曰：「自若」猶言「如故」也。

〔二〕師古曰：齒謂齊列如齒。【補注】先謙曰：新書、史記、文選「不齒」作「非尊」。

〔三〕服虔曰：耰，鉏柄也；以鉏柄及棘作矛穳也。晉灼曰：耰椎，塊椎也。師古曰：服説非也。耰，摩田器也。棘，戟也。矜與穳同，穳謂矛鋋之杷也。鉤戟，戟刃鉤曲者也。鎩，鈹也。言往者秦銷兵刃，陳涉起時，但用鉏耰及戈戟之穳以相攻戰也。耰音憂。矜音其巾反。鎩音其列反。【補注】王念孫曰：方言「矜謂之杖」；棘矜，謂伐棘以爲杖也」。淮南兵略篇「陳勝伐櫞棗而爲矜」，義與此同。伐棘爲矜，即上文所云「斬木爲兵」也。徐樂傳「陳涉起窮巷，奮棘矜」。嚴安傳「陳勝、吴廣起窮巷，杖棘矜」。史記淮南厲王傳「適戍之衆，鐖鑿棘矜」，義竝與此同。師古云「以棘爲戟」，非也。下文「鉤戟長鎩」，乃始言戟耳。先謙曰：史記「不敵」作「非銛」，文選同。一作「非錟」。新書建本作「不敵」。潭本作「非銛」。銛、錟字同。官本脱注「耰，鉏柄也」四字，「謂」上無「穳」字，「其列反」作「山列反」。

〔四〕師古曰：適讀曰謫。謂罪罰而行也。亢，當也，讀與抗同。【補注】先謙曰：史記、文選、新書「不」作「非」。

〔五〕師古曰：曩，昔也，音乃朗反。

〔六〕【補注】先謙曰：新書、史記無「何」字；文選並無「也」字。

〔七〕師古曰：絜謂圍束之也。度音徒各反。絜音下結反。

〔八〕【補注】宋祁曰：學官本作「重力」，史記作「量力」。

〔九〕師古曰：區區，小貌也。【補注】先謙曰：官本注「小」作「之」，引宋祁曰：姚本注文「之」作「小」。先謙案，官本注文在上句下。

〔一〇〕鄧展曰：招，舉也。蘇林曰：招音翹。【補注】先謙曰：新書「招」作「序」。始皇紀、文選同。陳涉世家作「抑」。官本注鄧展、蘇林互易。
〔一一〕師古曰：后與後同，古通用字也。
〔一二〕師古曰：墮，毀也，音火規反。
〔一三〕【補注】先謙曰：此上史公用爲陳涉世家贊，下則項羽紀贊。

周生亦有言，〔一〕「舜蓋重童子」，〔二〕項羽又重童子，〔三〕豈其苗裔邪？何其興之暴也！夫秦失其政，陳涉首難，豪傑蜂起，相與並爭，不可勝數。然羽非有尺寸，乘勢拔起隴畝之中，〔四〕三年，遂將五諸侯兵滅秦，〔五〕分裂天下而威海內，封立王侯，政繇羽出，〔六〕號爲「伯王」，〔七〕位雖不終，近古以來未嘗有也。〔八〕及羽背關懷楚，放逐義帝，〔九〕而怨王侯畔己，難矣。自矜功伐，奮其私智而不師古，始霸王之國，〔一〇〕欲以力征〔一一〕經營天下，五年卒亡其國，〔一二〕身死東城，尚不覺寤，不自責過失，乃引「天亡我，非用兵之罪」，豈不謬哉！

〔一〕鄭氏曰：周時賢大夫。師古曰：史記稱太史公曰「余聞之周生」，則知非周時人，蓋姓周耳。【補注】先謙曰：官本注「賢大夫」作「賢人也」。項羽紀集解引文穎云「周時賢者」，則官本是。此「大夫」二字有誤。
〔二〕【補注】錢大昭曰：童，古「瞳」字也。說文本不從目。沈欽韓曰：董子三代改制篇「舜有二童子」。荀子非相篇「堯舜參牟子」。楊倞注：尸子曰「舜兩眸子，是謂重明」。淮南修務訓亦本尸子語。
〔三〕師古曰：童子，目之眸子。
〔四〕晉灼曰：拔音卒拔之拔。鄧展曰：疾起也。師古曰：音步末反。

〔五〕【補注】先謙曰：集解「此時山東六國，而齊、趙、韓、魏、燕五國并起，從伐秦，故云五諸侯」。

〔六〕師古曰：繇與由同。

〔七〕師古曰：伯讀曰霸。

〔八〕師古曰：近古猶末代。

〔九〕師古曰：背關，謂背約不王高祖於關中。懷楚，謂思東歸而都彭城。【補注】先謙曰：顧炎武云「舍關中形勝之地而都彭城。如師古之解，乃背約，非背關」。

〔一〇〕【補注】宋祁曰：舊本無「霸王之國」四字。王先慎曰：史記「始」作「謂」，是。

〔一一〕【補注】沈欽韓曰：商子開塞篇「湯武致强而征諸侯，服其力也。力征諸侯者退德」。

〔一二〕【補注】宋祁曰：舊本無「其國」二字。

張耳陳餘傳第二

張耳，大梁人也，〔一〕少時及魏公子毋忌爲客。〔二〕嘗亡命遊外黃，〔三〕外黃富人女甚美，庸奴其夫，〔四〕亡邸父客。〔五〕父客謂曰：「必欲求賢夫，從張耳。」女聽，爲請決，嫁之。〔六〕女家厚奉給耳，耳以故致千里客，宦爲外黃令。〔七〕

〔一〕臣瓚曰：今陳留大梁城也。【補注】先謙曰：地理志「陳留郡浚儀縣，古大梁，秦時蓋屬碭郡；今開封府祥符縣西北」。

〔二〕師古曰：毋忌，六國時信陵君也。言其尚及見毋忌，爲之賓客。

〔三〕師古曰：命者，名也。凡言亡命，謂脱其名籍而逃亡。【補注】劉奉世曰：顔解太迂，直避禍自逃其命爾。

〔四〕師古曰：言不恃賴其夫，視之若庸奴。

〔五〕如淳曰：父時故賓客也。師古曰：邸，歸也，音丁禮反。【補注】先謙曰：史記作「嫁庸奴，亡其夫去抵父客」。王楙云「夫本庸奴，又亡去也。班削『嫁』、『亡』二字，義便不同」。王念孫云「徐廣注，一云『其夫亡也』。案，一本是也，『嫁』字後人所加，『亡』字在『其夫』下」。引本書爲證。朱一新云「此當讀『嫁庸奴』爲句，『亡其夫去抵父客』爲句，言所嫁者乃庸奴，因逃其夫而去抵父客也。亡訓出亡之亡，非死亡之亡」。與漢書義同。王氏楙誤解耳。王氏念孫説甚辨，但史「嫁」字諸本皆有之，臆去，究嫌武斷。

〔六〕師古曰：請決絶於前夫而嫁於耳。

〔七〕【補注】齊召南曰：案史記作「宦魏爲外黄令」是也，必有「魏」字以別於秦。漢書删之，即下文「秦購耳以千金」不明矣。

陳餘，亦大梁人，好儒術。〔一〕遊趙苦陘，〔二〕富人公乘氏以其女妻之。〔三〕餘年少，父事耳，相與爲刎頸交。〔四〕

〔一〕【補注】沈欽韓曰：孔叢獨居篇載陳餘與子魚語，亦其好儒之證。

〔二〕張晏曰：苦陘，章帝醜其名，改曰漢昌。師古曰：陘音刑。【補注】先謙曰：苦陘，漢中山縣，秦時蓋屬代郡，今正定府無極縣東北。

〔三〕【補注】先謙曰：史記有「亦知陳餘非庸人也」八字。

〔四〕師古曰：刎，斷也。刎頸交者，言托契深重，雖斷頸絶頭無所顧也。刎音舞粉反。

高祖爲布衣時，嘗從耳遊。秦滅魏，購求耳千金，餘五百金。〔一〕兩人變名姓，俱之陳，爲里監門。〔二〕吏嘗以過笞餘，餘欲起，耳攝使受笞。〔三〕吏去，耳數之曰：〔四〕「始吾與公言何如？今見小辱而欲死一吏乎？」餘謝罪。

〔一〕【補注】先謙曰：史記「秦滅魏」下有「數歲，已聞此兩人，魏之名士也」句。

〔二〕師古曰：監門，卒之賤者，故爲卑職以自隱。

〔三〕師古曰：攝謂引持之。【補注】先謙曰：史記「攝」作「躡之」。

〔四〕師古曰：數，責也，音所具反。

陳涉起蘄至陳，耳、餘上謁涉。〔一〕涉及左右生平數聞耳、餘賢，見，大喜。

〔一〕師古曰：上其謁而見也。上謁，若今之通名。

陳豪桀説涉曰：「將軍被堅執鋭，帥士卒以誅暴秦，復立楚社稷，功德宜爲王。」陳涉問兩人，兩人對曰：「將軍瞋目張膽，〔一〕出萬死不顧之計，爲天下除殘。今始至陳而王之，視天下私。〔二〕願將軍毋王，急引兵而西，遣人立六國後，自爲樹黨。〔三〕如此，野無交兵，誅暴秦，據咸陽以令諸侯，則帝業成矣。今獨王陳，恐天下解矣。」〔四〕涉不聽，遂立爲王。

〔一〕師古曰：張膽，言勇之甚。

〔二〕師古曰：視讀曰示。

〔三〕師古曰：樹，立也。

〔四〕師古曰：解謂離散其心也。【補注】先謙曰：官本「矣」作「也」。

耳、餘復説陳王曰：「大王興梁、楚，務在入關，未及收河北也。臣嘗遊趙，知其豪傑，〔一〕願請奇兵略趙地。」於是陳王許之，以所善陳人武臣爲將軍，耳、餘爲左右校尉，〔二〕與卒三千人，從白馬渡河。〔三〕至諸縣，説其豪桀〔四〕曰：「秦爲亂政虐刑，殘滅天下，〔五〕北爲長城之役，南有五領之戍，〔六〕外内騷動，百姓罷敝，〔七〕頭會箕斂〔八〕以供軍費，財匱力盡，〔九〕重以苛法，〔一〇〕使天下父子不相聊。〔一一〕今陳王奮臂爲天下倡始，莫不嚮應，〔一二〕家自爲怒，各報其怨，〔一三〕縣殺其令丞，郡殺其守尉。今以張大楚，王陳，〔一四〕使吳廣、周文將卒百萬西擊秦。於此時而不成封侯之業者，非人豪也。夫因天下之力而攻無道之君，報父兄之怨而成割地之業，此一時也。」豪傑皆然其言。乃行收兵，得數萬人，號武信君。〔一五〕下趙十餘城，餘皆城守莫肯下。乃引兵東北擊范陽。〔一六〕范陽人蒯通說其令徐公降武信君，〔一七〕又說武信君以侯印封范陽令。語在通傳。趙地聞之，不戰下者三十餘城。

〔一〕師古曰：與相知也。【補注】先謙曰：官本「傑」皆作「桀」。

〔二〕【補注】齊召南曰：案此文上，史記有「邵騷爲護軍」一句，又下文「張耳爲右丞相」下，有「邵騷爲左丞相」一句。漢書刪去，實於事情不合。

〔三〕師古曰：津名，即今滑州白馬縣界也。【補注】先謙曰：白馬，東郡縣，今衛輝府滑縣東二十里有白馬津，詳志。

〔四〕鄧展曰：至河北縣說之。

〔五〕【補注】先謙曰：史記作「殘賊天下」。「滅」、「賊」形近，義俱可通。

〔六〕服虔曰：山領有五，因以爲名。交阯、合浦界有此領。師古曰：服說非也。領者，西自衡山之南，東窮於海，一山之限耳。而別標名，則有五焉。裴氏廣州記云「大庾、始安、臨賀、桂陽、揭陽，是爲五領」。鄧德明南康記曰「大庾領一也，桂陽騎田領二也，九真都龐領三也，臨賀萌渚領四也，始安越城領五也」。裴說是也。【補注】吳仁傑曰：案淮南書「始皇發卒五十萬，使蒙公築修城；使尉屠睢發卒五十萬爲五軍，一軍塞鐔城之領，一軍守九疑之塞，一軍處番禺之都，一軍守南野之界，一軍結餘干之水」，與張耳傳相符。所謂「五領」者此也。案漢志，鐔城縣屬武陵郡，南壄縣、餘干縣並屬豫章郡，九疑屬零陵，而番禺屬南海云。

〔七〕師古曰：罷讀曰疲。

〔八〕服虔曰：吏到其家，人人頭數出穀，以箕斂之。【補注】沈欽韓曰：淮南人間訓「大夫箕會於衢」，注「箕會，以箕於衢會斂」。

〔九〕師古曰：匱，竭也。

〔一〇〕師古曰：重音直用反。

〔一一〕師古曰：言無聊賴，以相保養。

〔一二〕師古曰：倡讀曰唱。嚮讀曰響。

〔一三〕師古曰：爲音于僞反。

〔一四〕師古曰：言張建大楚之國而王於陳地。【補注】劉奉世曰：案陳勝立爲王，號張楚耳。云「張大楚」者，斥其號也。先謙曰：官本注「地」作「也」。張楚即大楚，説見陳勝傳。但言張楚，人不通知，故稱張大楚以顯其義耳。

〔一五〕師古曰：武臣自號也。

〔一六〕【補注】先謙曰：范陽，漢涿郡縣，秦屬漁陽郡，今保定府定興縣南四十里。

〔一七〕【補注】齊召南曰：案漢書於史記亦多所訂正。如説項羽之韓生，及此傳范陽令徐公是也。又如貫高説張敖語，史作「今王事高祖甚恭」，生前豈應稱謚？漢書改「高祖」爲「皇帝」，當矣。

至邯鄲，〔一〕耳、餘聞周章軍入關，至戲卻；〔二〕又聞諸將爲陳王徇地，多以讒毁得罪誅。怨陳王不以爲將軍而以爲校尉，〔三〕乃説武臣曰：「陳王非必立六國後，〔四〕今將軍下趙數十城，獨介居河北，〔五〕不王無以填之。〔六〕且陳王聽讒，還報，恐不得脱於禍。〔七〕願將軍毋失時。」武臣乃聽，遂立爲趙王。以餘爲大將軍，耳爲丞相。

〔一〕【補注】先謙曰：邯鄲，漢趙國縣，秦屬邯鄲郡，今廣平府邯鄲縣西南十里。

〔二〕蘇林曰：至戲地而卻兵。

〔三〕【補注】先謙曰：史記作「怨陳王不用其筴，不以爲將，而以爲校尉」。
〔四〕師古曰：非，不也。【補注】先謙曰：言非六國後人，皆可王。
〔五〕晉灼曰：介音戛。臣瓚曰：介，特也。師古曰：二説並非也。介，隔也，讀如本字。
〔六〕師古曰：填音竹刃反。
〔七〕師古曰：脱，免也，音土活反。【補注】先謙曰：官本無注。

使人報陳王，陳王大怒，欲盡族武臣等家，而發兵擊趙。相國房君諫曰：〔一〕「秦未亡，今又誅武臣等家，此生一秦也。不如因而賀之，使急引兵西擊秦。」陳王從其計，徙繫武臣等家宮中，封耳子敖爲成都君。使使者賀趙，趣兵西入關。〔二〕耳、餘説武臣曰：「王王趙，非楚意，特以計賀王。〔三〕楚已滅秦，必加兵於趙。願王毋西兵，北徇燕、代，南收河内以自廣。趙南據大河，北有燕、代，楚雖勝秦，必不敢制趙。」趙王以爲然，因不西兵，而使韓廣略燕，李良略常山，張黶略上黨。〔四〕

〔一〕【補注】錢大昭曰：「相國」當作「柱國」。陳勝傳云「以上蔡人房君蔡賜爲上柱國」。史記作「相國」亦誤。周壽昌曰：當造亂時，官無定制，柱國、相國從其尊者稱之，非誤也。
〔二〕師古曰：趣讀曰促。
〔三〕師古曰：言力不能制，且事安撫，爲權宜之計耳。
〔四〕師古曰：黶音烏黠反。

韓廣至燕，燕人因立廣爲燕王。趙王乃與陳餘北略地燕界。〔一〕趙王閒出，爲燕軍所得。〔二〕燕因之，欲與分地。〔三〕使者往，燕輒殺之，以固求地。耳、餘患之。有廝養卒謝其舍曰：〔四〕「吾爲二公説燕，與趙王載歸。」〔五〕舍中人皆笑曰：「使者往十輩〔六〕皆死，若何以能得王？」〔七〕乃走燕壁。〔八〕燕將見之，問曰：「知臣何欲？」燕將曰：「若欲得王耳。」曰：「君知張耳、陳餘何如人也？」燕將曰：「賢人也。」曰：「其志何欲？」燕將曰：「欲得其王耳。」趙卒笑曰：「君未知兩人所欲也。夫武臣、張耳、陳餘，杖馬箠下趙數十城，〔九〕亦各欲南面而王。夫臣之與主，豈可同日道哉！顧其勢初定，〔一〇〕且以長少先立武臣，以持趙心。今趙地已服，兩人亦欲分趙而王，時未可耳。今君囚趙王，念此兩人名爲求王，實欲燕殺之，此兩人分趙而王。夫以一趙尚易燕，〔一一〕況以兩賢王左提右挈，而責殺王，滅燕易矣。」〔一二〕燕以爲然，乃歸趙王。養卒爲御而歸。

〔一〕【補注】王先慎曰：傳例，敘事不書姓，「陳」當爲「耳」之誤。史記正作「張耳、陳餘」，下又言「耳、餘患之」，尤耳同往略地之明證。此不得單言餘也。先謙曰：官本「陳」作「耳」。

〔二〕師古曰：閒出，謂投閒隙而微出也。

〔三〕師古曰：要劫之，令割趙地輸燕以和解也。

〔四〕蘇林曰：廝，取薪者也。養，養人者也。舍謂所舍宿主人也。晉灼曰：以辭相告曰謝。師古曰：謝其舍，謂告其舍中人也。故下言舍中人皆笑。今流俗書本於此舍下輒加人字，非也。廝音斯。【補注】先謙曰：集解引韋昭云：「析薪爲廝，炊烹爲養。」案「廝」即「斯」，詩「斧以斯之」，「斯」，本字；「廝」，後起字也。史記「舍」作「舍中」。索隱「漢書作舍人」。即顏所謂流俗本。然「謝其舍」，非對人言而何？顏斥爲俗本，亦太泥。

〔五〕師古曰：二公，張耳、陳餘。【補注】宋祁曰：别本「爲」字作「謂」。先謙曰：「爲」、「謂」字通。史記無「二」字，亦通。
〔六〕【補注】先謙曰：史記作「十餘輩」。
〔七〕師古曰：若，汝也。次下亦同。
〔八〕師古曰：走，趣也，音奏。
〔九〕張晏曰：言其不用兵革也。師古曰：箠謂馬撾也，音止蘂反。
〔一〇〕師古曰：顧，思念也。
〔一一〕師古曰：易，輕也，音弋豉反。
〔一二〕師古曰：提挈，言相扶持也。

李良已定常山，還報趙王，趙王復使良略太原。至石邑，〔一〕秦兵塞井陘，〔二〕未能前。秦將詐稱二世使使遺良書，不封，〔三〕曰：「良嘗事我，得顯幸，誠能反趙爲秦，赦良罪，貴良。」良得書，疑不信。之邯鄲益請兵。〔四〕未至，道逢趙王姊，從百餘騎。良望見，以爲王，伏謁道旁。王姊醉，不知其將，使騎謝良。良素貴，起，慙其從官。從官有一人曰：「天下叛秦，能者先立。且趙王素出將軍下，今女兒乃不爲將軍下車，請追殺之。」良以得秦書，欲反趙，未決，因此怒，遣人追殺王姊，遂襲邯鄲。邯鄲不知，竟殺武臣。〔五〕趙人多爲耳、餘耳目者，故得脱出。收兵得數萬人。客有説耳、餘曰：「兩君覊旅，〔六〕而欲附趙，難可獨立；趙後，輔以誼，〔七〕可就功。」〔八〕迺求得趙歇，立爲趙王，居信都。〔九〕

〔一〕【補注】先謙曰：石邑，漢常山縣，秦屬邯鄲郡，在真定府獲鹿縣東南。

〔二〕【補注】先謙曰：井陘，常山縣，今正定府井陘縣北。

〔三〕張晏曰：欲其漏泄，君臣相疑也。

〔四〕師古曰：之，往也。

〔五〕【補注】先謙曰：據史記，邵騷亦於此時被殺。

〔六〕張晏曰：羈，寄旅，客也。

〔七〕師古曰：謂求取六國時趙王後而立之，以名義自輔助也。【補注】錢大昭曰：「獨」字下，南監本、閩本俱重「立」字。先謙曰：官本重「立」字，是也。史記亦作「難獨立，立趙後，扶以義」。

〔八〕師古曰：就，成也。

〔九〕張晏曰：歇，趙之苗裔也。信都，襄國也。【補注】先謙曰：官本「迺」作「乃」，引宋祁曰：「乃」，舊本作「仍」，非是。王念孫云：說文「仍」從乃聲，字亦相通。周官司几筵「凶事仍几」，故書「仍」爲「乃」。鄭司農讀爲「仍」，是「仍」字古通作「乃」也。爾雅「仍，乃也」。則「仍」可訓爲「乃」。史記匈奴傳「乃再出定襄」，漢書「乃」作「仍」。淮南道應篇「盧敖乃與之語」。今本作「乃」字。據蜀志郤正傳注引補。論衡道虛篇「乃」作「仍」，是「乃」字，古亦通作「仍」也。東方朔傳「迺使大中大夫吾邱壽王」。水經渭水注引「迺」作「仍」。閩粵傳「迺悉與衆處江淮之間」。通典邊防二「迺」作「仍」。子京未識古字，故以爲非而改之。

李良進兵擊餘，餘敗良。良走歸章邯。章邯引兵至邯鄲，皆徙其民河內，夷其城郭。〔一〕耳與趙王歇走入鉅鹿城，王離圍之。餘北收常山兵，得數萬人，軍鉅鹿北。章邯軍鉅鹿南棘原，築甬道屬河，〔二〕饟王離。〔三〕王離兵食多，急攻鉅鹿。鉅鹿城中食盡，耳數使人召餘，餘自度兵少，不能敵秦，不敢前。數月，耳大怒，怨餘，使張黶、陳釋往讓餘〔四〕曰：「始吾與公爲刎頸交，今王與耳旦暮死，而公擁兵數萬，不肯相救，胡不赴秦俱死？〔五〕且什一二相全。」〔六〕餘曰：「所以不俱死，欲爲趙王、張君報秦。今俱死，如以肉餧虎，何益？」〔七〕張黶、陳釋曰：「事已急，要以俱死立信，安知後慮！」餘曰：「吾顧以無益。」〔八〕乃使五千人令張黶、陳釋先嘗秦軍，〔九〕至皆沒。

〔一〕師古曰：夷，平也。【補注】何焯曰：徙民夷城，恐兵去而還，復爲趙守也。

〔二〕師古曰：屬，聯及也，音之欲反。【補注】先謙曰：官本注無末四字。

〔三〕師古曰：饟，古餉字，謂饋運其軍糧也。

〔四〕師古曰：讓，責也。【補注】先謙曰：史記「釋」作「澤」，字通。

〔五〕師古曰：胡，何也。

〔六〕師古曰：十中尚冀得一二勝秦。【補注】先謙曰：官本「什」下有「有」字，引宋祁曰「别本無『有』字」。錢大昭云：南監本、閩本作「且什有一二相全」。先謙案，史記亦作「且十有一二相全」，有「有」字者是。

〔七〕師古曰：餧，飤也，音於僞反。

〔八〕師古曰：顧，思念也。

〔九〕師古曰：嘗，試也，言若嘗食云。【補注】先謙曰：官本注「云」作「也」。

當是時，燕、齊、楚聞趙急，皆來救。張敖亦北收代，〔一〕得萬餘人來，皆壁餘旁。項羽兵數絶章邯甬道，王離軍乏食。項羽悉引兵渡河，破章邯軍。諸侯軍乃敢擊秦軍，遂虜王離。

於是趙王歇、張耳得出鉅鹿，與餘相見，責讓餘，問張黶、陳釋所在。餘曰：「黶、釋以必死責臣，臣使將五千人先嘗秦軍，皆没。」耳不信，以爲殺之，數問餘。餘怒曰：「不意君之望臣深也！〔一〕豈以臣重去將哉？」〔二〕乃脱解印綬與耳，耳不敢受。〔三〕〔四〕餘起如廁，客有説耳曰：「天予不取，反受其咎。今陳將軍與君印綬，不受，反天不祥。急取之。」耳乃佩其印，收其麾下。餘還，亦望耳不讓，趨出。耳遂收其兵。〔五〕餘獨與麾下數百人之河上澤中漁獵。由此有隙。

〔一〕【補注】先謙曰：史記有「兵」字。

〔二〕師古曰：望，怨望也。次下亦同。【補注】先謙曰：官本注「次」作「以」。

〔三〕師古曰：重，難也。

〔四〕【補注】先謙曰：史記作「愕不受」。

〔五〕【補注】先謙曰：官本無「耳」字，引宋祁曰：别本「遂收」字上有「耳」字。

趙王歇復居信都。耳從項羽入關。項羽立諸侯，耳雅遊，多爲人所稱。〔一〕項羽素亦聞耳賢，乃分趙立耳爲常山王，治信都。〔二〕信都更名襄國。〔三〕

〔一〕師古曰：雅，故也。言其久故倦遊，交結英傑，是以多爲人所稱譽也。【補注】劉攽曰：荀卿書有俗儒，有雅儒，雅儒異於俗者也。耳之遊雅，故多爲人所稱。一説「多」字屬上句。先謙曰：雅，常也。言常遊，是以多爲人所稱。「多」字下屬是。

〔二〕師古曰：治爲治處也，音丈吏反。

〔三〕【補注】先謙曰：襄國，趙國縣，今順德府邢臺縣西南。

餘客多説項羽：「陳餘、張耳一體有功於趙。」羽以餘不從入關，聞其在南皮，即以南皮旁三縣封之。而徙趙王歇王代。

耳之國，餘愈怒曰：「耳與餘功等也，今耳王，餘獨侯。」及齊王田榮叛楚，餘乃使夏説説田榮〔一〕曰：「項羽爲天下宰不平，盡王諸將善地，徙故王王惡地，今趙王乃居代！願王假臣兵，請以南皮爲扞蔽。」〔二〕田榮欲樹黨，乃遣兵從餘。餘悉三縣兵，〔三〕襲常山王耳。耳敗走，曰：「漢王與我有故，〔四〕而項王彊，立我，我欲之楚。」〔五〕甘公曰：〔六〕「漢王之入關，五星聚東井。東井者，秦分也，〔七〕先至必王。楚雖彊，後必屬漢。」耳走漢，漢亦還定三秦，方圍章邯廢丘。耳謁漢王，漢王厚遇之。〔八〕

〔一〕師古曰：夏説讀曰悦。説田榮，音式鋭反。【補注】齊召南曰：案史記作「使張同夏説」，則遣説田榮者有二人，此祇夏説一人。
〔二〕師古曰：扞蔽，猶言藩屏也。
〔三〕師古曰：悉，盡也。
〔四〕張晏曰：漢王布衣時，常從耳遊也。
〔五〕師古曰：羽既强盛，又爲所立，是以狐疑莫知所往。
〔六〕文穎曰：善説星者甘氏也。晉灼曰：齊人。【補注】王先慎曰：天官書「在齊甘公」即晉説所本。藝文志「楚有甘公」。史正義引七略云「楚人，戰國時作天文星占八卷」。徐廣云「甘公名德，七略同。本魯人。案：齊、楚、魯説各不同，未知孰是。甘公亦非秦漢閒人，疑習其業者傳之」。先謙曰：王説是也。天文志載此事，作「客謂張耳」云云，是班氏已知其不合。此依史記録之，以存疑也。

〔七〕師古曰：分音扶問反。

〔八〕師古曰：高紀云，元年五月，漢王定雍地，東如咸陽，引兵圍雍王廢丘，而遣諸將略地。八月，塞王欣、翟王翳皆降漢。二年十月，陳餘擊常山王張耳，耳敗走，降漢。而此傳乃言方圍廢丘時耳謁漢王，隔以他事，於後始云「漢二年東擊楚」，則與帝紀前後參錯不同，疑傳誤也。【補注】先謙曰：高紀元年五月圍章邯廢丘，二年十月耳降漢，廢丘尚未破，至六月方破廢丘。紀、傳並無參錯。顔説誤。

餘已敗耳，皆收趙地，迎趙王於代，復爲趙王。趙王德餘，〔一〕立以爲代王。餘爲趙王弱，國初定，留傅趙王，而使夏説以相國守代。〔二〕

〔一〕師古曰：懷其德。

〔二〕師古曰：爲代相國而居守。

漢二年，東擊楚，使告趙，欲與俱。餘曰：「漢殺張耳乃從。」於是漢求人類耳者，斬其頭遺餘，餘乃遣兵助漢。漢敗於彭城西，餘亦聞耳詐死，即背漢。漢遣耳與韓信擊破趙井陘，斬餘泜水上，〔一〕追殺趙王歇襄國。〔二〕

〔一〕蘇林曰：泜音祇也。晉灼曰：問其方人音柢。師古曰：蘇、晉二説皆是也。蘇音祇敬之祇，音執夷反。古音如是。晉音根柢之柢，音丁計反。今其土俗呼水則然。【補注】沈欽韓曰：明志「真定府元氏縣西北有封龍山，泜水所出，下流入胡盧河」。趙州志「泜水自元氏縣南境流經臨城西柏暢亭，將至城五里許，斷伏不流二百餘步，復出東流，經釣盤山下入河，俗名三斷緑楊河」。

〔二〕【補注】先謙曰：官本考證云，景德本無此七字。劉攽曰：「斬餘泜水上」下有「追殺趙王歇襄國」七字。

四年夏，立耳爲趙王。〔一〕五年秋，耳薨，〔二〕謚曰景王。子敖嗣立爲王，尚高祖長女魯元公主，爲王后。

〔一〕【補注】沈欽韓曰：史表在十月，班表則在十一月。
〔二〕【補注】朱一新曰：異姓諸侯王表「耳以五年十二月乙丑薨」，高紀五年正月諸侯上疏，已有張敖名。則耳之薨在正月前可知。表作十一月是也。此「秋」字當作「冬」。

七年，高祖從平城過趙，趙王旦暮自上食，體甚卑，有子壻禮。高祖箕踞駡詈，甚慢之。〔一〕趙相貫高、趙午年六十餘，故耳客也，怒曰：「吾王孱王也！」〔二〕説敖曰：「天下豪桀竝起，能者先立，今王事皇帝甚恭，皇帝遇王無禮，請爲王殺之。」敖齧其指出血，〔三〕曰：「君何言之誤！且先王亡國，賴皇帝得復國，〔四〕德流子孫，秋豪皆帝力也。願君無復出口。」貫高等十餘人相謂曰：「吾等非也。吾王長者，不背德。且吾等義不辱，今帝辱我王，故欲殺之，何乃汙王爲？〔五〕事成歸王，事敗獨身坐耳。」八年，上從東垣過。〔六〕貫高等乃壁人柏人，要之置廁。〔七〕上過欲宿，心動，問曰：「縣名爲何？」曰：「柏人。」「柏人者，迫於人！」不宿去。

〔一〕師古曰：箕踞者，謂申兩脚，其形如箕。
〔二〕孟康曰：冀州人謂懦弱爲孱。師古曰：音士連反。
〔三〕師古曰：自齧其指出血，以表至誠，而爲誓約，不背漢也。
〔四〕師古曰：復音房目反。【補注】先謙曰：官本無注。

〔五〕師古曰：言何爲乃汙染王。

〔六〕師古曰：擊韓王信餘寇於東垣，還而過趙。【補注】宋祁曰：「東垣」一作「南垣」。先謙曰：無南垣縣名。

〔七〕文穎曰：置人廁壁中以伺高祖。【補注】劉攽曰：置，頓止之次名也。置之廁中，故云置廁。東海貢荔枝，五里一堠，十里一置。錢大昕曰：「廁」與「側」同，非廁圂之廁也。伏人於置側，欲要而殺之。先謙曰：置，劉說是也。解見田儋傳。廁，錢說是也。解在汲黯傳。柏人，趙國縣，在今順德府唐山縣南。

九年，貫高怨家知其謀，告之。於是上逮捕趙王諸反者。趙午等十餘人皆爭自剄，貫高獨怒罵曰：「誰令公等爲之？今王實無謀，而并捕王；公等死，誰當白王不反者？」〔一〕乃檻車與王詣長安。〔二〕高對獄曰：「獨吾屬爲之，王不知也。」吏榜笞數千，〔三〕刺爇，身無完者，〔四〕終不復言。吕后數言張王以魯元故，不宜有此。上怒曰：「使張敖據天下，豈少乃女虖？」〔五〕廷尉以貫高辭聞，上曰：「壯士！誰知者，以私問之。」〔六〕中大夫泄公曰：「臣素知之，〔七〕此固趙國立名義不侵爲然諾者也。」〔八〕上使泄公持節問之箯輿前，卬視泄公，〔九〕勞苦如平生歡。〔一〇〕與語，問張王果有謀不。〔一一〕高曰：「人情豈不各愛其父母妻子哉？今吾三族皆以論死，豈以王易吾親哉！〔一二〕顧爲王實不反，〔一三〕獨吾等爲之。」具道本根所以，王不知狀。〔一四〕於是泄公具以報上，上乃赦趙王。

〔一〕師古曰：白，明也。

〔二〕師古曰：檻車者，車而爲檻形，謂以板四周之，無所通見。

〔三〕師古曰：榜謂捶擊之也，音彭。他皆類此。

〔四〕應劭曰：以鐵刺之，又燒灼之。師古曰：爇音而説反。

〔五〕師古曰：乃，汝也。

〔六〕張晏曰：以和悦問之。臣瓚曰：字多作私，謂以私情相問也。師古曰：瓚説是也。

〔七〕師古曰：泄音薛。【補注】齊召南曰：史記作「臣之邑子，素知之」，言生同縣而又相識也。

〔八〕師古曰：侵猶犯負也。

〔九〕師古曰：箯輿者編竹木以爲輿形，如今之食輿矣。高時榜笞刺爇委困，故以箯輿處之也。箯音鞭。卬讀曰仰。【補注】先謙曰：公羊文十五年傳注「竹箯一名編輿，齊魯以北名之曰筍」。

〔一〇〕師古曰：勞苦，相勞問其勤苦也。

〔一一〕師古曰：果猶決也。【補注】先謙曰：官本無「也」字。

〔一二〕師古曰：易，代也。

〔一三〕師古曰：顧，思念也。

〔一四〕【補注】先謙曰：「以」字句絶，謂本根所由也。史記作「具道本指所以爲者，王不知狀」。

上賢高能自立然諾，使泄公赦之，告曰：「張王已出，上多足下，〔一〕故赦足下。」高曰：「所以不死，白張王不反耳。今王已出，吾責塞矣。〔二〕且人臣有簒弒之名，豈有面目復事上哉！」乃仰絶亢而死。〔三〕

〔一〕師古曰：多猶重也。

〔二〕師古曰：塞，當也，滿也。

〔三〕蘇林曰：亢，頸大脈也，俗所謂胡脈也。師古曰：亢者，總謂頸耳。爾雅云「亢，鳥嚨」，即喉嚨也，音下郎反，又音工郎反。【補注】先謙曰：官本此下有「荀悦論曰：貫高首爲亂謀殺主之賊。雖能證明其主，小亮不塞大逆，私行不贖公罪，春秋之義大居正罪無赦可也」四十四字。

敖已出，尚魯元公主如故，〔一〕封爲宣平侯。於是上賢張王諸客，皆以爲諸侯相、郡守。語在田叔傳。及孝惠、高后、文、景時，張王客子孫皆爲二千石。初，孝惠時，齊悼惠王獻城陽郡，尊魯元公主爲太后。〔二〕高后元年，魯元太后薨。後六年，宣平侯敖復薨。〔三〕呂太后立敖子偃爲魯王，以母爲太后故也。〔四〕又憐其年少孤弱，乃封敖前婦子二人，壽爲樂昌侯，侈爲信都侯。〔五〕高后崩，大臣誅諸呂，廢魯王及二侯。孝文即位，復封故魯王偃爲南宮侯。薨，〔六〕子生嗣。武帝時，生有罪免，國除。元光中，復封偃孫廣國爲睢陵侯。〔七〕薨，子昌嗣。太初中，昌坐不敬〔八〕免，國除。孝平元始二年，繼絶世，封敖玄孫慶忌爲宣平侯，食千户。

〔一〕師古曰：尚猶配也。易泰卦九二爻辭曰「得尚于中行」，王弼亦以爲配也。諸言尚公主者，其義皆然。而説者乃云尚公主，與尚書、尚食同意，訓尚爲主，言主掌之，失其理矣。公主既尊，又非物類，不得以主掌爲辭。貢禹又云「諸侯則國人承公主」，益知主不得言主掌也。【補注】王引之曰：索隱：韋昭云「尚，奉也，不敢言取」。崔浩云「奉事公主」。小顔云「尚，配也」，恐非其義。引之案：小司馬説是也。公主尊，故以奉事爲辭。王吉傳「漢家列侯尚公主，諸侯則國人承翁主，使男事女，夫詘於婦」。則所謂尚者，乃奉事之稱。國人承翁主，承亦奉也，不得以尚爲配。

〔二〕師古曰：爲齊太后，以母禮事之。【補注】齊召南曰：案顔注無理，惠紀中劉攽已辨之矣。先謙曰：劉説非也，詳惠紀。

〔三〕【補注】劉攽曰：復字疑衍。

〔四〕師古曰：以公主爲齊王太后，故立其子爲王。

〔五〕【補注】先謙曰：史記「前婦」作「他姬」。表「壽」作「受」。

〔六〕【補注】先謙曰：表「偃薨，子歐嗣。歐薨，侯生嗣」。此傳「薨」下脱「子歐嗣薨」四字。

〔七〕師古曰：睢音雖。【補注】先謙曰：官本注在「子昌嗣」下。

〔八〕【補注】先謙曰：表云「坐爲太常乏祠」。

贊曰：張耳、陳餘，世所稱賢，其賓客廝役皆天下俊桀，所居國無不取卿相者。然耳、餘始居約時，〔一〕相然信死，〔二〕豈顧問哉！及據國爭權，卒相滅亡，何鄉者慕用之誠，〔三〕後相背之盭也！〔四〕勢利之交，古人羞之，蓋謂是矣。

〔一〕晉灼曰：始在貧賤儉約之時。

〔二〕【補注】先謙曰：然信，猶然諾。

〔三〕師古曰：鄉讀曰嚮。嚮謂曩昔也。

〔四〕師古曰：盭，古戾字。戾，違也。

魏豹田儋韓信傳第三〔一〕

〔一〕【補注】先謙曰：官本「韓」下有「王」字，是。

魏豹，故魏諸公子也。〔一〕其兄魏咎，故魏時封爲甯陵君，秦滅魏，〔二〕爲庶人。〔三〕陳勝之王也，咎往從之。勝使魏人周市徇魏地，〔四〕魏地已下，欲立周市爲魏王。市曰：「天下昏亂，忠臣乃見。〔五〕今天下共畔秦，其誼必立魏王後乃可。」齊、趙使車各五十乘，立市爲王。市不受，迎魏咎於陳，五反，〔六〕陳王乃遣立咎爲魏王。

〔一〕師古曰：六國時魏也。【補注】沈欽韓曰：列女節義傳云「秦破魏，誅諸公子」。今此魏豹、魏咎皆魏公子封君，是秦滅國未嘗誅夷，故齊王建亦有子孫。世言秦暴，猶不若後世必盡其種也。陳涉兵起，齊、韓、趙、魏、楚皆故國子孫，惟燕王喜走遼東無後。漢得天下，鑒是，故徙諸豪族於關中。

〔二〕文穎曰：魏，大梁也。

〔三〕【補注】先謙曰：史記作「家人」，義同。

〔四〕師古曰：徇，略也，音辭峻反。

〔五〕師古曰：言當昏亂之時，忠臣乃得顯其節義也。老子道經曰「國家昏亂有忠臣」。

〔六〕師古曰：反謂回還也。

章邯已破陳王，進兵擊魏王於臨濟。〔一〕魏王使周市請救齊、楚。齊、楚遣項它、田巴將兵，隨市救魏。〔二〕章邯遂擊破殺周市等軍，圍臨濟。咎爲其民約降。〔三〕約降定，咎自殺。〔四〕

〔一〕【補注】齊召南曰：案後志，陳留郡平丘縣有臨濟亭，即此臨濟，爲魏咎所都也。張守節解史記，指齊州臨濟縣，非是。先謙曰：言非千乘狄縣，安帝更名臨濟者也，與田儋傳互證。平丘在今大名府長垣縣西南五十里。

〔二〕師古曰：楚遣項它，齊遣田巴。【補注】劉奉世曰：田儋傳「儋自將兵救魏，章邯殺儋臨濟下」。非遣田巴也。

〔三〕師古曰：與章邯爲誓而約降。

〔四〕師古曰：但欲全其人，而身自不降。

魏豹亡走楚。楚懷王予豹數千人，復徇魏地。項羽已破秦兵，降章邯，豹下魏二十餘城，立爲魏王。〔一〕豹引精兵從項羽入關。羽封諸侯，欲有梁地，〔二〕乃徙豹於河東，都平陽，爲西魏王。〔三〕

〔一〕師古曰：項羽立之。【補注】先謙曰：高紀「豹自立爲魏王」，時項梁初死，懷王徙彭城，項羽亦尚無立王之權。顏注謬。

〔二〕師古曰：羽欲自取梁地。

〔三〕【補注】先謙曰：平陽，河東縣，在今平陽府臨汾縣西南。

漢王還定三秦，渡臨晉，〔一〕豹以國屬焉，遂從擊楚於彭城。漢王敗，還至滎陽，豹請視親病，〔二〕至國，則絶河津畔漢。漢王謂酈生曰：「緩頰往説之。」〔三〕酈生至，豹謝曰：〔四〕「人生一世間，如白駒過隙。〔五〕今漢王嫚侮人，罵詈諸侯羣臣如奴耳，非有上下禮節，吾不忍復見也。」漢王遣韓信擊豹，遂虜之，傳豹詣滎陽，以其地爲河東、太原、上黨郡。漢王令豹守滎陽。楚圍之急，周苛曰：「反國之王，難與共守。」遂殺豹。〔六〕

〔一〕【補注】先謙曰：臨晉，馮翊縣，今同州府大荔縣治。

〔二〕師古曰：親謂母也。

〔三〕【補注】先謙曰：高紀張晏注「緩頰，徐言引譬喻也」。

〔四〕【補注】錢大昭曰：「至」，南雍本、閩本作「往」。先謙曰：官本作「往」。

〔五〕師古曰：言其速疾也。白駒謂日景也。隙，壁際也。【補注】沈欽韓曰：莊子盜跖篇「忽然無異騏驥之馳過隙也」。墨子兼愛篇「人之生乎地上之無幾何也，譬猶駟馳而過郤也」。據此，則謂馬也。

〔六〕師古曰：反國，言其嘗叛也。

田儋，狄人也，〔一〕故齊王田氏之族也。〔二〕儋從弟榮，榮弟横，皆豪桀，宗彊，能得人。陳涉使周市略地，北至狄，狄城守。儋陽爲縛其奴，從少年之廷，欲謁殺奴。〔三〕見狄令，因擊殺令，而召豪吏子弟曰：「諸侯皆反秦自立，齊，古之建國，儋，田氏，當王。」遂自立爲齊王，發兵擊周市。市軍還去，儋因率兵東略定齊地。

〔一〕師古曰：狄，縣名也。地理志屬千乘。【補注】先謙曰：在今青州府高苑縣西北。

〔二〕師古曰：亦六國時齊也。

〔三〕服虔曰：古殺奴婢，皆當告官，儋欲殺令，故詐縛奴以謁也。師古曰：陽縛其奴，爲殺奴之狀。廷，縣廷之中也，音定。今流俗書本「爲」字作「僞」，非也。陽即僞耳，不當重言之。【補注】王念孫曰：「爲」，古通作「僞」。古書「爲」字多作「僞」，説見史記淮南衡山傳。「陽僞」即「陽爲」，史記作「爲」，本字也。漢書作「僞」，借字也。師古不識古字，而讀爲「詐僞」之「僞」，故改「僞」作「爲」，而反以古本爲俗本。

秦將章邯圍魏王咎於臨濟，急。魏王請救於齊，儋將兵救魏。章邯夜銜枚擊，大破齊、楚軍，殺儋於臨濟下。〔一〕儋從弟榮收儋餘兵東走東阿。〔二〕

〔一〕【補注】先謙曰：此臨濟解見豹傳。
〔二〕【補注】先謙曰：東阿，東郡縣，今兖州府陽穀縣東北五十里阿城鎮。

齊人聞儋死，乃立故齊王建之弟田假爲王，田角爲相，田閒爲將，以距諸侯。榮之走東阿，章邯追圍之。項梁聞榮急，乃引兵擊破章邯東阿下。章邯走而西，項梁因追之。而榮怒齊之立假，乃引兵歸，擊逐假。假亡走楚。相角亡走趙。角弟閒前救趙，〔一〕因不敢歸。榮乃立儋子市爲王，榮相之，横爲將，平齊地。

〔一〕【補注】王先慎曰：史記「救」上衍「求」字，當依此訂。

項梁既追章邯，章邯兵益盛，項梁使使趣齊兵共擊章邯。〔一〕榮曰：「楚殺田假，趙殺角、閒，乃出兵。」楚懷王曰：「田假與國之王，窮而歸我，殺之不誼。」〔二〕趙亦不殺田角、田閒以市於齊。〔三〕齊王曰：「蝮蠚手則斬手，蠚足則斬足。〔四〕何者？爲害於身也。田假、田角、田閒於楚、趙，非手足戚，〔五〕何故不殺？且秦復得志於天下，則齮齕首用事者墳墓矣。」〔六〕楚、趙不聽齊，齊亦怒，終不肯出兵。章邯果敗殺項梁，〔七〕破楚兵。楚兵東走，而章邯渡河圍趙於鉅鹿。項羽由此怨榮。

〔一〕師古曰：趣讀曰促。

〔二〕【補注】劉奉世曰：謂田假與國之王者，項梁之語也。見羽傳中。

〔三〕【補注】先謙曰：趙殺角等，則齊出兵有若市易，今不然也。

〔四〕應劭曰：蝮一名虺。蠚，螫也。螫人手足則割去其肉，不然則死。師古曰：爾雅及說文皆以爲蝮即虺也，博三寸，首大如擘。而郭璞云「各自一種蛇，其蝮蛇細頸、大頭、焦尾，色如綬文，文間有毛似猪鬣，鼻上有針，大者長七八尺，一名反鼻，非虺之類也」。以今俗名證之，郭說得矣。虺若土色，所在有之，俗呼土虺。其蝮唯出南方。蝮音芳六反。蠚音火各反。螫音式亦反。虺音許偉反。擘者，人手大指也，音步歷反。【補注】沈欽韓曰：廣雅釋訓「蠚，痛也」。史記作「螫」。

〔五〕文穎曰：言將亡身，非手足憂也。臣瓚曰：田假於楚，非手足之親也。師古曰：瓚說是也。【補注】先謙曰：董份云「斬手足則戚甚矣。今三田於楚、趙無親，非特斬手足之戚也，而使秦得志則墳墓齮齕，非特蝮螫之害身也，故曰『何爲不殺』。注謬」。先謙案，瓚說與上下文不貫。董說亦非。史記作「於楚、趙非直手足戚也」。直猶特也，但也。齊王意謂齊、楚、趙皆首用事，憂患同之，田假等反側，不獨齊之患，亦必爲害於楚、趙，故以蝮之害身爲喻，而詰其「何故不殺」。且言與國離心，秦復得志，彼此不利也。文注意正合。「非手足憂也」，「非」下疑有「但」字，而後人妄刪之。漢紀改作「豈有手足之戚」，語意似順，而「爲害於身」句仍不貫。注亦非確詁。

〔六〕如淳曰：齮，側齧也。齕，齩也。師古曰：首用事，謂起兵而立號者也。齮音螘。齕音紇。齩音五絞反。

〔七〕師古曰：擊敗而殺之。

羽既存趙，降章邯，西滅秦，立諸侯王，乃徙齊王市更王膠東，治即墨。〔一〕齊將田都從共救趙，因入關，故立都爲齊王，治臨菑。〔二〕故齊王建孫田安，項羽方渡河救趙，安下濟北數城，引兵降項羽，羽立安爲濟北王，治博陽。〔三〕榮以負項梁，不肯助漢攻秦，故不得王。〔四〕趙將陳餘亦失職，不得王。二人俱怨項羽。

〔一〕師古曰：治謂都之也。音丈吏反。下皆類此。【補注】先謙曰：即墨，膠東縣，在今萊州府平度州東南。

〔二〕【補注】先謙曰：臨菑，齊郡縣，今青州府臨菑縣治。

〔三〕【補注】先謙曰：博陽即泰山郡博縣，今泰安府泰安縣東南。

〔四〕【補注】王先慎曰：「漢」當作「楚」。齊不出兵，章邯果殺項梁，破楚兵。是榮不肯助楚，非不肯助漢也。史記作「不肯助楚、趙攻秦」。「楚」字是，而「趙」字亦誤。先謙曰：官本作「助楚」。

榮使人將兵助陳餘，令反趙地，而榮亦發兵以距擊田都，都亡走楚。榮留齊王市毋之膠東。市左右曰：「項王强暴，王不就國，必危。」市懼，乃亡就國。榮怒，追擊殺市於即墨，還攻殺濟北王安，自立爲王，盡并三齊之地。〔一〕

〔一〕師古曰：三齊，齊及濟北、膠東。

項王聞之，大怒，乃北伐齊。榮發兵距之城陽。榮兵敗，走平原，平原民殺榮。項羽遂燒夷齊城郭，〔一〕所過盡屠破。齊人相聚畔之。榮弟横收齊散兵，得數萬人，反擊項羽於城陽。〔二〕而漢王帥諸侯敗楚，入彭城。項羽聞之，乃釋齊〔三〕而歸擊漢於彭城，因連與漢戰，相距（榮）〔滎〕陽。以故横復收齊城邑，立榮子廣爲王，而横相之，政事無巨細皆斷於横。

〔一〕師古曰：夷，平也。

〔二〕【補注】先謙曰：顧炎武日知録云「正義以爲濮州雷澤縣，非也。漢城陽國治莒。齊王上城陽郡，朱虚侯爲城陽王，及韓信追田廣至城陽，皆此地。齊策『貂勃對襄王曰：昔王不能守社稷，走而之城陽之山中，安平君以敝卒七千拒敵，反千里之齊。當是時，闔城陽而王天下，莫之能止，然爲棧道木閣，而迎王與后於城陽山中，王乃復反』。則齊時已名城陽矣」。先謙案，城陽，今沂州府莒州治。

〔三〕師古曰：釋，解也。

定齊三年，聞漢將韓信引兵且東擊齊，齊使華毋傷、田解〔一〕軍歷下以距漢。〔二〕會漢使酈食其往説王廣及相横，與連和。横然之，乃罷歷下守備，縱酒，〔三〕且遣使與漢平。〔四〕韓信乃渡平原，襲破齊歷下軍，因入臨菑。王廣、相横以酈生爲賣己而亨之。〔五〕廣東走高密，〔六〕横走博，〔七〕守相田光走城陽，〔八〕將軍田既軍於膠東。楚使龍且救齊，〔九〕齊王與合軍高密。漢將韓信、曹參破殺龍且，虜齊王廣。漢將灌嬰追得守相光，至博。而横聞王死，自立爲王，還擊嬰，嬰敗横軍於嬴下。〔一〇〕横亡走梁，歸彭越。越時居梁地，中立，且爲漢，且爲楚。〔一一〕韓信已殺龍且，因進兵破殺田既於膠東，〔一二〕灌嬰破殺齊將田吸於千乘，〔一三〕遂平齊地。

〔一〕師古曰：二人也。華音户化反。

〔二〕張晏曰：濟南歷山之下。
〔三〕師古曰：縱，放也。放意而飲酒。
〔四〕師古曰：方欲遣使。
〔五〕師古曰：謂其與韓信合謀。
〔六〕【補注】先謙曰：高密，高密縣，今萊州府高密縣西南。
〔七〕蘇林曰：泰山博縣。【補注】先謙曰：史記「博」作「博陽」。下同。益證田安所治之博陽即博縣，非汝南博陽也。
〔八〕師古曰：守相者，言爲相而專主居守之事。
〔九〕師古曰：且音子閭反。
〔一〇〕晉灼曰：泰山嬴縣也。師古曰：音弋成反。【補注】先謙曰：今泰安府萊蕪縣西北四十里。
〔一一〕師古曰：言在楚、漢之間，居中自立而兩助之也。中音竹仲反。
〔一二〕【補注】陳浩曰：案史記作「因令曹參」云云，則破殺田既乃曹參事，與灌嬰破殺田吸同。韓信未身至膠東也。
〔一三〕師古曰：吸音許及反。【補注】先謙曰：千乘，千乘縣，今青州府高苑縣北。

漢滅項籍，漢王立爲皇帝，彭越爲梁王。橫懼誅，而與其徒屬五百餘人入海，居隝中。〔一〕高帝聞之，以橫兄弟本定齊，齊人賢者多附焉，今在海中不收，後恐有亂，乃使使赦橫罪而召之。橫謝曰：「臣亨陛下之使酈食其，今聞其弟商爲漢將而賢，臣恐懼，不敢奉詔，請爲庶人，守海隝中。」使還報，高帝乃詔衞尉酈商曰：「齊王橫即至，人馬從者敢動摇者致族夷！」〔二〕乃復使使持節具告以詔意，曰：「橫來，大者王，小者乃侯耳；〔三〕不來，且發兵加誅。」橫乃與其客二人乘傳詣雒陽。〔四〕

〔一〕韋昭曰：海中山曰隝。師古曰：音丁老反。【補注】齊召南曰：案北史「楊愔避讒，東入田横嶌」。史記正義云「海州東海縣有嶌山，去岸八十里」。先謙曰：唐東海縣在今海州東北。元和志「小嶌山在東海北六十里，田横避漢所居也。三面絶壁，皆百餘仞，惟東南一道略通行人」。案小嶌山，今南直海州東，高七百二十丈，周圍十餘里，去岸二十餘里，中可居千餘家，其上累石爲城，謂之田横固。

〔二〕師古曰：族夷，言平除其族。

〔三〕師古曰：大者謂横身，小者其徒屬。【補注】劉奉世曰：高帝唯召横耳，故許之「大者封王，小者亦不失爲侯」。詳語意可知，豈爲其徒衆哉？

〔四〕師古曰：傳音張戀反。

至尸鄉廄置，〔一〕横謝使者曰：「人臣見天子，當洗沐。」止留。謂其客曰：「横始與漢王俱南面稱孤，〔二〕今漢王爲天子，而横乃爲亡虜，北面事之，其媿固已甚矣。又吾亨人之兄，與其弟併肩而事主，〔三〕縱彼畏天子之詔，不敢動揺，我獨不媿於心乎？且陛下所以欲見我，不過欲壹見我面貌耳。陛下在雒陽，今斬吾頭，馳三十里間，形容尚未能敗，猶可知也。」〔四〕遂自剄，令客奉其頭，從使者馳奏之高帝。〔五〕高帝曰：「嗟乎，有以！起布衣，兄弟三人更王，〔六〕豈非賢哉！」爲之流涕，而拜其二客爲都尉，發卒二千，以王者禮葬横。〔七〕

〔一〕師古曰：尸鄉在偃師城西。臣瓚曰：案廄置謂置馬以傳驛者。【補注】周壽昌曰：續志引帝王世紀云「尸鄉在偃師縣西三十里」，春秋時曰尸氏。左傳昭公二十六年「劉人敗子朝之師於尸氏」，即其地也。先謙曰：官本「師古」作「應劭」，是。偃師縣屬河南郡，今河南府偃師縣治。

〔二〕師古曰：王者自稱曰孤，蓋爲謙也。老子德經曰「貴以賤爲本，高以下爲基」，是以侯王自謂孤、寡、不穀。

〔三〕師古曰：併音步鼎反。

〔四〕【補注】錢大昭曰：閩本「知」作「觀」。先謙曰：閩本是。史記作「觀」。

〔五〕【補注】周壽昌曰：文選李善注引譙周法訓云「挽歌者，高皇帝召田橫至尸鄉，自殺，從者不敢哭而不勝哀，故爲此歌以寄哀焉」。

〔六〕師古曰：更音工衡反。【補注】周壽昌曰：史記作「高帝曰：『嗟乎，有以也夫！起自布衣，兄弟三人更王，豈不賢乎哉？』」班以「有以」二字屬下讀，「以」字不另作句。荀紀「嗟乎」下省「有」字，「更」下加「立爲」二字，「豈非」作「豈不」。

〔七〕【補注】王先慎曰：案，正義「田橫墓在偃師西十五里」。

既葬，二客穿其冢旁，皆自剄從之。高帝聞而大驚，以橫之客皆賢者，「吾聞其餘尚五百人在海中」，使使召至，聞橫死，亦皆自殺。於是乃知田橫兄弟能得士也。

韓王信，〔一〕故韓襄王孽孫也，〔二〕長八尺五寸。項梁立楚懷王，燕、齊、趙、魏皆已前王，唯韓無有後，故立韓公子橫陽君爲韓王，〔三〕欲以撫定韓地。項梁死定陶，成犇懷王。〔四〕沛公引兵擊陽城，使張良以韓司徒徇韓地，得信，以爲韓將，將其兵從入武關。

〔一〕【補注】齊召南曰：案劉知幾謂「韓王本名信都，史削去一字，遂與淮陰無別」。此臆説也，史無削人名字之理。兩人姓名偶同，故稱韓王信以別之。知幾因表有信都二字，妄爲此解，不知因「司徒」訛爲「申徒」，因「甲徒」又訛爲「信都」。官名本一，而音轉字別，遂致不同，非韓王本名信都也。

〔二〕張晏曰：孺子爲孽。師古曰：孽謂庶耳。張説非也。【補注】齊召南曰：案唐書宰相世系表，韓襄王爲秦所滅，少子蟣虱生信。先謙曰：索隱「何休注公羊，以爲孽，賤子，猶樹之有孽生也」。鼂錯云「孽子悼惠王」是也。

〔三〕【補注】錢大昭曰：南監本、閩本作横陽君成。先謙曰：官本作「君成」，是。史記同。

〔四〕師古曰：犇，古奔字。

沛公爲漢王，信從入漢中，乃説漢王曰：「項王王諸將，王獨居此，遷也。〔一〕士卒皆山東人，竦而望歸，及其蠭東鄉，可以爭天下。」〔二〕漢王還定三秦，乃許王信，先拜爲韓太尉，將兵略韓地。

〔一〕【補注】先謙曰：二字史記作「此左遷也」。

〔二〕鄭氏曰：及軍中將士氣鋒也。師古曰：高紀及韓彭英盧傳皆稱斯説是楚王韓信之辭，而此傳復云韓王信之語，豈史家謬錯乎？將二人所勸大指實同也？竦謂引領舉足也。蠭與鋒同。鄉讀曰嚮。【補注】周壽昌曰：高紀「拜韓信爲大將軍，問以計策。信對曰」云云，與此微有詳略。韓彭英盧傳並無此語，不知師古何以云然。史記「韓信説漢王曰」云云，集解徐廣云「韓王信，非淮陰侯信也」，與此傳同，是高紀誤，從傳爲長。先謙曰：高紀及史記信傳並作「及其鋒」，據鄭注所見本亦作「鋒」，故知「蠭」是借字。

項籍之封諸王皆就國，韓王成以不從無功，不遣之國，更封爲穰侯，〔一〕後又殺之。聞漢遣信略韓地，乃令故籍游吴時令鄭昌爲韓王〔二〕距漢。漢二年，信略定韓地十餘城。漢王至河南，信急擊韓王昌，〔三〕昌降漢，乃立信爲韓王，常將韓兵從。漢王使信與周苛等守滎陽，楚拔之，信降楚。已得亡歸漢，〔四〕漢復以爲韓王，竟從擊破項籍。五年春，與信剖符，王潁川。〔五〕

〔一〕文穎曰：穰，南陽縣也。臣瓚曰：穰縣屬江夏。師古曰：文説是也。

〔二〕孟康曰：項籍在吴時，昌爲吴縣令。【補注】先謙曰：官本注在「距漢」下。
〔三〕【補注】先謙曰：史記有「陽城」二字。
〔四〕師古曰：降楚之後，復得歸漢。【補注】先謙曰：官本注無「之」字。
〔五〕師古曰：剖，分也。爲合符而分之。【補注】先謙曰：以潁川爲王都。

六年春，上以爲信壯武，北近鞏、雒，〔一〕南迫宛、葉，〔二〕東有淮陽，〔三〕皆天下勁兵處也，乃更以太原郡爲韓國，徙信以備胡，都晉陽。〔四〕信上書曰：「國被邊，〔五〕匈奴數入，晉陽去塞遠，請治馬邑。」〔六〕上許之。秋，匈奴冒頓大入圍信，信數使使胡求和解，漢發兵救之，疑信數間使，有二心。〔七〕上賜信書責讓之曰：「專死不勇，專生不任，〔八〕寇攻馬邑，君王力不足以堅守乎？安危存亡之地，此二者朕所以責於君王。」〔九〕信得書，恐誅，因與匈奴約共攻漢，以馬邑降胡，擊太原。

〔一〕師古曰：鞏即今鞏縣。【補注】先謙曰：史記「北」上有「所王」二字。鞏，河南縣，今河南府鞏縣西南三十里。雒即雒陽。
〔二〕師古曰：南陽之二縣也。宛音於元反。葉音式涉反。【補注】先謙曰：宛，今南陽府南陽縣治。葉，今葉縣南三十里。
〔三〕【補注】先謙曰：淮陽，漢爲國。今陳州府淮寧縣治。胡三省云「韓之分晉，其地南至宛、葉，西包鞏、洛，接于新安、宜陽，東有潁川，而淮陽之地則屬於楚。及漢定天下，韓王信剖符，王潁川，其地東兼有淮陽，所謂北近南迫，言其境相迫近耳，不屬韓也」。
〔四〕【補注】先謙曰：晉陽，太原縣，今太原府太原縣治。

〔五〕李奇曰：被音被馬之被。師古曰：被猶帶也。

〔六〕【補注】先謙曰：胡三省云「時定襄未置郡，故太原之地，北被邊，兼有雁門之馬邑」。先謙案，今朔平府朔州治。

〔七〕師古曰：間，私也。

〔八〕李奇曰：言爲將軍，齎必死之意不得爲勇，齎必生之心不任軍事。傳曰「期死非勇也，必生非任也」。【補注】周壽昌曰：專死者輕生，故不爲勇；專生者惜死，故不能任。

〔九〕師古曰：言雖處危亡之地，執忠履信，可以安存，責其有二心。【補注】先謙曰：言處安危存亡之地，專死、專生二者，皆非朕所望。責其竭智勇以禦敵，不可輕生，亦不宜惜死也。顔注微隔。

七年冬，上自往擊破信軍銅鞮，〔一〕斬其將王喜。信亡走匈奴。與其將白土人曼丘臣、王黄〔二〕立趙苗裔趙利爲王，〔三〕復收信散兵，〔四〕而與信及冒頓謀攻漢。匈奴使左、右賢王將萬餘騎與王黄等屯廣武以南，至晉陽，〔五〕與漢兵戰，漢兵大破之，追至于離石，復破之。〔六〕匈奴復聚兵樓煩西北。〔七〕漢令車騎擊匈奴，常敗走，漢乘勝追北。聞冒頓居代谷，〔八〕上居晉陽，使人視冒頓，還報曰「可擊」。上遂至平城，〔九〕上白登。〔一〇〕匈奴騎圍上，上乃使人厚遺閼氏。〔一一〕閼氏説冒頓曰：「今得漢地，猶不能居，且兩主不相戹。」居七日，胡騎稍稍引去。〔一二〕天霧，漢使人往來，胡不覺。護軍中尉陳平言上曰：「胡者全兵，〔一三〕請令彊弩傅兩矢外鄉，〔一四〕徐行出圍。」入平城，漢救兵亦至。胡騎遂解去，漢亦罷兵歸。信爲匈奴將兵往來擊邊，令王黄等説誤陳豨。〔一五〕

〔一〕師古曰：上黨之縣也。鞮音丁奚反。【補注】先謙曰：今沁州西南四十里。

〔二〕張晏曰：白土，縣名也，屬上郡。【補注】劉攽曰：下云「而與信及冒頓謀攻漢」，則上不當有「與」字。周壽昌曰：

曼丘姓，臣名。兩人皆白土賈人，見陳豨傳。先謙曰：史記亦衍「與」字，本書高紀誤同，惟史記高紀無「與」字。

〔三〕師古曰：六國時趙後。

〔四〕【補注】宋祁曰：景祐本無「散」字。

〔五〕師古曰：廣武亦太原之縣。【補注】先謙曰：廣武在今代州西十五里。

〔六〕師古曰：離石，西河之縣。【補注】先謙曰：今汾州府永寧州治。

〔七〕【補注】先謙曰：樓煩，雁門縣，今代州崞縣東北。

〔八〕【補注】先謙曰：此主父偃傳所謂「匈奴聚於代谷之下」也。水經㶟水注「代谷者，恒山在其南，北塞在其北。谷中之地，上谷在東，代郡在西」。史記作「居代上谷」。正義云「今嬀州」。王念孫云：代谷去平城近，上谷去平城遠。漢沮陽爲上谷郡治，即唐嬀州。張說誤。

〔九〕【補注】先謙曰：平城，雁門縣。今大同府大同縣東。

〔一〇〕服虔曰：臺名，去平城七里。如淳曰：平城旁之高地，若丘陵也。師古曰：在平城東山上，去平城十餘里，今其處猶存。服說非也。【補注】先謙曰：索隱「姚氏案，北疆記桑乾河北有白登山，冒頓圍漢高之所。今猶有壘壁」。先謙案，山西通志「漢高祖被圍之白登，一在大同府城東七里，一在城北百餘里，要以城北者爲正」。今隸陽高縣。

〔一一〕師古曰：閼氏，匈奴單于之妻也。閼音於連反。氏音支。

〔一二〕【補注】先謙曰：官本不重「稍」字。引宋祁曰「景祐本有兩稍字」。案史記亦不重「稍」字。

〔一三〕李奇曰：言唯弓矛無雜仗也。【補注】先謙曰：章衡云「李注非。是使胡有雜仗，則『傅矢外鄉』之説不得行歟？且奇何以知匈奴無雜仗，匈奴特無弩耳。全兵者言匈奴自戰其地也」。沈欽韓云：全兵謂短兵自衛者，故可以弩破圍。通典兵篇引孫子曰「遠則用弩，近則用兵，兵弩相解也」。周壽昌云：言胡全用鋭利之兵以殺敵，如刀、矛、戈、戟皆是，無楯、鎧之類以禦弩矢也。先謙案，沈、周説是。

〔一四〕師古曰：傳讀曰附。每一弩而加兩矢外鄉者，以禦敵也。鄉讀曰嚮。

〔一五〕【補注】先謙曰：事詳豨傳。

十一年春，信復與胡騎入居參合。〔一〕漢使柴將軍擊之，〔二〕遺信書曰：「陛下寬仁，諸侯雖有叛亡，而後歸，輒復故位號，不誅也。〔三〕大王所知。今王以敗亡走胡，〔四〕非有大罪，急自歸。」信報曰：「陛下擢僕閭巷，南面稱孤，此僕之幸也。滎陽之事，僕不能死，囚於項籍，此一罪也。寇攻馬邑，僕不能堅守，以城降之，此二罪也。今爲反寇，將兵與將軍爭一旦之命，此三罪也。夫種、蠡無一罪，身死亡；〔五〕僕有三罪，而欲求活，此伍子胥所以僨於吳世也。〔六〕今僕亡匿山谷間，旦暮乞貣蠻夷，〔七〕僕之思歸，如痿人不忘起，盲者不忘視，〔八〕勢不可耳。」遂戰。柴將軍屠參合，斬信。

〔一〕師古曰：代郡之縣。【補注】先謙曰：今大同府陽高縣東北。

〔二〕鄧展曰：柴奇也。應劭曰：柴武也。晉灼曰：奇，武之子。師古曰：應說是也。

〔三〕師古曰：復音扶目反。

〔四〕【補注】先謙曰：已即以也，史記作「以」。

〔五〕文穎曰：大夫種、范蠡也。師古曰：二人皆越王句踐之臣也。大夫種位爲大夫，名種也，有功於越，而句踐逼令自死。范蠡即陶朱公也，浮海而逃之齊。又居陶，自號朱公，竟以壽終。信引之以自喻者，蓋言種不去則見殺，蠡逃亡則獲免。蠡音禮。【補注】先謙曰：言二人無罪，然一死一亡，皆不能保其位，文義甚明，無煩曲說。

〔六〕蘇林曰：僨音奮。孟康曰：僨猶斃也。言子胥得罪於夫差而不知去，所以斃於世也。師古曰：僨謂僵仆而倒也，音方問反。

〔七〕師古曰：賁音吐得反。

〔八〕師古曰：痿，風痹病也，音人佳反。【補注】沈欽韓曰：說苑叢談「踒人日夜願一起，盲人不忘視」，蓋本此。

信之入匈奴，與太子俱，及至頽當城，〔一〕生子，因名曰頽當。韓太子亦生子嬰。至孝文時，頽當及嬰率其衆降。〔二〕漢封頽當爲弓高侯，〔三〕嬰爲襄城侯。〔四〕吴楚反時，弓高侯功冠諸將。傳子至孫，〔五〕孫無子，國絶。嬰孫以不敬失侯。〔六〕穨當孽孫嫣，〔七〕貴幸，名顯當世。〔八〕嫣弟説，〔九〕以校尉擊匈奴，封龍頟侯。〔一〇〕後坐酎金失侯，〔一一〕復以待詔爲横海將軍，擊破東越，封按道侯。〔一二〕太初中，爲游擊將軍屯五原外列城，還爲光禄勳，掘蠱太子宮，爲太子所殺。〔一三〕子興嗣，坐巫蠱誅。上曰：「游擊將軍死事，無論坐者。」〔一四〕乃復封興弟增爲龍頟侯。增少爲郎，諸曹、侍中、光禄大夫，昭帝時至前將軍，與大將軍霍光定策立宣帝，益封千户。本始二年，五將征匈奴，增將三萬騎出雲中，斬首百餘級，至期而還。神爵元年，代張安世爲大司馬車騎將軍，領尚書事。增世貴，幼爲忠臣，〔一五〕事三主，重於朝廷。爲人寬和自守，以温顔遜辭承上接下，無所失意，保身固寵，不能有所建明。五鳳二年薨，謚曰安侯。子寶嗣，亡子，國除。成帝時，繼功臣後，封增兄子岑爲龍頟侯。薨，子持弓嗣。〔一六〕王莽敗，乃絶。〔一七〕

〔一〕【補注】先謙曰：集解引漢書音義曰「縣名」。韋昭曰：在匈奴地。案韋説是也。音義以爲縣名，無可取證。

〔二〕【補注】先謙曰：據表，二人俱匈奴相國。

〔三〕晉灼曰：功臣表屬營陵。

〔四〕晉灼曰：功臣表屬魏郡。

〔五〕【補注】先謙曰：表子失名，孫名則。

〔六〕【補注】先謙曰：坐詐疾不從，耐爲隸臣。

〔七〕鄭氏曰：音隝陵之隝。師古曰：鄭音是也，音偃。

〔八〕【補注】先謙曰：見佞幸傳。

〔九〕師古曰：説讀曰悦。

〔一〇〕師古曰：字或作雒。【補注】先謙曰：孝武時兒寬有重罪，繫，説諫之，上感而貰寬。見劉向傳。

〔一一〕【補注】先謙曰：官本引孔武仲雜説云「漢多以酎金失侯，其故何也？考史記平準書『武帝方事夷狄而擊羌、越，卜式上書，願父子往死之。帝侯卜式，賜金六十斤，田十頃，以風天下。天下莫應。而列侯百數，皆莫求從軍擊羌者，故於宗廟酎時，使少府省諸侯所獻金，斤兩少者，色惡者，王削縣，侯失國焉』。蓋緣諸侯之不從軍，武帝忿焉，乃設此法，故失侯者百餘人，而尊式爲御史大夫」。

〔一二〕師古曰：史記年表并衞青傳載「韓説初封龍雒侯，後爲按道侯」，皆與此傳同。而漢書功臣侯表乃云「龍雒侯名譊」。按道侯名説，列爲二人，與此不同。疑表誤。【補注】先謙曰：官本注「雒」作「頟」。案「譊」即「説」，形近訛字。史記亦云「再封爲按道侯」，與本傳合。師古不加訂正，尚致疑詞，非也。

〔一三〕師古曰：掘音其勿反。

〔一四〕服虔曰：時無故見殺，而無爲之論坐伏辜者也。臣瓚曰：按説無故見殺，而子復爲巫蠱見誅，皆爲怨枉，故上曰「毋有應論坐者」也。師古曰：二説皆非。言韓説以掘蠱爲太子所殺，死於國事，忠誠可閔。今興雖以巫蠱見誅，其昆弟宗族應從坐者可勿論之，所以追寵説也。

〔一五〕【補注】周壽昌曰：「幼爲忠臣」，語不甚可解。功臣表陽都敬侯丁復注「爲將軍忠臣侯」，亦有「忠臣」字。考後書趙温傳「辟司空曹操子丕爲掾，操怒，奏温辟忠臣子弟，選舉不實，免官」。時操封武平侯，是知功臣列侯得稱忠臣，必漢制如此。不然，操奏劾人，豈自稱爲忠臣耶？鮑昱傳「帝報曰：吾固欲令天下知忠臣之子復爲司隸也」。案昱父永封關内侯。羊續傳「續以忠臣子孫拜郎中」。案續先七世二千石卿校，祖爲司隸校尉，父爲太常，其先並未以忠節著，是世卿之家，亦可稱忠臣。本書吴芮傳「高祖定著令，稱芮爲忠」。功臣之名忠臣，或肇於此。藝文志于長天下忠臣九篇注，劉向別録云「傳天下忠臣」，疑亦是紀述功臣也。

〔一六〕【補注】先謙曰：表「岑」作「共」，「持弓」作「敞弓」。

〔一七〕【補注】周壽昌曰：新莽時尚紹封，至東漢始絶也。

贊曰：周室既壞，至春秋末，諸侯秏盡，〔一〕而炎黄唐虞之苗裔尚猶頗有存者。〔二〕秦滅六國，而上古遺烈埽地盡矣。〔三〕楚漢之際，豪桀相王，唯魏豹、韓信、田儋兄弟爲舊國之後，然皆及身而絶。横之志節，賓客慕義，猶不能自立，豈非天虖！韓氏自弓高後貴顯，蓋周烈近與！〔四〕

〔一〕師古曰：秏，减也，言漸少而盡也，音呼到反。

〔二〕師古曰：謂神農、黄帝、堯、舜之後。

〔三〕師古曰：烈，業也。

〔四〕晉灼曰：韓先與周同姓，其後苗裔事晉，封於韓原，姓韓氏，韓厥其後也，故曰周烈。臣瓚曰：案武王之子，方於三代，世爲最近也。師古曰：左氏傳云「邘、晉、應、韓，武之穆也」。據如此贊所云，則韓萬先祖，武王之裔。而杜預等以爲出自曲沃成師，未詳其説。「與」讀曰「歟」。

韓彭英盧吳傳第四

漢書三十四

韓信，淮陰人也。〔一〕家貧無行，不得推擇爲吏，〔二〕又不能治生爲商賈，〔三〕常從人寄食。〔四〕其母死無以葬，〔五〕乃行營高燥地，令傍可置萬家者。〔六〕信從下鄉南昌亭長食，〔七〕亭長妻苦之，〔八〕乃晨炊蓐食，〔九〕食時信往，不爲具食。信亦知其意，自絕去。至城下釣，〔一〇〕有一漂母哀之，飯信，〔一一〕竟漂數十日。信謂漂母曰：「吾必重報母。」母怒曰：「大丈夫不能自食，吾哀王孫而進食，〔一二〕豈望報乎！」淮陰少年又侮信曰：〔一三〕「雖長大，好帶刀劍，怯耳。」衆辱信曰：「能死，刺我；不能，出跨下。」〔一四〕於是信孰視，俛出跨下。〔一五〕一市皆笑信，以爲怯。

〔一〕【補注】先謙曰：淮陰，臨淮縣，今淮安府清河縣東五里。

〔二〕李奇曰：無善行可推舉選擇也。【補注】沈欽韓曰：管子小匡篇：「鄉長修德進賢，名之曰三選。罷士無伍。」莊子達生篇：「孫休賓於鄉里，逐於州部。」韓非問田篇：「公孫亶回，聖相也，而關於州部。」楚策「汗明見春申君曰『僕之不肖，阨於州部』」。案，此戰國以來選舉之法，信以無行，故不得推擇也。

〔三〕師古曰：行賣曰商，坐販曰賈。

〔四〕【補注】沈欽韓曰：方言「寄食爲餬」。

〔五〕【補注】宋祁曰：或無「其」字。

〔六〕師古曰：言其有大志也。行音下更反。燥音先老反。【補注】周壽昌曰：營，度也。先謙曰：史記贊作「高敞地」。

〔七〕張晏曰：下鄉屬淮陰。【補注】沈欽韓曰：紀要「南昌亭在淮安府西三十里」。周壽昌曰：索隱引楚漢春秋「南昌」作「新昌」。

〔八〕師古曰：苦，厭也。【補注】王先慎曰：案「亭長」上當有「數月」二字。下文：「信謂亭長曰『公小人，爲德不竟』。」明從食之日久矣，若無「數月」二字，則與下語不合。史記有，班氏删之，非也。

〔九〕張晏曰：未起而牀蓐中食。【補注】王引之曰：方言「蓐，厚也」，厚食猶言多食。說見經義述聞「秣馬蓐食」下。

〔一〇〕【補注】沈欽韓曰：一統志「韓侯釣臺在淮安府山陽縣北」。

〔一一〕韋昭曰：以水擊絮曰漂。師古曰：哀憐而飯之。漂音匹妙反。飯音扶晚反。

〔一二〕蘇林曰：王孫，如言公子也。【補注】何焯曰：博物志云「王孫公子，皆相推敬之詞」。案索隱引劉德云「秦末多失國，言王孫公子，尊之也。而俗人遂以信爲韓王後」。

〔一三〕【補注】王念孫曰：案此「又」字非承上文之詞。「又」讀爲「有」，言少年中有侮信者也。古字通以「又」爲「有」。說見釋詞。史記正作「少年有侮信者」。或曰：漢書何以無「者」字？曰：「者」字可有可無。下文「人有言」上亦無「者」字。先謙曰：史記「少年」上有「屠中」二字。

〔一四〕師古曰：衆辱，於衆中辱之。跨下，兩股之間也。【補注】先謙曰：史記作「袴下」，意同。

〔一五〕師古曰：俛亦俯字。

及項梁度淮，信乃杖劍從之，〔一〕居戲下，無所知名。〔二〕梁敗，又屬項羽，爲郎中。信數以策干項羽，〔三〕羽弗用。漢王之入蜀，信亡楚歸漢，未得知名，爲連敖。〔四〕坐法當斬，其疇十三人皆已斬，〔五〕至信，信乃仰視，適見滕公，〔六〕曰：「上不欲就天子乎？〔七〕而斬壯士！」滕公奇其言，壯其貌，釋弗斬。〔八〕與語，大説之，言於漢王。漢王以爲治粟都尉，上未奇之也。

〔一〕師古曰：言直帶一劍，更無餘資。

〔二〕師古曰：沉在旌戲之下也。戲讀曰麾，又音許宜反。

〔三〕【補注】宋祁曰：或無此「項」字。

〔四〕李奇曰：楚官名。【補注】周壽昌曰：功臣表作「入漢爲連敖票客」。史記功臣表作「連敖典客」。索隱云「典客」，漢表作「粟客」，知「票」本作「粟」。功臣表如注，連敖楚官。左傳有「連尹、莫敖」，其後合爲一官也。時功臣内以連敖起家者，尚有柳丘侯戎賜，隆慮侯周竈，河陵侯郭亭，朝陽侯華寄。若煮棗侯革朱，則以越連敖入漢，知當時不獨漢有此官。

〔五〕師古曰：疇，類也。

〔六〕師古曰：夏侯嬰。

〔七〕【補注】宋祁曰：或無此「上」字。錢大昭曰：天子，南監本、閩本作「天下」。先謙曰：官本作「天下」，史記同。

〔八〕師古曰：釋，放也，置也。

數與蕭何語，何奇之。至南鄭，諸將道亡者數十人。〔一〕信度何等已數言〔二〕上，不我用，即亡。何聞信亡，不及以聞，自追之。〔三〕人有言上曰：「丞相何亡。」上怒，如失左右手。居一二日，何來謁。上且怒且喜，罵何曰：「若亡，何也？」〔四〕何曰：「臣非敢亡，追亡者耳。」上曰：「所追者誰也？」曰：「韓信。」上復罵曰：「諸將亡者已數十，〔五〕公無所追；追信，詐也。」何曰：「諸將易得，至如信，國士無雙。〔六〕王必欲長王漢中，無所事信；〔七〕必欲爭天下，非信無可與計事者。顧王策安決。」〔八〕王曰：「吾亦欲東耳，安能鬱鬱久居此乎？」〔九〕何曰：「王計必東，能用信，信即留；不能用信，信終亡耳。」王曰：「吾爲公以爲將。」何曰：「雖爲將，信不留。」王曰：「以爲大將。」何曰：「幸甚。」於是王欲召信拜之。何曰：「王素嫚無禮，〔一〇〕今拜大將如召小兒，此乃信所以去也。必欲拜之，〔一一〕擇日齋戒，設壇場具禮，乃可。」王許之。諸將皆喜，人人各自以爲得大將。至拜，乃韓信也，一軍皆驚。

〔一〕【補注】周壽昌曰：至南鄭，爲高祖元年夏四月，時沛公爲漢王，都南鄭，諸將士卒皆思東歸，故多道亡。

〔二〕師古曰：度，計量也，音大各反。

〔三〕【補注】沈欽韓曰：許彥周詩話「蜀陝間有溪曰韓溪，蕭文終追淮陰處也」。

〔四〕師古曰：若，汝也。

〔五〕【補注】先謙曰：史記作「十數」，據上文則「數十」是也。官本「已」作「以」。

〔六〕師古曰：爲國家之奇士。

〔七〕張晏曰：無事用信。

〔八〕師古曰：顧，思念也。

〔九〕【補注】宋祁曰：或無「久」字。

〔一〇〕師古曰：嫚與慢同。

〔一一〕【補注】錢大昭曰：南監本、閩本「必欲」上皆有「王」字。先謙曰：官本有「王」字，史記同。

信以拜，上坐。〔一〕王曰：「丞相數言將軍，將軍何以教寡人計策？」信謝，因問王曰：「今東鄉爭權天下，豈非項王邪？」〔二〕上曰：「然。」信曰：「大王自料勇悍仁彊孰與項王？」〔三〕漢王默然良久，曰：「弗如也。」信再拜賀曰：「唯〔四〕信亦以爲大王弗如也。然臣嘗事項王，請言項王爲人也。項王意烏猝嗟，千人皆廢，〔五〕然不能任屬賢將，〔六〕此特匹夫之勇也。〔七〕項王見人恭謹，言語姁姁，〔八〕人有病疾，涕泣分食飲，至使人有功，當封爵，刻印刓，忍不能予，〔九〕此所謂婦人之仁也。項王雖霸天下而臣諸侯，不居關中而都彭城；又背義帝約，而以親愛王，諸侯不平。諸侯之見項王逐義帝江南，亦皆歸逐其主，自王善地。〔一〇〕項王所過亡不殘滅，多怨百姓，〔一一〕百姓不附，特劫於威，彊服耳。〔一二〕名雖爲霸，實失天下心，〔一三〕故曰其彊易弱。〔一四〕今大王誠能反其道，任天下武勇，何不誅！〔一五〕以天下城邑封功臣，何不服！以義兵從思東歸之士，何不散！〔一六〕且三秦王爲秦將，〔一七〕將秦子弟數歲，而所殺亡不可勝計，又欺其衆降諸侯。至新安，項王詐阬秦降卒二十餘萬人，唯獨邯、欣、翳脱。〔一八〕秦父兄怨此三人，痛於骨髓。〔一九〕今楚强以威王此三人，秦民莫愛也。大王之入武關，秋豪亡所害，〔二〇〕除秦苛法，與民約，法三章耳，秦民亡不欲得大王王秦者。於諸侯之約，大王當王關中，關中民户知之。〔二一〕王失職之蜀，民亡不恨者。〔二二〕今王舉而東，三秦可傳檄而定也。」〔二三〕於是漢王大喜，自以爲得信晚。遂聽信計，部署諸將所擊。〔二四〕

〔一〕【補注】先謙曰：官本「以」作「已」，古字通。

〔二〕師古曰：鄉讀曰嚮。

〔三〕師古曰：料，量也。與，如也。

〔四〕師古曰：唯，應辭，音弋癸反。【補注】劉奉世曰：「唯」字當屬下句，讀如本字，此類甚多。王念孫曰：案「唯信亦以爲大王弗如也」當作一句讀。「唯」讀爲「雖」，言非獨大王以爲弗如，雖信亦以爲弗如也。「雖」字古多借作「唯」。少儀「雖有君賜」，雜記「雖三年之喪可也」，鄭注竝曰「雖」或爲「唯」。表記「唯天子受命於天」，注曰「唯（嘗）〔當〕爲雖」。荀子性惡篇「今以仁義法正，爲固無可知可能之理邪？然則唯禹。不知仁義法正，不能仁義法正也」。楊倞注「唯讀爲雖」。秦策「弊邑之王所甚説者，無大大王；唯儀之所甚願爲臣者，亦無大大王。弊邑之王所甚憎者，無先齊王；唯儀之所甚憎者，亦無先齊王」。史記張儀傳「唯」皆作「雖」。史記汲黯傳「宏湯深心疾黯，唯天子亦不説也」。漢書「唯」作「雖」。又大戴禮虞戴德篇「君以聞之，唯某無以更也」。墨子尚同篇「唯欲毋與我同，將不可得也」。荀子大略篇「天下之人，唯各持意哉，然而有所共予也」。趙策「君唯釋虛僞，疾文信，猶且知之也」。史記范雎傳「須賈問曰：孺子豈有客習於相君者哉？范雎曰：主人翁習知之，唯雎亦得謁」。司馬相如傳「相如使時，蜀長老多言通西南夷不爲用，唯大臣亦以爲然」。「唯」竝與「雖」同。又借作「惟」。淮南精神篇「不識天下之以我備其物與？且惟無我而物無不備者乎」？「惟」與「雖」同。史記淮陰侯傳作「惟信亦爲大王不如也」，則不得斷「惟」字爲句，而讀爲唯諾之唯矣。又案韓長孺傳「士以此稱慕之，唯天子亦以爲國器」。今本「亦」字誤在上句「士」字下。據顏注，「天子一人亦以爲國器」，則「亦」字在下句明矣。史記汲黯傳「宏湯深心疾黯，唯天子亦不説也」，語意正與此同。今改正。史記韓長孺傳「亦」字亦在上句，則後人依誤本漢書改之耳。「唯」當讀爲「雖」，言不獨士稱慕之，雖天子亦以國器許之也。師古曰「言臣下皆敬重之，天子一人亦以爲國器云」，天子一人，則是訓「唯」爲「獨」，失其指矣。又金安上傳「敞爲人正直，敢犯顏色，左右憚之，唯上亦難焉」。「唯」亦讀爲「雖」，言不獨左右憚之，雖上亦難之也。師古曰「臣下皆敬憚，唯有天子一人亦難之」，又失之矣。又楊雄傳「唯其人之贍知哉！亦會其時之可爲也」。「唯」亦讀爲「雖」。文選解嘲正作「雖」。師古曰「非唯其人贍知，乃會時之可爲也」，又失之矣。

〔五〕李奇曰：猝嗟，猶咄嗟也，言羽一咄嗟，千人皆失氣也。晉灼曰：意烏，恚怒聲也。猝嗟，形發動也。廢，不收也。

師古曰：意烏，晉説是也。猝嗟，暴猝嗟歎也。猝音千忽反。【補注】先謙曰：官本考證云，史記作「喑噁叱咤」。又「言語姁姁」，史記作「嘔嘔」。

〔六〕師古曰：屬，委也，音之欲反。

〔七〕師古曰：特，但也。

〔八〕師古曰：姁姁，和好貌也，音許于反。

〔九〕蘇林曰：刓音刓角之刓，刓與摶同。手弄角訛，不忍授也。師古曰：刓音五丸反。摶音大官反。又音專。

〔一〇〕【補注】齊召南曰：案諸侯歸逐其主，自王善地，即指田都王臨淄，田市王濟北，臧荼王燕，司馬卬王殷，張耳王常山，皆徙其故王於他處也。不然，信拜大將在四月，諸侯已各就國罷兵矣，烏知後有田榮殺田都，田市及臧荼殺韓廣事乎？

〔一一〕師古曰：結怨於百姓。

〔一二〕師古曰：彊音其兩反。其下「强以威王」亦同。【補注】先謙曰：史記「彊」下奪「服」字。新序善謀篇亦有「服」字，是也。

〔一三〕師古曰：羽自號西楚霸王，故云「名爲霸」也。

〔一四〕師古曰：易使弱也。

〔一五〕師古曰：言何所不誅也。下皆類此。

〔一六〕師古曰：散謂四散而立功。【補注】劉攽曰：「何不散」者，言義兵無敵，諸侯之衆亡不離散而敗也。先謙曰：索隱引劉氏云「用東歸之兵，擊東方之敵，此敵無不散敗也」。

〔一七〕師古曰：章邯、司馬欣、董翳。

〔一八〕師古曰：脱，免也，音土活反。

〔二九〕【補注】先謙曰：史記「於」作「入」。
〔三〇〕師古曰：秋豪，喻微細之物。
〔三一〕師古曰：言家家皆知。【補注】周壽昌曰：史記作「咸知之」。宋祁新唐書長孫后傳「安業向遇妾不以慈，户知之」，即用此三字。顧炎武謂「殊不成文」，殆偶未檢此書耶？
〔三二〕師古曰：之，往也。
〔三三〕師古曰：檄謂檄書也。傳檄可定，言不足用兵也。檄，解在高紀。
〔三四〕師古曰：部分而署置之。

漢王舉兵東出陳倉，〔一〕定三秦。二年，出關，收魏、河南，韓、殷王皆降。令齊、趙共擊楚彭城。〔二〕漢兵敗散而還。信復發兵〔三〕與漢王會滎陽，復擊破楚京、索閒，〔四〕以故楚兵不能西。

〔一〕【補注】先謙曰：陳倉，扶風縣，今鳳翔府寶雞縣東二十里。
〔二〕【補注】王念孫曰：「〔令〕〔令〕」當依史記作「合」，謂漢與齊、趙合而共擊楚也。先謙曰：西漢年紀考異云：「楚方擊齊於城陽，齊安得助漢入彭城？」意「齊」字後人妄加耳。先謙案，史記作「合齊、趙共擊楚，四月至彭城」。「漢兵敗散」，各爲一事，未嘗不合。若擊楚彭城，則齊不與，是班氏改併史記，偶未及檢處。
〔三〕【補注】先謙曰：史記「發」作「收」，是也。高紀亦云「收兵與漢王會」。若關中之兵，權在漢王、蕭相，非信所得專發也。
〔四〕師古曰：索音山客反。

漢之敗卻彭城，〔一〕塞王欣、翟王翳亡漢降楚，齊、趙、魏亦皆反，與楚和。〔二〕漢王使酈生往說魏王豹，豹不聽，乃以信爲左丞相擊魏。信問酈生：「魏得毋用周叔爲大將乎？」〔三〕曰：「栢直也。」信曰：「豎子耳。」遂進兵擊魏。魏盛兵蒲反，塞臨晉。〔四〕信乃益爲疑兵，〔五〕陳船欲度臨晉，而伏兵從夏陽以木罌缶度軍，襲安邑。〔六〕魏王豹驚，引兵迎信。信遂虜豹，定河東，使人請漢王：「願益兵三萬人，臣請以北舉燕、趙，東擊齊，南絕楚之糧道，西與大王會於滎陽。」漢王與兵三萬人，遣張耳與俱，進擊趙、代。破代，禽夏說閼與。〔七〕信之下魏、代，漢輒使人收其精兵，詣滎陽以距楚。

〔一〕師古曰：兵敗於彭城而卻退也。卻音丘略反。

〔二〕【補注】先謙曰：齊未嘗與楚和，此及史記並衍「齊」字。又史記作「欲反漢與楚和」。此時諸侯皆反漢而與楚，非但欲反也。此班氏刪正。

〔三〕【補注】宋祁曰：一本作「大將軍」。

〔四〕【補注】先謙曰：蒲坂，河東縣，今蒲州府永濟縣東南。

〔五〕師古曰：多張兵形，令敵人疑也。

〔六〕服虔曰：以木柙縛罌缶以度也。韋昭曰：以木爲器，如罌缶也。師古曰：服說是也。罌缶謂瓶之大腹小口者也，音一政反。臨晉在今同州朝邑縣界。夏陽在韓城縣界。【補注】宋祁曰：「伏」，越本作「復」。劉敞曰：「復」當作「伏」。周壽昌曰：功臣表祝阿侯高邑下注云「屬淮陰罌度軍」，則此役高邑有功，或即其所畫策也。先謙曰：陳船者，索隱「陳列船艘欲渡河也」。或以爲地名，謬。臨晉，馮翊縣，今同州府大荔縣西。夏陽，馮翊縣，今同州府韓城縣南二十里。安邑，河東縣，今解州夏縣北。

〔七〕李奇曰：夏説，代相也。孟康曰：閼與是邑名也，在上黨陘縣。師古曰：説讀曰悦。閼音一曷反。與音豫。【補注】沈欽韓曰：紀要「閼與城在沁州西北二十里，俗曰烏蘇村。閼與山在磁州武安縣西南五十里」。先謙曰：上黨無陘縣。「陘」蓋「沾」之訛。索隱引續志「上黨沾縣有閼與聚」。正義「在潞州銅鞮縣西北二十里」。先謙案，即韓之閼與邑也。

信、耳以兵數萬，欲東下井陘擊趙。趙王、成安君陳餘聞漢且襲之，聚兵井陘口，〔一〕號稱二十萬。廣武君李左車説成安君曰：「聞漢將韓信涉西河，虜魏王，禽夏説，新喋血閼與。〔二〕今乃輔以張耳，議欲以下趙，〔三〕此乘勝而去國遠鬭，其鋒不可當。臣聞『千里餽糧，士有飢色；〔四〕樵蘇後爨，師不宿飽』。〔五〕今井陘之道，車不得方軌，騎不得成列，〔六〕行數百里，其勢糧食必在後。願足下假臣奇兵三萬人，從閒道絶其輜重；〔七〕足下深溝高壘勿與戰。彼前不得鬭，退不得還，吾奇兵絶其後，野無所掠鹵，不至十日，兩將之頭可致戲下。〔八〕願君留意臣之計，必不爲二子所禽矣。」〔九〕成安君，儒者，常稱義兵不用詐謀奇計，謂曰：「吾聞兵法『什則圍之，倍則戰』。〔一〇〕今韓信兵號數萬，其實不能，千里襲我，〔一一〕亦以罷矣。〔一二〕今如此避弗擊，後有大者，何以距之？諸侯謂吾怯，而輕來伐我。」不聽廣武君策。

〔一〕【補注】先謙曰：井陘，常山縣，今正定府井陘縣北。元和志「井陘口今名土門口，太行八陘之第五陘也。四面高，中央下如井，故名之」。明志「真定府獲鹿縣土門關在其西」。

〔二〕師古曰：喋音牒。喋血，解在文紀。

〔三〕師古曰：言其立計議如此。

〔四〕師古曰：言難繼也。餽字與饋同。

〔五〕師古曰：樵，取薪也。蘇，取草也。小雅白華之詩曰「樵彼桑薪」。樵音在消反。【補注】沈欽韓曰：四語見黄石公上略。

〔六〕師古曰：方軌，謂併行也。列，行列。

〔七〕師古曰：間路，微路也。重音直用反。【補注】先謙曰：官本「道」作「路」，是。史記同。

〔八〕師古曰：戲讀曰麾，又音許宜反。

〔九〕【補注】王念孫曰：「必不爲二子所禽矣」，本作「不，句必爲二子所禽矣」。不與否同，言若不用臣之計，則必爲二子所禽也。史記作「否，必爲二子所禽矣」，是其證。後人不知「不」字自爲一句，而以「不必」二字連讀，遂不得其解，而改「不必」爲「必不」。以陳餘用李左車之計，則必不爲二子所禽。不知上文明言「兩將之頭可致戲下」，豈特不爲所禽而已乎？弗思甚矣。通典兵十三作「不然，必爲所禽矣」。通鑑、漢紀二作「否則必爲二子所禽矣」。

〔一〇〕師古曰：言多十倍者可以圍城，多一倍者戰則可勝。【補注】沈欽韓曰：孫子謀攻篇「十則圍之，五則攻之，倍則分之」。先謙曰：官本注「城」作「敵」，是。史記「戰」下衍「之」字。

〔一一〕【補注】齊召南曰：「不能」斷句，言實兵不能數萬也。史記作「其實不過數千，能千里而襲我，亦已罷極」。能字屬下句讀。先謙曰：「其實不能」，語仍不了，當以「其實不」爲句，「能千里襲我」爲句，「不」即「否」字。「其實否」者，謂無數萬之多也。信兵號二十萬，餘言不過數千，似非情理，故班删正之。「能」讀爲「乃」，非才能之能，「能」、「乃」聲近義通。此王念孫説，詳見經傳釋詞。

〔一二〕師古曰：罷讀曰疲。

信使間人窺知其不用，〔一〕還報，則大喜，乃敢引兵遂下。未至井陘口三十里，止舍。〔二〕

夜半傳發，選輕騎二千人，〔三〕人持一赤幟，〔四〕從閒道萆山而望趙軍，〔五〕戒曰：「趙見我走，必空壁逐我，若疾入，拔趙幟，立漢幟。」〔六〕令其裨將傳餐，〔七〕曰：「今日破趙會食。」諸將皆嘸然，陽應曰：「諾。」〔八〕信謂軍吏曰：「趙已先據便地壁，且彼未見大將旗鼓，未肯擊前行，〔九〕恐吾阻險而還。」〔一〇〕乃使萬人先行，出，背水陳。〔一一〕趙兵望見大笑。平旦，信建大將旗鼓，鼓行出井陘口，〔一二〕趙開壁擊之，大戰良久。於是信、張耳棄鼓旗，走水上軍，〔一三〕復疾戰。趙空壁爭漢鼓旗，〔一四〕逐信、耳。信、耳已入水上軍，軍皆殊死戰，不可敗。〔一五〕信所出奇兵二千騎者，候趙空壁逐利，即馳入趙壁，皆拔趙旗幟，立漢赤幟二千。趙軍已不能得信、耳等，欲還歸壁，壁皆漢赤幟，大驚，以漢爲皆已破趙王將矣，遂亂，遁走。趙將雖斬之，弗能禁。於是漢兵夾擊，破虜趙軍，斬成安君泜水上，〔一六〕禽趙王歇。

〔一〕師古曰：閒人，微伺之也。

〔二〕師古曰：舍，息也。

〔三〕孟康曰：傳，令軍中使發也。

〔四〕師古曰：幟，旌旗之屬也，音式志反。

〔五〕如淳曰：萆音蔽，依山自覆蔽也。師古曰：蔽隱於山閒，使敵不見。【補注】先謙曰：說文「萆，蔽也。從艸，卑聲」。

〔六〕師古曰：若，汝也。

〔七〕服虔曰：立騎傳餐食也。如淳曰：小飯曰餐。破趙後乃當共飽食也。師古曰：餐，古飡字，音千安反。【補注】先謙曰：官本注「騎」作「駐」。

〔八〕孟康曰：嘸音撫，不精明也。劉德曰：音憮。師古曰：劉音是也。音文府反。【補注】洪頤煊曰：嘸與憮同。三蒼「憮，怪愕之詞」。先謙曰：官本注「僬」作「撫」。

〔九〕師古曰：行音胡郎反。

〔一〇〕【補注】劉奉世曰：「前行」當屬下句，言我若前行，又恐阻險而還耳。所以先使萬人陳也。行如字。王念孫曰：劉説非是。恐吾阻險而還者，趙軍恐漢軍阻險而還也。若謂韓信自恐阻險，則當曰「吾恐阻險而還」，不當云「恐吾阻險而還」矣。下文「使萬人先行，出」，正所謂前行也。而趙軍不擊之，正所謂「未見大將旗鼓，未肯擊前行」也。「行」字仍當音户郎反，而以「前行」屬上句。

〔一一〕【補注】沈欽韓曰：輿地廣記「真定府井陘縣有綿蔓水。在縣西南八十里。韓信攻趙，背水爲陳，即此」。尉繚子天官篇「背水陳爲絶地，向阪陳爲廢軍」。陳餘知兵法，故趙軍笑其陳也。先謙曰：緜蔓水自太原之上艾縣流入井陘，信背是水立營，今所謂桃河者也。

〔一二〕師古曰：聲鼓而行。

〔一三〕師古曰：走，趣也，音奏。

〔一四〕【補注】劉奉世曰：「復疾戰」三字衍文。

〔一五〕師古曰：殊，絶也。謂決意必死。【補注】宋祁曰：逐信、張耳。信、張耳已入水上軍，疑有二「張」字。先謙曰：上言張耳矣，此不必有二張字，宋説非。

〔一六〕師古曰：泜音祇，又音丁計反。【補注】先謙曰：官本考證云，水經注「泜水即井陘山水，世謂之鹿泉水，東北流，屈逕陳餘壘，又東注綿蔓水」。

信乃令軍毋斬廣武君，有生得之者，購千金。頃之，有縛而至戲下者，信解其縛，東鄉

坐，西鄉對，而師事之。〔一〕

〔一〕師古曰：鄉皆讀曰嚮。【補注】周壽昌曰：漢初禮以東鄉爲尊。如王陵傳「項羽東鄉坐陵母，欲以招陵，尊陵母也」。周勃傳「每召諸生説事，東鄉坐責之，勃自尊也」。皆此類。

諸校効首虜休，皆賀，〔一〕因問信曰：「兵法有『右背山陵，前左水澤』，〔二〕今者將軍令臣等反背水陳，曰破趙會食，臣等不服。然竟以勝，此何術也？」信曰：「此在兵法，顧諸君弗察耳。〔三〕兵法不曰『陷之死地而後生，投之亡地而後存』乎？〔四〕且信非得素拊循士大夫，經所謂『歐市人而戰之』也，〔五〕其勢非置死地，人人自爲戰；今即予生地，皆走，〔六〕寧尚得而用之乎！」諸將皆服曰：「非所及也。」

〔一〕師古曰：諸校，諸部也，猶今言諸營也。効，致也。謂各致其所獲。【補注】沈欽韓曰：「効」當作「效」。曲禮效馬、效羊注「效猶呈見」。先謙曰：官本作「効」，史記同。此形近誤字。

〔二〕【補注】沈欽韓曰：杜牧注孫子云「太公曰，軍必左川澤而右丘陵」。淮南兵略篇「地利者後生而前死，左牡而右牝」。注「高者爲生，下者爲死。丘陵爲牡，谿谷爲牝」。

〔三〕師古曰：顧，念也。

〔四〕【補注】沈欽韓曰：管子兵法「深入則危，危則士自修」。孫子九地篇如信所引，又云「疾戰則存，不疾戰則亡者爲死地，死地則戰」。

〔五〕師古曰：經，亦謂兵法也。歐與駈同也。忽入市鄽而歐取其人令戰，言非素所練習。【補注】宋祁曰：浙本注文「同也」無「也」字。沈欽韓曰：呂覽簡選篇「世有言曰，驅市人而戰之，可以勝人之厚禄教卒」。馮定遠云：信所將，非素所拊循，兵不爲用，與敺市人同耳。戰國之後，民猶習兵，諸將灌嬰、曹參之流，百戰之餘，非真市人也。故背水而陣，得以用之。若市人也，有相擠而入水耳，烏能與之殊死戰乎？不可不察也。王先慎曰：「經」，史記作「此」，則「經」非指兵法言。顔説無據。

〔六〕【補注】先謙曰：史記作「其勢非置之死地，使人人自爲戰。今予之生地皆走」。今訓爲即，史、漢多有，已詳高紀。言非置死地，使自爲戰，即予生地則皆走耳。今下再加「即」字，則語不可通。此蓋後人旁注「即」字，以釋「今」義，傳寫者不知而併入正文也。

於是問廣武君曰：「僕欲北攻燕，東伐齊，何若有功？」〔一〕廣武君辭曰：「臣聞『亡國之大夫不可以圖存，〔二〕敗軍之將不可以語勇』。若臣者，何足以權大事乎！」信曰：「僕聞之，百里奚居虞而虞亡，之秦而秦伯，〔三〕非愚於虞而智於秦也，用與不用，聽與不聽耳。向使成安君聽子計，僕亦禽矣。僕委心歸計，願子勿辭。」廣武君曰：「臣聞『智者千慮，必有一失；愚者千慮，亦有一得』。〔四〕故曰『狂夫之言，聖人擇焉』。故恐臣計未足用，〔五〕願效愚忠。故成安君有百戰百勝之計，〔六〕一日而失之，軍敗鄗下，〔七〕身死泜水上。今足下虜魏王，禽夏説，不旬朝破趙二十萬衆，誅成安君。名聞海内，威震諸侯，衆庶莫不輟作怠惰，靡衣媮食，傾耳以待禽者。〔八〕然而衆勞卒罷，〔九〕其實難用也。今足下舉勌敝之兵，頓之燕堅城之下，情見力屈，〔一〇〕欲戰不拔，曠日持久，糧食單竭。〔一一〕若燕不破，〔一二〕齊必距境而以自彊。二國相持，則劉項之權未有所分也。臣愚，竊以爲亦過矣。」信曰：「然則何由？」〔一三〕廣武君對曰：「當今之計，不如按甲休兵，百里之内，牛酒日至，以饗士大夫，北首燕路，〔一四〕然後發一乘之使，奉咫尺之書，〔一五〕以使燕，燕必不敢不聽。從燕而東臨齊，雖有智者，亦不知爲齊計矣。如是，則天下事可圖也。兵故有先聲而後實者，此之謂也。」信曰：「善。敬奉教。」於是用廣武君策，〔一六〕發使燕，燕從風而靡。乃遣使報漢，因請立張耳王趙以撫其國。漢王許之。

〔一〕師古曰：何若，猶言何如也。

〔二〕師古曰：圖，謀也。

〔三〕師古曰：百里奚本虞臣也，後仕於秦，遂爲大夫。穆公用其言以取霸。伯讀曰霸。【補注】先謙曰：官本注「仕」作「事」。

〔四〕【補注】王先慎曰：「亦」當作「必」。晏子雜篇下「聖人千慮，必有一失；愚人千慮，必有一得」。史記亦作「必」。明「亦」爲「必」之誤。

〔五〕師古曰：顧，念也。【補注】先謙曰：據顏(往)〔注〕，「故恐」之「故」當作「顧」。官本不誤。

〔六〕【補注】王先慎曰：史記「故」作「夫」，是。

〔七〕李奇曰：鄗音羹臛之臛，常山縣也。光武即位於此，故改曰高邑。【補注】先謙曰：今趙州柏鄉縣北。

〔八〕師古曰：輟，止也。靡，輕麗也。婾與偷字同。偷，苟且也。言爲靡麗之衣，苟且而食，恐懼之甚，不爲久計也。【補注】先謙曰：官本「禽」作「命」，是。史記同。「靡衣婾食」，史記作「褕衣甘食」。索隱言漢書作「美衣婾食」，所見與顏注本異。

〔九〕師古曰：罷讀曰疲。

〔一〇〕師古曰：見，顯露也。屈，盡也。見音胡電反。屈音其勿反。

〔一一〕師古曰：單亦盡。

〔一二〕【補注】宋祁曰：「若」，一作「弱」。

〔一三〕師古曰：由，從也，言當從何計也。

〔一四〕師古曰：首謂趣向也，音式究反。

〔一五〕師古曰：八寸曰咫。咫尺者，言其簡牘或長咫，或短尺，喻輕率也。今俗言尺書，或言尺牘，蓋其遺語耳。【補注】先謙曰：官本注在「以使燕」下。

〔一六〕【補注】周壽昌曰：廣武君自此遂不知所終。通志姓氏略：「左車氏爲廣武君李左車之後。」是廣武有子孫。

楚數使奇兵度河擊趙，王耳、信往來救趙，因行定趙城邑，發卒佐漢。楚方急圍漢王滎陽，漢王出，南之宛、葉，〔一〕得九江王布，入成皋，楚復急圍之。四年，〔二〕漢王出成皋，度河，獨與滕公從張耳軍修武。至，宿傳舍。晨自稱漢使，馳入壁。張耳、韓信未起，即其臥，奪其印符，〔三〕麾召諸將易置之。信、耳起，乃知獨漢王來，大驚。漢王奪兩人軍，〔四〕即令張耳備守趙地，拜信爲相國，〔五〕發趙兵未發者擊齊。〔六〕

〔一〕師古曰：之，往也。宛、葉，二縣名。宛音於元反。葉音式涉反。

〔二〕【補注】王先慎曰：二字衍。高紀出成皋奪張、韓軍，並在三年，非四年。史記「四年」二字作「六月」，上文不書三年，亦誤。

〔三〕師古曰：就其臥處。

〔四〕【補注】宋祁曰：學官景德本作「兩人軍印」，浙本無「印」字。

〔五〕【補注】錢大昕曰：前爲左丞相，位蕭何下。今爲相國，位何上。周壽昌曰：此説誤。漢左右丞相，設於孝惠、高皇后時。前左丞相，虚稱也，樊噲亦爲之。相國設於高祖十一年，此拜信爲趙相國也。

〔六〕文穎曰：謂趙人未嘗見發者。

信引兵東，未度平原，聞漢王使酈食其已説下齊。信欲止，蒯通説信令擊齊，語在通傳。信然其計，遂渡河，〔一〕襲歷下軍，至臨菑。齊王走高密，使使於楚請救。信已定臨菑，東追至高密西。楚使龍且將，號稱二十萬，〔二〕救齊。

〔一〕【補注】先謙曰：官本「渡」作「度」，字同。

〔二〕師古曰：且音子余反。【補注】先謙曰：官本注在「救齊」下。

齊王、龍且并軍與信戰，未合。〔一〕或説龍且曰：「漢兵遠鬬，窮寇戰，鋒不可當也。〔二〕齊、楚自居其地戰，兵易敗散。〔三〕不如深壁，令齊王使其信臣招所亡城，〔四〕城聞王在，楚來救，必反漢。漢二千里客居齊，齊城皆反之，其勢無所得食，可毋戰而降也。」龍且曰：「吾平生知韓信爲人，易與耳。寄食於漂母，無資身之策；受辱於跨下，無兼人之勇，不足畏也。且救齊而降之，吾何功？今戰而勝之，齊半可得，〔五〕何爲而止！」遂戰，與信夾濰水陳。〔六〕信乃夜令人爲萬餘囊，沙以壅水上流，〔七〕引兵半度，擊龍且。〔八〕陽不勝，還走。龍且果喜曰：「固知信怯。」遂追度水。信使人決壅囊，水大至。龍且軍太半不得度，即急擊，殺龍且。龍且水東軍散走，齊王廣亡去。信追北至城陽，虜廣。楚卒皆降，遂平齊。

〔一〕師古曰：欲戰而未交兵也。

〔二〕【補注】宋祁曰：一本「戰」字上有「久」字。錢大昭曰：閩本「戰」作「其」。

〔三〕師古曰：近其室家，懷顧望也。【補注】沈欽韓曰：九地篇「諸侯自戰其地爲散地」。

〔四〕師古曰：信臣，常所親信之臣。

〔五〕師古曰：自謂當得封齊之半地。

〔六〕師古曰：濰音維，濰水出琅邪北箕縣東北，經臺昌入海，即禹貢所云「濰、淄其道」者也。【補注】先謙曰：官本「箕」作「經」，引宋祁曰：注文經縣當作箕縣。沈欽韓云：元和志「濰水在密州高密縣西南四十里」。明志「膠州高密縣西有濰水」。方輿紀要「今縣西五里有韓信溝，相傳亦信所鑿」。

〔七〕【補注】先謙曰：官本「沙」上有「盛」字，是。史記作「滿盛沙」。

〔八〕【補注】宋祁曰：舊本「半」字下有「夜」字，去留兩意俱通。舊本「龍且」無「龍」字，校本添。先謙曰：官本「度」皆作「渡」。

使人言漢王曰：「齊夸詐多變，反覆之國，南邊荒，〔一〕不爲假王以填之，其埶不定。〔二〕今權輕，不足以安之，臣請自立爲假王。」當是時，楚方急圍漢王於滎陽，使者至，發書，〔三〕漢王大怒，罵曰：「吾困於此，旦暮望而來佐我，〔四〕乃欲自立爲王！」張良、陳平伏後躡漢王足，因附耳語曰：「漢方不利，寧能禁信之自王乎？不如因立，善遇之，使自爲守。不然，變生。」漢王亦寤，因復罵曰：「大丈夫定諸侯，即爲真王耳，何以假爲？」遣張良立信爲齊王，徵其兵使擊楚。

〔一〕師古曰：邊，近也。【補注】錢大昭曰：南監本、閩本竝作「南邊楚」。先謙曰：官本作「楚」，史記同。
〔二〕師古曰：填音竹刃反。
〔三〕張晏曰：發信使者所齎書也。
〔四〕師古曰：而，汝也。

楚以亡龍且，〔一〕項王恐，使盱台人武涉往說信曰：「足下何不反漢與楚？楚王與足下有舊故。且漢王不可必，〔二〕身居項王掌握中數矣，〔三〕然得脫，背約，復擊項王，其不可親信如此。今足下雖自以爲與漢王爲金石交，〔四〕然終爲漢王所禽矣。足下所以得須臾至今者，以項王在。〔五〕項王即亡，次取足下。何不與楚連和，三分天下而王齊？今釋此時，自必於漢王以擊楚，且爲智者固若此邪！」信謝曰：「臣得事項王數年，官不過郎中，位不過執戟，〔六〕言不聽，畫策不用，故背楚歸漢。漢王授我上將軍印，數萬之衆，〔七〕解衣衣我，推食我，〔八〕言聽計用，吾得至於此。夫人深親信我，背之不祥。〔九〕幸爲信謝項王。」武涉已去，蒯通知天下權在於信，深說以三分天下之計；〔一〇〕語在通傳。信不忍背漢，又自以功大，漢王不奪我齊，遂不聽。

〔一〕【補注】宋祁曰：「以」，疑作「已」。周壽昌曰：以、已字通，本書尤多，在讀者自知之，不必改，亦不勝改。即作「以」本字，文義亦通，謂楚因亡龍且而項王恐也。
〔二〕師古曰：必謂必信之。
〔三〕師古曰：數音山角反。

〔四〕師古曰：稱金石者，取其堅固。

〔五〕【補注】王念孫曰：此「須臾」，猶「從容延年」之意。言所以得從容至今不死者，以項王尚存也。賈山傳「願少須臾毋死」。少須臾，即少從容，亦延年之意。故武五子傳「奉天期兮不得須臾」。張晏注「不得復延年也」。從容、須臾，語之轉耳。

〔六〕張晏曰：郎中，宿衛執戟。

〔七〕【補注】宋祁曰：浙本「數萬」字上有御字。先謙曰：史記「數」上亦有「予」字。

〔八〕師古曰：下「衣」音於記反。下「食」讀曰「飤」也。

〔九〕【補注】先謙曰：史記有「雖死不易」四字。

〔一〇〕【補注】宋祁曰：景祐本、越本無「之計」，字作「鼎足而王」。錢大昭曰：閩本同。

漢王之敗固陵，用張良計，徵信將兵會垓下。項羽死，高祖襲奪信軍，徙信爲楚王，都下邳。〔一〕

〔一〕【補注】先謙曰：下邳，東海縣，今徐州府邳州東三里。高紀「張良請從陳以東傅海與信，信家在楚，此其意欲得故邑」。正義云「謂從陳潁州北以東亳、泗、徐、淮北之地，東至海，并淮南、淮陰之邑盡與信，信又先有故齊舊地」。先謙案，徙信王楚，所以實前言，而齊地遂爲郡縣矣。

信至國，召所從食漂母，賜千金。及下鄉亭長，錢百，〔一〕曰：「公，小人，爲德不竟。」〔二〕召辱己少年令出跨下者，以爲中尉，告諸將相曰：「此壯士也。方辱我時，寧不能死？死之無名，〔三〕故忍而就此。」〔四〕

〔一〕師古曰：以恥辱之。
〔二〕師古曰：言晨炊蓐食。
〔三〕【補注】周壽昌曰：史記兩「死」字皆作「殺」，蓋殺者專就少年言，死者兼己身言也。
〔四〕師古曰：就，成也，成今日之功。

項王亡將鍾離眛〔一〕家在伊廬，〔二〕素與信善。項王敗，眛亡歸信。漢怨眛，聞在楚，詔楚捕之。信初之國，行縣邑，陳兵出入。〔三〕有變告信欲反，〔四〕書聞，〔五〕上患之。用陳平謀，僞游於雲夢者，實欲襲信，信弗知。高祖且至楚，信欲發兵，自度無罪；〔六〕欲謁上，恐見禽。人或說信曰：「斬眛謁上，上必喜，亡患。」信見眛計事，眛曰：「漢所以不擊取楚，以眛在。公若欲捕我自媚漢，吾今死，公隨手亡矣。」乃罵信曰：「公非長者！」卒自剄。信持其首謁於陳。高祖令武士縛信，載後車。信曰：「果若人言，『狡兔死，良狗亨』。」〔七〕上曰：「人告公反。」遂械信。至雒陽，赦以爲淮陰侯。

〔一〕師古曰：眛音莫曷反。【補注】周壽昌曰：陳平傳稱眛爲項王骨鯁臣，以金間之。眛蓋楚重將。先謙曰：官本「眛」皆作「昧」。
〔二〕劉德曰：東海朐南有此邑。韋昭曰：今中廬縣也。師古曰：韋説非也。中廬在襄陽之南。【補注】先謙曰：續志「東海朐縣有伊廬鄉」。元和志「鍾離眛城在朐山縣南百里，眛所築」。蓋即眛家所在之伊廬鄉矣。今隸海州。
〔三〕師古曰：行音下更反。
〔四〕師古曰：凡言變告者，謂告非常之事。

〔五〕師古曰：聞於天子。

〔六〕師古曰：度音大各反。

〔七〕張晏曰：狡猶猾也。師古曰：此黄石公三略之言。【補注】沈欽韓曰：文子上德篇「狡兔得而獵犬烹，高鳥盡而良弓藏」。吳越春秋「大夫種曰：子胥於吳，當夫差之誅也，謂臣曰『狡兔死，良犬烹，敵國滅，謀臣亡』。范蠡亦有斯言」。韓非内儲下以爲太宰嚭遺大夫種書。蒯通曾以風韓信，故信云「果若人言也」。師古引黄石公三略，非也。

信知漢王畏惡其能，〔一〕稱疾不朝從。〔二〕由此日怨望，居常鞅鞅，〔三〕羞與絳、灌等列。嘗過樊將軍噲，噲趨拜送迎，言稱臣，曰：「大王乃肯臨臣。」信出門，笑曰：「生乃與噲等爲伍！」〔四〕

〔一〕【補注】宋祁曰：浙本無「王」字。案六年游雲夢時，高祖已即帝位，不容更稱王也。

〔二〕師古曰：朝，朝見也。從，從行也。

〔三〕師古曰：鞅鞅，志不滿也，音於兩反。【補注】宋祁曰：當作牛向反。

〔四〕師古曰：言俱爲列侯。

上嘗從容與信言諸將〔一〕能各有差。上問曰：「如我，能將幾何？」信曰：「陛下不過能將十萬。」上曰：「如公何如？」曰：「如臣，多多益辦耳。」〔二〕上笑曰：「多多益辦，何爲爲我禽？」信曰：「陛下不能將兵，而善將將，此乃信之爲陛下禽也。且陛下所謂天授，非人力也。」

〔二〕師古曰：從音千容反。【補注】先謙曰：官本注在「有差」下。

〔三〕【補注】先謙曰：史記「辨」作「善」。

後陳豨爲代相監邊，辭信，〔一〕信挈其手，〔二〕與步於庭數帀，仰天而嘆曰：「子可與言乎？吾欲與子有言。」豨因曰：「唯將軍命。」信曰：「公之所居，天下精兵處也；而公，陛下之信幸臣也。人言公反，陛下必不信；再至，陛下乃疑；三至，必怒而自將。吾爲公從中起，天下可圖也。」〔三〕陳豨素知其能，信之，曰：「謹奉教！」

〔一〕【補注】周壽昌曰：史記作「豨拜爲鉅鹿守，辭於淮陰侯」。此當得其實。據史記豨傳，亦未嘗爲鉅鹿守也。

〔二〕師古曰：挈謂執提之。

〔三〕【補注】周壽昌曰：豨此時無反意，信因其來辭，突教之反，不懼豨之言於上乎？此等情事，不合所謂微辭也。

漢十年，豨果反，高帝自將而往，信病不從。〔一〕陰使人之豨所，而與家臣謀，夜詐赦諸官徒奴，欲發兵襲呂后、太子。部署已定，待豨報。其舍人得罪信，信囚，欲殺之。〔二〕舍人弟上書變告信欲反狀於呂后。呂后欲召，恐其黨不亂，〔三〕乃與蕭相國謀，詐令人從帝所來，稱豨已死，〔四〕羣臣皆賀。相國紿信曰：「雖病，强入賀。」〔五〕信入，呂后使武士縛信，斬之長樂鍾室。〔六〕信方斬，曰：「吾不用蒯通計，反爲女子所詐，豈非天哉！」遂夷信三族。

〔一〕【補注】宋祁曰：浙本「病」字上有「稱」字。錢大昭曰：南監本、閩本有「稱」字。周壽昌曰：「病」與「稱病」情事絶異。觀下相國紿信語，則信病，非假稱也。史記亦云「信病」，無「稱」字。

〔二〕晉灼曰：楚漢春秋云，謝公也。【補注】劉奉世曰：案，功臣表告信反者，舍人欒說也。宋祁曰：功臣侯表云「慎陽欒說爲淮陰侯舍人，告淮陰侯信反，侯二千户」。齊召南曰：劉據表以正晉誤，是也。本書作「樂說」，史表作「欒說」，「樂」、「欒」形近，未知孰是。

〔三〕師古曰：黨音他朗反。【補注】錢大昭曰：「亂」，南監本、閩本作「就」。先謙曰：官本作「就」，是。史記同。

〔四〕【補注】先謙曰：官本「死」作「破」。

〔五〕師古曰：紿，詐也。

〔六〕師古曰：鍾室，謂懸鍾之室。【補注】周壽昌曰：紀、表俱作「十一年誅信」，此從十年豨反後敘入，未加分析也。

高祖已破豨歸，至，聞信死，且喜且哀之，〔一〕問曰：「信死亦何言？」吕后道其語。高祖曰：「此齊辯士蒯通也。」召欲亨之。通至自說，釋弗誅。〔二〕語在通傳。〔三〕

〔一〕【補注】先謙曰：官本無「之」字，引宋祁曰：景祐本「哀」下有「之」字。

〔二〕師古曰：自說，謂自解說也。釋，放也，置也。【補注】劉攽曰：釋，解也，猶云解說也。先謙曰：自說即是自解，不當復訓釋爲解也。顔是，劉非。

〔三〕【補注】宋祁曰：浙本無此四字。

彭越字仲，昌邑人也。〔一〕常漁鉅野澤中，爲盜。〔二〕陳勝起，或謂越曰：「豪桀相立畔秦，仲可效之。」越曰：「兩龍方鬭，且待之。」〔三〕

〔一〕【補注】先謙曰：昌邑，山陽縣，今濟寧州金鄉縣西北四十里。

〔一〕師古曰：漁，捕魚也，鉅野，即今鄆州鉅野中。【補注】先謙曰：官本注「中」作「縣」，是。鉅野，山陽縣，今曹州府鉅野縣南。

〔三〕師古曰：兩龍，謂秦與陳勝。

居歲餘，澤閒少年相聚百餘人，往從越，請仲爲長，越謝不願也。少年强請，乃許。與期旦日日出時，後會者斬。旦日日出，十餘人後，後者至日中。於是越謝曰：「臣老，諸君强以爲長。今期而多後，不可盡誅，誅最後者一人。」令校長斬之。〔一〕皆笑曰：「何至是！請後不敢。」於是越乃引一人斬之，設壇祭，令徒屬。徒屬皆驚，畏越，不敢仰視。乃行略地，收諸侯散卒，得千餘人。

〔一〕師古曰：一校之長也。校音下教反。

沛公之從碭北擊昌邑，越助之。昌邑未下，沛公引兵西。越亦將其衆居鉅野澤中，收魏敗散卒。項籍入關，王諸侯，還歸，越衆萬餘人無所屬。齊王田榮叛項王，漢乃使人賜越將軍印，使下濟陰以擊楚。〔一〕楚令蕭公角將兵擊越，越大破楚軍。漢二年春，與魏豹及諸侯東擊楚，越將其兵三萬餘人，歸漢外黄。〔二〕漢王曰：「彭將軍收魏地，得十餘城，欲急立魏後。今西魏王豹，魏咎從弟，真魏也。」〔三〕乃拜越爲魏相國，擅將兵，略定梁地。〔四〕

〔一〕【補注】劉氏曰：田榮使越擊楚，此不合有「漢」字。先謙曰：劉説是也。事見高紀。

〔二〕師古曰：於外黄來歸漢。

〔三〕鄭氏曰：豹，真魏後也。

〔四〕師古曰：擅，專也，使專爲此事。【補注】何焯曰：「擅將兵」者，雖拜越爲魏相國，不使受魏豹節度，得自主兵也。

漢王之敗彭城解而西也，越皆亡其所下城，獨將其兵北居河上。漢三年，越常往來爲漢游兵擊楚，絶其糧於梁地。項王與漢王相距滎陽，越攻下睢陽、外黄十七城。項王聞之，乃使曹咎守成皋，自東收越所下城邑，皆復爲楚。越將其兵北走穀城。〔一〕項王南走陽夏，〔二〕越復下昌邑旁二十餘城，得粟十餘萬斛，以給漢食。

〔一〕【補注】先謙曰：穀城即穀成，河南縣，今河南府洛陽縣西北。

〔二〕師古曰：走並音奏。夏音攻雅反。【補注】先謙曰：此鴻溝分地後，項王西歸也。

漢王敗，使使召越并力擊楚，〔一〕越曰：「魏地初定，尚畏楚，未可去。」漢王追楚，爲項籍所敗固陵。〔二〕乃謂留侯曰：「諸侯兵不從，爲之奈何？」留侯曰：「彭越本定梁地，功多，始君王以魏豹故，拜越爲相國。今豹死亡後，且越亦欲王，而君王不蚤定。〔三〕今取睢陽以北至穀城，皆許以王彭越。」〔四〕又言所以許韓信。語在高紀。於是漢王發使使越，如留侯策。使者至，越乃引兵會陔下。項籍死，立越爲梁王，都定陶。

〔一〕【補注】劉攽曰：「漢王敗」，此時漢未敗，其「敗」字疑是「數」字。先謙曰：劉説是也。史記亦誤。

〔二〕【補注】錢大昭曰：固陵上當有脱字。漢王之敗，敗於陽夏南，非固陵也。其與留侯計議，合信、越并力擊楚，乃在壁固陵之時，見於本紀及張良傳。此「固陵」上當有「壁」字。先謙曰：高紀明言「擊楚至固陵，楚大破之」，錢説謬。

〔三〕師古曰：蚤，古早字。

〔四〕【補注】先謙曰：正義「從宋州以北至鄆州以西，曹、濮、汴、滑並與越」。

六年，朝陳。九年，十年，皆來朝長安。

陳豨反代地，高帝自往擊之，至邯鄲，徵兵梁。梁王稱病，使使將兵詣邯鄲。高帝怒，使人讓梁王。〔一〕梁王恐，欲自往謝。其將扈輒曰：「王始不往，見讓而往，往即爲禽，不如遂發兵反。」梁王不聽，稱病。梁太僕有罪，亡走漢，告梁王與扈輒謀反。於是上使使掩捕梁王，囚之雒陽，有司治反形已具，〔二〕請論如法。上赦以爲庶人，徙蜀青衣。〔三〕西至鄭，〔四〕逢呂后從長安東，欲之雒陽，道見越。越爲呂后泣涕，自言亡罪，願處故昌邑。呂后許諾，詔與俱東。〔五〕至雒陽，呂后言上曰：「彭越壯士也，今徙之蜀，此自遺患，不如遂誅之。妾謹與俱來。」於是呂后令其舍人告越復謀反。廷尉奏請，〔六〕遂夷越宗族。〔七〕

〔一〕師古曰：讓，責也。

〔二〕張晏曰：扈輒勸越反，越不聽，而云「反形已具」，有司非也。臣瓚曰：扈輒勸越反，而越不誅輒，是反形已具也。師古曰：瓚説是也。

〔三〕文穎曰：青衣，縣名。【補注】先謙曰：青衣，蜀郡縣，今雅州府雅安縣北。沈欽韓云：輿地廣記「嘉州龍游縣，乃漢南安縣故地，非青衣，漢嘉本土也。唐顔師古注彭越傳，杜佑述通典嘉州事，皆以龍游爲青衣，蓋失之矣」。明有龍游縣，入嘉定州。今檢各本，此處皆無師古注，則刊本有脱落也。先謙案：集解引瓚注云「今漢嘉是也」。索隱「今爲臨邛，瓚説是」。廣記蓋指此而誤爲顔説。

〔四〕師古曰：即今華州鄭縣是也。【補注】先謙曰：京兆縣，今同州府華州北。

〔五〕【補注】宋祁曰：一本作「涕泣」。一無「詔」字。

〔六〕【補注】先謙曰：史記作「廷尉王恬闓奏」。案即王恬啓。避諱，「闓」又譌爲「闔」。

〔七〕【補注】宋祁曰：「宗」字當作「三」字。

黥布，六人也，〔一〕姓英氏。少時客相之，當刑而王。及壯，坐法黥，布欣然笑曰：「人相我當刑而王，幾是乎？」〔二〕人有聞者，共戲笑之。布以論輸驪山，〔三〕驪山之徒數十萬人，布皆與其徒長豪桀交通，乃率其曹耦，亡之江中爲羣盜。〔四〕

〔一〕師古曰：六，縣名也。解在高紀。【補注】先謙曰：六，六安縣，今六安州北十三里。

〔二〕臣瓚曰：幾，近也。師古曰：幾音鉅依反。【補注】王念孫曰：幾讀爲豈，言人相我當刑而王，今豈是乎？史記黥布傳亦作「幾」，集解引徐廣曰：「幾」一作「豈」。索隱：「楚漢春秋作『豈是乎』。」是其明證矣。「豈」與「幾」古同聲而通用。趙岐注孟子告子篇云「幾，豈也」。荀子榮辱篇「是其爲相縣也，幾直夫芻豢之縣糟糠爾哉」，又曰「幾不甚善矣哉」！楊倞竝注「幾讀爲豈」。韓子姦劫弒臣篇「幾不亦難哉」！續史記滑稽傳「幾可謂非賢大夫哉」！「幾」竝同「豈」。

〔三〕師古曰：有罪論決而輸作於驪山。【補注】先謙曰：「以」，史記作「已」，字通用。

〔四〕師古曰：曹，輩也。

陳勝之起也，布乃見番君，〔一〕其衆數千人。番君以女妻之。章邯之滅陳勝，破呂臣軍，布引兵北擊秦左右校，破之青波，〔二〕引兵而東。聞項梁定會稽，西度淮，布以兵屬梁。梁西擊景駒、秦嘉等，布常冠軍。〔三〕項梁聞陳涉死，立楚懷王，以布爲當陽君。項梁敗死，懷王與布及諸侯將皆聚彭城。〔四〕當是時，秦急圍趙，趙數使人請救懷王。懷王使宋義爲上將，〔五〕項籍與布皆屬之，北救趙。及籍殺宋義河上，自立爲上將軍，使布先涉河，〔六〕擊秦軍，數有利。籍乃悉引兵從之，遂破秦軍，降章邯等。楚兵常勝，功冠諸侯。諸侯兵皆服屬楚者，以布數以少敗衆也。

〔一〕師古曰：番音蒲何反。【補注】沈欽韓曰：寰宇記「英布城在饒州鄱陽縣西百五十里。漢初築以居布」。案當時番君爲布築也。

〔二〕師古曰：地名也。【補注】先謙曰：說在陳勝傳。史記作「清陂」，通用字。

〔三〕師古曰：言其驍勇爲衆軍之最。

〔四〕【補注】先謙曰：官本「聚」作「軍」，引宋祁曰：「軍」字疑作「聚」。

〔五〕【補注】宋祁曰：越本「將」字下有「軍」字。

〔六〕師古曰：涉謂無舟楫而渡也。

項籍之引兵西至新安，又使布等夜擊阬章邯秦卒二十餘萬人。至關，不得入，又使布等先從間道破關下軍，〔一〕遂得入。至咸陽，布爲前鋒。〔二〕項王封諸將，立布爲九江王，都六。尊懷王爲義帝，徙都長沙，乃陰令布擊之。布使將追殺之郴。

〔一〕師古曰：間道，微道也。

〔二〕【補注】先謙曰：史記作「常爲軍鋒」。索隱案，漢書作「楚軍前簿」。簿者，鹵簿也。所見與顏注本異。

齊王田榮叛楚，項王往擊齊，徵兵九江，布稱病不往，〔一〕遣將將數千人行。漢之敗楚彭城，布又稱病不佐楚。項王由此怨布，數使使者譙讓召布，〔二〕布愈恐，不敢往。項王方北憂齊、趙，西患漢，所與者獨布，又多其材，〔三〕欲親用之，以故未擊。

〔一〕【補注】齊召南曰：案敘此事於追殺義帝之後，與史記合，是也。乃項羽傳敘於追殺義帝之前，蓋誤。

〔二〕師古曰：譙讓，責之也。譙音在笑反。

〔三〕師古曰：多猶重也。

漢王與楚大戰彭城，不利，出梁地，至虞，〔一〕謂左右曰：「如彼等者，無足與計天下事者。」謁者隨何進曰：「不審陛下所謂。」漢王曰：「孰能爲我使淮南，〔二〕使之發兵背楚，留項王於齊數月，我之取天下可以萬全。」隨何曰：「臣請使之。」乃與二十人俱使淮南。至，太宰主之，〔三〕三日不得見。隨何因說太宰曰：「王之不見何，必以楚爲彊，以漢爲弱，此臣之所爲使。〔四〕使何得見，言之而是邪，是大王所欲聞也；言之而非邪，使何等二十人伏斧質淮南市，〔五〕以明背漢而與楚也。」太宰乃言之王，王見之。隨何曰：「漢王使使臣敬進書大王御者，竊怪大王與楚何親也。」淮南王曰：「寡人北鄉而臣事之。」〔六〕隨何曰：「大王與項王俱列爲諸侯，北鄉而臣事之，必以楚爲彊，可以託國也。項王伐齊，身負版築，〔七〕以爲士卒先。大王宜悉淮南之衆，〔八〕身自將，爲楚軍前鋒，今乃發四千人以助楚。夫北面而臣事人者，固若是乎？夫漢王戰於彭城，〔九〕項王未出齊也，大王宜埽淮南之衆，日夜會戰彭城下。〔一〇〕今撫萬人之衆，無一人渡淮者，陰拱而觀其孰勝。〔一一〕夫託國於人者，固若是乎？大王提空名以鄉楚，〔一二〕而欲厚自託，臣竊爲大王不取也。然大王不背楚者，以漢爲弱也。夫楚兵雖彊，天下負之以不義之名，〔一三〕以其背明約而殺義帝也。然而楚王特以戰勝自彊。〔一四〕漢王收諸侯，還守成皋、滎陽，下蜀、漢之粟，深溝壁壘，分卒守徼乘塞。楚人還兵，間以梁地，〔一五〕深入敵國八九百里，〔一六〕欲戰則不得，攻城則力不能，老弱轉糧千里之外。楚兵至滎陽、成皋，漢堅守而不動，進則不得攻，退則不能解，故楚兵不足罷也。〔一七〕使楚兵勝漢，則諸侯自危懼而相救。夫楚之彊，適足以致天下之兵耳。故楚不如漢，其勢易見也。今大王不與萬全之漢，而自託於危亡之楚，臣竊爲大王或之。〔一八〕臣非以淮南之兵足以亡楚也。夫大王發兵而背楚，項王必留；留數月，漢之取天下可以萬全。臣請與大王杖劍而歸漢王，漢王必裂地而分大王，〔一九〕又況淮南，必大王有也。〔二〇〕故漢王敬使使臣進愚計，願大王之留意也。」淮南王曰：「請奉命。」陰許叛楚與漢，未敢泄。

〔一〕師古曰：即今宋州虞城縣是也。【補注】劉攽曰：上文云「漢之敗楚彭城」，此文又云「漢與楚大戰彭城，不利，出梁〔地〕」。案隨何說前後殊參差。云「漢王大戰彭城，不利，出梁地，至虞」，是則項王已去齊矣，安得復言留項王於齊？及隨何自明己功，亦云「陛下攻彭城，楚王未去齊也」。然則漢王使隨何，在未至彭城之前明矣。實說項王伐齊，召兵黥布，漢王度羽得布共伐齊，西方有變，必留布而羽自至，故欲使人說布叛楚，布叛楚，則項王必自終齊事，故必數月留而漢可取天下矣。及隨何說布歸漢，漢果得以入彭城也。然則說辭差錯，或楚、漢初記事者各不同。班氏合之，不能無誤耳。又檢高紀二年敗彭城，三年布方歸漢，此時漢與楚相持滎陽矣。此傳文云「項王留而攻下邑」，非事理也。及隨何說詞，亦自不倫，疑漢之辯士寓言如此，非本語也。先謙曰：案下文「留項王於齊數月」，高紀改爲「項王必留擊之，得留數月」。班氏亦知史記之不合也。此傳全用史記，故未改其文。劉氏疑爲寓言，過矣。上文「漢之敗楚彭城」是實事，此言「漢王與楚大戰彭城，不利」，乃追溯之詞，非謂兩次會戰也。虞，梁國縣，今歸德府虞城縣西南三里。

〔二〕師古曰：孰，誰也。

〔三〕服虔曰：淮南太宰作内主。【補注】先謙曰：通鑑胡注「此非周官之太宰也。漢奉常屬官有太宰」。

〔四〕師古曰：此事正是臣所爲來欲言之。

〔五〕師古曰：質，鍖也，言伏於鍖上而斧斬之。鍖音竹林反。

〔六〕師古曰：鄉讀曰嚮。次下亦同。【補注】周壽昌曰：此時布受楚封爲九江王也。淮南王，史臣追稱之。先謙曰：官本注「次」作「以」。

〔七〕李奇曰：版，牆版也。築，杵也。【補注】先謙曰：官本注在「以爲士卒先」下。

〔八〕師古曰：悉，盡也。

〔九〕【補注】先謙曰：此謂漢王率五諸侯擊楚時，項王雖不在彭城，其守者與漢王戰也。

〔一〇〕師古曰：埽者，謂盡舉之，如埽地之爲。【補注】宋祁曰：「彭城」字下當更有「城」字。

〔一一〕師古曰：斂手曰拱。孰，誰也。言不動摇，坐觀成敗也。【補注】宋祁曰：「觀其」字下當有「勢」字。

〔一二〕師古曰：提，舉也。鄉讀曰嚮。

〔一三〕師古曰：負，加也。加於身上，若言被也。

〔一四〕【補注】先謙曰：史記「特」作「恃」，無「以」字。

〔一五〕服虔曰：梁在楚、漢之中央。師古曰：間音居莧反。

〔一六〕張晏曰：羽從齊還，當經梁地八九百里，乃得羽地也。【補注】劉奉世曰：方是時，彭越反梁地，故何言羽深入敵國，乃至滎陽、成皋爾。從齊還彭城，自不經梁地也。

〔一七〕師古曰：不足者，言易也。罷讀曰疲。

〔一八〕【補注】錢大昭曰：或，古惑字。或之者，疑之也。

〔一九〕【補注】先謙曰：史記「分」作「封」，是。

〔二〇〕【補注】宋祁曰：南本、浙本淮南字下更有淮南二字。

楚使者在，〔一〕方急責布發兵，隨何直入曰：「九江王已歸漢，楚何以得發兵！」布愕然。楚使者起，何因說布曰：「事已搆，〔二〕獨可遂殺楚使，毋使歸，而疾走漢并力。」〔三〕布曰：「如使者教。」因起兵而攻楚，楚使項聲、龍且攻淮南，項王留而攻下邑。〔四〕數月，〔五〕龍且攻淮南，破布軍。布欲引兵走漢，恐項王擊之，故間行與隨何俱歸漢。

〔一〕文穎曰：在淮南王所也。

〔二〕師古曰：搆，結也。言背楚之事以結成也。

〔三〕師古曰：走音奏。次下亦同。

〔四〕師古曰：縣名也，在梁地。【補注】先謙曰：下邑，梁國縣，今徐州府碭山縣東。據高紀，是時周呂侯將兵居下邑。

〔五〕【補注】劉奉世曰：「數月」字宜屬上句。此文雖符上文「留項王於齊數月」，然事理全在下邑，又非齊地。先謙曰：「數月」字屬上，是也。劉於「非齊地」致疑，未悟史記「止留項王於齊」一句有誤。

至，漢王方踞牀洗，〔一〕而召布入見。布大怒，悔來，欲自殺。出就舍，張御食飲從官如漢王居，布又大喜過望。〔二〕於是乃使人之九江。楚已使項伯收九江兵，盡殺布妻子。布使者頗得故人幸臣，將衆數千人歸漢。漢益分布兵而與俱北，收兵至成皋。四年秋七月，立布爲淮南王，與擊項籍。布使人之九江，得數縣。五年，布與劉賈入九江，誘大司馬周殷，殷反楚。遂舉九江兵與漢擊楚，破垓下。〔三〕

〔一〕師古曰：洗，濯足也，音先典反。

〔二〕師古曰：高祖以布先久爲王，恐其意自尊大，故峻其禮，令布折服。以而美其帷帳，厚其飲食，多其從官，以悦其心，此權道也。張音竹亮反，若今言張設。

〔三〕【補注】先謙曰：史記作「破之垓下」。此「之」字當有。

項籍死，上置酒對衆折隨何曰腐儒，〔一〕「爲天下安用腐儒哉！」〔二〕隨何跪曰：「夫陛下引兵攻彭城，楚王未去齊也，陛下發步卒五萬人，騎五千，能以取淮南乎？」曰：「不能。」隨何曰：「陛下使何與二十人使淮南，如陛下之意，是何之功賢於步卒數萬，騎五千也。然陛下謂何腐儒，『爲天下安用腐儒』，何也？」上曰：「吾方圖子之功。」〔三〕乃以隨何爲護軍中尉。布遂剖符爲淮南王，都六，九江、廬江、衡山、豫章郡皆屬焉。

〔一〕師古曰：腐者，爛敗。言無所堪任。

〔二〕師古曰：高祖意欲褒賞隨何，恐羣臣不服，故對衆折辱，令其自數功勞也。

〔三〕師古曰：圖，謀也。

六年，朝陳。七年，朝雒陽。〔一〕九年，朝長安。

〔一〕【補注】王先慎曰：史記作「七年朝陳，八年朝雒陽」。案朝陳即會諸侯執韓信之歲，本書六年是也。朝雒陽之年，當從史記高紀「八年三月行如雒陽，九月行自雒陽至，淮南王從」。即此事。明「七」爲「八」之譌。

十一年，高后誅淮陰侯，布因心恐。夏，漢誅梁王彭越，〔二〕盛其醢以徧賜諸侯。〔二〕至淮南，淮南王方獵，見醢，因大恐，陰令人部聚兵，候伺旁郡警急。〔三〕

〔一〕【補注】王念孫曰：高紀十一年三月，梁王彭越謀反，夷三族。漢紀同。則不得言夏也。且上下文皆不紀時，而此獨紀時，亦爲不類。史記作「夏」，亦誤也。「夏，漢誅梁王彭越」，當作「漢復誅梁王彭越」。復者，承上之詞。蓋布見淮陰侯誅而心恐，復見醢彭越之事，遂大恐也。復字右邊與夏相似，因誤而爲夏，又倒在漢字上耳。羣書治要引作「復誅彭越」，是其證。

〔二〕師古曰：反者被誅，皆以爲醢，即刑法志所云「菹其骨肉」是也。

〔三〕師古曰：恐被收捕，即欲發兵反。

布有所幸姬病就醫。醫家與中大夫賁赫對門，〔一〕赫乃厚餽遺，從姬飲醫家。姬侍王，從容語次，譽赫長者也。〔二〕王怒曰：「女安從知之？」〔三〕具道，〔四〕王疑與亂。赫恐，稱病。王愈怒，欲捕赫。赫上變事，乘傳詣長安。〔五〕布使人追，不及。赫至，上變，言布謀反有端，可先未發誅也。〔六〕上以其書語蕭相國，蕭相國曰：「布不宜有此，〔七〕恐仇怨妄誣之。〔八〕請繫赫，使人微驗淮南王。」〔九〕布見赫以罪亡上變，已疑其言國陰事，漢使又來，頗有所驗，遂族赫家，發兵反。

〔一〕師古曰：賁音肥。姓賁名赫。

〔二〕師古曰：從音千容反。

〔三〕師古曰：安從，何由者也。

〔四〕【補注】先謙曰：史記作「具説狀」。

〔五〕師古曰：傳音張戀反。

〔六〕師古曰：及其未發兵，先誅伐之。

〔七〕師古曰：不應有反謀。

〔八〕師古曰：怨音於元反。

〔九〕師古曰：微驗，不顯言其事。【補注】宋祁曰：「微」或作「徵」，舊本及李本並作「徵」。今改作「微」。景德本無「王」字。

反書聞，上乃赦赫，以爲將軍。〔一〕召諸侯〔二〕問：「布反，爲之柰何？」皆曰：「發兵阬豎子耳，何能爲！」汝陰侯滕公以問其客薛公，薛公曰：「是固當反。」滕公曰：「上裂地而封之，疏爵而貴之，〔三〕南面而立萬乘之主，其反何也？」薛公曰：「前年殺彭越，往年殺韓信，〔四〕三人皆同功一體之人也。自疑禍及身，故反耳。」滕公言之上曰：「臣客故楚令尹薛公，其人有籌策，可問。」上乃見問薛公，對曰：「布反不足怪也。使布出於上計，山東非漢之有也；出於中計，勝負之數未可知也；出於下計，陛下安枕而臥矣。」上曰：「何謂上計？」薛公對曰：「東取吴，〔五〕西取楚，〔六〕并齊取魯，傳檄燕、趙，固守其所，山東非漢之有也。」「何謂中計？」「東取吳，西取楚，并韓取魏，據敖倉之粟，塞成皋之險，勝敗之數未可知也。」「何謂下計？」「東取吳，西取下蔡，〔七〕歸重於越，身歸長沙，〔八〕陛下安枕而臥，漢無事矣。」上曰：「是計將安出？」〔九〕薛公曰：「出下計。」上曰：「胡爲廢上計而出下計？」〔一〇〕薛公曰：「布故驪山之徒也，致萬乘之主，此皆爲身，不顧後爲百姓萬世慮者也，故出下計。」上曰：「善。」封薛公千户，遂發兵自將東擊布。

〔一〕【補注】宋祁曰：浙本「上」字下更有「上」字。
〔二〕【補注】先謙曰：官本「侯」作「將」，是。
〔三〕張晏曰：疏，分也。
〔四〕張晏曰：往年與前年同耳。文相避也。
〔五〕【補注】先謙曰：正義「荆王劉賈都吳，蘇州闔閭城也」。
〔六〕【補注】先謙曰：正義「楚王劉交都徐州下邳」。
〔七〕【補注】先謙曰：下蔡，沛郡縣，今鳳陽府壽州北。
〔八〕師古曰：重，輜重也，音直用反。
〔九〕師古曰：是者，謂布也。
〔一〇〕師古曰：胡，何也。【補注】先謙曰：史記「上」下有「中」字，是。

布之初反，謂其將曰：「上老矣，厭兵，必不能來。使諸將，諸將獨患淮陰、彭越，今已死，餘不足畏。」故遂反。果如薛公揣之，〔一一〕東擊荆，荆王劉賈走死富陵。〔一二〕盡劫其兵，度淮擊楚。楚發兵與戰徐、僮間，〔三〕爲三軍，欲以相救爲奇。〔四〕或説楚將曰：「布善用兵，民素畏之。且兵法，諸侯自戰其地爲散地。〔五〕今別爲三，彼敗吾一，〔六〕餘皆走，安能相救！」不聽。布果破其一軍，二軍散走。

〔一〕文穎曰：揣，度也，音初委反。【補注】劉攽曰：「上曰：善。」案薛公所言「英布出下計」，不盡如薛言。布取荆，又敗楚，遂與上遇。何嘗「歸重於越，身歸長沙」乎？又史云「果如薛公所揣」，今未見揣者，疑薛公本亦揣知布意，上厭兵不來，先言之，故曰「果如」也。或曰，此亦辯士寓言，非實事。見布後死長沙，故云「歸重」耳。

〔二〕師古曰：縣名，屬臨淮郡。【補注】先謙曰：今泗州盱眙縣東北六十里。

〔三〕師古曰：二縣之間也。【補注】先謙曰：徐、僮並臨淮縣。徐在今泗州盱眙縣西北八十里，僮在泗州東北。

〔四〕師古曰：不聚一處，分而爲三，欲互相救，出奇兵。【補注】先謙曰：官本注「兵」作「譎」。

〔五〕師古曰：謂在其本地，戀土懷安，故易逃散。【補注】周壽昌曰：孫子九地篇云「用兵之法有散地」，又云「諸侯自戰其地者爲散地」，又云「是故散地則無戰」。此即所引之兵法也。「爲散地」下，魏武注云「士卒戀土，道近易散」，此即顔注所本也。蓋凡戰於他國，地勢皆生，不知所往，故多聚而戰。自戰其地，各戀其鄉，鬬志不堅，故爲散地。

〔六〕【補注】先謙曰：史記「一」下有「軍」字。

遂西，與上兵過蘄西，會甀。〔一〕布兵精甚，上乃壁庸城〔二〕，望布軍置陳如項籍軍。上惡之，與布相望見，隃謂布「何苦而反？」〔三〕布曰：「欲爲帝耳。」上怒罵之，遂戰，破布軍。布走度淮，〔四〕數止戰，不利，與百餘人走江南。布舊與番君婚，故長沙哀王使人誘布，〔五〕僞與俱亡走越，〔六〕布信而隨至番陽。番陽人殺布茲鄉，〔七〕遂滅之。封賁赫爲列侯，將率封者

六人。〔八〕

〔一〕師古曰：會音工外反。𦉈音丈瑞反，解在高紀。【補注】宋祁曰：高帝紀作「會缶」。周壽昌曰：𦉈，史記作「甀」，一作「甀」，蘄之鄉名，音與此同。先謙曰：官本作「𦉈」，是。「過」，史記作「遇」，是。官本同。此形近致誤。

〔二〕鄧展曰：地名也。

〔三〕師古曰：隃讀曰遥。【補注】錢大昭曰：隃即遥也。說文無「遥」字。賈誼傳「貴賤有等，而下不隃」。顏注「隃與踰同」。陳湯傳「横厲烏孫，踰集都賴」。顏注「踰讀曰遥」。是隃、踰、遥字並通用。

〔四〕【補注】沈欽韓曰：文選注五十四引楚漢春秋「下蔡亭長詈淮南王曰：『封汝爵爲千乘，東南盡日所出，尚未足，黥徒羣盜所耶？』」

〔五〕晉灼曰：芮之孫回也。師古曰：據表云「惠帝二年，哀王回始立」，今此是芮之子成王臣耳。傳既不同，晉說亦誤也。【補注】先謙曰：案集解引晉說，尚有「或曰是成王，非哀王也，傳誤也」十二字。師古删之，而據爲己說。

〔六〕師古曰：僞謂詐爲此計。

〔七〕師古曰：鄡陽縣之鄉也。鄡音口堯反。【補注】先謙曰：胡三省云據史、漢高紀皆言「追斬布番陽」，則茲鄉當在番陽界。寰宇記「廢鄡陽縣，在鄱陽縣西北百二十里」。正義「英布冢在饒州鄱陽縣百五十二里十三步」。寰宇記百六十里。

〔八〕【補注】齊召南曰：案功臣表，中牟侯單右，車邔侯黄極忠，博陽侯周聚，陽羡侯靈常，下相侯泠耳，高陵侯王虞人，並以擊布功封。與期思侯賁赫，凡七侯也。

盧綰，豐人也，與高祖同里。綰親與高祖太上皇相愛，〔一〕及生男，高祖、綰同日生，里中持羊酒賀兩家。及高祖、綰壯，學書，又相愛也。里中嘉兩家親相愛，〔二〕生子同日，壯又相愛，復賀羊酒。高祖爲布衣時，有吏事避宅，綰常隨上下。〔三〕及高祖初起沛，綰以客從，入漢爲將軍，〔四〕常侍中。從東擊項籍，以太尉常從，出入臥內，衣被食飲賞賜，羣臣莫敢望。雖蕭、曹等，特以事見禮，至其親幸，莫及綰者。封爲長安侯。長安，故咸陽也。

〔一〕晉灼曰：親，父也。綰之父與高祖父太上皇相愛。

〔二〕【補注】宋祁曰：浙本「嘉」作「喜」。先謙曰：作「嘉」是，稱美之也。史記作「嘉」。

〔三〕師古曰：避宅，謂不居其家，潛匿東西。【補注】先謙曰：史記「避宅」作「避匿」。「上下」上有「出入」二字。

〔四〕【補注】齊召南曰：史記作「從入漢中」，是也。此文「漢」下脱「中」字耳。王念孫曰：「從入漢」即「從入漢中」，非有脱文也。功臣表「曹參以中涓從起沛，以將軍入漢；蕭何以客初從入漢；樊噲以舍人起沛從，以郎入漢」。皆其證。

項籍死，使綰別將，與劉賈擊臨江王共尉，〔一〕還，從擊燕王臧荼，皆破平。時諸侯非劉氏而王者七人。上欲王綰，爲羣臣觖望。〔二〕及虜臧荼，乃下詔，詔諸將相列侯擇羣臣有功者以爲燕王。羣臣知上欲王綰，皆曰：「太尉長安侯盧綰常從平定天下，功最多，可王。」上乃立綰爲燕王。諸侯得幸莫如燕王者。綰立六年，以陳豨事見疑而敗。

〔一〕李奇曰：共敖子也。師古曰：共讀曰龔。

〔二〕師古曰：觖謂相觖也。望，怨望也。觖音決。【補注】宋祁曰：浙本注文「相」字下有「又」字。姚鼐曰：師古語殊不明，余謂觖即缺少之意。故孫寶傳「傅太后言『擿觖以揚我惡』」，是擿其缺失義。此觖音決，而舊作漢書音有，或讀邱瑞反，而解爲覬望之義。故蔚宗李通傳論云「以觖一切之功」，此音義乃顔監所不取。又案說文無「觖」字，依顔義即缺字之異體，依舊義則欠部欽字之異體。

豨者，宛句人也，〔一〕不知始所以得從。及韓王信反入匈奴，上至平城還，豨以郎中封爲列侯，以趙相國將監趙、代邊，邊兵皆屬焉。〔二〕豨少時，常稱慕魏公子；〔三〕及將守邊，招致賓客。常告過趙，〔四〕賓客隨之者千餘乘，邯鄲官舍皆滿。豨所以待客，如布衣交，皆出客下。〔五〕趙相周昌乃求入見上，具言豨賓客盛，擅兵於外，恐有變。上令人覆案豨客居代者諸爲不法事，多連引豨。豨恐，陰令客通使王黄、曼丘臣所。〔六〕漢十年秋，太上皇崩，上因是召豨。豨稱病，遂與王黄等反，自立爲代王，劫略趙、代。上聞，乃赦吏民爲豨所詿誤劫略者。上自擊豨，破之。語在高紀。

〔一〕師古曰：宛句，縣名也。地理志屬濟陰。宛音於元反。句音劬。【補注】先謙曰：宛句，今曹州府菏澤縣西。南史傳贊稱「豨，梁人」，則宛句六國時屬梁。

〔二〕【補注】劉奉世曰：「不知始所以得從」，案功臣表自著豨起及以破臧荼封陽夏侯。當是傳誤爾。又曰「以趙相國」，「趙」字當作「代」。吳仁傑曰：淮陰侯傳「豨爲代相監邊」。高紀「豨以代相國反」。此云「趙相國」。其文異者，蓋七年代王喜棄國歸，立如意爲代王，以愛子留長安。是歲豨爲代相，九年徙如意王趙，而豨就遷趙相國。則豨爲代相在七年，爲趙相國在九年。歲月可攷，蓋未嘗爲代相國也。功臣侯表亦載豨以趙相國反，而紀於十年九月書豨反，時爲代相國，此紀誤也。漢紀承誤，作代相，尤非。至通鑑但書「豨爲相國」，而不著其爲趙若代，疑偶脱一字。

方豨爲趙相國，而周昌於時又爲趙相者，案漢初諸侯王有丞相，有相國，昌爲丞相，行相事，而豨自爲相國，守邊。時代未有王，不應置相，故豨以趙相國并將趙、代兵。先謙曰：史無九年豨爲趙相國明文，亦無周昌爲丞相行相事之事，宋人以臆見説經史，其謬每如此。據高紀「帝言代地吾所急，故封豨爲列侯，以相國守代」，是豨爲代相國明矣。又云代地「與夷狄邊，趙乃從山南有之」，故豨爲代相國，並監趙、代邊。及豨反，周昌以趙相相如意之國，別封文帝爲代王，趙代始分。合觀紀、傳自知。

〔三〕師古曰：謂信陵君無忌。

〔四〕師古曰：因休告之假而過趙。

〔五〕師古曰：言屈己禮之，不以富貴自尊大。

〔六〕師古曰：二人皆韓王信將。【補注】先謙曰：後二人爲其麾下，受漢購賞，皆生得。見史記豨傳。

初，上如邯鄲擊豨，〔一〕燕王綰亦擊其東北。豨使王黄求救匈奴，綰亦使其臣張勝使匈奴，言豨等軍破。勝至胡，故燕王臧荼子衍亡在胡，見勝曰：「公所以重於燕者，以習胡事也。燕所以久存者，以諸侯數反，兵連不決也。今公爲燕欲急滅豨等，豨等已盡，次亦至燕，公等亦且爲虜矣。公何不令燕且緩豨，而與胡連和？事寬，得長王燕，即有漢急，可以安國。」勝以爲然，乃私令匈奴兵擊燕。綰疑勝與胡反，上書請族勝。勝還報，具道所以爲者。綰寤，乃詐論他人，以脱勝家屬，使得爲匈奴閒。〔二〕而陰使范齊之豨所，欲令久連兵毋決。〔三〕

〔一〕師古曰：如，往也。

〔二〕師古曰：閒音居莧反。

〔三〕晉灼曰：使豨久亡畔。【補注】先謙曰：官本引宋祁曰「浙本注文『久』字下有『亡』字」。先謙案，宋所見本蓋無「亡」字，今官本有「亡」字，與宋説不合。史記亦有「亡」字。集解引晉説釋之，據顔引晉注，則所見漢書本亦有「亡」字矣。

漢既斬豨，其裨將降，言燕王綰使范齊通計謀豨所。上使使召綰，綰稱病。又使辟陽侯審食其、御史大夫趙堯往迎綰，因驗問其左右。綰愈恐，閟匿，〔一〕謂其幸臣曰：「非劉氏而王者，獨我與長沙耳。往年漢族淮陰，誅彭越，皆吕后計。今上病，屬任吕后。〔二〕吕后婦人，專欲以事誅異姓王者及大功臣。」乃稱病不行。其左右皆亡匿。語頗泄，辟陽侯聞之，歸具報，上益怒。又得匈奴降者，言張勝亡在匈奴，爲燕使。於是上曰：「綰果反矣！」使樊噲擊綰。綰悉將其宫人家屬，騎數千，居長城下候伺，幸上病瘉，自入謝。〔三〕高祖崩，綰遂將其衆亡入匈奴，匈奴以爲東胡盧王。爲蠻夷所侵奪，常思復歸。居歲餘，死胡中。

〔一〕師古曰：閟，閉也，閉其蹤蹟藏匿其人也。閟音祕。【補注】先謙曰：史記作「閉」。

〔二〕師古曰：屬音之欲反。

〔三〕師古曰：瘉與愈同。

高后時，綰妻與其子亡降，會高后病，不能見，舍燕邸，〔一〕爲欲置酒見之。高后竟崩，綰妻亦病死。

〔一〕師古曰：舍，止也。諸侯王及諸郡朝宿之館，在京師者謂之邸。

孝景帝時，綰孫它人以東胡王降，〔一〕封爲惡谷侯。〔二〕傳至曾孫，有罪，國除。

〔一〕如淳曰：爲東胡王而來降也。東胡，烏丸也。【補注】齊召南曰：「它人」，史記及本書表作「它之」，則「人」字誤也。又此及史記並云「綰孫」，而本書及史表並云「綰子」，必有一誤。

〔二〕【補注】齊召南曰：惡谷，史記及本書表作「亞谷」，則「惡」字亦誤。周壽昌曰：惡、亞古字通。易繫辭「而不可惡也」，釋文荀爽本作「亞」。書大傳「鐘鼓惡」注，「惡」當作「亞」。亞，次也。

吳芮，秦時番陽令也，〔一〕甚得江湖間民心，號曰番君。天下之初叛秦也，黥布歸芮，芮妻之，〔二〕因率越人舉兵以應諸侯。沛公攻南陽，乃遇芮之將梅鋗，〔三〕與偕攻析、酈，〔四〕降之。及項羽相王，〔五〕以芮率百越佐諸侯，從入關，故立芮爲衡山王，都邾。〔六〕其將梅鋗功多，封十萬户，爲列侯。項籍死，上以鋗有功，從入武關，故德芮，徙爲長沙王，都臨湘，〔七〕一年薨，謚曰文王，〔八〕子成王臣嗣。薨，子哀王回嗣。薨，子共王右嗣。〔九〕薨，子靖王差嗣。〔一〇〕孝文後七年薨，無子，國除。初，文王芮，高祖賢之，制詔御史：「長沙王忠，其定著令。」〔一一〕至孝惠高后時，封芮庶子二人爲列侯，〔一二〕傳國數世絶。

〔一〕師古曰：番音蒲何反。【補注】先謙曰：即鄱陽，漢豫章縣。

〔二〕師古曰：嫁女與之也。妻音千計反。他皆類此。

〔三〕師古曰：鋗音呼玄反。【補注】先謙曰：官本「玄」作「懸」。

〔四〕師古曰：二縣也，並屬南陽。酈音郎益反。【補注】先謙曰：析，弘農縣。顔謂屬南陽，誤也，今南陽府内鄉縣西北。酈，南陽縣，今内鄉縣東北。

〔五〕師古曰：自相尊王也。

〔六〕師古曰：邾音朱。又音姝。【補注】先謙曰：邾，江夏縣，今黄州府黄岡縣治。

〔七〕【補注】先謙曰：長沙縣，今長沙府長沙縣治。

〔八〕【補注】先謙曰：湘水注「臨湘縣有吴芮冢，廣踰六十八丈，登臨寫目，爲廛郭之佳憩也」。郭頒世語云：「魏黄初末，吴人發芮冢，取木於縣，立孫堅廟，見芮尸，容貌衣服並如故。吴平後，豫發冢人於壽春見南蠻校尉吴綱，曰『君形貌何類長沙王吴芮乎？但君微短耳』。綱瞿然曰『是先祖也』。自芮卒至冢發四百年，至見綱，又四十餘年矣。」

〔九〕師古曰：共讀曰恭。

〔一〇〕【補注】先謙曰：官本「差」作「羌」。考證云，案異姓諸侯王表「共王右」作「共王若」，「靖王羌」作「靖王産」。

〔一一〕鄧展曰：漢約非劉氏不王，而芮王，故著令中，使特王也。或曰，以芮至忠，故著令也。師古曰：尋後贊文，或説是也。【補注】劉奉世曰：「其定著令」，予謂兼用鄧二説，乃著令之意也。贊文以謂忠而得王，故著于令爾。徒忠無它事，何以著令邪？劉攽曰：「長沙王忠，其定著令。」定著令者，謂於令著長沙王車服土地之類也。功臣表陸量侯須無令長，受令長沙王，此亦一證。沈欽韓曰：此蓋當時因韓彭等反逆，著爲條約，以戒飭王侯，而稱長沙之忠也。先謙曰：芮徙王後一年薨，此自高祖賢芮而著令耳。王莽傳「張竦爲陳崇奏云，高祖之約，非劉氏不王，然而番君得王長沙，定著於令，明有大信，不拘於制也」。蓋盧綰反後，高祖刑白馬而盟，此令當在其時。以賢芮故，使其後人得嗣王也。諸説未晰。

〔一二〕【補注】齊召南曰：便侯沅陵侯是。

贊曰：昔高祖定天下，功臣異姓而王者八國。張耳、吴芮、彭越、黥布、臧荼、盧綰與兩韓信，皆徼一時之權變，以詐力成功，〔一〕咸得裂土，南面稱孤。見疑彊大，懷不自安，事窮勢迫，卒謀叛逆，終於滅亡。張耳以智全，至子亦失國。唯吳芮之起，不失正道，故能傳號五世，以無嗣絕，慶流支庶，有以矣夫，〔二〕著于甲令而稱忠也！〔三〕

〔一〕師古曰：徼，要也，音工堯反。

〔二〕師古曰：以其不用詐力也。

〔三〕師古曰：甲者，令篇之次也。

荆燕吴传第五

漢書三十五

荆王劉賈，〔一〕高帝從父兄也，〔二〕不知其初起時。漢元年，還定三秦，賈爲將軍，定塞地，〔三〕從東擊項籍。

〔一〕【補注】錢大昕曰：宋室王，例不書姓，劉賈、劉澤獨書姓，衍文。

〔二〕師古曰：父之兄弟之子，爲從父兄弟也。言本同祖，從父而别。【補注】齊召南曰：史記「劉賈諸劉者，不知其何屬」，此云「從父兄」。又史記「劉澤諸劉遠屬」，此云「從祖昆弟」。皆班氏補史記之缺略也。

〔三〕師古曰：司馬欣之國也。塞音先代反。

漢王敗成皋，北度河，得張耳、韓信軍，軍脩武，深溝高壘，使賈將二萬人，騎數百，擊楚，度白馬津〔一〕入楚地，燒其積聚，〔二〕以破其業，無以給項王軍食，以而楚兵擊之，賈輒避，不肯與戰，〔三〕而與彭越相保。〔四〕

〔一〕師古曰：即今滑州白馬縣河津也。【補注】先謙曰：在今衛輝府滑縣東。

〔二〕師古曰：倉廩芻稾之屬。

〔三〕【補注】齊召南曰：史記作「賈輒壁不肯與戰」。是堅守壁壘意。此作「避」，是避其鋒也。王念孫曰：「避」本作「壁」。壁，不肯與戰，謂築壘壁而守之，不肯與戰也。吴王濞傳「條侯壁不肯戰」，是其證。後書耿弇傳注「壁謂築壘壁也」，後人不知其義而改壁爲避，其失甚矣。荆燕世家正作「壁不肯與戰」。

〔四〕師古曰：保謂依恃，以自安固。

漢王追項籍至固陵，使賈南度淮圍壽春。還至，使人閒招楚大司馬周殷。〔一〕周殷反楚，佐賈舉九江，迎英布兵，皆會垓下，誅項籍。漢王因使賈將九江兵，與太尉盧綰西南擊臨江王共尉，〔二〕尉死，以臨江爲南郡。

〔一〕師古曰：閒謂私求閒隙而招之。【補注】王念孫曰：後書鄧禹傳注「閒，私也，謂使人私招之也」。項羽紀「沛公道茝陽閒行」，謂私行也。「漢王閒往從之」，謂私往也。「王可以閒出」，謂私出也。顔注於義轉迂。

〔二〕師古曰：共敖之子也。共讀曰龔。

賈既有功，而高祖子弱，昆弟少，又不賢，欲王同姓以填天下，〔一〕乃下詔曰：「將軍劉賈有功，及擇子弟可以爲王者。」〔二〕羣臣皆曰：「立劉賈爲荆王，王淮東。」〔三〕立六年而淮南王黥布反，〔四〕東擊荆。賈與戰，弗勝，走富陵，〔五〕爲布軍所殺。

〔一〕師古曰：填音竹刃反。

〔二〕【補注】先謙曰：史記下有「立弟交爲楚王，子肥爲齊王」，故云然。漢書節去，則此爲羡文。

〔三〕【補注】先謙曰：時分韓信地爲二國，楚王交王淮西也。史記云「王淮東五十二城」，高紀作「東陽郡、鄣郡、吴郡五十三縣」，吳王濞傳云「王三郡五十三城，即賈舊封也」。史記「二」字當依此訂。表云「都吳」。

〔四〕【補注】先謙曰：賈以高帝六年正月立。十一年布反。

〔五〕師古曰：縣名。地理志屬臨淮郡。【補注】先謙曰：今泗州盱眙縣東北六十里。

燕王劉澤，高祖從祖昆弟也。〔一〕高祖三年，澤爲郎中。十一年，以將軍擊陳豨將王黃，〔二〕封爲營陵侯。

〔一〕師古曰：言同曾祖，從祖而別也。【補注】先謙曰：索隱引楚漢春秋田子春説張卿云「劉澤，宗家也」。言「宗家」似疏遠。先謙案，班補史闕，當別有見。楚漢春秋非陸賈元書，不足據證。

〔二〕【補注】周壽昌曰：史記作「得王黃」，是。樊噲傳云「虜大將王黃」，而史記陳豨傳「王黃以賞購得之」。情事可互證。

高后時，齊人田生〔一〕游乏資，以畫奸澤。〔二〕澤大説之，〔三〕用金二百斤爲田生壽。〔四〕田生已得金，即歸齊。二歲，澤使人謂田生曰：「弗與矣。」〔五〕田生如長安，不見澤，而假大宅，令其子求事呂后所幸大謁者張卿。〔六〕居數月，田生子請張卿臨，親脩具。〔七〕張卿往，見田生帷帳具置如列侯。〔八〕張卿驚。酒酣，乃屏人説張卿曰：「臣觀諸侯邸第百餘，皆高帝一切功臣。〔九〕今呂氏雅故本推轂高帝就天下，〔一〇〕功至大，又有親戚太后之重。太后春秋長，〔一一〕諸呂弱，太后欲立呂産爲呂王，王代。呂后又重發之，〔一二〕恐大臣不聽。今卿最幸，大臣所敬，何不風大臣以聞太后，〔一三〕太后必喜。諸呂以王，萬户侯亦卿之有。太后心欲之，而卿爲内臣，不急發，恐過及身矣。」〔一四〕張卿大然之，乃風大臣語太后。太后朝，因問大臣。大臣請立吕産爲吕王。太后賜張卿千金，〔一五〕張卿以其半進田生。田生弗受，因説之曰：「吕産王也，諸大臣未大服。今營陵侯澤，諸劉長，爲大將軍，〔一六〕獨此尚觖望。〔一七〕今卿言太后，裂十餘縣王之，彼得王喜，於諸吕王益固矣。」張卿入言之。又太后女弟吕須女亦爲營陵侯妻，〔一八〕故遂立營陵侯澤爲琅邪王。〔一九〕琅邪王與田生之國，急行毋留，〔二〇〕出關，太后果使人追之。已出，即還。

〔一〕晉灼曰：楚漢春秋云，字子春。【補注】先謙曰：官本注在「游乏資」下。

〔二〕服虔曰：以計畫干之。文穎曰：以工畫得寵也。師古曰：共爲計策，欲以求王。服説是也。畫音獲。【補注】王先慎曰：史記「奸」作「干」。據服注所見本亦作「干」，本書奸、干通用。

〔三〕師古曰：説讀曰悦。

〔四〕師古曰：因飲酒獻壽而與之金。

〔五〕孟康曰：與，黨與也。言不復與我爲友也。文穎曰：不復與汝相知也。師古曰：孟説是。

〔六〕如淳曰：奄人也。【補注】宋祁曰：南本、浙本並作「張澤卿」。「澤」或作「釋(卿)」。案周勃傳「宦者令張釋諭告」，顔注曰「荆燕吴傳云『張澤』，今此作『釋』，未知孰是」。然則此宜作「澤卿」矣。但釋、澤二字不知何從。後云「今卿最幸」，疑卿是字，釋其名也。齊召南曰：案此書恩澤侯表及周勃傳皆作「張釋」，與史記吕后紀同。而匈奴傳作「張澤」，與史記文帝紀及表同。宋祁疑卿是字，是也。但史、漢每遇澤、釋字輒互異，如張良傳「建成侯吕澤」，實是吕釋之。此宦者張卿名釋、名澤，究難懸定也。先謙曰：釋、澤古字通用。卿蓋美稱，下文田生亦屢稱卿，蓋若魯扶卿、張恢生、轅固生、申培公之比。

〔七〕師古曰：親，父也。具，供具也。【補注】周壽昌曰：顏謂田生令子請之，故云然。然觀下張卿往見，田生屏人與語，是仍以田生爲主，親脩具者，不假手廝僕，若魏其迎田蚡，夫妻治具是也。

〔八〕【補注】先謙曰：具置猶供具也。史記作「盛帷帳共具」。

〔九〕【補注】先謙曰：索隱「此『一切』猶一例同時，非如他『一切』訓權時也」。

〔一〇〕如淳曰：呂公知高祖貴，以女妻之，推轂使爲長者也。師古曰：謂翼戴崇獎，以成帝業，若車之行，助推其轂，故得引重而致遠也。【補注】先謙曰：雅，常也。故，舊也。猶言平昔。指諸呂平昔本助成帝業，非謂呂公。

〔一一〕師古曰：言年老。

〔一二〕鄧展曰：重，難發其事。【補注】先謙曰：「呂后」駁文，當作「太后」，官本不誤。

〔一三〕師古曰：風讀曰諷。其下亦同。

〔一四〕【補注】先謙曰：官本「過」作「禍」，是。史記作「禍」。

〔一五〕師古曰：千斤之金。【補注】先謙曰：恩澤表「封建陵侯」。

〔一六〕【補注】先謙曰：史記「諸劉」下少「長」字，當依此訂。大將軍者，侈言之，非澤本立此號也。

〔一七〕師古曰：觖音決。

〔一八〕【補注】先謙曰：官本「須」作「頦」。

〔一九〕【補注】劉攽曰：高后紀元年王諸呂，七年立劉澤，與此傳不同。說在高紀。

〔二〇〕師古曰：田生勸之。

澤王琅邪二年，而太后崩，澤乃曰：「帝少，諸呂用事，諸劉孤弱。」引兵與齊王合謀西，欲誅諸呂。至梁，聞漢灌將軍屯滎陽，澤還兵備西界，遂跳驅至長安。〔一〕代王亦從代至。諸

將相與琅邪王共立代王，是爲孝文帝。文帝元年，徙澤爲燕王，而復以琅邪歸齊。〔一〕

〔一〕師古曰：齊王傳云「使祝午紿琅邪王，琅邪王馳見齊王，齊王因留琅邪王，而使祝午盡發琅邪國而并將其兵。琅邪王既見欺，不得反國，乃說齊王求入關計事，齊王以爲然，乃益具車送琅邪王」。與此傳不同，疑此傳誤也。【補注】宋祁曰：浙本注文「紿」字下有「說」字。一本「紿」作「詭」。齊召南曰：案顏注是。琅邪王本無意於誅諸吕，特見詐於齊王，其後又因敗以爲功耳。是以通鑑從齊王傳。

〔二〕李奇曰：本齊地，前分以王澤，今復與齊也。

澤王燕二年，薨，謚曰敬王。子康王嘉嗣，九年薨。〔一〕子定國嗣。定國與父康王姬姦，生子男一人。奪弟妻爲姬。與子女三人姦。定國有所欲誅殺臣肥如令郢人，郢人等告定國。〔二〕定國使謁者以它法劾捕格殺郢人滅口。至元朔中，郢人昆弟復上書具言定國事。〔三〕下公卿，皆議曰：〔四〕「定國禽獸行，亂人倫，逆天道，當誅。」上許之。定國自殺，立四十二年，國除，〔五〕哀帝時繼絶世，乃封敬王澤玄孫之孫無終公士歸生爲營陵侯，〔六〕更始中爲兵所殺。〔七〕

〔一〕【補注】宋祁曰：「九年」當作「二十六年」。史記年表漢表皆同。錢大昭曰：自文三年至景五年，正合二十六年之數，此作九年，誤。

〔二〕如淳曰：定國自欲有所殺餘臣，肥如知，令郢人以告也。師古曰：此說非也。肥如，燕之屬縣也。郢人者，縣令之名也。定國别欲誅其臣，又欲誅肥如令郢人，而爲郢人等所告也。【補注】先謙曰：顧炎武云「地理志『肥如自屬遼西郡，不屬燕』。武帝紀『元朔元年秋，匈奴入遼西，殺太守』，諸侯王表言『武帝下推恩之令，而藩國自析。長沙、燕、代雖有舊名，皆亡南北邊矣』。然則肥如之屬於燕，必在元朔以前未析邊郡之時也」。先謙案，肥如故城在今永平府盧龍縣北三十里，肥如今郢人即定國所欲誅殺之臣。顔謂别欲誅其臣，亦非。

〔三〕【補注】先謙曰：主父偃亦發定國陰事，見偃傳。

〔四〕【補注】先謙曰：「皆」字當在「議」下，誤倒。

〔五〕【補注】宋祁曰：「四十二年」當作「二十四年」。周壽昌曰：表作「二十四年」。錢大昭曰：高后七年至元朔二年，凡五十四年。表、傳俱誤。

〔六〕師古曰：無終，其所屬縣也。公士，第一爵。歸生，名也。【補注】錢大昭曰：歸生爲侯表失載。

〔七〕師古曰：更始，劉聖公之年號也。【補注】先謙曰：官本注脱「年」字。

吴王濞，高帝兄仲之子也。高帝立仲爲代王。匈奴攻代，仲不能堅守，棄國閒行，走雒陽，自歸，天子不忍致法，廢爲合陽侯。〔一〕子濞，封爲沛侯。〔二〕黥布反，高祖自將往誅之。濞年二十，〔三〕以騎將從破布軍。荆王劉賈爲布所殺，無後。〔四〕上患吴會稽輕悍，無壯王填之，〔五〕諸子少，〔六〕乃立濞於沛，爲吴王，〔七〕王三郡五十三城。〔八〕已拜受印，高祖召濞相之，曰：「若狀有反相。」〔九〕獨悔，業已拜，〔一〇〕因拊其背，〔一一〕曰：「漢後五十年東南有亂，豈若邪？然天下同姓一家，慎無反！」濞頓首曰：「不敢。」

〔一〕【補注】先謙曰：「自歸天子」爲句，言歸命於天子也。「不忍致法」上當更有「天子」二字，語意方足。史記重「天子」二字，是也。此奪文。合陽，馮翊縣，説詳志。

〔二〕【補注】先謙曰：沛，沛郡縣。三國時所謂小沛也，今徐州沛縣東。

〔三〕【補注】先謙曰：史記有「有氣力」三字。

〔四〕【補注】先謙曰：官本無「所」字，引宋祁云，浙本「爲布」字下有「所」字。

〔五〕師古曰：悍，勇也。填音竹刃反。【補注】先謙曰：顧炎武云「錢康功云，漢書吳王濞傳『上患吳會輕悍』，今本漢書並作『吳會稽』，不知順帝時始分二郡，漢初安得言吳會稽？當是錢所見本未誤，後人妄增之」。齊召南云：吳會猶言吳之都會也。胡三省通鑑辨誤已嘗論之。先謙案，高紀、灌嬰傳、功臣表周聚下皆言「吳郡」，是楚漢間嘗分秦會稽郡爲吳郡，景帝後併合之。吳會稽自當時語耳。顧、齊説皆非也。

〔六〕師古曰：少，幼也。

〔七〕師古曰：行至沛而封拜濞也。

〔八〕【補注】宋祁曰：故東陽郡、鄣郡、吳郡，即賈舊封。

〔九〕師古曰：若，汝也。此下亦同。

〔一〇〕師古曰：獨悔者，心自懷悔，不以語人也。既以封拜爲事，臣下皆知之，故不改。【補注】先謙曰：史記作「心獨悔」。

〔一一〕師古曰：拊，摩循之也。一曰拊，輕擊之，音芳羽反。

會孝惠、高后時天下初定，郡國諸侯各務自拊循其民。吳有豫章郡銅山，〔一〕即招致天下亡命者盜鑄錢，〔二〕東煑海水爲鹽，以故無賦，國用饒足。〔三〕

〔一〕韋昭曰：此有豫字，誤也。但當言章郡，今故章也。【補注】齊召南曰：案注中章郡、故章，二「章」字俱應作「鄣」字。鄣郡即丹陽郡也。志有銅官。沈欽韓曰：寰宇記「大銅山在揚州江都縣西七十二里。吳王濞即山鑄錢處。小銅山在建安軍永貞縣西北八十里」。案，永貞即今儀徵縣。攷縣志，銅山今並在儀徵界。又池州府銅陵縣有銅官山。

〔二〕【補注】先謙曰：史記「盜」作「益」。

〔三〕如淳曰：鑄錢煮海，收其利以足國用，故無賦於民也。【補注】先謙曰：正義云「吴國民何得無賦？」如説非也。山海之利不賦之，故言無賦」。先謙案，下文明言以銅鹽故，百姓無賦，如説是，張説非耳。史記淮南王安傳「伍被言吴王上取江陵木以爲船，一船之載，當中國數十兩車，國富民衆」。

孝文時，吴太子入見，得侍皇太子飲博。吴太子師傅皆楚人，〔一〕輕悍，又素驕。博爭道，不恭，皇太子引博局提吴太子，殺之。〔二〕於是遣其喪歸葬吴。吴王愠〔三〕曰：「天下一宗，〔四〕死長安即葬長安，何必來葬！」復遣喪之長安葬。吴王由是怨望，稍失藩臣禮，稱疾不朝。京師知其以子故，驗問實不病，諸吴使來，輒繫責治之。吴王恐，所謀滋甚。〔五〕及後使人爲秋請，〔六〕上復責問吴使者。使者曰：「察見淵中魚，不祥。〔七〕今吴王始詐疾，反覺，見責急，〔八〕愈益閉，〔九〕恐上誅之，計乃無聊。唯上與更始。」〔一〇〕於是天子皆赦吴使者歸之，而賜吴王几杖，老，不朝。吴得釋，其謀亦益解。然其居國以銅鹽故，百姓無賦。卒踐更，輒予平賈。〔一一〕歲時存問茂材，賞賜閭里。〔一二〕它郡國吏欲來捕亡人者，頌共禁不與。〔一三〕如此者三十餘年，以故能使其衆。〔一四〕

〔一〕【補注】錢大昕曰：吴之師傅當是吴人，而史稱楚者，戰國時吴越地皆併於楚，漢初承項羽之後，吴、會稽皆羽故地，故上文云「上患吴、會稽輕悍」，此云「楚人輕悍」。吴、楚異名，其實一也。朱買臣吴人，而史稱楚士，與此傳同。

〔二〕師古曰：提，擲也，音徒計反。

〔三〕師古曰：慍，怒也，音於問反。

〔四〕師古曰：猶言同姓共爲一家。

〔五〕師古曰：滋，益也。

〔六〕孟康曰：律「春曰朝，秋曰請」，如古諸侯朝聘也。如淳曰：濞不自行也，使人代己致請禮。師古曰：二說皆是也，請音材姓反。

〔七〕服虔曰：言天子察見下之私，則不祥也。【補注】沈欽韓曰：列子說符篇「趙文子曰『周諺有言，察見淵魚者不祥，智料隱匿者有殃』」。韓非說林上「隰子曰，古者有諺曰『知淵中之魚者不祥』」。

〔八〕【補注】先謙曰：官本「反」作「及」，是。史記作「及」。

〔九〕【補注】先謙曰：閉匿不來朝。

〔一〇〕師古曰：言赦其已往之事。

〔一一〕服虔曰：以當爲更卒，出錢三百，謂之過更。自行爲卒，謂之踐更。吳王欲得民心，爲卒者顧其庸，隨時月與平賈也。晉灼曰：謂借人自代爲卒者，官爲出錢，顧其時庸平賈也。師古曰：晉說是也。賈讀曰價，謂庸直也。【補注】宋祁曰：謂卒踐更皆得庸直也。溝洫志蘇林注曰「平賈，以錢取人作卒，顧其時庸之平賈」。如淳曰「律說，平賈(有)〔一月〕得錢二千」。

〔一二〕師古曰：茂，美也。茂材者，有美材之人也。

〔一三〕如淳曰：頌猶公也。師古曰：頌讀曰容。【補注】周壽昌曰：「頌」，史記作「訟」。訟亦訓公。史記呂后紀「未敢訟言誅之」。韋昭注「訟，公也」。本書刑法志「年八十以上，八歲以下當鞠繫者訟繫之」。注「謂寬容之不桎梏也」。蓋頌亦訓容，並從容音。史記魯仲連傳「世以鮑焦爲無從頌而死者，皆非也」。注「從頌即從容」，此言公容隱之，禁不與也。

〔一四〕【補注】先謙曰：史記作「四十餘年」。正義云「史公盡言吳王一代行事也。班固見其語在孝文之代，乃減十年」。

朝錯爲太子家令，得幸皇太子，數從容言吳過可削。〔一〕數上書説之，文帝寬，不忍罰，以此吳王日益橫。〔二〕及景帝即位，錯爲御史大夫，説上曰：「昔高帝初定天下，昆弟少，諸子弱，大封同姓，故孽子悼惠王王齊七十二城，〔三〕庶弟元王王楚四十城，〔四〕兄子王吳五十餘城。封三庶孽，分天下半。今吳王前有太子之隙，詐稱病不朝，〔五〕於古法當誅。文帝不忍，因賜几杖，德至厚也。不改過自新，乃益驕恣，公即山鑄錢，煮海爲鹽，〔六〕誘天下亡人謀作亂逆。今削之亦反，不削亦反。削之，其反亟，禍小；不削之，其反遲，禍大。」〔七〕三年冬，楚王來朝，錯因言楚王戊往年爲薄太后服，私姦服舍，〔八〕請誅之。詔赦，削東海郡。〔九〕及前二年，趙王有罪，削其常山郡。〔一〇〕膠西王卬以賣爵事有姦，削其六縣。

〔一〕師古曰：從音千容反。

〔二〕師古曰：横音胡孟反。

〔三〕師古曰：孽亦庶也。【補注】錢大昕曰：高紀「封齊王七十三縣」，此云「七十二」，或彼文誤也。先謙曰：史記濞傳作「七十餘城」，齊王世家作「七十城」，蓋舉大數。

〔四〕【補注】錢大昕曰：楚元王傳及高紀俱云「王三十六縣」，此云「四十城」，恐誤。先謙曰：史記作「四十餘城」。

〔五〕【補注】宋祁曰：一本無「稱」字。

〔六〕師古曰：公謂顯然爲之也。即，就也。

〔七〕師古曰：亟，急也，音居力反。

〔八〕服虔曰：服在喪次，而私姦宮中也。師古曰：言於服舍爲姦，非宮中也。服舍，居喪之次，堊室之屬也。
〔九〕【補注】先謙曰：史記此下有削吳之豫章郡、會稽郡句。
〔一〇〕【補注】先謙曰：史記作「河閒郡」。

漢廷臣方議削吳，吳王恐削地無已，因欲發謀舉事。念諸侯無足與計者，聞膠西王勇，好兵，諸侯皆畏憚之，〔一〕於是乃使中大夫應高口説膠西王曰：〔二〕「吳王不肖，有夙夜之憂，〔三〕不敢自外，使使臣諭其愚心。」王曰：「何以教之？」高曰：「今者主上任用邪臣，聽信讒賊，變更律令，〔四〕侵削諸侯，徵求滋多，誅罰良重，〔五〕日以益甚。語有之曰：『狧穅及米。』〔六〕吳與膠西，知名諸侯也，一時見察，不得安肆矣。〔七〕吳王身有内疾，不能朝請二十餘年，〔八〕常患見疑，無以自白，〔九〕脅肩絫足，猶懼不見釋。〔一〇〕竊聞大王以爵事有過，〔一一〕所聞諸侯削地，罪不至此，〔一二〕此恐不止削地而已。」王曰：「有之，子將柰何？」高曰：「同惡相助，同好相留，同情相求，同欲相趨，同利相死。〔一三〕今吳王自以與大王同憂，願因時循理，棄軀以除患於天下，〔一四〕意亦可乎？」〔一五〕膠西王瞿然駭曰：〔一六〕「寡人何敢如是？主上雖急，固有死耳，安得不事？」〔一七〕高曰：「御史大夫朝錯營或天子，侵奪諸侯，〔一八〕蔽忠塞賢，朝廷疾怨，諸侯皆有背叛之意，〔一九〕人事極矣。彗星出，蝗蟲起，此萬世一時，而愁勞，聖人所以起也。〔二〇〕吳王内以朝錯爲誅，外從大王後車，方洋天下，〔二一〕所向者降，所指者下，莫敢不服。大王誠幸而許之一言，則吳王率楚王略函谷關，守滎陽敖倉之粟，距漢兵，治次舍，須大王。〔一一〕大王幸而臨之，則天下可并，兩主分割，不亦可乎？」王曰：「善。」歸報吳王，猶恐其不果，乃身自爲使者，〔一二〕至膠西面約之。

〔一〕【補注】先謙曰：諸侯，史記作「諸齊」，謂膠東、濟北之屬。

〔二〕【補注】先謙曰：口說者，史記言無文書。

〔三〕師古曰：凡言不肖者，謂其鄙陋無所象似也。解在刑法志。【補注】先謙曰：官本無其字。

〔四〕師古曰：更，改也。

〔五〕師古曰：滋亦益也。良，實也，信也。【補注】先謙曰：史記「重」作「善」，義異。

〔六〕師古曰：狧，古䑛字。䑛，用舌食也，蓋以犬爲喻也。言初䑛穅，遂至食米也。䑛音食爾反。【補注】齊召南曰：索隱「言『狧糠盡，則至米』，謂削土盡則滅國也」。顏注迂曲，不如索隱說。王先慎曰：説文「狧」下云：「犬食也。」「舓」下云：「以舌取食也。或作『䑛』。」顏以「狧」爲「䑛」，非。狧穅盡則米見，語出流俗，不妨以犬爲喻。小司馬釋應高本意，義得並存。齊駁亦非也。史記「狧」作「舐」。荀子强國篇「伏而咶天」注，咶與舐同，然舐、咶皆説文所無。

〔七〕師古曰：肆，縱也。

〔八〕師古曰：内疾謂在身中，不顯於外。請音材姓反。

〔九〕師古曰：白，明也。

〔一〇〕師古曰：脅，翕也，謂歛之也。絫，古累字也。累足，重足也，並謂懼耳。釋，解也，放也。

〔一一〕【補注】先謙曰：過，責也。

〔一二〕師古曰：言其本罪皆不合削地也。

〔一三〕【補注】王念孫曰：史記「同情相求」作「同情相成」。案惡、助爲韻，好、留爲韻，情、成爲韻。則作「成」者是也。淮南兵略篇亦曰「同利相死，同情相成」，「成」字隸或作「𢦩」，與草書「求」字相似，因譌而爲求矣。昭二十年左傳「虚以求媚」。晏子外篇「求」作「成」。

〔一四〕師古曰：循，順也。

〔一五〕【補注】錢大昭曰：意與抑同。

〔一六〕師古曰：瞿然，無守之貌，音居具反。

〔一七〕師古曰：安，焉也。【補注】周壽昌曰：言安得不以君事之，而遽云反乎？史記「事」作「戴」，亦此意。

〔一八〕師古曰：營謂回繞之也。【補注】錢大昕曰：營與熒通，非回繞之義。沈欽韓曰：孔子世家「匹夫而熒惑諸侯者，罪當誅」，營或即熒惑。

〔一九〕【補注】宋祁曰：「叛」當作「畔」。

〔二〇〕【補注】先謙曰：索隱所謂「殷憂以啓明聖」也。

〔二一〕師古曰：方洋猶翱翔也。方音房，又音旁。洋音羊。【補注】先謙曰：史記「方洋」作「彷徉」，同。

〔二二〕師古曰：次舍，息止之處也。須，待也。

〔二三〕師古曰：潛行而去也。

膠西羣臣或聞王謀，諫曰：「諸侯地不能爲漢十二，〔一〕爲叛逆以憂太后，非計也。〔二〕今承一帝，尚云不易，假令事成，兩主分爭，患乃益生。」王不聽，遂發使約齊、菑川、膠東、濟南，皆許諾。〔三〕

〔一〕師古曰：不當漢十分之二。

〔二〕文穎曰：王之太后也。

〔三〕【補注】先謙曰：史記濟南下有「濟北」二字，則下文「濟北」有根。本書奪文。

諸侯既新削罰，震恐，多怨錯。及削吳會稽、豫章郡書至，則吳王先起兵，誅漢吏二千石以下。膠西、膠東、菑川、濟南、楚、趙亦皆反，發兵西。齊王後悔，〔一〕背約城守。濟北王城壞未完，其郎中令劫守王，不得發兵。膠西王、膠東王爲渠率，〔二〕與菑川、濟南共攻圍臨菑。趙王遂亦陰使匈奴與連兵。

〔一〕【補注】先謙曰：史記有「飲藥自殺」四字。案此時齊但城守，聞欒布破三國兵後，欲移兵伐之，乃懼而自殺。此史駁文，班刪正之。

〔二〕師古曰：渠，大也。

七國之發也，吳王悉其士卒，〔一〕下令國中曰：「寡人年六十二，身自將。少子年十四，亦爲士卒先。諸年上與寡人同，下與少子等，皆發。」二十餘萬人。〔二〕南使閩、東越，閩、東越亦發兵從。〔三〕

〔一〕師古曰：悉，盡也。盡發使行。

〔二〕【補注】周壽昌曰：「發」下，史記更有「發」字，是也。去此發字，則二十餘萬人五字無根，而「皆發」二字又止完上語，不能連下讀。

〔三〕【補注】先謙曰：閩、東越，謂閩越、東越也。史記作「南使閩越、東越，東越亦發兵從」，不言閩越發兵。據下文「吳王保東越」，是東越發兵，閩越未發也。明此次「閩」字誤衍。

孝景前三年正月甲子，初起兵於廣陵。西涉淮，因并楚兵。發使遺諸侯書曰：「吴王劉濞敬問膠西王、膠東王、菑川王、濟南王、趙王、楚王、淮南王、衡山王、廬江王、故長沙王子：〔一〕幸教！以漢有賊臣錯，〔二〕無功天下，侵奪諸侯之地，使吏劾繫訊治，以侵辱之爲故，〔三〕不以諸侯人君禮遇劉氏骨肉，〔四〕絶先帝功臣，進任姦人，誑亂天下，〔五〕欲危社稷。陛下多病志逸，不能省察。〔六〕欲舉兵誅之，謹聞教。敝國雖狹，地方三千里；〔七〕人民雖少，精兵可具五十萬。〔八〕寡人素事南越三十餘年，其王諸君皆不辭分其兵以隨寡人，〔九〕又可得三十萬。寡人雖不肖，願以身從諸王。南越直長沙者，因王子定長沙以北，〔一〇〕西走蜀、漢中。告越、〔一一〕楚王、淮南三王，與寡人西面；〔一二〕齊諸王與趙王定河閒、河内，或入臨晉關，或與寡人會雒陽；〔一三〕燕王、趙王故與胡王有約，燕王北定代、雲中，轉胡衆入蕭關，〔一四〕走長安，〔一五〕匡正天下，以安高廟。願王勉之。楚元王子、淮南三王或不沐洗十餘年，怨入骨髓，〔一六〕欲壹有所出久矣，〔一七〕寡人未得諸王之意，未敢聽。今諸王苟能存亡繼絶，振弱伐暴，以安劉氏，社稷所願也。吴國雖貧，寡人節衣食用，〔一八〕積金錢，脩兵革，聚糧食，夜以繼日，三十餘年矣。凡皆爲此，〔一九〕願諸王勉之。能斬捕大將者，賜金五千斤，封萬户；列將，三千斤，封五千户；裨將，二千斤，封二千户；二千石，千斤，封千户；〔二〇〕皆爲列侯。其以軍若城邑降者，卒萬人，邑萬户，如得大將；〔二一〕人户五千，如得列將；人户三千，如得裨將；人户千，如得二千石；其小吏皆以差次受爵金。它封賜皆倍軍法。〔一二〕其有故爵邑者，更益勿因。〔一三〕願諸王明以令士大夫，不敢欺也。寡人金錢在天下者往往而有，非必取於吳，〔一四〕諸王日夜用之不能盡。有當賜者告寡人，寡人且往遺之。敬以聞。」

〔一〕如淳曰：吳芮後四世無嗣，國除。庶子二人爲列侯，不得嗣王，志將不滿，故誘與之反也。

〔二〕【補注】先謙曰：「幸教」下史記有「寡人」二字。

〔三〕孟康曰：故，事也。師古曰：言專以侵辱諸侯爲事業。

〔四〕師古曰：人君者，言諸王各自君其國。

〔五〕【補注】先謙曰：史記「詿」作「註」。

〔六〕師古曰：逸，放也。【補注】先謙曰：史記作「志失」。「失」即「佚」之省字，與「逸」義同。

〔七〕師古曰：狹音胡夾反。

〔八〕【補注】宋祁曰：浙本無精字。先謙曰：史記有精字。

〔九〕師古曰：諸君謂其酋豪。

〔一〇〕如淳曰：南越直長沙者，因王子定之。師古曰：直，當也。言越地之北當長沙者也。【補注】先謙曰：南越已從吳王，何得更定南越？南越二字上屬爲句。直長沙者，但謂地近長沙者也。

〔一一〕如淳曰：告東越，使定之也。師古曰：此説非也。言王子定長沙已北，而西趣蜀及漢中，平定以訖，使報南越也。【補注】宋祁曰：顔注「已北」當作「以北」，「使報」當作「便報」。先謙曰：定長沙、蜀、漢，何用告東越、南越？如顔説皆非也。史正義謂告東越及楚與淮南三王，偕吳王西向。「告越」二字下屬，近是。

〔一二〕師古曰：淮南三王，謂厲王三子爲王者，淮南、衡山、濟北也。

〔一三〕師古曰：臨晉關即今之蒲津關。

〔一四〕【補注】王念孫曰：轉字師古無音。案「轉」讀爲「專」，專謂統領之也。史記作「摶」。索隱「摶音專，專謂專統領胡兵」。又田完世家「摶三國之兵」，徐廣曰「摶音專，專猶并合制領之謂也」。下文云「王專并將其兵」，義與此同。專、摶、轉聲相近，故專又通作轉。莊子盜跖篇「無轉而行，無成而義」，即山木篇所謂「與時俱化，而無肯專爲」也。先謙曰：蕭關，見武紀。

〔一五〕師古曰：走音奏。【補注】先謙曰：官本無注六字。

〔一六〕師古曰：言心有所懷，志不在洗沐也。

〔一七〕師古曰：謂發兵。

〔一八〕【補注】先謙曰：史記「用」上有「之」字。

〔一九〕師古曰：爲此，謂欲反也。爲音于僞反。

〔二〇〕【補注】先謙曰：史記更有「千石五百斤，封五百户」句，此奪文。

〔二一〕師古曰：以卒萬人或邑萬户來降附者，其封賞則與大將同。下皆類此。

〔二二〕服虔曰：封賜倍漢之常法。【補注】王先慎曰：「軍」是「常」形近誤字。據服注所見本尚不誤。史記正作「常」。

〔二三〕師古曰：於舊爵之外，特更與之。

〔二四〕師古曰：言處處郡國皆有之。

七國反書聞，天子乃遣太尉條侯周亞夫將三十六將軍往擊吴楚；遣曲周侯酈寄擊趙；將軍欒布擊齊，〔一〕大將軍竇嬰屯滎陽監齊趙兵。〔二〕

〔一〕【補注】錢大昕曰：七國起兵，齊固未嘗反也，然濟南、菑川、膠東、膠西皆故齊地，史言擊齊，擊齊地之反者耳。故功臣表亦稱布以將軍擊齊有功。

〔二〕【補注】先謙曰：史記淮南王安傳「伍被言吴王行珠玉金帛賂諸侯宗室大臣，獨竇氏不與」。

初，吴楚反書聞，兵未發，竇嬰言故吴相爰盎。召入見，上問以吴楚之計，盎對曰：「吴楚相遺書，曰『賊臣朝錯擅適諸侯，削奪之地』，〔一〕以故反，名爲西共誅錯，復故地而罷。〔二〕方今計獨斬錯，發使赦七國，復其故地，則兵可毋血刃而俱罷。」〔三〕上從其議，遂斬錯。語具在盎傳。以盎爲泰常，〔四〕奉宗廟，使吴王，〔五〕吴王弟子德侯爲宗正，〔六〕輔親戚。使至吴，〔七〕吴楚兵已攻梁壁矣。宗正以親故，先入見，諭吴王拜受詔。吴王聞盎來，亦知其欲説，笑而應曰：「我已爲東帝，尚誰拜？」不肯見盎而留軍中，欲劫使將。盎不肯，使人圍守，且殺之。盎得夜亡走梁，〔八〕遂歸報。

〔一〕師古曰：適讀曰讁。【補注】宋祁曰：浙本「適」字下有「過」字。先謙曰：史記有過字。

〔二〕師古曰：復音扶目反，次下亦同。【補注】先謙曰：官本注「次」作「以」。

〔三〕師古曰：血刃，謂殺傷人而刃著血也。

〔四〕【補注】先謙曰：胡三省云「中六年始改奉常爲太常，時盎猶爲奉常也」。

〔五〕師古曰：奉宗廟之指意也。

〔六〕師古曰：德哀侯廣之子也，名通。【補注】先謙曰：公卿表「孝景三年，通爲宗正，三年薨」。

〔七〕師古曰：以親戚之意諭説也。【補注】先謙曰：注文當在「輔親戚」下。史記作「遣袁盎奉宗廟宗正」。輔親戚，謂既奉宗廟威靈以往，復命德侯以親戚骨月之誼輔助而告諭之。

〔八〕服虔曰：梁王與吴戰，盗得奔梁。

條侯將乘六乘傳，會兵滎陽。〔一〕至雒陽，〔二〕見劇孟，喜曰：「七國反，吾乘傳至此，不自意全。〔三〕又以爲諸侯已得劇孟。孟今無動，吾據滎陽，〔四〕滎陽以東無足憂者。」〔五〕至淮陽，〔六〕問故父絳侯客鄧都尉曰：「策安出？」〔七〕客曰：「吴楚兵鋭甚，難與爭鋒。〔八〕楚兵輕，不能久。方今爲將軍計，莫若引兵東北壁昌邑，以梁委吴，吴必盡鋭攻之。將軍深溝高壘，使輕兵絶淮泗口，〔九〕塞吴饟道，〔一〇〕使吴、梁相敝而糧食竭，乃以全制其極，〔一一〕破吴必矣。」條侯曰：「善。」從其策，遂堅壁昌邑南，〔一二〕輕兵絶吴饟道。

〔一〕師古曰：會兵謂集大兵。傳音張戀反。【補注】周壽昌曰：漢制非有急務不能乘馳傳，恐驛置煩擾也。惟昌邑王入嗣大位乘七乘傳外，此乘六乘傳者，惟文帝由代入即帝位，及條侯此役耳。司馬相如使巴蜀乘四乘傳。

〔二〕【補注】劉攽曰：案此文有兩「至雒陽」，失於删除。又案太尉云「吾據滎陽」，然則「得劇孟在滎陽」，當敘在「雒陽」下。

〔三〕師古曰：意不自言得安全至雒陽也。

〔四〕師古曰：言劇孟既不動摇，吾又得據滎陽也。

〔五〕【補注】先謙曰：通鑑考異云「孟一游俠之士耳，亞夫得之，何足爲輕重？蓋其徒欲爲孟重名，妄撰此言，不足信也」。

〔六〕【補注】先謙曰：官本作「雒陽」。引宋祁曰「雒陽」浙本作「淮陽」。前已有「雒陽」，此當作「淮陽」。夏公謂劉固善疑，顧未見景文所見浙本爾。然則雌黄可妄下乎？先謙案，史記亦作「淮陽」，今陳州府淮甯縣治。

〔七〕【補注】先謙曰：官本奪「都」字。

〔八〕【補注】王先慎曰：「楚」字衍文。此言吴兵，下言楚兵，不得以吴統楚也。史記無「楚」字，即其證。

〔九〕【補注】先謙曰：胡三省云「泗水南入淮，故謂之淮泗口」。

〔一〇〕師古曰：饟，古餉字。

〔一一〕【補注】先謙曰：史記作「以全彊制其罷極」。語較晰。

〔一二〕【補注】先謙曰：昌邑，山陽縣。今濟寧州金鄉縣西北四十里。

吴王之初發也，吴臣田禄伯爲大將軍。田禄伯曰：「兵屯聚而西，無它奇道，難以立功。臣願得五萬人，别循江淮而上，收淮南、長沙，入武關，與大王會，此亦一奇也。」吴王太子諫曰：「王以反爲名，此兵難以藉人，〔一〕人亦且反王，柰何？且擅兵而别，〔二〕多它利害，〔三〕徒自損耳。」吴王即不許田禄伯。吴少將桓將軍説王曰：「吴多步兵，步兵利險；漢多車騎，車騎利平地。願大王所過城不下，直去，疾西據雒陽武庫，食敖倉粟，阻山河之險以令諸侯，雖無入關，天下固已定矣。大王徐行，留下城邑，漢軍車騎至，馳入梁楚之郊，事敗矣。」吴王問吴老將，老將曰：「此年少椎鋒可耳，〔四〕安知大慮！」於是王不用桓將軍計。

〔一〕師古曰：藉，假也。

〔二〕【補注】先謙曰：别謂分兵，猶言别將也。

〔三〕蘇林曰：禄伯儻將兵降漢，自爲己利，於吴爲生患害。師古曰：蘇説非也。上言「難以藉人，人亦且反王」，是則已疑禄伯矣。下乃云「多他利害」，謂分兵而去，前事不測，或有利害，難可決機耳。非重云畏其降漢者。

〔四〕【補注】先謙曰：官本「椎」作「推」，是。史記亦作「推」。通鑑從漢書，本作「椎」。

王專并將其兵，未度淮，諸賓客皆得爲將、校尉、行閒候、司馬，〔一〕獨周丘不用。周丘者，下邳人，亡命吴，酤酒無行，〔二〕王薄之，不任。周丘乃上謁，説王曰：「臣以無能，不得待罪行間。臣非敢求有所將也，願請王一漢節，必有以報。」王乃予之。周丘得節，夜馳入下邳。下邳時聞吴反，皆城守。至傳舍，召令入户，使從者以罪斬令。遂召昆弟所善豪吏告曰：「吴反兵且至，屠下邳不過食頃。今先下，家室必完，能者封侯至矣。」〔三〕出乃相告，下邳皆下。周丘一夜得三萬人，使人報吴王，遂將其兵北略城邑。比至城陽，兵十餘萬，〔四〕破城陽中尉軍。〔五〕聞吴王敗走，自度無與共成功，〔六〕即引兵歸下邳。未至，癰發背死。〔七〕

〔一〕孟康曰：行伍閒候也。師古曰：在行伍閒，或爲候，或爲司馬也。【補注】先謙曰：「行閒」二字贅文。史記無二字，文義自足。疑此涉下「行閒」而衍。然傳本之誤，由來舊矣。通鑑亦無二字。

〔二〕【補注】宋祁曰：南本「酤」作「酷」。周壽昌曰：案「酤」疑「酗」字之譌。先謙曰：史記亦作「酤」，通鑑同。案如司馬相如之「酤酒」，不煩改字。

〔三〕【補注】先謙曰：史記無「至」字，通鑑亦無。

〔四〕師古曰：比音必寐反。

〔五〕【補注】先謙曰：城陽，文帝封劉章爲國時，其孫延嗣位。王國有中尉掌武職。通鑑作「陽城」，誤。陽城縣不得有中尉也。

〔六〕師古曰：度音大各反。

〔七〕【補注】宋祁曰：「癰」當作「癕」。先謙曰：史記作「疽」。宋說「癕」，蓋「疽」之誤。

二月，吳王兵既破，敗走，於是天子制詔將軍：「蓋聞爲善者天報以福，爲非者天報以殃。高皇帝親垂功德，建立諸侯，幽王、悼惠王絶無後，孝文皇帝哀憐加惠，〔一〕王幽王子遂，悼惠王子卬等，令奉其先王宗廟，爲漢藩國，德配天地，明竝日月。而吳王濞背德反義，誘受天下亡命罪人，亂天下幣，〔二〕稱疾不朝二十餘年。有司數請濞罪，孝文皇帝寬之，欲其改行爲善。今乃與楚王戊、趙王遂、膠西王卬、濟南王辟光、菑川王賢、膠東王雄渠約從謀反，〔三〕爲逆無道，起兵以危宗廟，賊殺大臣及漢使者，迫劫萬民，伐殺無罪，〔四〕燒殘民家，掘其丘壟，甚爲虐暴。而卬等又重逆無道，〔五〕燒宗廟，〔六〕鹵御物，〔七〕朕甚痛之。朕素服避正殿，將軍其勸士大夫擊反虜。擊反虜者，深入多殺爲功，斬首捕虜比三百石以上皆殺，無有所置。〔八〕敢有議詔及不如詔者，皆要斬。」

〔一〕師古曰：憐其國絶，故加恩惠而更封。

〔二〕如淳曰：幣，錢也，以私錢殽亂天下錢。【補注】宋祁曰：注文「天下錢」，浙本作「天子錢」。

〔三〕師古曰：從音子容反。

〔四〕【補注】先謙曰：史記「伐」作「夭」。

〔五〕師古曰：重音直用反。

〔六〕【補注】沈欽韓曰：此孝文廟在郡國者也。

〔七〕如淳曰：鹵，抄掠也。師古曰：御物，供宗廟之服器也。

〔八〕師古曰：置，放釋也。

初，吳王之度淮，與楚王遂西敗棘壁，〔一〕乘勝而前，鋭甚。梁孝王恐，遣將軍擊之，又敗梁兩軍，〔二〕士卒皆還走。梁數使使條侯求救，條侯不許。又使使愬條侯於上，上使人告條侯救梁，〔三〕又守便宜不行。梁使韓安國及楚死事相弟張羽爲將軍，〔四〕乃得頗敗吳兵。吳兵欲西，梁城守，不敢西，〔五〕即走條侯軍，〔六〕會下邑。欲戰，〔七〕條侯壁，不肯戰。吳糧絶，卒飢，數挑戰，遂夜奔條侯壁。驚東南，條侯使備西北，果從西北。不得入，吳大敗，士卒多飢死叛散。於是吳王乃與其戲下壯士千人夜亡去，〔八〕度淮走丹徒，〔九〕保東越。東越兵可萬餘人，使人收聚亡卒。漢使人以利啗東越，〔一〇〕東越即紿吳王，〔一一〕吳王出勞軍，使人鏦殺吳王，〔一二〕盛其頭，馳傳以聞。〔一三〕吳王太子駒亡走閩越。〔一四〕吳王之棄軍亡也，軍遂潰，往往稍降太尉條侯及梁軍。楚王戊軍敗，自殺。

〔一〕【補注】先謙曰：「敗」當爲「破」字之誤也。史記亦誤。元王世家正作「攻梁，破棘壁」。通鑑同。棘壁即左傳宣公二年宋、鄭會戰之大棘也。史正義、括地志云「大棘故城在宋州寧陵縣西南七十里」。州即梁棘壁。先謙案，即漢陳留郡之寧陵縣也。在今歸德府寧陵縣西。

〔二〕【補注】先謙曰：史記云「遣六將軍」，「兩軍」作「兩將」。

〔三〕【補注】先謙曰：官本「使」下無「人」字。引宋祁曰：「上使告」當作「上使人告」。

〔四〕李奇曰：相即張尚也。【補注】周壽昌曰：尚以諫楚王戊不聽，被殺。

〔五〕【補注】先謙曰：史記「守」下有「堅」字。據孝王傳「梁城守睢陽」。

〔六〕師古曰：走音奏。

〔七〕師古曰：下邑，梁之縣。【補注】先謙曰：梁國縣也，今徐州府碭山縣東。

〔八〕師古曰：戲讀曰麾，又音許宜反。【補注】先謙曰：史記作「數千人」。通鑑同。此脱數字。

〔九〕【補注】王念孫曰：「淮」當爲「江」。丹徒，即在江南，故曰「度江走丹徒」。若度淮，則去丹徒尚遠。此涉上文吳王之度淮而誤。史記正作「度江走丹徒」，漢紀亦云「吳王亡走江南，保丹徒」。

〔一〇〕師古曰：啗音徒濫反。解在高紀。

〔一一〕師古曰：紿，誑也。

〔一二〕孟康曰：方言「戟謂之鏦」。蘇林曰：鏦音從容之從。師古曰：鏦謂以矛戟撞之，音楚江反。

〔一三〕師古曰：傳音張戀反。

〔一四〕【補注】先謙曰：史記作吳王子子華、子駒，此止駒一人。

三王之圍齊臨菑也，三月不能下。漢兵至，膠西、膠東、菑川王各引兵歸國。膠西王徒跣，席稾，飲水，謝太后。王太子德曰：「漢兵還，臣觀之以罷，〔一〕可襲，願收王餘兵擊之，不勝而逃入海，未晚也。」王曰：「吾士卒皆已壞，不可用。」〔二〕不聽。漢將弓高侯頽當遺王書〔三〕曰：「奉詔誅不義，降者赦，除其罪，復故；不降者滅之。王何處？須以從事。」〔四〕王肉袒叩頭漢軍壁，謁曰：「臣卬奉法不謹，驚駭百姓，乃苦將軍遠道至于窮國，敢請菹醢之罪。」弓高侯執金鼓見之，曰：「王苦軍事，願聞王發兵狀。」王頓首厀行對曰：「今者，朝錯天子用事臣，變更高皇帝法令，侵奪諸侯地。卬等以爲不義，恐其敗亂天下，七國發兵，且以誅錯。〔五〕今聞錯已誅，卬等謹已罷兵歸。」將軍曰：「王苟以錯爲不善，何不以聞？及未有詔虎符，〔六〕擅發兵擊義國。〔七〕以此觀之，意非徒欲誅錯也。」乃出詔書爲王讀之，曰：「王其自圖之。」〔八〕王曰：「如卬等死有餘罪。」遂自殺。太后、太子皆死。膠東、菑川、濟南王皆伏誅。酈將軍攻趙，十月而下之，趙王自殺。濟北王以劫故，不誅。〔九〕

〔一〕師古曰：罷讀曰疲。【補注】王念孫曰：案此時漢兵尚未還，不得言漢兵還也。「還」當依史記作「遠」字之誤也。行遠則兵罷，故曰「已罷，可襲」。先謙曰：以、已字同。

〔二〕【補注】先謙曰：官本「用」下有「之」字。引宋祁曰：浙本無「之」字。

〔三〕師古曰：韓頽當。

〔四〕師古曰：言王欲以何理自安處，吾待以行事也。處音昌汝反。

〔五〕【補注】先謙曰：官本無「以」字，引宋祁曰：浙本「且」字下有「以」字。

〔六〕【補注】王念孫曰：「及」當爲「乃」。言王何不以聞，而乃擅發兵也。史記誤同。又朝鮮傳「乃使衞山諭降右渠」，史記亦誤「及」。

〔七〕【補注】先謙曰：義國謂齊國，言守義不從反也。

〔八〕師古曰：圖，謀也。【補注】王念孫曰：案下「之」字，後人所加。景（祜）〔祐〕本及史記並無。

〔九〕【補注】先謙曰：史記云「徙王菑川」。詳見齊王肥傳。

初，吳王首反，并將楚兵，連齊、趙。正月起，三月皆破滅。

贊曰：荆王王也，〔一〕由漢初定，天下未集，〔二〕故雖疏屬，以策爲王，鎮江淮之閒。劉澤發於田生，權激呂氏，〔三〕然卒南面稱孤者三世。事發相重，豈不危哉！〔四〕吳王擅山海之利，能薄斂以使其衆，〔五〕逆亂之萌，自其子興。〔六〕古者諸侯不過百里，山海不以封，蓋防此矣。朝錯爲國遠慮，禍反及身。「毋爲權首，將受其咎」，豈謂錯哉！〔七〕

〔一〕【補注】周壽昌曰：「王也」上應有「之」字。先謙曰：此依史記贊語。凡史、漢此類無「之」字者甚多。

〔二〕師古曰：集，和也。

〔三〕晉灼曰：田生欲王劉澤，先使張卿説封呂産，恐其大臣觖望，澤卒得王，故云以權激呂氏也。【補注】宋祁曰：注文「恐其」當作「恐以」。

〔四〕晉灼曰：劉澤以金與田生，以事張卿，言之呂后，而劉澤得王，故曰「事發相重」也。師古曰：重猶累也，言澤得王，本由田生行説，若其事發覺，則相隨入罪，事相累誤。累音力瑞反。【補注】宋祁曰：此中注言「卿」者，浙本並作「釋」。陽夏公謂「偉」誤作「危」，顔遂以重爲罪累。劉攽曰：謂田生謀欲王劉澤，先説張卿王諸呂，而後請王澤，是發於相重也。太史公作「偉哉」，美其有成。班固作「危哉」，謂其艱難幸成也。然觀上言稱孤者三世，疑「危」亦本是「偉」字，後人不曉改之。王念孫曰：事發相重，晉説是也。「豈不危哉」，危讀爲詭，「詭」者奇異之稱，猶言「豈不偉哉」耳。高誘注淮南本經篇「詭文，奇異之文也」。薛綜注西京賦云「詭，異也」。莊子德充符篇「彼且蘄以諔詭幻怪之名聞」。呂氏春秋侈樂篇「俶詭殊瑰，耳所未嘗聞，目所未嘗見」。司馬相如封禪文云「奇物譎詭，俶儻窮變」。王逸天問章句序云「琦瑋譎詭」，「譎詭」與「琦瑋」同義。故史記作「偉」，偉與瑋通。漢書作「危」，「危」與「詭」古同聲而通用。漢書天文志「司詭星」，史記天官書「詭」作「危」。淮南説林篇「尺寸雖齊，必有詭」。文子上德篇「詭」作「危」，是其證也。張衡西京賦「四海同宅，西秦豈不詭哉」！文義正與此同。師古讀危爲安危之危，遂以「事發」爲「事發覺」，「相重」爲「相累誤」。貢父又疑危字爲後人所改，皆由不知「危」爲「詭」之借字，遂致紛紛之説。沈欽韓曰：陽夏公是謝絳。

〔五〕【補注】宋祁曰：「斂」字上當有「賦」字。

〔六〕師古曰：萌謂始生也。

〔七〕師古曰：此逸周書之言。贊引之者，謂錯適當此言耳。

楚元王傳第六

楚元王交字游，高祖同父少弟也。〔一〕好書，多材蓺。少時嘗與魯穆生、白生、申公俱受詩於浮丘伯。〔二〕伯者，孫卿門人也。〔三〕及秦焚書，各別去。

〔一〕師古曰：言同父，知其異母。【補注】宋祁曰：母字下有「也」字。周壽昌曰：朝錯對景帝語稱「高祖庶弟元王」，見吴王傳。先謙曰：史記作「同母少弟」。徐廣云「一作父」。證之本書，則同母爲誤文。

〔二〕服虔曰：白生，魯國奄里人。浮丘伯，秦時儒生。【補注】沈欽韓曰：鹽鐵論毁學篇「李斯與包丘子俱事荀卿，包丘子不免於甕牖蒿廬」。陸賈新語資質篇「鮑丘之德行，非不高於李斯趙高也，然伏隱於蒿廬之下而不録於世，利口之臣害之也」。包、浮聲同，即一人也。

〔三〕師古曰：孫卿姓荀名況，爲楚蘭陵令，漢以避宣帝諱，改之曰孫。【補注】先謙曰：顧炎武云「漢人不避嫌名，荀之爲孫，如孟卯之爲芒卯，司徒之爲申徒，語音轉耳」。

高祖兄弟四人，長兄伯，次仲，伯蚤卒。〔一〕高祖既爲沛公，景駒自立爲楚王。高祖使仲與審食其留侍太上皇，〔二〕交與蕭、曹等俱從高祖見景駒，遇項梁，共立楚懷王。因西攻南陽，入武關，與秦戰於藍田。至霸上，封交爲文信君，從入蜀漢，還定三秦，誅項籍。即帝位，交與盧綰常侍上，出入臥内，傳言語諸内事隱謀。而上從父兄劉賈數別將。

〔一〕師古曰：蚤，古早字也。【補注】宋祁曰：也字當删。

〔二〕師古曰：食音異，其音基。

漢六年既廢楚王信，分其地爲二國，立賈爲荆王，交爲楚王，王薛郡、東海、彭城三十六縣，〔一〕先有功也。後封次兄仲爲代王，長子肥爲齊王。

〔一〕【補注】先謙曰：史記云「都彭城」。

初，高祖微時，常避事，時時與賓客過其丘嫂食。〔一〕嫂厭叔與客來，陽爲羹盡，轑釜，〔二〕客以故去。已而視釜中有羹，繇是怨嫂。〔三〕及立齊、代王，而伯子獨不得侯。太上皇以爲言，高祖曰：「某非敢忘封之也，〔四〕爲其母不長者。」〔五〕七年十月，封其子信爲羹頡侯。〔六〕

〔一〕應劭曰：丘，姓也。孟康曰：西方謂亡女壻爲丘壻。丘，空也。兄亡，空有嫂也。張晏曰：丘，大也，長嫂稱也。晉灼曰：禮謂大婦爲冢婦。師古曰：史記「丘」字作「巨」。丘、巨皆大也。張、晉二說，其義得之。

〔二〕服虔曰：音勞。轑，轢也。師古曰：以勺轢釜，令爲聲也。轢音洛，又音歷。【補注】先謙曰：史記作「櫟」。

〔三〕師古曰：繇與由同。

〔四〕【補注】錢大昭曰：稱某，史家避諱。

〔五〕【補注】先謙曰：高帝嫂，吕后時封陰安侯，見文紀。

〔六〕師古曰：頡音戛，言其母戛羹釜也。【補注】宋祁曰：當作「頡羹」。先謙曰：史正義引括地志云「羹頡山在嬀州懷戎縣東南」。案帝取其山名爲侯號者，怨故也。先謙案：唐懷戎縣即今宣化府懷來縣治。一統志「頡羹城在廬州府舒城縣西北三十里，信墓在縣西北三十五里，俗呼爲舒王冢」。二說不同。推其取山名國，隱寓怨思，情事爲合。索隱謂是爵號，非縣名。案侯國無非縣者，小司馬誤也。宋氏以爲當作「頡羹」，荀悅漢紀竟改爲「刮羹」，此則不長者之尤。高帝大度雅懷，或不如此淺陋耳。

元王既至楚，以穆生、白生、申公爲中大夫。高后時，浮丘伯在長安，元王遣子郢客與申公俱卒業。〔一〕文帝時，聞申公爲詩最精，以爲博士。元王好詩，諸子皆讀詩，申公始爲詩傳，號魯詩。〔二〕元王亦次之詩傳，號曰元王詩，〔三〕世或有之。〔四〕

〔一〕師古曰：卒，終也。【補注】先謙曰：「郢客」，史記作「郢」，本表作「郢客」，而儒林傳又作「郢」。

〔二〕師古曰：凡言傳者，謂爲之解說，若今詩毛氏傳也。

〔三〕師古曰：次謂綴集之。【補注】劉攽曰：「次之」，「之」字衍。先謙曰：「之」訓「其」，非衍字。

〔四〕【補注】王先慎曰：藝文志不載元王詩傳，志本七略，劉歆不應數典忘祖，當是次而未成，故班史傳疑云「或有」，以示未見之意。

高后時，以元王子郢客爲宗正，封上邳侯。〔一〕元王立二十三年薨，太子辟非先卒，〔二〕文帝乃以宗正上邳侯郢客嗣，是爲夷王。申公爲博士，失官，隨郢客歸，復以爲中大夫。立四年薨，子戊嗣。文帝尊寵元王，子生，爵比皇子。〔三〕景帝即位，以親親封元王寵子五人：子禮爲平陸侯，〔四〕富爲休侯，歲爲沈猶侯，〔五〕執爲宛朐侯，〔六〕調爲棘樂侯。〔七〕

〔一〕【補注】宋祁曰：當作「下邳」。先謙曰：王子侯表亦作「上邳」，即魯國薛縣也。詳見地理志。宋説非。

〔二〕師古曰：辟非者，猶辟邪、辟兵之類也。先卒者，元王未薨之時已卒也。辟音壁。

〔三〕師古曰：元王生子封爵，皆與皇子同，所以尊寵元王也。【補注】劉奉世曰：文帝時，元王子未嘗封爵，至景帝乃侯爾。本傳下文云「景帝即位，以親親封元王寵子五人爲侯」，疑「爵」字衍。云「生比皇子」者，凡禄賜禮秩皆與皇子同也。李慈銘曰：爵猶秩也。此特其禮秩比皇子耳，非封爵也。顔、劉説皆非。

〔四〕【補注】錢大昭曰：閩本無「子」字。

〔五〕晉灼曰：沈音審。王子侯表屬千乘高宛。

〔六〕師古曰：埶，古蓺字。

〔七〕【補注】先謙曰：據表，俱元年四月封，惟調三年八月封。

初，元王敬禮申公等，穆生不耆酒，〔一〕元王每置酒，常爲穆生設醴。〔二〕及王戊即位，常設，後忘設焉。穆生退曰：「可以逝矣！醴酒不設，王之意怠，不去，楚人將鉗我於市。」〔三〕穆稱疾臥。申公、白生强起之曰：「獨不念先王之德與？〔四〕今王一旦失小禮，何足至此！」穆生曰：「易稱『知幾其神乎！〔五〕幾者動之微，吉凶之先見者也。〔六〕君子見幾而作，不俟終日』。先王之所以禮吾三人者，爲道之存故也；今而忽之，是忘道也。〔七〕忘道之人，胡可與久處！豈爲區區之禮哉？」〔八〕遂謝病去。申公、白生獨留。

〔一〕師古曰：耆讀曰嗜。

〔二〕師古曰：醴，甘酒也。少麴多米，一宿而熟，不齊之。【補注】錢大昭曰：案高誘云「醴以蘖不以麴，濁而甜」。中山經云「其祠糵醲」。郭注「以糵作醴」。顏謂「少麴多米」，失之。
〔三〕師古曰：鉗，以鐵束頸也，音其炎反。
〔四〕師古曰：與讀曰歟。
〔五〕師古曰：下繫之辭也。【補注】宋祁云：浙本「幾」作「機」。
〔六〕師古曰：見音胡電反。【補注】先謙曰：閩本、官本無注。
〔七〕師古曰：忽，怠也。
〔八〕師古曰：區區，謂小也。

王戊稍淫暴，二十年，爲薄太后服私姦，削東海、薛郡，〔一〕乃與吴通謀。二人諫，不聽，胥靡之，〔二〕衣之赭衣，使杵臼雅舂於市。〔三〕休侯使人諫王，王曰：「季父不吾與，我起，先取季父矣。」〔四〕休侯懼，乃與母太夫人奔京師。〔五〕二十一年春，景帝之三年也，削書到，遂應吴王反。其相張尚、太傅趙夷吾諫，不聽。遂殺尚、夷吾，起兵會吴西攻梁，破棘壁，至昌邑南，與漢將周亞夫戰。漢絶吴楚糧道，士饑，吴王走，戊自殺，軍遂降漢。

〔一〕【補注】先謙曰：官本考證云，史記但云「削東海郡」。
〔二〕應劭曰：詩云「若此無罪，淪胥以鋪」。胥靡，刑名也。晉灼曰：胥，相也。靡，隨也。古者相隨坐輕刑之名。師古曰：聯繫使相隨而服役之，故謂之胥靡，猶今之役囚徒以鎖聯綴耳。晉説近之，而云隨坐輕刑，非也。【補注】劉敞曰：「胥靡」，説文作「縃縻」，謂拘縛之也。
〔三〕晉灼曰：高肱舉杵，正身而舂之。師古曰：爲木杵而手舂，即今所謂步臼者耳，非碓臼也。【補注】先謙曰：官本

「雅」作「碓」。注「碓臼」作「碓舂」。引宋祁曰：「碓」一作「椎」，一本改「碓」字作「雅」。古語「相」、「雅」皆助樂者，此雅謂舂而雅歌以相舂也。周壽昌云：雅，常也，言使之常舂不得息。晉注「正身而舂之」，説近迂。宋説「舂者相杵」，情事亦不合，以相舂非王所得使也。

〔四〕師古曰：不吾與，言不與我同心。【補注】周壽昌曰：起，舉兵反也。

〔五〕臣瓚曰：侯母號太夫人。

漢已平吴楚，景帝乃立宗正平陸侯禮爲楚王，奉元王後，是爲文王。四年薨，〔一〕子安王道嗣。二十二年薨，〔二〕子襄王注嗣。十四年薨，〔三〕子節王純嗣。十六年薨，子延壽嗣。宣帝即位，延壽以爲廣陵王胥武帝子，天下有變必得立，陰欲附倚輔助之，〔四〕故爲其後母弟趙何齊〔五〕取廣陵王女爲妻。與何齊謀曰：「我與廣陵王相結，天下不安，發兵助之，使廣陵王立，何齊尚公主，列侯可得也。」因使何齊奉書遺廣陵王曰：「願長耳目，〔六〕毋後人有天下。」〔七〕何齊父長年上書告之。事下有司，考驗辭服，延壽自殺。立三十二年，國除。〔八〕

〔一〕【補注】宋祁曰：一本作三年。先謙曰：表及元王世家作「三年」，一本爲合。

〔二〕【補注】先謙曰：官本作二十五年。引宋祁云「越本作二年，别本作三年」。先謙案，二十二年與表相應，計年亦合，此及越本是也。

〔三〕【補注】先謙曰：史記注作「經十四年」，同表作「十二年」。依表計之，十二年是。四字誤。

〔四〕師古曰：倚，依也，音於綺反。

〔五〕【補注】宋祁曰：「後」，疑是「后」字。

〔六〕師古曰：言常伺聽，勿失機也。【補注】先謙曰：官本「機」作「幾」。
〔七〕師古曰：方爭天下，勿使在人後。
〔八〕【補注】先謙曰：史記「入漢爲彭城郡」。

初，休侯富既奔京師，而王戊反，富等皆坐免侯，削屬籍。後聞其數諫戊，乃更封爲紅侯。太夫人與竇太后有親，懲山東之寇，〔一〕求留京師，詔許之。富子辟彊等四人〔二〕供養，仕於朝。〔三〕太夫人薨，賜塋，〔四〕葬靈户。〔五〕富傳國至曾孫，無子，絶。〔六〕

〔一〕師古曰：懲，創也。【補注】先謙曰：懲，戒也，以前事爲戒。
〔二〕師古曰：辟音必亦反。彊音居良反。又辟讀曰闢，彊讀曰疆。解在文紀。【補注】先謙曰：閩本、官本注併在下「仕於朝」下。
〔三〕師古曰：四子以在京師供養其祖母，故仕於漢朝也。
〔四〕師古曰：塋，冢地，謂爲界域。塋音營。
〔五〕師古曰：地名也。【補注】沈欽韓曰：非地名也，蓋即守冢户。宋史禮志謂之「柏子户」。先謙曰：如沈説，當連上文讀。
〔六〕【補注】先謙曰：詳見表。

辟彊〔一〕字少卿，亦好讀詩，能屬文。〔二〕武帝時，以宗室子隨二千石論議，冠諸宗室。〔三〕清靜少欲，常以書自娱，不肯仕。昭帝即位，或説大將軍霍光曰：「將軍不見諸吕之事乎？處伊尹、周公之位，攝政擅權，而背宗室，不與共職，是以天下不信，卒至於滅亡。今將軍當盛位，帝春秋富，宜納宗室，又多與大臣共事，〔四〕反諸呂道，如是則可以免患。」〔五〕光然之，乃擇宗室可用者。辟彊子德待詔丞相府，〔六〕年三十餘，欲用之。或言父見在，亦先帝之所寵也。遂拜辟彊爲光禄大夫，守長樂衛尉，時年已八十矣。徙爲宗正，〔七〕數月卒。

〔一〕【補注】葉德輝曰：閩本、德藩本另提行。先謙曰：官本辟彊提行。

〔二〕師古曰：屬文謂會綴文辭也，音之欲反。後皆類此。

〔三〕師古曰：論議每出宗室之上也。

〔四〕服虔曰：共議事也。師古曰：每事皆與參共知之。

〔五〕師古曰：言諸呂專權，所以滅亡。今納宗室，是反其道，乃可免患也。

〔六〕師古曰：於丞相府聽詔命也。

〔七〕【補注】先謙曰：事在昭帝始元二年。見公卿表。

德字路叔，少修黄老術，〔一〕有智略。少時數言事，召見甘泉宮，武帝謂之「千里駒」。〔二〕昭帝初，爲宗正丞，雜治劉澤詔獄。〔三〕父爲宗正，徙大鴻臚丞，〔四〕遷太中大夫，後復爲宗正，雜案上官氏、蓋主事。〔五〕德常持老子知足之計。〔六〕妻死，大將軍光欲以女妻之，德不敢取，畏盛滿也。蓋長公主孫譚遮德自言，〔七〕德數責以公主起居無狀。〔八〕侍御史以爲光望不受女，〔九〕承指劾德誹謗詔獄，〔一〇〕免爲庶人，屏居山田。〔一一〕光聞而恨之，〔一二〕復白召德守青州刺史。歲餘，復爲宗正，與立宣帝，〔一三〕以定策賜爵關内侯。地節中，以親親行謹厚封爲陽

城侯。〔一四〕子安民爲郎中右曹，宗家以德得官宿衛者二十餘人。〔一五〕

〔一〕【補注】先謙曰：官本無「叔」字，引宋祁曰「路」字下疑有「叔」字。「修」當作「脩」。王念孫云：案「路少」本字「路叔」，隸書「叔」字或作「村」，見漢北海相景君碑陰，泰山都尉孔宙碑陰。因譌而爲「少」。宋疑「路」下有「叔」字，而不言「少」字之誤，則是以「少」爲幼少之「少」，屬下句讀矣。案此言「少修黄老術」，下又言「少時數言事」，則詞意重複，明此「少」字乃「叔」字之譌，非謂幼少也。文選兩都賦序注，初學記職官部下，白帖七十四、七十五、七十七，御覽職官部二十八引此，竝作「字路叔，修黄老術」。今本文選注，「修」上有「少」字，乃後人依誤本漢書加之。初學記、白帖、御覽皆無「少」字。

〔二〕師古曰：言若駿馬可致千里也。年齒幼少，故謂之駒。【補注】周壽昌曰：史記注引魯連子云「有徐劫者，其弟子曰魯仲連，年十二，號『千里駒』」。引此以爲稱也」。

〔三〕師古曰：雜謂以他官共治之也。劉澤，齊孝王之孫，謀反欲殺青州刺史者。【補注】宋祁曰：注文「以他官」當作「與他官」。先謙曰：顧炎武云「德傳如此，而子向傳則云『更生父德，武帝時治淮南獄』。一傳之中，自爲乖異。此兩收而未對勘者也」。齊召南云：案德之仕宦在昭帝初。霍光選擇宗室，則當武帝治淮南獄時，德尚未爲吏也。此傳言治劉澤詔獄，爲得其實。向傳因得淮南祕書而附會耳。劉澤事見雋不疑傳。

〔四〕【補注】先謙曰：此後世親屬仕宦回避例所自昉。

〔五〕【補注】錢大昭曰：宗正掌親屬，諸公主家令門尉皆屬焉。故蓋主事，德亦案之。

〔六〕師古曰：老子德經云「知足不辱」。【補注】葉德輝曰：藝文志「道家」有劉向説老子四篇，則其家學也。先謙曰：官本脱「師古曰」三字。

〔七〕師古曰：公主之孫名譚，自言者，申理公主所坐。

〔八〕師古曰：無狀，無善狀也。數音所具反。【補注】周壽昌曰：數責，數其罪而責之。起居無狀，指公主爲丁外人求封等事。

〔九〕師古曰：望，怨望也。

〔一〇〕師古曰：承指，謂取霍光之意指，德實責數公主，而御史乃以爲受譚冤訴，故云「誹謗詔獄」。

〔一一〕【補注】先謙曰：公卿表「元鳳元年爲宗正，數月免」。

〔一二〕師古曰：以御史不知己意。

〔一三〕師古曰：與讀曰豫。豫其謀議也。

〔一四〕【補注】宋祁曰：「城」一作「成」。先謙曰：城、成通用字。然公卿、恩澤二表並作「城」。表云，以行謹重爲宗室率侯。

〔一五〕【補注】先謙曰：「宗家」，同宗屬之家。二字亦見史記晉世家、後漢樊宏傳。或以爲「宗室」之誤，非。

德寬厚，好施生，〔一〕每行京兆尹事，多所平反罪人。〔二〕家産過百萬，則以振昆弟〔三〕賓客食飲，〔四〕曰：「富，民之怨也。」立十一年，子向〔五〕坐鑄僞黃金，當伏法，〔六〕德上書訟罪。會薨，大鴻臚奏德訟子罪，失大臣體，不宜賜謚置嗣。制曰：「賜謚繆侯，〔七〕爲置嗣。」傳至孫慶忌，復爲宗正太常。薨，子岑嗣，爲諸曹中郎將，列校尉，至太常。薨，傳子，至王莽敗，乃絕。〔八〕

〔一〕師古曰：言好施恩惠於人，而生全之。

〔二〕蘇林曰：反音幡，幡罪人辭使從輕也。

〔三〕師古曰：振，舉救之。

〔四〕師古曰：既以救貧昆弟，又散供食飲之費。
〔五〕【補注】陳浩曰：此時應云「子更生」。
〔六〕如淳曰：律，鑄僞黄金棄市也。
〔七〕師古曰：繆，惡謚也，以其妄訟子。【補注】先謙曰：官本「妄」作「安」。引宋祁云，姚本「安」作「妄」。
〔八〕【補注】李慈銘曰：恩澤表「德薨。子安民嗣，十八年薨。子慶忌嗣，二十一年薨。居攝元年，侯颯嗣」。與此不同。以年考之，德以地節四年封，更十一年，加子十八年，孫二十一年，共四十九年。而宣帝地節四年至居攝元年，中隔七十年。則慶忌後自當更有一代。公卿表有太常劉岑，可據也。

向字子政，〔一〕本名更生。年十二，以父德任爲輦郎。〔二〕既冠，以行修飭擢爲諫大夫。〔三〕是時，宣帝循武帝故事，〔四〕招選名儒俊材置左右，更生以通達能屬文辭，與王褒、張子僑等竝進對，〔五〕獻賦頌凡數十篇。上復興神僊方術之事，而淮南有枕中鴻寶苑祕書。〔六〕書言神僊使鬼物爲金之術，及鄒衍重道延命方，世人莫見，而更生父德，武帝時治淮南獄得其書。〔七〕更生幼而讀誦，以爲奇，獻之，言黄金可成。上令典尚方鑄作事，〔八〕費甚多，方不驗。上乃下更生吏，吏劾更生鑄僞黄金，繫當死。〔九〕更生兄陽城侯安民〔一〇〕上書，入國户半，贖更生罪。上亦奇其材，得踰冬減死論。〔一一〕會初立穀梁春秋，徵更生受穀梁，講論五經於石渠。〔一二〕復拜爲郎中、給事黄門，遷散騎、諫大夫、給事中。

〔一〕師古曰：名向，字子政。義則相配，而近代學者讀向音餉，既無别釋，靡所據憑，當依本字爲勝也。
〔二〕服虔曰：父保任其子爲郎也。輦郎，如今引御輦郎也。【補注】沈欽韓曰：唐六典引周遷輿服雜事曰「羊車，一名輦車。小兒衣青布袴褶、紫碧襻、青耳屩，五辮髻，數人引之，今代名爲羊車小史」。案此則漢以郎挽輦爲輦郎也。周壽昌曰：任，用也。言以父德爲宗正等官，遂用其子爲郎。王吉傳「今使俗吏得任子弟」。張晏注「子弟以父兄任爲郎」。哀紀「除任子令」。應劭注：「漢儀注『吏二千石以上，視事滿三年，得任同産若子一人爲郎』。」蓋漢律如此，無庸保任也。服注誤。

〔三〕師古曰：飭，整也，讀與敕同，其字從力。【補注】先謙曰：官本注「力」作「旡」。

〔四〕【補注】宋祁曰：「循」一作「脩」。

〔五〕師古曰：子僑官至光祿大夫，見藝文志。進對，謂進見而對詔命也。「僑」字或作「蟜」，或作「喬」，皆音鉅驕反。

〔六〕師古曰：鴻寶苑祕書，竝道術篇名。臧在枕中，言常存録之不漏泄也。【補注】宋祁曰：浙本注文，篇名上有書字。葉德輝曰：葛洪神僊傳曰「淮南王作内書二十二篇，又中篇八章，言神僊黄白之事，名爲鴻寶。萬畢三章論變化之道，凡十萬言」。

〔七〕【補注】劉奉世曰：案，德待詔丞相府，年三十餘，始元二年事也。淮南事元朔六年，是時德甫數歲，傳誤紀。是年德父辟彊爲光祿大夫，時德待詔丞相府，欲用之，或言父見在，故拜辟彊。先謙曰：德傳言「治劉澤詔獄」是也。此因向得淮南書而附會，已詳德傳。

〔八〕師古曰：尚方，主巧作金銀之所。若今之中尚署。

〔九〕【補注】周壽昌曰：案此比例之誤。當時鑄作黄金不成，事本創見，無科罪專條。漢律惟有「鑄黄金棄市」之語，故吏引以爲比。刑法志云「所欲活則傅生議，所欲陷則予死比」，此「予死比」也。

〔一〇〕【補注】宋祁曰：「城」一作「成」。

〔一一〕服虔曰：踰冬，至春行寬大而減死罪。如淳曰：獄冬盡當決竟，而得踰冬，復至後冬，故或逢赦，或得減死也。師古曰：服説是也。

〔一二〕師古曰：三輔舊事云「石渠閣在未央大殿北，以藏祕書」。

元帝初即位，太傅蕭望之爲前將軍，少傅周堪爲諸吏光祿大夫，〔一〕皆領尚書事，甚見尊任。更生年少於望之、堪，然二人重之，薦更生宗室忠直，明經有行，擢爲散騎、宗正、給事中，與侍中金敞拾遺於左右。四人同心輔政，患苦外戚許、史在位放縱，而中書宦官弘恭、石顯弄權。望之、堪、更生議，欲白罷退之。未白而語泄，遂爲許、史及恭、顯所譖愬，堪、更生下獄，及望之皆免官。語在望之傳。其春地震，夏，客星見昴、卷舌間。〔二〕上感悟，下詔賜望之爵關内侯，奉朝請。秋，徵堪、向欲以爲諫大夫，〔三〕恭、顯白皆爲中郎。冬，地復震。時恭、顯、許、史子弟侍中諸曹，皆側目於望之等，更生懼焉，乃使其外親上變事，〔四〕言：

〔一〕師古曰：加官也。百官公卿表云，諸吏所加或列侯、將軍、卿大夫，得舉不法也。

〔二〕師古曰：見於昴與卷舌之間也。卷音俱免反。【補注】沈欽韓曰：晉天文志「卷舌六星，在昴北，主口語，以知讒佞也。曲，吉；直而動，天下有口舌之害」。

〔三〕【補注】先謙曰：顧炎武云「更名向，在成帝即位之後。此在元帝初年，即云向，非也」。

〔四〕師古曰：非常之事，故謂之變也。【補注】先謙曰：通鑑胡注「外親謂母黨也」。

竊聞故前將軍蕭望之等，皆忠正無私，欲致大治，忤於貴戚尚書。〔一〕今道路人聞望之等復進，以爲且復見毀讒，必曰嘗有過之臣不宜復用，是大不然。〔二〕臣聞春秋地震，爲在位執政太盛也。不爲三獨夫動，亦已明矣。〔三〕且往者高皇帝時，季布有罪，至於夷滅，〔四〕後赦以爲將軍，高后、孝文之間卒爲名臣。〔五〕孝武帝時，兒寬有重罪繫，按道侯韓說諫曰：〔六〕「前吾丘壽王死，陛下至今恨之；〔七〕今殺寬，後將復大恨矣！」上感其言，遂貰寬，〔八〕復用之，位至御史大夫，御史大夫未有及寬者也。又董仲舒坐私爲災異書，主父偃取奏之，下吏，罪至不道，幸蒙不誅，復爲太中大夫，膠西相，以老病免歸。漢有所欲興，常有詔問。〔九〕仲舒爲世儒宗，定議有益天下。孝宣皇帝時，夏侯勝坐誹謗繫獄三年，免爲庶人。宣帝復用勝，至長信少府，太子太傅，名敢直言，天下美之。若乃羣臣，多此比類，難一二記。〔一〇〕有過之臣，無負國家，有益天下，此四臣者，足以觀矣。

〔一〕師古曰：忤猶逆也，音五故反。他皆類此。【補注】先謙曰：官本注「逆」作「過」。

〔二〕師古曰：言不宜用有過之臣者，此議非也。

〔三〕應劭曰：謂蕭望之、周堪及向。師古曰：獨夫，猶言匹夫也。

〔四〕【補注】周壽昌曰：言議罪至於夷族滅世也。

〔五〕師古曰：卒，終也。

〔六〕師古曰：說讀曰悅。

〔七〕師古曰：恨猶悔也。

〔八〕師古曰：貰謂緩恕其罪也。【補注】錢大昕曰：此事寬傳不載。韓說名在佞幸傳，而能爲寬强諫，亦自可取，當表而出之。先謙曰：說附韓王信傳，不列佞幸。其兄嫣爲佞幸，史不過於（媽）〔嫣〕傳帶敘其名耳。

〔九〕師古曰：興謂改作慮章。【補注】葉德輝曰：閩本無注。先謙曰：官本注在「興」下。「慮」作「憲」，是。

〔一〇〕師古曰：比音必寐反。【補注】葉德輝曰：閩本無注。先謙曰：官本注在「多此比類」下。

前弘恭奏望之等獄決，三月，地大震。恭移病出，〔一〕後復視事，天陰雨雪。〔二〕由是言之，地動殆爲恭等。〔三〕

〔一〕師古曰：移病者，移書言病也。一曰，言以病移出，不居官府。

〔二〕師古曰：雨音于具反。【補注】葉德輝曰：閩本無注。

〔三〕師古曰：殆，近也。【補注】葉德輝曰：閩本無注。

臣愚以爲宜退恭、顯以章蔽善之罰，〔一〕進望之等以通賢者之路。如此，太平之門開，災異之原塞矣。

〔一〕師古曰：章，明也。【補注】葉德輝曰：閩本無注。

書奏，恭、顯疑其更生所爲，白請考姦詐。辭果服，遂逮更生繫獄，下太傅韋玄成、諫大夫貢禹，與廷尉雜考。〔一〕劾更生前爲九卿，坐與望之、堪謀排車騎將軍高、許、史氏侍中者，毀離親戚，欲退去之，而獨專權。爲臣不忠，幸不伏誅，復蒙恩徵用，不悔前過，而教令人言變事，誣罔不道。更生坐免爲庶人。而望之亦坐使子上書自冤前事，〔二〕恭、顯白令詣獄置對。〔三〕望之自殺。天子甚悼恨之。乃擢周堪爲光祿勳，堪弟子張猛光祿大夫、給事中，大見信任。恭、顯憚之，數譖毀焉。〔四〕更生見堪、猛在位，幾己得復進，〔五〕懼其傾危，乃上封事諫曰：

〔一〕【補注】錢大昕曰：玄成爲太子太傅，不當删太子字。蓋轉寫失之。

〔二〕【補注】周壽昌曰：望之傳「子伋爲望之訟前事」。自冤者，自白前事之冤。

〔三〕師古曰：置對者，立爲對辭。【補注】宋祁曰：越本、景本注文作「立其罪辭」。

〔四〕【補注】周壽昌曰：案下封事上於元帝永光元年，弘恭已前死，此文當云石顯憚之，「恭」字駁文，通鑑改作石顯，是也。

〔五〕師古曰：幾讀曰冀。

臣前幸得以骨肉備九卿，奉法不謹，乃復蒙恩。竊見災異並起，天地失常，徵表爲國。〔一〕欲終不言，念忠臣雖在甽畝，猶不忘君，惓惓之義也。〔二〕況重以骨肉之親，〔三〕又加以舊恩未報乎！欲竭愚誠，又恐越職，然惟二恩未報，〔四〕忠臣之義，一杼愚意，退就農畝，死無所恨。〔五〕

〔一〕師古曰：徵，證也。

〔二〕師古曰：甽者，田中之溝也。田溝之法，耜廣五寸，二耜爲耦，一耦之伐，廣尺、深尺謂之甽，六甽而爲一畝。甽音工犬反，字或作「畎」，其音同耳。惓惓，忠謹之意。惓讀與拳同，音其專反。禮記曰「得一善則拳拳服膺，弗失之矣」。【補注】宋祁曰：正文句末，據文埶不合有「也」字。先謙曰：官本「工」作「古」。

〔三〕師古曰：重音直用反。

〔四〕師古曰：惟，思也。

〔五〕師古曰：杼謂引而泄之也。音食汝反。【補注】先謙曰：「杼」即「抒」字。本書手旁、木旁字多通作。

臣聞舜命九官，〔一〕濟濟相讓，和之至也。衆賢和於朝，則萬物和於野。故簫韶九成，而鳳皇來儀；擊石拊石，百獸率舞。〔二〕四海之内，靡不和寧。及至周文，開基西郊，〔三〕雜遝衆賢，罔不肅和，〔四〕崇推讓之風，以銷分爭之訟。文王既没，周公思慕，歌詠文王之德，其詩曰：「於穆清廟，肅雍顯相；濟濟多士，秉文之德。」〔五〕當此之時，武王、周公繼政，朝臣和於内，萬國驩於外，故盡得其驩心，以事其先祖。其詩曰：「有來雍雍，至止肅肅，相維辟公，天子穆穆。」〔六〕言四方皆以和來也。諸侯和於下，天應報於上，故周頌曰「降福穰穰」，〔七〕又曰「飴我釐麰」。〔八〕釐麰，麥也，〔九〕始自天降。〔一〇〕此皆以和致和，獲天助也。

〔一〕師古曰：尚書禹作司空，棄后稷，契司徒，咎繇作士，垂共工，作朕虞，伯夷秩宗，夔典樂，龍納言，凡九官也。【補注】先謙曰：「作朕虞」，官本作「益朕虞」，是。

〔二〕師古曰：韶，舜樂名。舉簫管之屬，示其備也。於韶樂九奏則鳳皇見其容儀，擊鍾鳴磬而百獸相率來舞，言感至和也。

〔三〕師古曰：言文王始受命作周也。

〔四〕師古曰：雜遝，聚積之貌。遝音大合反。

〔五〕師古曰：此周頌祀文王清廟之詩也。於，歎辭也。穆，美也。肅，敬也。雍，和也。顯，明也。相，助也。濟濟，盛也。言文王有清淨之化，敬而且和，光明著見，故濟濟之衆士，皆執行文王之德也。於讀曰烏。

〔六〕師古曰：此周頌禘太祖之雝詩也。相，助也。辟，百辟也。公，諸侯也。言有此賓客以和而來至也而敬者，乃助王祭之人，百辟與諸侯耳。於是時天子則穆穆然。禮記曰「天子穆穆，諸侯皇皇」。辟音璧。【補注】先謙曰：官本「至也」作「至止」，是「禮記曰」作「禮記言」。「璧」作「壁」。

〔七〕師古曰：此執競之篇祀武王之詩也。穰穰，多也。音人羊反。

〔八〕師古曰：此思文之篇以后稷配天之詩也。飴，遺也，言天遺此物也。飴讀與貽同也。釐音力之反，又讀與來同。麰音牟。【補注】宋祁曰：麰，浙本作「麰」。王先慎曰：毛詩作「貽我來牟」。文選典引注引韓詩作「貽我嘉麰」。嘉當爲喜。詳王引之經義述聞。說文「來」下引作「詒我來麰」。詒、飴通叚字，貽即詒之俗體。釐、來文異而聲義同。馬瑞辰云，方言「陳、楚之間凡人嘼乳而雙產，謂之釐孳」。廣雅「釐孳，孿也。雙孿，二也」。「釐孳」亦作「孷孖」。玉篇「孷孖，雙生也」。詩孔疏引說文「來牟，一麥二夆」，與釐爲雙產義合。牟，大也。麰從牟聲，故爲大麥之稱。典引注引薛君章句云「麰，大麥也」。麰字說文所無，又麰之俗體。一麥二夆者，名來麰。故毛傳釋「牟」爲麥。向傳魯詩，釋「釐麰」亦爲麥也。先謙曰：官本注無「同」下「也」字。

〔九〕【補注】宋祁曰：「麥」字上當有「大」字。陽夏公案，徐堅初學記引漢書云「來麰，大麥也」。蓋唐本與江南本同。

〔一〇〕【補注】錢大昭曰：今文尚書大誓云「武王渡孟津，白魚躍入於舟，出涘以燎。後五日，火流爲烏，五至，以穀俱來」。故云「自天降也」。

下至幽、厲之際，朝廷不和，轉相非怨，〔一〕詩人疾而憂之曰：「民之無良，相怨一方。」〔二〕衆小在位而從邪議，歙歙相是而背君子，故其詩曰：「歙歙訿訿，亦孔之哀！謀之其臧，則具是違；謀之不臧，則具是依！」〔三〕君子獨處守正，不橈衆枉，〔四〕勉彊以從王事，則反見憎毒讒愬，故其詩曰：「密勿從事，不敢告勞，無罪無辜，讒口嗸嗸！」〔五〕當是之時，日月薄蝕而無光，〔六〕其詩曰：「朔日辛卯，日有蝕之，亦孔之醜！」〔七〕又曰：

「彼月而微，此日而微，今此下民，亦孔之哀！」〔八〕又曰：「日月鞠凶，不用其行；四國無政，不用其良！」〔九〕天變見於上，地變動於下，水泉沸騰，山谷易處。〔一〇〕其詩曰：「百川沸騰，山冢卒崩，高岸爲谷，深谷爲陵。哀今之人，胡憯莫懲！」〔一一〕霜降失節，不以其時，其詩曰：「正月繁霜，我心憂傷；民之訛言，亦孔之將！」言民以是爲非，甚衆大也。〔一二〕此皆不和，賢不肖易位之所致也。〔一三〕

〔一〕師古曰：厲王，夷王之子。厲王生宣王，宣王生幽王。

〔二〕師古曰：此小雅角弓之篇，刺幽王之詩也。良，善也，言人各爲不善，其意乖離而相怨也。一方，謂自守一方，所嚮異之。【補注】宋祁曰：注文「而」當作「兩」，注末「之」當作「矣」。

〔三〕師古曰：此小雅小旻篇刺幽王之詩也。言在位卿士，歙歙然患其上，訿訿然不供職，各失臣節，甚可哀痛。而謀之善者則背違之，不善之謀依而施用，所以爲刺也。歙音翕，訿音紫。

〔四〕師古曰：橈，屈也，不爲衆曲而自屈也。橈音女教反。【補注】葉德輝曰：閩本、德藩本「橈」作「撓」。先謙曰：官本作「撓」。此亦本書通作字。

〔五〕師古曰：此小雅十月之交篇刺幽王之詩也。密勿猶黽勉從事也。聱聱，衆聲也。言已黽勉行事，不敢自陳勞苦，實無罪辜，而被讒譖嗷嗷然也。聱音敖。【補注】宋祁曰：注文「黽勉從事」，當删「從事」也。錢大昕曰：密勿，即黽勉聲之轉也。古讀「勿」如「没」。爾雅「蠠没，勉也」，亦密勿之異文。沈欽韓曰：邶谷風「黽勉同心」。文選注引韓詩作「密勿同心」。傳云「密勿，僶勉也」。蠠没與密勿聲同。劉向治魯詩，是魯韓詩並以「黽勉」爲「密勿」。

〔六〕師古曰：薄，迫也，謂被掩迫也。

〔七〕師古曰：自此已下至百川沸騰，皆十月之交詩也。孔，甚也。醜，惡也。周之十月，夏之八月，朔日有辛卯，日月交會，而日見蝕，陰侵於陽。辛，金日也。卯，木辰也。以卯侵金，則臣侵君，故甚惡之。

〔八〕師古曰：微，虧微也。言彼月者，當有虧耳，而今此日，乃復微也。言君臣失道，是爲災異，故令人甚哀也。

〔九〕師古曰：鞫，告也。言日月不用其常行之道以告凶災者，由四方之國無政理，不能用善人也。

〔一〇〕【補注】宋祁曰：「谷」一作「川」。

〔一一〕師古曰：沸，湧出也。騰，乘也。冢，山頂也。卒，盡也。胡，何也。憯，曾也。懲，乂也。言百川沸涌而相乘陵，山頂隆高而盡崩壞，陵谷易處，尊卑失序，咎異大矣，誠可畏懼。哀哉今人，何爲曾莫創乂也！憯音千感反。【補注】錢大昭曰：毛詩「卒」作「崒」。釋文本亦作「卒」。先謙曰：官本「隆」作「降」。「乂」作「艾」。引宋祁曰：「注文『降』一作『隆』。」

〔一二〕張晏曰：正月，夏之四月也。純陽用事，而反多霜，急恆寒苦之災也。師古曰：此小雅正月之篇刺幽王之詩也。四月正陽之月，故謂之正月。繁，多也。訛，僞也。孔，甚也。將，大也。此言王政乖舛，陽月多霜，害於生物，故己心爲憂傷，而衆庶之人，共爲僞言，以是爲非，排斥賢儁，禍甚大也。【補注】先謙曰：官本注「苦」作「若」，是。

〔一三〕師古曰：賢人在下，不肖居上，故云易位。【補注】先謙曰：官本「云」作「曰」。

自此之後，天下大亂，篡殺殃禍竝作，厲王奔彘，〔一〕幽王見殺。〔二〕至乎平王末年，魯隱之始即位也，〔三〕周大夫祭伯乖離不和，出奔於魯，〔四〕而春秋爲諱，不言來奔，傷其禍殃自此始也。是後尹氏世卿而專恣，〔五〕諸侯背畔而不朝，周室卑微。二百四十二年之閒，〔六〕日食三十六，〔七〕地震五，〔八〕山陵崩阤二，〔九〕彗星三見，〔一〇〕夜常星不見，夜中星隕如雨一，〔一一〕（大）〔火〕災十四，〔一二〕長狄入三國，〔一三〕五石隕墜，六鶂退飛，多麋，有蜮、蜚，鸜鵒來巢者，皆一見。〔一四〕晝冥晦。〔一五〕雨木冰。〔一六〕李梅冬實。七月霜降，草木不死。〔一七〕八月殺菽。〔一八〕大雨雹。〔一九〕雨雪靁霆失序相乘。〔二〇〕水、旱、饑，蝝、螽、螟螽午竝起。〔二一〕當是時，禍亂輒應，弑君三十六，〔二二〕亡國五十二，〔二三〕諸侯奔走，不得保其社稷者，不可勝數也。〔二四〕周室多禍：晉敗其師於貿戎；〔二五〕伐其郊；〔二六〕鄭傷桓王；〔二七〕戎執其使；〔二八〕衛侯朔召不往，齊逆命而助朔；〔二九〕五大夫爭權，三君更立，莫能正理。〔三〇〕遂至陵夷不能復興。〔三一〕

〔一〕師古曰：厲王無道，下不堪命，乃相與畔襲厲王。厲王出奔彘。彘，晉地，今晉州北永安縣是也。

〔二〕師古曰：爲犬戎所攻，殺幽王于驪山下，虜褒姒，盡取周賂而去。

〔三〕師古曰：平王，幽王之子。

〔四〕張晏曰：隱元年「祭伯來」。穀梁傳曰「奔也」。師古曰：祭音側介反。【補注】劉攽曰：穀梁不謂祭伯爲「奔也」。齊召南曰：祭伯來，穀梁傳以爲「來朝」。公羊傳以爲「出奔」。向正用公羊説耳。張注誤。劉糾之，是也。

〔五〕師古曰：春秋公羊經隱公三年「夏四月，尹氏卒」。傳曰「尹氏者何？天子之大夫也。其稱尹氏何？貶也。曷爲貶？譏繼卿。繼卿，非禮也」。又詩小雅節南山云「尹氏太師，赫赫師尹，不平謂何」！刺之也。

〔六〕師古曰：謂從隱公元年至哀公十四年獲麟也。隱公十一年，桓公十八年，莊公三十二年，閔公二年，僖公三十三年，文公十八年，宣公十八年，成公十八年，襄公三十一年，昭公三十二年，定公十五年，哀公十四年，凡二百四十二年也。【補注】先謙曰：官本「閔公二年」，作「一年」，是。

〔七〕師古曰：謂隱三年二月己巳；桓三年七月壬辰朔，十七年十月朔；莊十八年三月，二十五年六月辛未朔，二十六年十二月癸亥朔，三十年九月庚午朔；僖五年九月戊申朔，十二年三月庚午，十五年五月；文元年二月癸亥朔，十五年六月辛丑朔；宣八年七月甲子，十年四月丙辰，十七年六月癸卯；成十六年六月丙寅朔，十七年十二月丁巳朔；襄十四年二月乙未朔，十五年秋八月丁巳，二十年冬十月丙辰朔，二十一年九月庚戌朔，冬十月庚辰朔，二十三年二月癸酉朔，二十四年秋七月甲子朔，八月癸巳朔，二十七年冬十二月乙亥朔；昭七年夏四月甲辰朔，十五年六月丁巳朔，十七年夏六月甲戌朔，二十一年秋七月壬午朔，二十二年十二月癸酉朔，二十四年夏五月乙未朔，三十一年十二月辛亥朔；定五年正月辛亥朔，十二年十一月丙寅朔，十五年八月庚辰朔：凡三十六也。

〔八〕師古曰：謂文九年九月癸酉，襄十六年五月甲子，昭十九年五月己卯，二十三年八月乙未，哀三年四月甲午，凡五也。

〔九〕師古曰：謂僖十四年八月辛卯沙鹿崩，成五年夏梁山崩，凡二也。阤，下頹也，音丈爾反。

〔一〇〕師古曰：謂文十四年秋七月有星孛入于北斗，昭十七年冬有星孛于大辰，哀十三年冬十一月有星孛于東方。

〔一一〕師古曰：事在莊七年夏四月辛卯。

〔一二〕師古曰：桓十四年秋八月壬申御廩災，莊二十年夏齊大災，僖二十年五月乙巳西宮災，成三年二月甲子新宮災，襄九年春宋火，三十年五月甲午宋災，昭九年夏四月陳火，十八年夏五月壬午宋、衞、陳、鄭災，定二年夏五月壬辰雉門及兩觀災，哀三年五月辛卯桓宮、僖宮災，四年六月辛丑亳社災，凡十四也。【補注】先謙曰：官本「陳火」作「陳災」。

〔一三〕師古曰：謂春秋文十一年經書「冬十月甲午，叔孫得臣敗狄于鹹」，公羊傳曰「狄者何？長狄也，兄弟三人，一者之齊，一者之魯，一者之晉」。之齊榮如，之魯喬如，之晉焚如。長狄，鄋瞞之種。鄋音㮴，瞞音末安反。【補注】宋祁曰：榮如、喬如、焚如三「如」字下，浙本皆有「也」字。先謙曰：官本「㮴」作「搜」，「末」作「未」。

〔一四〕師古曰：謂僖十六年「正月戊申朔，隕石于宋，五。是月六鷁退飛過宋都」。莊十七年「冬，多麋」。十八年「秋，有蜮」。二十九年「秋，有蜚」。昭二十五年「夏，有鸜鵒來巢」。蜮，短尾狐也。鷁，水鳥也。蜚，負蠜也。鷁音五歷反。蜮音域。蜚音扶味反。鸜音劬。鵒音欲。

〔一五〕師古曰：僖十五年「九月己卯晦，震夷伯之廟」。穀梁傳曰「晦，冥也」。

〔一六〕師古曰：事在成十六年正月。雨木冰者，氣著樹木結爲冰也，今俗呼爲鬧樹。雨音于具反。

〔一七〕師古曰：僖三十三年經書「冬隕霜，不煞草」。李梅實，未知在何月也。而此言「李梅冬實」，又云「七月霜降，草木不死」，與今春秋不同，未見義所出。【補注】宋祁曰：浙本正文、注文並無二「木」字。齊召南曰：案以下文「八月殺菽」例之，用夏時紀月，則此文「七月」，疑是「十月」之譌。周十二月，夏之十月也。又應倒其文云「十月霜降，草木不死，李梅實」，則文義俱顯矣。先謙曰：官本「煞」作「殺」。

〔一八〕師古曰：謂定公元年「十月，隕霜殺菽」。周之十月，夏之八月。菽謂豆也。

〔一九〕師古曰：事在僖二十九年秋，及昭三年冬，四年正月。雨音于具反。

〔二〇〕師古曰：隱九年三月癸酉大雨震電，庚辰大雨雪，莊六年冬十月雨雪，僖十年冬大雨雪，皆是也。靁，古雷字也。霆，雷之急者也，音大丁反。

〔二一〕如淳曰：螽午猶雜沓也。師古曰：謂桓元年秋大水，十三年夏大水，莊七年秋大水，十一年秋宋大水，二十四年秋大水，二十五年秋大水，宣十年秋大水，成五年秋大水，襄二十四年秋七月大水；僖二十一年夏大旱，宣七年秋大旱；宣十年冬饑，十五年冬蝝生饑，襄二十四年冬大饑；桓五年秋螽，僖十五年八月螽，文三年秋雨螽於宋，八年冬螽，宣六年八月螽，十三年秋、十五年秋螽，襄七年八月螽，哀十二年十二月螽，十三年九月螽，十二月螽，隱五年九月螟，八年九月螟，莊六年秋螟：皆是也。螽即螟也。螟，蟲之食苗心者也。螽音終，螟音冥。【補注】錢大昕曰：蠭午猶言旁午。古音蠭，蒲紅切，與旁聲相近。霍光傳「使者旁午」。如淳曰「旁午，分布也」。沈欽韓曰：爾雅「翼蜂一日兩出而聚鳴，號爲兩衙」。今諺之，日中尤喧雜。故「蠭午」義爲「雜沓」。先謙曰：官本「螽」作「螽」。

〔二二〕師古曰：謂隱公四年衛州吁弒其君完；十一年羽父使賊弒公于寪氏；桓二年宋督弒其君與夷；七年曲沃伯誘

晉小子侯殺之；十七年鄭高渠彌弑昭公；莊八年齊無知弑其君諸兒；十二年宋萬弑其君捷；十四年傅瑕弑其君鄭子；三十二年共仲使圉人犖賊子般；閔二年共仲使卜齮賊公于武闈；僖十年晉里克弑其君卓；二十四年晉弑懷公于高梁；文元年楚太子商臣弑其君頵；十四年齊公子商人弑其君舍；十六年宋人弑其君杵臼；十八年齊人弑其君商人；魯襄仲殺子惡；莒弑其君庶其；宣二年晉趙盾弑其君夷皋；四年鄭公子歸生弑其君夷；十年陳夏徵舒弑其君平國；成十八年晉弑其君州蒲；襄七年鄭子駟使賊夜弑僖公；二十五年齊崔杼弑其君光；二十六年衛甯喜弑其君剽；二十九年閽弑吴子餘祭；三十年蔡太子般弑其君固；三十一年莒人弑其君密州；昭元年楚公子圍問王疾，縊而弑之；十三年楚公子比弑其君虔于乾谿；十九年許太子止弑其君買；二十七年吴弑其君僚；定十三年薛弑其君比；哀四年盜殺蔡侯申；六年齊陳乞弑其君荼；十年齊人弑悼公：凡三十六。

〔一三〕師古曰：謂桓五年州公如曹；莊四年紀侯大去其國；十年齊師滅譚；十三年齊人滅遂；十四年楚子滅息；十六年楚滅鄧；閔元年晉滅耿，滅霍，滅魏；僖五年楚滅弦，晉滅虢，滅虞；十二年楚人滅黄；十七年楚滅項；十九年秦人取梁；二十五年衛侯燬滅邢；二十六年楚人滅夔；三十三年秦滅滑；文四年楚滅江；五年楚人滅六，滅蓼；十六年楚人、秦人、巴人滅庸；宣八年楚人滅舒蓼；九年取根牟；十二年楚子滅蕭；十五年晉師滅赤狄潞氏；成六年取鄟；十七年楚滅舒蕭；襄六年莒人滅鄫，齊侯滅萊；十年諸侯滅偪陽；十三年取邿；二十五年楚滅舒鳩；昭四年楚子滅賴；十三年晉滅肥；十六年楚子取戎蠻氏；十七年晉滅陸渾戎；二十一年晉滅鼓；三十年吴滅徐；定四年蔡滅沈；五年楚滅唐；六年鄭滅許；十四年楚人滅頓；十五年楚子滅胡；哀八年宋公滅曹；又郲滅須句，楚滅權，晉滅焦、楊，楚滅道、房、申：凡五十二。【補注】先謙曰：官本「舒蕭」作「舒庸」是。

〔一四〕師古曰：謂桓十五年鄭伯突出奔蔡；襄十四年衛侯出奔齊；昭三年北燕伯款出奔齊；二十三年莒子庚輿來奔之

類是也。

〔二五〕師古曰：貿戎，地名也。春秋公羊經「成元年秋，王師敗績于貿戎」。傳曰「孰敗之，蓋晉敗之也」。貿音莫侯反。

〔二六〕師古曰：郊，周邑也。昭二十三年正月經書「晉人圍郊」也。

〔二七〕應劭曰：王以諸侯伐鄭，鄭伯禦之，射王中肩。師古曰：事在桓五年秋。

〔二八〕師古曰：隱七年冬，經書「天王使凡伯來聘，戎伐凡伯于楚丘以歸」。【補注】宋祁曰：浙本注文「伐」作「執」。

〔二九〕師古曰：春秋桓十六年經書「衞侯朔出奔齊」，穀梁傳曰「天子召而不往也」。

〔三〇〕應劭曰：周景王崩，單穆公、劉文公、鞏簡公、甘平公、召莊公，此五大夫相與爭奪，更立王子猛、子朝及敬王，是爲三君也。更音工衡反。

〔三一〕師古曰：陵夷謂卑替也。解在成紀及異姓諸侯王表也。

由此觀之，和氣致祥，乖氣致異；祥多者其國安，異衆者其國危，天地之常經，古今之通義也。今陛下開三代之業，招文學之士，優游寬容，使得竝進。今賢不肖渾殽，〔一〕白黑不分，邪正雜糅，忠讒竝進。〔二〕章交公車，人滿北軍。〔三〕朝臣舛午，膠戾乖剌，〔四〕更相讒愬，轉相是非。〔五〕傳授增加，文書紛糾，前後錯謬，毁譽渾亂。〔六〕所以營或耳目，感移心意，不可勝載。〔七〕分曹爲黨，往往羣朋，〔八〕將同心以陷正臣。正臣進者，治之表也；正臣陷者，亂之機也。乘治亂之機，未知孰任，而災異數見，此臣所以寒心者也。夫乘權藉勢之人，子弟鱗集於朝，〔九〕羽翼陰附者衆，輻湊於前，〔一〇〕毁譽將必用，以終乖離之咎。〔一一〕是以日月無光，雪霜夏隕，海水沸出，陵谷易處，列星失行，皆怨氣之所致也。夫遵衰周之軌跡，循詩人之所刺，而欲以成太平，致雅頌，猶卻行而求及前人也。〔一二〕初元以來六年矣，按春秋六年之中，災異未有稠如今者也。〔一三〕夫有春秋之異，無孔子之救，猶不能解紛，〔一四〕況甚於春秋乎？

〔一〕師古曰：言雜亂也。渾音胡本反，其下亦同。

〔二〕師古曰：糅，和也，音汝救反。【補注】宋祁曰：當作女救反。先謙曰：官本注在「糅」下。

〔三〕如淳曰：漢儀注中壘校尉主北軍壘門內，尉一人主上書者獄。上章於公車，有不如法者，以付北軍尉，北軍尉以法治之。楊惲上書，遂幽北闕。北闕，公車所在。【補注】沈欽韓曰：案此謂待詔廩食於北軍者多也。東觀漢記「舊制上書以青布囊素（裏）〔裹〕封書，不中式不得上。既上，詣北軍待報，前後相塵」。如解爲下獄，非也。

〔四〕師古曰：言志意不和，各相違背。午音五故反。剌音來曷反。

〔五〕師古曰：更音工衡反。【補注】先謙曰：官本注在「愬」下。

〔六〕師古曰：言各任私情，不得其實。

〔七〕師古曰：言其誣罔天子也。營謂回繞之。【補注】葉德輝曰：閩本、德藩本「或」作「惑」。先謙曰：官本「或」作「惑」。

〔八〕師古曰：曹，輩也。

〔九〕師古曰：言其相次如魚鱗。

〔一〇〕師古曰：輻湊，言如車輻之歸於轂也。

〔一一〕師古曰：言讒佞之人毀譽得進，則忠賢被斥，日以乖離也。

〔一二〕師古曰：卻音邱略反。

〔一三〕師古曰：稠，多也。音直流反。

〔一四〕師古曰：紛，亂也。

原其所以然者，讒邪竝進也。讒邪之所以並進者，由上多疑心，既已用賢人而行善政，如或譖之，則賢人退而善政還。〔一〕夫執狐疑之心者，來讒賊之口；持不斷之意者，開羣枉之門。〔二〕讒邪進則衆賢退，羣枉盛則正士消。故易有否泰。〔三〕小人道長，君子道消，君子道消，則政日亂，故爲否。否者，閉而亂也。君子道長，小人道消，小人道消，則政日治，故爲泰。泰者，通而治也。詩又云「雨雪麃麃，見晛聿消」，〔四〕與易同義。昔者鯀、共工、驩兜與舜、禹雜處堯朝，〔五〕周公與管、蔡竝居周位，當是時，迭進相毁，〔六〕流言相謗，豈可勝道哉！帝堯、成王能賢舜、禹、周公而消共工、管、蔡，故以大治，榮華至今。孔子與季、孟偕仕於魯，〔七〕李斯與叔孫俱宦於秦，〔八〕定公、始皇賢季、孟、李斯而消孔子、叔孫，故以大亂，汚辱至今。故治亂榮辱之端，在所信任；信任既賢，在於堅固而不移。詩云「我心匪石，不可轉也」。〔九〕言守善篤也。易曰「渙汗其大號」。〔一〇〕言號令如汗，汗出而不反者也。今出善令，未能踰時而反，是反汗也；〔一一〕用賢未能三旬而退，是轉石也。論語曰：「見不善如探湯。」〔一二〕今二府奏佞讇不當在位，歷年而不去。〔一三〕故出令則如反汗，用賢則如轉石，去佞則如拔山，如此望陰陽之調，不亦難乎！

〔一〕師古曰：還謂收還也。

〔二〕師古曰：枉，曲也。

〔三〕師古曰：否音皮鄙反。

〔四〕師古曰：此小雅角弓篇刺幽王好讒佞之詩也。麃麃，盛也。見，無雲也。晛，日氣也。聿，辭也。言雨雪之盛麃麃然，至於無雲，日氣始出，而雨雪皆消釋矣。喻小人雖多，王若欲興善政，則賢者升用，而小人誅滅矣。麃音彼驕反。晛音乃見反。【補注】宋祁曰：韓詩作「曣」，云「曣見日出也」。今詩作「見」。蓋向引韓詩，後人便改作「見」，非是。陽夏公案，向時毛詩未列學官。周壽昌曰：毛詩「麃麃」作「瀌瀌」，「聿」作「曰」。韓詩外傳四、荀子非相篇俱與此同。王先慎曰：説文「曣星無雲也」。「星」即「姓」字。顔注「無雲也」，則所注漢書本作「曣」，不作「見」。疑後人用毛詩改「曣」爲「見」耳。向本魯詩（學）〔作〕「曣」字，與韓同。宋謂劉引韓詩，亦非。

〔五〕師古曰：鯀，崇伯之名，即檮杌也。共工，少皞氏之後，即窮奇也。驩兜，帝鴻氏之後，即渾敦也。鯀音工本反。驩音火官反。檮音徒高反。杌音兀。渾音胡本反。敦音徒本反。

〔六〕師古曰：迭，互也。音大結反。

〔七〕師古曰：季、孟謂季孫、孟孫，皆桓公之後代，執國權而卑公室也。

〔八〕師古曰：叔孫者，叔孫通也。【補注】葉德輝曰：通傳「秦時以文學徵，待詔博士」。

〔九〕師古曰：此邶柏舟之詩也。言石性雖堅，尚可移轉，己志貞確，執德不傾，過於石也。

〔一〇〕師古曰：此易渙卦九四爻辭也。言王者渙然大發號令，如汗之出也。【補注】先謙曰：官本「四」作「五」，通鑑注引同。

〔一一〕師古曰：一時，三月也。【補注】先謙曰：官本「一」作「踰」，通鑑注引同。

〔一二〕師古曰：論語載孔子之言。探湯，言其除難無所避也。

〔一三〕如淳曰：二府，丞相、御史也。師古曰：讇，古諂字。【補注】王鳴盛曰：御史者，御史大夫省文。後書何敞傳「二府以爲故事」，注「二府謂司徒、司空」。司徒即丞相，司空即御史大夫，亦稱兩府。杜延年傳「常與兩府及廷尉分章」，如淳注「兩府，丞相、御史也」。車千秋等傳贊「丞相、御史兩府之士，不能正議」，趙充國傳「兩府〔復〕白遣義渠安國行視諸羌」，蕭望之傳「天子下其議兩府」，薛宣傳「宣考績功課，簡在兩府」，翟方進傳「司隸校尉初除謁兩府」是也。亦稱大府。杜周傳「郡吏大府舉之廷尉」。師古注「大府，丞相、御史之府是也」。二府政本，丞相固助理萬機，御史大夫即佐之。故朱雲傳：「華陰守丞嘉薦雲試守御史大夫，云『御史之官，宰相之副，九卿之右』。又『雲爲槐里令，丞相韋玄成奏其亡狀，雲自訟，而御史中丞陳咸與相善，爲求下御史中丞，事下丞相，乃考其罪』。」可見漢時二府權重，有大事必下二府治之。御史大夫副宰相，在九卿之右，而中丞權亦幾與相埒也。後書多稱三府謂太尉、司徒、司空，見承宮、郎顗、賈琮、朱浮、陳元、寒朗傳。亦稱三司，見胡廣、鄭康成傳。蓋古以司徒、司馬、司空爲三公，後雖改名太尉，而太尉即司馬，故云三司也。合大將軍亦稱四府，見後書質帝紀、和熹鄧皇后紀、趙典、應奉傳。亦有以三公并太傅稱之者，後書虞詡傳注「四府謂太傅、太尉、司徒、司空之府是也」。或稱五府者，後書樊宏傳注「五府謂太傅、太尉、司徒、司空、大將軍是也」。

是以羣小窺見間隙，緣飾文字，巧言醜詆，〔一〕流言飛文，譁於民間。〔二〕故詩云：「憂心悄悄，慍于羣小。」〔三〕小人成羣，誠足慍也。〔四〕昔孔子與顏淵、子貢更相稱譽，不爲朋黨；〔五〕禹、稷與臯陶傳相汲引，不爲比周。〔六〕何則？忠於爲國，無邪心也。故賢人在上位，則引其類而聚之於朝，易曰「飛龍在天，大人聚也」；〔七〕在下位，則思與其類俱進，易曰「拔茅茹以其彙，征吉」。〔八〕在上則引其類，在下則推其類，故湯用伊尹，不仁者遠，而衆賢至，類相致也。今佞邪與賢臣並在交戟之內，〔九〕合黨共謀，違善依惡，歙歙訿訿，數設危險之言，欲以傾移主上。如忽然用之，此天地之所以先戒，災異之所以重至者也。〔一〇〕

〔一〕師古曰：詆，毀也，辱也。音丁禮反。

〔二〕師古曰：譁，讙也。譁音火瓜反。【補注】先謙曰：通鑑胡注「放言於外以誣人曰流言，爲飛書以詆毀，若今之匿名書，曰飛文」。

〔三〕師古曰：此邶柏舟言仁而不遇之詩也。悄悄，憂貌。愠，怒也。悄音千小反。

〔四〕【補注】先謙曰：案，此蓋亦魯詩訓。荀子宥坐篇釋詩曰「小人成羣，斯足憂矣」。韓詩外傳云「小人成羣，何足禮哉」！皆與此義同，與毛傳別。

〔五〕師古曰：事具見論語。更音工衡反。

〔六〕師古曰：事見尚書舜典。比音頻寐反。【補注】先謙曰：胡注「傳，柱戀反。遞也」。

〔七〕師古曰：此乾卦九五象辭也。言聖王正位，臨馭四方，則賢人君子皆來見也。【補注】何焯曰：飛龍以喻賢人。顏說乃後儒釋經之詞，亦非向引易本意。葉德輝曰：易乾「大人造也」。釋文云「劉歆父子作『聚』」，與此正合。先謙曰：官本注「四」作「萬」。

〔八〕鄭氏曰：「彙音謂。彙，類也。茹，牽引也。茅，喻君有潔白之德，臣下引其類而仕之。」師古曰：此泰卦初九爻辭。征，行也。茹音汝據反。【補注】先謙曰：官本「謂」下無「彙」字。

〔九〕師古曰：交戟，謂宿衛者。

〔一〇〕師古曰：重音直用反。

自古明聖，未有無誅而治者也，故舜有四放之罰，〔一〕而孔子有兩觀之誅，〔二〕然後聖化可得而行也。今以陛下明知，誠深思天地之心，跡察兩觀之誅，〔三〕覽否泰之卦，觀雨雪之詩，歷周、唐之所進以爲法，原秦、魯之所消以爲戒，〔四〕考祥應之福，省災異之禍，以揆當世之變，〔五〕

放遠佞邪之黨，壞散險詖之聚，〔六〕杜閉羣枉之門，廣開衆正之路，〔七〕決斷狐疑，分別猶豫，使是非炳然可知，則百異消滅，而衆祥竝至，太平之基，萬世之利也。

〔一〕師古曰：謂流共工于幽州，放驩兜于崇山，竄三苗于三危，殛鯀于羽山也。

〔二〕應劭曰：少正卯姦人之雄，故孔子攝司寇七日，誅之於兩觀之下。師古曰：兩觀，謂闕也。【補注】葉德輝曰：說苑指武篇云「孔子爲魯司寇七日，誅少正卯于東觀之下」。

〔三〕師古曰：尋其餘跡而察之。

〔四〕師古曰：歷謂歷觀之，原謂思其本也。

〔五〕師古曰：省，視也。揆，度也。

〔六〕師古曰：險言曰詖，音彼義反。

〔七〕師古曰：杜，塞也。【補注】先謙曰：官本注在「門」字下。

臣幸得託肺附，〔一〕誠見陰陽不調，不敢不通所聞。〔二〕竊推春秋災異，以効今事一一，條其所以，〔三〕不宜宣泄。臣謹重封昧死上。

〔一〕師古曰：舊解云「肺附謂肝肺相附著」，猶言心膂也。一說「肺謂斫木之肺札也，自言於帝室猶肺札附於大材木也」。【補注】王念孫曰：一說近之。然既言附，又言託，則語意重出。余謂肺、附皆謂木皮也。說文「朴，木皮也」，柿削木札朴也，作肺者，假借字耳。後書方術傳「風吹削肺」是也。今本「肺」誤作「脯」，顏氏家訓已辯之。小雅角弓箋「附，木桴也」。正義「桴謂木表之麤皮也」。桴、附、朴聲竝相近，肺、附，語之轉耳。言已爲帝室微末之親，如木皮之託於木也。下文云「臣幸得託末屬」，是其證矣。田蚡傳「蚡以肺附爲相」，中山靖王傳「得蒙肺附」，衞青傳「青幸得以肺附待罪行間」，宣元六王傳「博幸得肺附」，師丹傳「肺附何患不富貴」，王莽傳「伏自惟念得託肺附」，史記惠景間侯者表序「諸侯子弟若肺附」，今本「附」作「腑」，因「肺」字而誤。凡「肺附」字作「肺腑」者皆誤。古書藏府字亦無作「腑」者。後書盧芳傳「以肺腑之故」，太玄「親，次八日肺附乾鏃，其幹已良」，義竝同也。若以肺爲肺肝之肺，則義不可通。

〔二〕【補注】王念孫曰：通猶道也，謂道其所聞也。夏侯勝傳：「上謂勝曰『先生通正言，無懲前事』。」師古彼注，通謂陳道之也。

〔三〕師古曰：以，由也。【補注】先謙曰：官本「効」作「救」。引宋祁曰：浙本「救」作「效」。

恭、顯見其書，愈與許、史比而怨更生等。〔一〕堪性公方，自見孤立，遂直道而不曲。是歲夏寒，日青無光，恭、顯及許、史皆言堪、猛用事之咎。上內重堪，又患衆口之寖潤，無所取信。時長安令楊興以材能幸，〔二〕常稱譽堪。上欲以爲助，乃見問興：「朝臣齗齗不可光禄勳何也？」〔三〕興者傾巧士，謂上疑堪，因順指曰：「堪非獨不可於朝廷，自州里亦不可也。〔四〕臣見衆人聞堪前與劉更生等謀毁骨肉，以爲當誅，故臣前言堪不可誅傷，爲國養恩也。」上曰：「然此何罪而誅？今宜奈何？」興曰：「臣愚以爲可賜爵關內侯，食邑三百户，勿令典事。明主不失師傅之恩，此最策之得者也。」上於是疑。會城門校尉諸葛豐亦言堪、猛短，上(言)〔因〕發怒免豐。語在其傳。又曰：「豐言堪、猛貞信不立，朕閔而不治，又惜其材能未有所効，其左遷堪爲河東太守，猛槐里令。」

〔一〕師古曰：比音頻寐反。

〔二〕【補注】朱一新曰：興又見賈捐之傳。

〔三〕師古曰：齗齗，忿嫉之意也。齗音牛斤反。【補注】葉德輝曰：閩本、德藩本「也」作「耶」。先謙曰：官本作「邪」。

〔四〕【補注】先謙曰：胡注：「周禮『五黨爲州，五家爲鄰，五鄰爲里』。漢人謂同州鄉而居者爲州里。」

顯等專權日甚。後三歲餘，孝宣廟闕災，其晦，日有蝕之。於是上召諸前言日變在堪、猛者責問，皆稽首謝。乃因下詔曰：「河東太守堪，先帝賢之，命而傅朕。資質淑茂，道術通明，〔一〕論議正直，秉心有常，發憤悃愊，〔二〕信有憂國之心。以不能阿尊事貴，孤特寡助，抑厭遂退，〔三〕卒不克明。〔四〕往者衆臣見異，〔五〕不務自修，深惟其故，而反晻昧説天，託咎此人，〔六〕朕不得已，〔七〕出而試之，以彰其材。堪出之後，大變仍臻，衆亦嘿然。堪治未期年，而三老官屬有識之士詠頌其美，使者過郡，靡人不稱。〔八〕此固足以彰先帝之知人，而朕有以自明也。俗人乃造端作基，非議詆欺，〔九〕或引幽隱，非所宜明，意疑以類，欲以陷之，朕亦不取也。朕迫于俗，不得專心，乃者天著大異，朕甚懼焉。今堪年衰歲暮，恐不得自信，〔一〇〕排於異人，將安究之哉？〔一一〕其徵堪詣行在所。」拜爲光禄大夫，秩中二千石，領尚書事。猛復爲太中大夫、給事中。顯幹尚書，〔一二〕尚書五人，皆其黨也。堪希得見，常因顯白事，事決顯口。會堪疾瘖，不能言而卒。〔一三〕顯誣譖猛，令自殺於公車。更生傷之，乃著疾讒、擿要、救危及世頌，凡八篇，〔一四〕依興古事，悼己及同類也。〔一五〕遂廢十餘年。

〔一〕師古曰：淑，善也。茂，美也。【補注】先謙曰：官本注在上句下。

〔二〕張晏曰：悃，誠也。愊，緻密也。師古曰：悃愊，至誠也。悃音口本反。愊音平力反。
〔三〕師古曰：厭音一甲反，謂不伸也。
〔四〕師古曰：卒，終也。克，能也。
〔五〕師古曰：異，災異也。
〔六〕師古曰：晻，不明也，讀與暗同，又音烏感反。
〔七〕師古曰：已，止也。
〔八〕師古曰：靡，無也。
〔九〕師古曰：詆，毀也，音丁禮反。
〔一〇〕師古曰：信讀曰伸。
〔一一〕師古曰：究，竟也，明也。
〔一二〕師古曰：斡與管同，言管主其事。【補注】先謙曰：官本「書」下有「事」字。據注文，官本是也。此脱。
〔一三〕師古曰：瘖音於今反。
〔一四〕師古曰：擿謂指發之也，音吐歷反。
〔一五〕師古曰：興謂比喻也，音許證反。

成帝即位，顯等伏辜，更生乃復進用，更名向。向以故九卿召拜爲中郎，使領護三輔都水。〔一〕數奏封事，遷光禄大夫。是時帝元舅陽平侯王鳳爲大將軍秉政，倚太后，專國權，〔二〕兄弟七人皆封爲列侯。時數有大異，向以爲外戚貴盛，鳳兄弟用事之咎。而上方精於詩書，觀古文，〔三〕詔向領校中五經祕書。〔四〕向見尚書洪範，箕子爲武王陳五行陰陽休咎之應。〔五〕

向乃集合上古以來歷春秋六國至秦漢符瑞災異之記，推跡行事，連傳禍福，著其占驗，比類相從，各有條目，凡十一篇，號曰洪範五行傳論，奏之。天子心知向忠精，故爲鳳兄弟起此論也，然終不能奪王氏權。

〔一〕蘇林曰：三輔多溉灌渠，悉主之，故言都水。

〔二〕師古曰：倚音於綺反。

〔三〕【補注】宋祁曰：浙本「觀」字下有「覽」字。

〔四〕師古曰：言中者以別於外。

〔五〕師古曰：休，美也，音許求反。它皆類此。

久之，營起昌陵，數年不成，復還歸延陵，制度泰奢。〔一〕向上疏諫曰：

〔一〕【補注】先謙曰：成帝以渭城延陵亭部爲初陵，在建始二年；以新豐戲鄉爲昌陵縣，在鴻嘉元年；罷昌陵反故陵，在永始元年。反故陵，即此傳所云「復還歸延陵」也。反故陵後，制度仍奢，故向上此疏。末云「初陵之橅宜從公卿大臣之議」，明向此疏諫延陵制度之奢，非諫昌陵也。谷永傳云「五年不成，而後反故。又廣盱營表，發人冢墓，斷截骸骨，暴揚尸柩。百姓財竭力盡，愁恨感天」。又云「且寢初陵之作，止諸營繕宮室」。與向此時進諫事可互證。漢紀、通鑑並載此疏於永始元年罷昌陵之前，以爲向諫昌陵，誤矣。

臣聞易曰：「安不忘危，存不忘亡，是以身安而國家可保也。」〔一〕故賢聖之君，博觀終始，窮極事情，而是非分明。王者必通三統，〔二〕明天命所授者博，非獨一姓也。孔子論詩，至於「殷士膚敏，祼將于京」，〔三〕喟然歎曰：〔四〕「大哉天命！善不可不傳于子孫，是以富貴無常；不如是，則王公其何以戒慎，民萌何以勸勉？」〔五〕蓋傷微子之事周，而痛殷之亡也。雖有堯舜之聖，不能化丹朱之子；〔六〕雖有禹湯之德，不能訓末孫之桀紂。自古及今，未有不亡之國也。昔高皇帝既滅秦，將都雒陽，感寤劉敬之言，自以德不及周，而賢於秦，〔七〕遂徙都關中，依周之德，因秦之阻。世之長短，以德爲效，〔八〕故常戰栗，不敢諱亡。孔子所謂「富貴無常」，蓋謂此也。

〔一〕師古曰：易下繫之辭。

〔二〕應劭曰：二王之後，與己爲三統也。孟康曰：天地人之始也。張晏曰：一曰天統，爲周十一月建子爲正，天始施之端也。二曰地統，謂殷以十二月建丑爲正，地始化之端也。三曰人統，謂夏以十三月建寅爲正，人始成之端也。師古曰：二家之説皆不備也。言王者象天地人之三統，故存三代也。【補注】先謙曰：官本「爲周」作「謂周」。字同。「二家」作「諸家」，是。

〔三〕師古曰：此大雅文王之篇。殷士，殷之卿士也。膚，美也。敏，疾也。祼，灌鬯也。將，行也。京，周京也。言殷之臣有美德而敏疾，乃來助祭于周行祼鬯之事，是天命無常，歸於有德。

〔四〕師古曰：喟然，歎息貌，音丘位反。

〔五〕師古曰：萌與甿同，無知之貌。【補注】宋祁曰：浙本注文「同」下有「甿甿」二字。

〔六〕【補注】劉攽曰：「雖有堯舜之聖，不能化丹朱之子」。既言堯舜，豈可不言商均？明脱此二字。

〔七〕【補注】沈欽韓曰：説苑至公篇「昔周成王之卜居成周也，其命龜曰：子一人，兼有天下，辟就百姓，敢無中土乎？使予有罪，則四方伐之，無難得也」。淮南氾論：「武王克殷，欲築宮於五行之山。注：今太行山。周公曰：『不可。

夫五行之山，固塞險阻之地也，使我有暴亂之行，則天下之伐我難矣』。」案周欲子孫以德久長，故不使馮恃險阻。漢德不及周，故即關中之險也。

〔八〕師古曰：効謂徵驗也。

孝文皇帝居霸陵，北臨廁，〔一〕意悽愴悲懷，顧謂羣臣曰：「嗟乎！以北山石爲槨，用紵絮斮陳漆其間，〔二〕豈可動哉！」張釋之進曰：「使其中有可欲，雖錮南山猶有隙；使其中無可欲，雖無石槨，又何慼焉？」〔三〕夫死者無終極，而國家有廢興，故釋之之言，爲無窮計也。孝文寤焉，遂薄葬，不起山墳。

〔一〕服虔曰：廁，側近水也。李奇曰：霸陵山北頭廁近霸水，帝登其上以遠望也。【補注】宋祁曰：水經「韋昭曰『高岸夾水爲廁』」，今斯原夾二水也」。

〔二〕應劭曰：斮，斬也。陳，施也。孟康曰：斮絮以漆著其間也。師古曰：美石出京師北山，今宜州石是也。故云「以北山石爲槨」。紵絮者，可以紵衣之絮也。斮而陳其間，又從而漆之也。紵音張呂反。斮音側略反。

〔三〕師古曰：有可欲，謂多臧金玉而厚葬之，人皆欲發取之，是有間隙也。無可欲，謂不賨器衞而薄葬，人無欲攻掘取之，故無憂慼也。錮謂鑄塞也。云「錮南山」者，取其深大，假爲喻也。錮音固。【補注】先謙曰：官本「衞」作「備」，「假」下有「以」字。

易曰：「古之葬者，厚衣之以薪，臧之中野，不封不樹。〔一〕後世聖人易之以棺槨。」棺槨之作，自黄帝始。黄帝葬於橋山，〔二〕堯葬濟陰，〔三〕丘壠皆小，葬具甚微。〔四〕舜葬蒼梧，二妃不從。〔五〕禹葬會稽，不改其列。〔六〕殷湯無葬處。〔七〕文、武、周公葬於畢，〔八〕秦穆公葬於雍橐泉宫祈年館下，〔九〕樗里子葬於武庫，〔一〇〕皆無丘壠之處。此聖帝明王賢君智士遠覽獨慮無窮之計也。其賢臣孝子亦承命順意而薄葬之，此誠奉安君父，忠孝之至也。

〔一〕師古曰：厚衣之以薪，言積薪以覆之也。不封，謂不聚土爲墳也。不樹，謂不種樹也。衣音於既反。

〔二〕師古曰：在上郡陽周縣。【補注】沈欽韓曰：一統志「子午山在慶陽府合水縣東，及寧州真寧縣東，即橋山也」。據水經注「古陽周在走馬水北」，應在今延安府安定縣北界。真寧之陽周，乃後魏僑置，非故縣也。橋山黄帝陵，皆當據水經注改入延安府。

〔三〕【補注】沈欽韓曰：一統志「唐堯陵在曹州府菏澤縣東北五十里舊雷澤城西，與濮州接界」。

〔四〕晉灼曰：丘壠，冢墳也。【補注】葉德輝曰：史記五帝紀集解引劉向曰「堯葬濟陰，丘壠山涉此，丘壠皆小」。誤也。

〔五〕師古曰：二妃，堯之二女。【補注】葉德輝曰：禮記作「三妃」，當依此訂。

〔六〕鄭氏曰：不改樹木百物之列也。如淳曰：列，隴也。墨子曰「禹葬會稽之山，既葬，收餘壤其上，隴若參耕之畝，則止矣」。晉灼曰：列，肆也。淮南子云「舜葬蒼梧，不變其肆」，言不煩於民也。師古曰：鄭説是也。淮南所云「不變其肆」，肆者故也，言山川田畝皆如故耳，非別義也。晉氏失之。【補注】沈欽韓曰：吕覽安死篇「舜葬於紀市，不變其肆」，明以肆爲市肆矣。顏説非。

〔七〕師古曰：謂不見傳記也。【補注】宋祁曰：杜預曰「梁國蒙縣有亳城，城中有湯冢，其西又有伊尹冢」。案，蒙爲北亳，即景。亳，湯受命之地。皇覽曰「湯冢在濟陰亳縣北東郭，去縣三里。冢四方，方各十步。高七尺，上平，處平地。漢哀帝建平元年，大司空御史長卿案行水災，因行湯冢」。寰宇記云「劉向言湯無葬處，蓋不知其處也」。沈欽韓曰：汳水注「崔駰曰『湯冢在濟陰薄縣北』。（續志薄屬梁國。）皇覽曰『薄城郭東三里平地有湯冢』。杜預曰『梁國蒙縣北有薄伐城，城中有殷湯冢』。今城内有故冢方墳，疑即所謂湯冢者，而世謂之王子喬冢」。案湯冢，酈氏亦不能決，故謂無葬處。

〔八〕李奇曰：在岐州之間。臣瓚曰：汲郡古文「畢西於豐三十里」。師古曰：二説皆非也。畢陌在長安西北四十里也。【補注】宋祁曰：注文「岐州」當作「岐周」。沈欽韓曰：元和志「畢原即咸陽縣所理也。原南北數十里，東西二三百里，無山川陂湖，井深數十丈，亦謂之畢陌。周公墓在縣北十三里」。一統志「文王、武王陵俱在咸陽縣北十五里。文王陵在南，武王陵在北」。案畢有二，故文、武、周公葬處説亦互異。元和志云：「畢原在京兆萬年縣西南二十八里。書云『周公薨，成王葬于畢』。」其説已兩歧。括地志「文王、武王墓在萬年縣西南二十八里畢原上」，然周時畢原應在長安之西，近酆宮，似當以在咸陽者爲是。

〔九〕【補注】沈欽韓曰：括地志「秦穆公冢在雍縣東南二里」。一統志「蘄年宮在鳳翔府南，即秦橐泉宮」。

〔一〇〕文穎曰：秦惠王異母弟也。師古曰：樗里子且死，曰：「葬我必於渭南章臺東，後百年當有天子宮夾我墓。」及漢興，長樂宮在其東，未央宮在其西，武庫正直其上也。【補注】沈欽韓曰：長安志「樗里子墓在長安縣東北長安故城中。長安故城在縣西北十三里」。

夫周公，武王弟也，葬兄甚微。孔子葬母於防，〔一〕稱古墓而不墳，〔二〕曰：「丘，東西南北之人也，不可不識也。」〔三〕爲四尺墳，〔四〕遇雨而崩。弟子修之，以告孔子，孔子流涕曰：「吾聞之，古不修墓。」蓋非之也。〔五〕延陵季子適齊而反，其子死，葬於嬴、博之間，〔六〕穿不及泉，斂以時服，封墳掩坎，其高可隱，〔七〕而號曰：〔八〕「骨肉歸復於土，命也，魂氣則無不之也。」夫嬴、博去吴千有餘里，季子不歸葬。孔子往觀曰：「延陵季子於禮合矣。」〔九〕故仲尼孝子，而延陵慈父，舜禹忠臣，周公弟弟，〔一〇〕其葬君親骨肉，皆微薄矣，非苟爲儉，誠便於體也。〔一一〕宋桓司馬爲石槨，仲尼曰：「不如速朽。」〔一二〕秦相呂不韋集知略之士而造春秋，亦言薄葬之義，皆明於事情者也。〔一三〕

〔一〕師古曰：防，魯邑名也。音扶方反。【補注】宋祁曰：正文、注文「防」當作「坊」。先謙曰：宋説不可解，疑所見本作「坊」。云當作「防」，後人轉寫倒誤耳。

〔二〕師古曰：墓謂壙穴也。墳謂積土也。

〔三〕師古曰：東西南北，言周遊以行，其道不得專在本邦，故墓須表識。音式志反。【補注】先謙曰：官本注「識」下更有識字。引宋祁曰：注文「識」字下當更有「識」字。

〔四〕【補注】沈欽韓曰：叔梁紇之葬，以墓而不墳，故合葬時不知柩之所在，孔子感之，故既葬其母，因封識之。不欲以隱情易故規，乃託言東西南北之人耳。

〔五〕師古曰：事見禮記。【補注】葉德輝曰：閩本、德藩本「古」下有「者」字。先謙曰：官本有「者」字。

〔六〕師古曰：二邑竝在泰山，其子死於其間。

〔七〕孟康曰：隱蔽之，才可見而已。臣瓚曰：謂人立可隱肘也。師古曰：瓚説是也。隱音於靳反。【補注】王文彬曰：禮記鄭注「隱，據也」。封可手據，謂高四尺所。

〔八〕師古曰：號謂哭而且言也。【補注】沈欽韓曰：號是復之聲。士喪禮「皋某復」，注「皋，長聲也」。樂師「詔來瞽皋舞」，注「皋之言號也」。喪大記「小臣復，北面三號」。足明皋、號字同爲招魂復魄也。雜記「大夫士死於道，則升其乘車之左轂，以其綏復」，則道死有復也。但彼是載尸歸而復，季札葬而復，爲禮之變耳。觀下「魂氣無不之」，則「號」爲「復」明矣。

〔九〕師古曰：事亦見禮記。

〔一〇〕師古曰：弟弟者，言弟能順理也。上弟音徒計反。
〔一一〕【補注】宋祁曰：浙本「體」作「禮」。先謙曰：作「體」是。通鑑作「體」，漢紀作「禮」。蓋舊本不同。
〔一二〕李奇曰：宋桓魋爲石槨，奢泰，故激以此言。
〔一三〕【補注】先謙曰：官本無「情」字。引宋祁曰：別本「事」字下有「情」字。

逮至吳王闔閭，違禮厚葬，十有餘年，越人發之。及秦惠文、武、昭、嚴襄五王，〔一〕皆大作丘隴，多其瘞臧，〔二〕咸盡發掘暴露，甚足悲也。秦始皇帝葬於驪山之阿，〔三〕下錮三泉，上崇山墳，其高五十餘丈，周回五里有餘；石槨爲游館，〔四〕人膏爲燈燭，〔五〕水銀爲江海，黃金爲鳧雁。珍寶之臧，機械之變，〔六〕棺槨之麗，宮館之盛，不可勝原。〔七〕又多殺宮人，生薶工匠，計以萬數。天下苦其役而反之，〔八〕驪山之作未成，而周章百萬之師至其下矣。〔九〕項籍燔其宮室營宇，往者咸見發掘。〔一〇〕其後牧兒亡羊，羊入其鑿，〔一一〕牧者持火照求羊，失火燒其臧槨。自古至今，葬未有盛如始皇者也，數年之間，外被項籍之災，内離牧豎之禍，〔一二〕豈不哀哉！

〔一〕師古曰：嚴襄者，謂莊襄，則始皇父也。【補注】錢大昕曰：惠文，一也；武，二也；昭，三也；嚴襄即莊襄，四也。此云五王者，蓋昭王之後尚有孝文王，傳脱孝文二字耳。先謙曰：官本注文無「則」字。
〔二〕師古曰：瘞，埋也，音于例反。
〔三〕師古曰：阿謂山曲也。
〔四〕李奇曰：壙中爲遊戲之觀也。師古曰：多累石作槨於壙中，以爲離宮別館也。【補注】先謙曰：官本注「觀」作

「館」，下無「也」字。

〔五〕【補注】宋祁曰：史記作「人魚膏」。

〔六〕孟康曰：作機發木人之屬，盡其巧變也。晉灼曰：始皇本紀「令匠作機弩矢，有所穿近，輒射之」。又言「工匠爲機，咸皆知之，已下，閉羨門，皆殺工匠也」。師古曰：晉説是也。【補注】王文彬曰：據下又有「生薶工匠」之文，則此不得從晉説，當以孟爲是。如禮云「公輸般請以機封」之類是也。

〔七〕師古曰：言不能盡其本數。【補注】王念孫曰：師古以原爲本數，非也。原者量也，度也。言其麗與盛不可勝量也。廣雅「量源度也」，源與原古字通。宋玉神女賦志「未可乎得原」，韓子主道篇「掩其跡，匿其端，下不能原」，列女傳頌義小序云「原度天道，禍福所移」，皆其證也。王莽傳「功亡原者賞不限」，原亦量也。有無量之功，故有不限之賞。淮南本經篇「贏縮卷舒，淪於不測，終始虛滿，轉於無原」。無原，亦謂無量也。師古曰「無原謂不可測其本原」，亦失之。齊策高注「度，計也」，計與度同義，故計亦謂之原。東方朔傳「其山出玉石，金、銀、銅、鐵，豫章、檀、柘，異類之物，不可勝原」，謂不可勝計也。師古曰「原，本也，言説不能盡其根本」，亦失之。

〔八〕【補注】錢大昭曰：役，古文役字，見説文。先謙曰：官本作「役」。

〔九〕師古曰：周章，陳勝之將。【補注】先謙曰：周章即周文。陳勝傳「周文西擊秦，行收兵至關，卒十萬」，無百萬也。説詳勝傳。

〔一〇〕師古曰：言至其墓所者發掘之而求財物也。【補注】宋祁曰：浙本注文「發」字上有「皆」字。

〔一一〕師古曰：鑿謂所穿冢臧者，音在到反。【補注】錢大昕曰：鑿猶隧也，隧、鑿聲相近。

〔一二〕師古曰：離，遭也。

是故德彌厚者葬彌薄，知愈深者葬愈微。無德寡知，其葬愈厚，〔一三〕丘隴彌高，宮廟甚麗，發掘必速。由是觀之，明暗之效，葬之吉凶，昭然可見矣。周德既衰而奢侈，宣王賢而中興，更爲儉宮室，小寢廟。詩人美之，斯干之詩是也，〔二〕上章道宮室之如制，下章言子孫之衆多也。〔三〕及魯嚴公〔四〕刻飾宗廟，多築臺囿，〔五〕後嗣再絶，〔六〕春秋刺焉。周宣如彼而昌，魯、秦如此而絶，是則奢儉之得失也。

〔一〕【補注】先謙曰：胡注「知讀曰智」。

〔二〕師古曰：小雅篇名，美宣王考室。其首章曰「秩秩斯干」。秩秩，流行也。干，澗也。喻宣王之德如澗水源，秩秩流出，無極已也。

〔三〕師古曰：宮室如制，謂「殖殖其廷，有覺其楹，君子攸寧」也。子孫衆多，謂「維熊維羆，男子之祥；維虺維蛇，女子之祥」也。【補注】沈欽韓曰：成帝無嗣，故言此示勸戒。

〔四〕師古曰：即莊公也。

〔五〕師古曰：解在五行志。

〔六〕孟康曰：謂子般、閔公皆殺死也。

陛下即位，躬親節儉，始營初陵，其制約小，天下莫不稱賢明。及徙昌陵，增埤爲高，〔一〕積土爲山，發民墳墓，積以萬數，營起邑居，期日迫卒，〔二〕功費大萬百餘。〔三〕死者恨於下，生者愁於上，怨氣感動陰陽，因之以饑饉，物故流離以十萬數，〔四〕臣甚惽焉。〔五〕以死者爲有知，發人之墓，其害多矣；若其無知，又安用大？〔六〕謀之賢知則不悅，以示衆庶則苦之；〔七〕若苟以説愚夫淫侈之人，又何爲哉！陛下慈仁篤美甚厚，〔八〕聰明疏達蓋世，宜弘漢家之德，崇劉氏之美，〔九〕光昭五帝、三王，而顧與暴秦亂君競爲奢侈，比方丘隴，〔一〇〕説愚夫之目，隆一時之觀，違賢知之心，亡萬世之安，臣竊爲陛下羞之。唯陛下上覽明聖黄帝、堯、舜、禹、湯、文、武、周公、仲尼之制，下觀賢知穆公、延陵、樗里、張釋之之意。孝文皇帝去墳薄葬，以儉安神，可以爲則；秦昭、始皇增山厚臧，以侈生害，足以爲戒。〔一一〕初陵之橅，宜從公卿大臣之議，〔一二〕以息衆庶。

〔一〕師古曰：埤，下也，音婢。

〔二〕師古曰：卒讀曰猝。

〔三〕應劭曰：大萬，億也。大，巨也。

〔四〕師古曰：物故，謂死也。流離，謂亡其居處也。

〔五〕師古曰：惛謂不了，言惑於此事也。惛音昏。一曰，惛，古閔字，憂病也。【補注】先謙曰：胡注當從後説。案漢紀作「愍」。閔、愍、惛字通。

〔六〕師古曰：安，焉也。【補注】葉德輝曰：閩本無注。先謙曰：官本無注。

〔七〕師古曰：説讀曰悦。其下亦同。

〔八〕【補注】先謙曰：官本慈、仁倒。

〔九〕【補注】葉德輝曰：漢紀「美」作「業」。

〔一〇〕師古曰：顧猶反也。【補注】先謙曰：官本注在「亂君」下。

〔一一〕【補注】先謙曰：上文言秦國五王，此不應獨稱秦昭。疑「昭」字衍。

〔一二〕應劭曰：橅音規摹之摹。師古曰：謂規度墓地，應音是也。韋玄成傳及蕭望之傳「規」、「橅」音議皆同。其字從木。【補注】沈欽韓曰：方言「所以墓謂之墲」。注謂「規度墓地」也，引此「初陵之墲」，則字當從土，作「橅」非。先謙曰：官本注在「初陵之橅」下。「議」作「義」是。

書奏，上甚感向言，而不能從其計。

向睹俗彌奢淫，而趙、衛之屬起微賤，踰禮制。〔一〕向以爲王教由内及外，自近者始。故採取詩書所載賢妃貞婦，興國顯家可法則，及孽嬖亂亡者，〔二〕序次爲列女傳，凡八篇，〔三〕以戒天子。及采傳記行事，著新序、説苑凡五十篇〔四〕奏之。數上疏言得失，陳法戒。書數十上，以助觀覽，補遺闕。上雖不能盡用，然内嘉其言，常嗟歎之。

〔一〕師古曰：趙皇后、昭儀、衛婕（好）〔妤〕也。

〔二〕師古曰：孽，庶也。嬖，愛也。嬖音必計反。

〔三〕【補注】先謙曰：曾鞏云「傳稱八篇。而隋書及崇文總目稱『十五篇曹大家注』，非向書本然也」。

〔四〕【補注】沈欽韓曰：新序三十篇，説苑二十篇。案，説苑本有劉向奏上言所校中書説苑雜事，及臣向書民間書校讎，其事類衆多，章句相溷，除去復重，更造新事。則此二書舊本有之，向重爲訂正，非刱自其手也。

時上無繼嗣，政由王氏出，災異孽甚。〔一〕向雅奇陳湯智謀，與相親友，獨謂湯曰：「災異如此，而外家日甚，〔二〕其漸必危劉氏。吾幸得同姓末屬，絫世蒙漢厚恩，〔三〕身爲宗室遺老，歷事三主。上以我先帝舊臣，每進見常加優禮，吾而不言，孰當言者？」〔四〕向遂上封事極諫曰：

〔一〕師古曰：浸，漸也。【補注】先謙曰：官本注「漸」作「甚」。
〔二〕【補注】先謙曰：官本作「日盛」，是。
〔三〕師古曰：絫，古累字。
〔四〕師古曰：孰，誰也。

臣聞人君莫不欲安，然而常危，莫不欲存，然而常亡，失御臣之術也。夫大臣操權柄，持國政，〔一〕未有不爲害者也。昔晉有六卿，〔二〕齊有田、崔，衛有孫、甯，魯有季、孟，常掌國事，世執朝柄。終後田氏取齊，六卿分晉，崔杼弒其君光，孫林父、甯殖出其君衎，弒其君剽，〔三〕季氏八佾舞於庭，三家者以雍徹，〔四〕竝專國政，卒逐昭公。周大夫尹氏筦朝事，〔五〕濁亂王室，子朝、子猛更立，連年乃定。〔六〕故經曰「王室亂」，又曰「尹氏殺王子克」，甚之也。〔七〕春秋舉成敗，録禍福，如此類甚衆，皆陰盛而陽微，下失臣道之所致也。故書曰：「臣之有作威作福，害于而家，凶于而國。」〔八〕孔子曰：「禄去公室，政逮大夫」，危亡之兆。〔九〕秦昭王舅穰侯及涇陽、葉陽君〔一〇〕專國擅執，上假太后之威，三人者權重於昭王，家富於秦國，國甚危殆，賴寤范睢之言，而秦復存。二世委任趙高，專權自恣，壅蔽大臣，終有閻樂望夷之禍，〔一一〕秦遂以亡。近事不遠，即漢所代也。

〔一〕師古曰：操，執也。音千高反。
〔二〕應劭曰：智伯、范、中行、韓、魏、趙也。

〔三〕師古曰：衎音口旦反。剽音匹照反。解在五行志。【補注】劉奉世曰：孫林父、甯殖子，謂弑其君剽乃甯喜也。先謙曰：官本注「照」作「昭」。

〔四〕師古曰：佾，列也，謂舞者之行列也。八人一佾，八佾，六十四人也。雍，樂詩名，徹饌奏之。皆僭王者之禮。

〔五〕師古曰：筦與管同。

〔六〕師古曰：更音工衡反。解竝在五行志。【補注】先謙曰：官本無「竝」字。

〔七〕師古曰：言其惡大甚也。【補注】劉敞曰：今經文不見「殺王子克」，但有「立王子朝」。

〔八〕師古曰：周書洪範也。而，汝也。言唯君得作威作福，臣下爲之，則致凶害也。

〔九〕李奇曰：卿當爲政，而反大夫爲政也。臣瓚曰：政不由君，下及大夫也。上大夫即卿也。師古曰：瓚説是也。論語孔子曰「禄去公室五君矣，政逮於大夫四君矣，故三桓之子孫微矣」。【補注】先謙曰：顔注避諱，改「世」爲「君」。

〔一〇〕鄭氏曰：皆昭王母之弟也。師古曰：穰侯，魏冉也。涇陽、葉陽，皆其弟也。葉音式涉反。【補注】先謙曰：官本注「母之弟」作「之母弟」。

〔一一〕鄭氏曰：望夷，秦宮名也。應劭曰：秦二世齋於望夷之宮，閻樂以兵殺二世也。師古曰：博物志云「宮在長陵西北，長平觀道東，臨涇水，作之以望北夷」。此説非也。胡亥葬於宜春苑，苑不在渭北也。【補注】劉奉世曰：師古但舉胡亥葬處，不知望夷所在也。且何以知望夷之不在渭北耶？二世以涇爲祟，齋而欲祠涇，則疑在渭北矣。然夷云者，平也。葉德輝曰：秦本紀集解引張晏及黄圖説，與博物志同。師古以胡亥葬處駁之，豈有死葬同一處者耶？據黄圖云「在涇陽縣界」，則宮在渭北無疑矣。

漢興，諸呂無道，擅相尊王。呂産、呂禄席太后之寵，據將相之位，〔一〕兼南北軍之衆，擁梁、趙王之尊，驕盈無厭，欲危劉氏。賴忠正大臣絳侯、朱虚侯等竭誠盡節以誅滅之，然後劉氏復安。今王氏一姓乘朱輪華轂者二十三人，青紫貂蟬充盈幄内，魚鱗左右。〔二〕大將軍秉事用權，五侯驕奢僭盛，竝作威福，擊斷自恣，行汙而寄治，身私而託公，〔三〕依東宫之尊，假甥舅之親，以爲威重。〔四〕尚書九卿州牧郡守皆出其門，〔五〕筦執樞機，朋黨比周。稱譽者登進，忤恨者誅傷；〔六〕游談者助之説，執政者爲之言。排擯宗室，孤弱公族，其有智能者，尤非毁而不進。遠絶宗室之任，不令得給事朝省，恐其與己分權；數稱燕王、蓋主以疑上心，〔七〕避諱吕、霍而弗肯稱。〔八〕内有管、蔡之萌，外假周公之論，兄弟據重，宗族磐互。〔九〕歷上古至秦漢，外戚僭貴未有如王氏者也。雖周皇甫、秦穰侯、漢武安、吕、霍、上官之屬，皆不及也。〔一〇〕

〔一〕師古曰：席猶因也，言若人之坐於席也。【補注】先謙曰：官本注在「寵」字下。

〔二〕師古曰：言在帝之左右，相次若魚鱗也。【補注】先謙曰：漢制：列侯紫綬，二千石青綬，侍中常侍皆銀璫左貂金附蟬。

〔三〕師古曰：寄，託也。内爲汙私之行，而外託治公之道也。

〔四〕師古曰：東宫，太后所居也。【補注】先謙曰：胡注「漢制太后率居長樂宫，在未央宫東，故曰東宫」。先謙案，官本注在「依東宫之尊」下。

〔五〕師古曰：言爲其僚吏者皆居顯要之職。

〔六〕【補注】王念孫曰：恨讀爲很。忤，逆也。很，違也。謂與王鳳相違逆，非謂相怨恨也。吴語「今王將很天而伐齊」。韋注「很，違也」。説文「很，不聽從也」。一曰「盭也，盭亦違也」。「盭」通作「戾」。鄭注大學云「違猶戾也」。齊策「秦使魏冄致帝於齊。蘇代謂齊王曰『今不聽，是恨秦也』。」恨秦即違秦，是很與恨通也。又李廣傳「李敢怨大將軍青之恨其父」，恨亦讀爲很。很，違也，謂廣欲居前部以當單于而青不聽也。又龔勝傳「夏侯常連恨勝」，恨亦讀爲很。很者，相爭勝也，謂常屢與勝相爭訟也。上文曰「勝以手推常，曰：去」！又曰「常恚，謂勝曰：君欲小與衆異，外以采名，君乃申徒狄屬耳」。下文云「御史中丞劾奏勝、常不崇禮義，而居公門下相非恨，讀爲很。疾言辯訟」是也。曲禮「很毋求勝」，鄭注「很，鬩也，謂爭訟也」。小雅常棣篇「兄弟鬩于牆」。毛傳「鬩，很也」。爾雅「鬩，恨也」。孫炎本作「很」，云「相很戾也」。李巡云「相怨恨」失之。辯見經義述聞。作「恨」者，借字耳。又魏相傳「爭恨小故，不忍憤怒者，謂之忿兵」，恨亦讀爲很，謂相爭鬭也。孟子言「好勇鬭很」，是很與爭鬭同義，故以爭、很連文。作恨者，亦借字耳。又匈奴傳「漢邊吏侵侮右賢王，右賢王與漢吏相恨」，恨亦讀爲很，謂相爭鬭也。史記作「與漢吏相距」，義亦同也。又外戚傳：「李夫人病篤，上自臨候之，夫人蒙被謝曰『妾久寢病，形貌毀壞，不可以見帝』。上欲見之，夫人遂轉鄉歔欷而不復言。於是上不說而起。夫人姊妹讓之曰『貴人獨不可一見上，屬託兄弟邪？何爲恨上如此』？」「恨」亦讀爲「很」。很，違也，謂不從上意也。作「恨」者，亦借字耳。晏子雜篇「君歡然與子邑，子必不受以恨君，何也」？新序節士篇「嚴恭承命，不以身恨君」，恨竝與很同。而六傳內「恨」字，師古皆無音。又注李廣傳云「令其父恨而死也」，則是皆讀爲怨恨之恨，而不知其爲「很」之借字矣。

〔七〕師古曰：示宗室親近而反逆也。

〔八〕師古曰：呂后、霍后二家，皆坐僭擅誅滅，故爲王氏諱而不言也。

〔九〕師古曰：磐結而交互也。字或作牙，謂若犬牙相交入之意也。

〔一〇〕師古曰：皇甫，周卿士字也。周后寵之，故處於盛位，權黨於朝，詩人刺之。事見小雅十月之交篇。武安侯田蚡也。

物盛必有非常之變先見，爲其人微象。〔一〕孝昭帝時，冠石立於泰山，〔二〕仆柳起於上林。〔三〕而孝宣帝即位，今王氏先祖墳墓在濟南者，〔四〕其梓柱生枝葉，扶疏上出屋，根函地中，〔五〕雖立石起柳，無以過此之明也。事孰不兩大，王氏與劉氏亦且不竝立，如下有泰山之安，則上有累卵之危。陛下爲人子孫，守持宗廟，而令國祚移於外親，降爲皁隸，〔六〕縱不爲身，奈宗廟何！婦人内夫家，外父母家，此亦非皇太后之福也。〔七〕孝宣皇帝不與舅平昌、樂昌侯權，〔八〕所以全安之也。

〔一〕【補注】宋祁曰：「微」作「徵」。周壽昌曰：易繫辭「幾者，動之微，吉之先見者也」。微象即是此義，似無用改作「徵」。葉德輝曰：漢紀作「微」。先謙曰：通鑑同。胡注言「伏於微而著於象也」。

〔二〕晉灼曰：漢注「冠山石名」。臣瓚曰：冠山下有石自立，三石爲足，一石在上，故曰冠石也。師古曰：事具在眭孟傳。

〔三〕師古曰：其樹已死，僵仆於地，而更起生，事亦具在眭孟傳。

〔四〕【補注】先謙曰：王莽之先，本濟南東平陵人。

〔五〕【補注】先謙曰：官本「函」作「垂」，引宋祁曰：「垂」作「臿」，一作「函」。張照云：案今或作「垂」、作「舌」，而汲古閣本尚作「函」字。王念孫云：通鑑漢紀二十二作「函」。司馬康云「函，測洽切」。胡三省云「字書測洽之臿從千、從臼，與今函字不同。漢書作『根埀地中』。意『函』即『埀』字也」。念孫案，漢書作「埀」，乃「函」字之誤。淮南要略「禹身執虆臿，以爲民先」。今本「臿」誤作「埀」。函即臿之俗體。司馬音及宋校皆是也。梓柱得地氣而復生，故其根臿入地中。地中非空虛之處，不可以言埀，則作「臿」者是也。廣韻「臿」俗作「函」，周官典瑞注「插之於紳帶之間」。釋文「插作臿，初洽反」。胡以「函」爲「埀」字，誤矣。漢紀孝成紀作「根插地中」。插、臿古字通，則漢書作「臿」明矣。又儒林傳「先歐旄頭劍挺墮墜，首埀泥中」。宋祁曰：「埀」字當是「臿」字，亦是也。泥中可言「臿」，不可言「埀」。御覽儀式部一引此正作「臿」，又舊本北堂書鈔儀飾部、御覽禮儀部四、方術部八引此，竝作「插」。

〔六〕師古曰：皁隸，皁賤之人也。春秋左氏傳曰「大夫臣士，士臣皁，皁臣輿，輿臣隸」也。

〔七〕如淳曰：内猶親也，而皇太后反外夫家也。

〔八〕【補注】宋祁曰：舊本無「樂昌」字，浙本有。周壽昌曰：平昌侯王無故，樂昌侯王武。先謙曰：通鑑無「樂昌」，用舊本，然非是。

夫明者起福於無形，銷患於未然。宜發明詔，吐德音，援近宗室，親而納信，〔一〕黜遠外戚，毋授以政，〔二〕皆罷令就弟，以則效先帝之所行，〔三〕厚安外戚，全其宗族，誠東宮之意，外家之福也。王氏永存，保其爵禄，劉氏長安，不失社稷，所以褒睦外内之姓，子子孫孫無疆之計也。如不行此策，田氏復見於今，六卿必起於漢，〔四〕爲後嗣憂，昭昭甚明，不可不深圖，不可不蚤慮。〔五〕易曰：「君不密，則失臣；臣不密，則失身；幾事不密，則害成。」〔六〕唯陛下深留聖思，審固幾密，覽往事之戒，以折中取信，居萬安之實，用保宗廟，久承皇太后，〔七〕天下幸甚。〔八〕

〔一〕師古曰：援，引也，謂升引而附近之也。援音爰。

〔二〕師古曰：遠謂疏而離之也。音于萬反。【補注】先謙曰：官本注「遠」下無「謂」字。

〔三〕【補注】葉德輝曰：弟，德藩本作「第」。先謙曰：官本作「第」。通鑑作「弟」。胡注弟與第同。漢書率作「弟」。

〔四〕師古曰：如，若也。【補注】先謙曰：官本注在「此策」下。

〔五〕師古曰：蚤，古早字。

〔六〕師古曰：上繫之辭也。

〔七〕師古曰：言社稷不安，則帝身亦不得久事皇太后也。

〔八〕【補注】先謙曰：通鑑載此疏於陽朔二年，而前諫昌陵疏載永始元年，以罷陵在是年也。

書奏，天子召見向，歎息悲傷其意，謂曰：「君且休矣，吾將思之。」〔一〕以向爲中壘校尉。

向爲人簡易無威儀，廉靖樂道，不交接世俗，專積思於經術，〔二〕晝誦書傳，夜觀星宿，或不寐達旦。元延中，星孛東井，蜀郡岷山崩雍江。〔三〕向惡此異，語在五行志。懷不能已，復上奏，其辭曰：

〔一〕師古曰：且令出外休息。

〔二〕【補注】王念孫曰：「積思」當爲「精思」，字之誤也。藝文類聚雜文部一、御覽學部十竝引作「專精經術」。北堂書鈔藝文部三、論語序疏竝引作「專精思於經術」。漢紀孝宣紀同。文雖小異，而字皆作精。董仲舒傳「蓋三年不窺園，其精如此」。兒寬傳「帶經而鉏，休息輒讀誦，其精如此」。

〔三〕師古曰：雍讀曰壅。

臣聞帝舜戒伯禹，毋若丹朱敖；〔一〕周公戒成王，毋若殷王紂。〔二〕詩曰「殷監不遠，在夏后之世」，〔三〕亦言湯以桀爲戒也。聖帝明王常以敗亂自戒，不諱廢興，故臣敢極陳其愚，唯陛下留神察焉。

〔一〕師古曰：事見虞書益稷篇。丹朱，堯子也。敖讀曰傲。【補注】劉奉世曰：「毋若丹朱傲」，此禹戒舜之語，非舜戒禹之辭也。王念孫曰：夏本紀「帝曰『毋若丹朱敖，維慢游是好，毋水行舟，朋淫于家，用絶其世，予不能順是』。禹曰『予辛壬娶塗山，癸甲生啓』」云云。論衡問孔篇「尚書曰『毋若丹朱敖，惟慢游是好』，謂帝舜勑禹毋子不肖子也。禹曰『予娶若時，辛壬癸甲，開呱呱而泣，予弗子效己，不敢私不肖子也』。」譴告篇云「舜告禹曰『毋若丹朱敖』。」蓋司馬、劉、王所稱皆今文尚書，故與古文不同。師古不見今文，故不能言其同異，而但云見虞書益稷篇也。若仲馮據今本尚書以駁子政，固無譏焉。

〔二〕師古曰：事見周書亡逸篇。

〔三〕師古曰：大雅蕩之詩。【補注】先謙曰：官本無注。

謹案春秋二百四十二年，日蝕三十六，襄公尤數，率三歲五月有奇而壹食。〔一〕漢興訖竟寧，孝景帝尤數，率三歲一月而一食。臣向前數言日當食，今連三年比食。〔二〕自建始以來，二十歲間而八食，率二歲六月而一發，古今罕有。〔三〕異有小大希稠，占有舒疾緩急，而聖人所以斷疑也。易曰：「觀乎天文，以察時變。」〔四〕昔孔子對魯哀公，竝言夏桀、殷紂暴虐天下，故曆失則攝提失方，孟陬無紀，〔五〕此皆易姓之變也。秦始皇之末至二世時，日月薄食，山陵淪亡，辰星出於四孟，〔六〕太白經天而行，〔七〕無雲而雷，〔八〕枉矢夜光，〔九〕熒惑襲月，〔一〇〕孽火燒宮，〔一一〕野禽戲廷，〔一二〕都門内崩，〔一三〕長人見臨洮，石隕于東郡，星孛大角，大角以亡。〔一四〕觀孔子之言，考暴秦之異，天命信可畏也。及項籍之敗，亦孛大角。漢之入秦，五星聚于東井，得天下之象也。孝惠時，有雨血，日食於衝，滅光星見之異。〔一五〕孝昭時，有泰山臥石自立，上林僵柳復起，大星如月西行，衆星隨之，此爲特異。孝宣興起之表，天狗夾漢而西，〔一六〕久陰不雨者二十餘日，昌邑不終之異也。皆著於漢紀。觀秦漢之易世，覽惠、昭之無後，察昌邑之不終，視孝宣之紹起，天之去就，豈不昭昭然哉！高宗、成王亦有雊雉拔木之變，能思其故，故高宗有百年之福，成王有復風之報。〔一七〕神明之應，應若景嚮，〔一八〕世所同聞也。

〔一〕師古曰：奇謂成數之餘，不滿者也。音居宜反。

〔二〕師古曰：比，頻也。

〔三〕【補注】先謙曰：胡注建始三年十二月戊申朔，河平元年四月癸亥晦，三年八月己卯晦，四年三月癸丑朔，陽朔元年二月丁未晦，永始二年二月乙酉晦，三年正月己卯晦，四年七月辛未晦，凡八食。而是年春正月己亥又不預此數。

〔四〕師古曰：賁象辭也。

〔五〕孟康曰：攝提，星名也。隨斗杓建十二月，曆不正，則失其所建。首時爲孟，正月爲陬。師古曰：陬音子侯反，又音鄒。

〔六〕師古曰：四時之孟月也。當見四仲也。

〔七〕孟康曰：謂出東入西，出西入東也。太白陰星，出東當伏東，出西當伏西。過午爲經天也。

〔八〕張晏曰：雷當託雲，猶君之託臣也。二世不恤天下，人有畔心，象獨號令而無臣也。

〔九〕應劭曰：流星也，其射如矢。虵行不正，故曰枉矢流，以亂伐亂。蘇林曰：有聲爲天狗，無聲爲枉矢也。

〔一〇〕應劭曰：熒惑主內亂，月主刑，故趙高殺二世也。

〔一一〕師古曰：蘖，災也。

〔一二〕張晏曰：野鳥入處，主人將去。

〔一三〕師古曰：內嚮而壞。

〔一四〕應劭曰：天王坐席也。流星茀大角，大角因伏不見也。

〔一五〕孟康曰：日月行交道之衝也。相薄而既也，京房所謂陰氣盛，薄奪日光者也。

〔一六〕李奇曰：流星也。下墮地爲天狗，皆祆星。

〔一七〕師古曰：復，反也。事竝見尚書高宗肜日及金縢篇，解在五行志。

〔一八〕師古曰：嚮讀曰響。

臣幸得託末屬，誠見陛下有寬明之德，〔一〕冀銷大異，而興高宗、成王之聲，以崇劉氏，〔二〕故狠狠數奸死亡之誅。〔三〕今日食尤屢，星孛東井，攝提炎及紫宮，〔四〕有識長老莫不震動，此變之大者也。其事難一二記，故易曰「書不盡言，言不盡意」，〔五〕是以設卦指爻，而復說義。書曰「伻來以圖」，〔六〕天文難以相曉，臣雖圖上，猶須口說，然後可知，願賜清燕之閒，指圖陳狀。〔七〕

〔一〕【補注】葉德輝曰：閩本、德藩本「下」下無「有」字。先謙曰：官本無。

〔二〕【補注】先謙曰：胡注「崇，增高也。謂增高劉氏之業愈巍巍也」。

〔三〕師古曰：狠狠，款誠之意也。奸，犯也。狠音懇。奸音干。【補注】先謙曰：通鑑作「懇懇」，字同。

〔四〕師古曰：炎音弋贍反。

〔五〕師古曰：上繫之辭。

〔六〕孟康曰：伻，使也。使人以圖來示成王，明日說不了，指圖乃了也。師古曰：周書洛誥之辭。【補注】先謙曰：官本「日説」作「口説」，是。

〔七〕師古曰：閒讀曰閑。【補注】先謙曰：官本注在「閒」下。

上輒入之，〔一〕然終不能用也。〔二〕向每召見，數言公族者國之枝葉，枝葉落則本根無所庇廕；〔三〕方今同姓疏遠，母黨專政，禄去公室，權在外家，非所以彊漢宗，卑私門，保守社稷，安固後嗣也。

〔一〕師古曰：謂召入也。【補注】錢大昭曰：謂納其言。先謙曰：二説並通。

〔二〕【補注】先謙曰：通鑑載此疏於元延元年。考異云：「向傳云『星孛東井，岷山崩，向懷不能已，上此奏』。案岷山崩在三年，此奏云『自建始以來二十歲間，而食八率二歲六月而一發』則上此奏當在今年也。胡旦亦載之三年」。胡三省云「案劉向傳若以星孛東井爲據，則上奏當在今年。若以岷山崩爲據，則上奏當在三年。若以二十歲間日八食爲據，則上奏當在去年。然向言『日食之變，率二歲六月而一發』。以班書考之，自建始三年十二月至河平元年四月，則一年五月而食。至四年三月癸丑朔，則纔一年而食。又至陽朔元年二月丁未晦，則又朞年而食。永始元年九月丁巳晦，志書食而紀不書。至二年二月乙酉晦則凡九朞，而志所書永始元年九月丁巳晦不計也。又至永始三年正月己卯晦，則未及一朞而食。又至四年七月辛未晦，則一年六月而食。向所謂率二歲六月而一發，亦通二十歲而約言之耳。自建始三年至今年，以紀考之，則九食。以志考之，則十食。此其差異，又未有所折衷也」。

〔三〕師古曰：庇音必寐反。廕音於禁反。【補注】先謙曰：官本注無「廕」下五字。

向自見得信於上，故常顯訟宗室，譏刺王氏及在位大臣，其言多痛切，發於至誠。上數欲用向爲九卿，輒不爲王氏居位者及丞相御史所持，故終不遷。〔一〕居列大夫官前後三十餘年，年七十二卒。卒後十三歲而王氏代漢。〔一〕向三子皆好學：長子伋，〔二〕以易教授，官至郡守；中子賜，九卿丞，蚤卒；少子歆，最知名。

〔一〕師古曰：持謂扶持佐助也。【補注】葉德輝曰：漢紀作「輒爲王氏所排，及在位大臣所抑，故終不遷」。先謙曰：顧炎武云「衍一『不』字，當云『輒爲王氏居位者及丞相御史所持』」。持者挾制之義，而非挾助之解也」。陳景雲云「顏注蓋仍誤而傅會其説」。

〔二〕【補注】錢大昕曰：依此推檢，向當卒於成帝綏和元年。葉德輝曰：漢紀云，前後四十餘年。案傳言「卒後十三年王氏代漢」，則向卒於成帝建平元年。由建平元年上推，向生於昭帝元鳳四年。自既冠，擢爲諫大夫，至此實四十餘年。當以漢紀爲是。吳修續疑年録亦推向生元鳳四年，卒建平元年。蓋莽代漢，在孺子嬰初始元年十二月，是年上距向卒正十三歲之後。錢氏誤推不足據。

〔三〕師古曰：伋音汲。

歆字子駿，少以通詩書能屬文召，見成帝，待詔宦者署，爲黃門郎。〔一〕河平中，受詔與父向領校祕書，講六藝傳記，諸子、詩賦、數術、方技，無所不究。向死後，歆復爲中壘校尉。哀帝初即位，大司馬王莽舉歆宗室有材行，爲侍中太中大夫，遷騎都尉、奉車光禄大夫，貴幸。復領五經，卒父前業。歆乃集六藝羣書，種別爲七略。語在藝文志。

〔一〕【補注】沈欽韓曰：御覽二百二十一載劉向集書誡子歆曰「今若年少，得黃門侍郎，顯處也」。又四百五十六云「告歆無忽。若未有異德，蒙恩甚厚，將何以報？董生有曰『弔者在門，賀者在閭。有憂則恐懼慎事，則必有善而遺福也』」。

歆及向始皆治易，宣帝時，詔向受穀梁春秋，十餘年，大明習。及歆校祕書，見古文春秋左氏傳，歆大好之。〔一〕時丞相史尹咸以能治左氏，與歆共校經傳。歆略從咸及丞相翟方進受，質問大義。〔二〕初左氏傳多古字古言，學者傳訓故而已，〔三〕及歆治左氏，引傳文以解經，轉相發明，由是章句義理備焉。歆亦湛靖有謀，〔四〕父子俱好古，博見彊志，〔五〕過絶於人。歆以爲左丘明好惡與聖人同，〔六〕親見夫子，而公羊、穀梁在七十子後，〔七〕傳聞之與親見之，〔八〕其詳略不同。歆數以難向，向不能非間也，〔九〕然猶自持其穀梁義。及歆親近，欲建立左氏春秋及毛詩、逸禮、古文尚書皆列於學官。哀帝令歆與五經博士講論其義，諸博士或不肯置對。〔一〇〕歆因移書太常博士，責讓之曰：

〔一〕【補注】沈欽韓曰：馬融周官傳云「歆年尚幼，務在廣覽博觀，又多銳精於春秋」。葉德輝曰：原本北堂書鈔九十八引桓譚新論云「劉子政、子駿、伯玉三人，尤珍重左氏，教子孫下至婦女無不讀誦」。

〔二〕師古曰：質，正也。

〔三〕師古曰：故謂指趣也。

〔四〕師古曰：湛讀曰沈。

〔五〕師古曰：志，記也。【補注】錢大昕曰：志，古識字。後文「賢者志其大者，不賢者志其小者」，藝文志「多見而志之」，皆從古文。

〔六〕師古曰：論語載孔子曰：「巧言令色足恭，左丘明恥之，丘亦恥之；匿怨而友其人，左丘明恥之，丘亦恥之」。

〔七〕師古曰：七十子是孔子弟子也，實七十二人，指其言成數也。【補注】宋祁曰：注文「二」當作「七」。先謙曰：官本注「言」在「數」下，是。

〔八〕【補注】宋祁曰：「之」字當删。

〔九〕師古曰：間音居莧反。【補注】先謙曰：官本無注。

〔一〇〕師古曰：竝不與歆意同，故不肯立其學也。置對，置辭以對也。

昔唐虞既衰，而三代迭興，〔一〕聖帝明王，累起相襲，其道甚著。周室既微而禮樂不正，道之難全也如此。是故孔子憂道之不行，歷國應聘。自衞反魯，然後樂正，雅頌乃得其所；修易，序書，制作春秋，以紀帝王之道。〔二〕及夫子没而微言絶，七十子終而大義乖。〔三〕重遭戰國，棄籩豆之禮，理軍旅之陳，〔四〕孔氏之道抑，而孫、吴之術興。〔五〕陵夷至于暴秦，燔經書，殺儒士，設挾書之法，行是古之罪，〔六〕道術由是遂滅。漢興，去聖帝明王遐遠，仲尼之道又絶，法度無所因襲。時獨有一叔孫通略定禮儀，天下唯有易卜，未有它書。〔七〕至孝惠之世，乃除挾書之律，〔八〕然公卿大臣絳、灌之屬〔九〕咸介胄武夫，莫以爲意。至孝文皇帝，始使掌故朝錯〔一〇〕從伏生受尚書。尚書初出于屋壁，朽折散絶，今其書見在，時師傳讀而已。詩始萌牙。〔一一〕天下衆書往往頗出，皆諸子傳説，猶廣立於學官，爲置博士。在漢朝之儒，唯賈生而已。〔一二〕至孝武皇帝，然後鄒、魯、梁、趙頗有詩、禮、春秋先師，〔一三〕皆起於建元之間。當此之時，一人不能獨盡其經，或爲雅，或爲頌，相合而成。〔一四〕泰誓後得，博士集而讀之。〔一五〕故詔書稱曰：「禮壞樂崩，書缺簡脱，

朕甚閔焉。」時漢興已七八十年，離於全經，固已遠矣。〔一六〕

〔一〕師古曰：迭，互也。音大結反。

〔二〕【補注】先謙曰：文選「紀」作「記」。

〔三〕【補注】先謙曰：文選李注：論語讖曰「子夏六十四人，共撰仲尼微言」。

〔四〕師古曰：籩豆，禮食之器也。以竹曰籩，以木曰豆。籩音邊。【補注】宋祁曰：「理」一作「治」。先謙曰：官本注在「之禮」下。

〔五〕【補注】先謙曰：官本「氏」作「子」。

〔六〕師古曰：以古事爲是者即罪之。

〔七〕【補注】先謙曰：藝文志「秦燔書，而易爲卜筮之事，傳者不絕」。

〔八〕【補注】先謙曰：見惠紀四年。

〔九〕【補注】錢大昭曰：李善注文選謂「絳灌是一人，非絳侯與灌嬰」。案孝惠世，周勃、灌嬰俱在，而一取封地，一取氏族，不相倫類。故李氏疑非二人。蓋據楚漢春秋謂「高祖之臣，別有絳灌，然史傳中無此人。且賈誼傳已云「樊、酈、絳、灌」。樊指噲，酈指商，絳指周勃，灌指灌嬰。又陳平傳云「絳灌等或讒平」，樊噲傳云「羣臣絳、灌等莫敢入」，外戚傳「絳侯、灌將軍等曰『吾屬不死，命乃且縣此兩人』」。蓋各舉其姓，則周有周昌、周竈之不同，各舉其封地，嬰又封潁陰，兩字不可單稱，故當時有此絳、灌之目。

〔一〇〕李奇曰：掌故，官名也。

〔一一〕師古曰：言若草木之初生。

〔一二〕師古曰：謂賈誼。【補注】宋祁曰：在漢朝，不容更有漢字。錢大昕曰：漢初，菑川田何、濟南伏生、魯申公、齊轅固、燕韓嬰、魯高堂生、齊胡母生，皆諸侯王國人。唯賈生洛陽人，在漢十五郡之內，故云「漢朝之儒，唯賈生一人」。宋未之思耳。何焯曰：儒林傳「漢興，梁太傅賈誼修左氏春秋傳，爲左氏傳訓故，授趙人貫公」。歆欲建立左氏春秋，是以推賈生。先謙曰：文選無「漢」字。

〔一三〕師古曰：前學之師也。【補注】齊召南曰：案此即所謂經師也。眭弘上書，稱先師董仲舒，即是其義也。

〔一四〕【補注】先謙曰：李注「成一經也」。

〔一五〕【補注】先謙曰：文選「讀」作「讚」。李注引七略曰「孝武末，有人得泰誓書於壁中者，獻之，與博士，使讚説之，因傳以教」。

〔一六〕師古曰：言廢絶以久，不可得其真也。【補注】宋祁曰：浙本「離於」作「離合」。先謙曰：李注「全經，未焚書之時」。案官本無「稱」字。

及魯恭王壞孔子宅，欲以爲宮，而得古文於壞壁之中，逸禮有三十九，〔一〕書十六篇。天漢之後，孔安國獻之，遭巫蠱倉卒之難，未及施行。〔二〕及春秋左氏丘明所修，皆古文舊書，多者二十餘通，臧於祕府，伏而未發。孝成皇帝閔學殘文缺，稍離其真，乃陳發祕臧，校理舊文，得此三事，〔三〕以考學官所傳，經或脱簡，傳或間編。〔四〕傳問民間，〔五〕則有魯國柏公、趙國貫公、膠東庸生之遺學〔六〕與此同，抑而未施。此乃有識者之所惜閔，士君子之所嗟痛也。往者綴學之士〔七〕不思廢絶之闕，苟因陋就寡，分文析字，煩言碎辭，學者罷老且不能究其一藝。〔八〕信口説而背傳記，是末師而非往古，〔九〕至於國家將有大事，若立辟雍、封禪、巡狩之儀，則幽冥而莫知其原。〔一〇〕猶欲保殘守缺，挾恐見破之私意，而無從善服義之公心，〔一一〕或懷妬嫉，不考情實，雷同相從，隨聲是非，抑此三學，以尚書爲備，〔一二〕謂左氏爲不傳春秋，〔一三〕豈不哀哉！

〔一〕【補注】錢大昭曰：文選「九」下有「篇」字。先謙曰：官本有「篇」字。

〔二〕【補注】沈欽韓曰：孔子世家末敍云「安國爲今皇帝博士，至臨淮太守，早卒」。則安國不及見巫蠱之禍也。漢紀「魯恭王壞孔子宅，得古文尚書，多十六篇。武帝時，孔安國家獻之。會巫蠱事，未立於學官」。則與世家早卒之文合。王鳴盛云：宋本文選劉歆移書亦有「家」字。案近代閻氏、王氏辨僞孔傳已詳，不復出。然又有可疑者，安國身爲儒官，既以古文傳授，何不及生存時獻，而當身後倥傯多事始上之乎？當魯恭王始封，在景帝中，本傳首云「好治宮室，季年好音」，則其壞壁得古文，亦在景、武之際。武帝即位，敦崇儒術，未遑多欲，苟知孔氏所藏古書，縱使世儒無能通曉，寧有不録祕府，而任其隱滯民間？則廣開獻書之路何爲乎？苟謂今文方興，諸儒嫉妬，或有壅遏之者。攷伏生雖授朝錯，微若一綫。今文至兒寬始顯，而歐陽、大小夏侯之學，又在其後。寬先受業孔安國，則古文始師名輩在先，無踰於安國。治今文者，何能抑使不行乎？蓋古文之不顯，實緣世主之不好，而學者所苦難。史云「巫蠱事不得施行」，遂爲疑案。

〔三〕【補注】先謙曰：三事謂左氏春秋、古文尚書、逸禮也。葉德輝云：三事不及毛詩者，以毛詩無先師也。班志藝文敍毛詩則云「自謂子夏所傳，河間獻王好之」。儒林傳則云「毛公爲河間獻王博士，授同國貫長卿，長卿授解延年，延年授徐敖，敖授九江陳俠，爲王莽講學大夫」。由是言毛詩者本之徐敖，班意皆有微詞。歆亦知毛詩不如書、禮、左傳之可信，故祇專重三事也。

〔四〕師古曰：脱簡，遺失之。間編，謂舊編爛絶，就更次之，前後錯亂也。間音古莧反。【補注】先謙曰：文選無「傳」字，「間」作「脱」。藝文志「劉向以古文校歐陽、大、小夏侯三家經文，酒誥脱一簡，召誥脱二簡，傳或間編，無所考見」。

〔五〕【補注】先謙曰：文選「傳」作「博」。

〔六〕【補注】先謙曰：「柏」當作「桓」。閩本、官本不誤。宋人「桓」缺末筆，遂譌爲「柏」。賈公傳左氏春秋於賈誼，庸生傳古文尚書於都尉朝，「桓公」即「桓生」，傳禮於徐生，並見儒林傳。

〔七〕【補注】沈欽韓曰：大戴小辨篇「子曰：『若丘也，綴學之徒，安知忠信？』」

〔八〕師古曰：罷讀曰疲。究，竟也。

〔九〕【補注】沈欽韓曰：公穀二傳皆戰國時爲末師也。公羊傳至胡母生始著竹帛，以前口説也。

〔一〇〕師古曰：幽冥猶暗昧也。

〔一一〕【補注】沈欽韓曰：鹽鐵論論誹篇：「文學曰『論者相扶以義，相喻以道，從善不求勝，服義不恥窮』。」

〔一二〕蘇林曰：備之而已。臣瓚曰：當時學者，謂尚書唯有二十八篇，不知本存百篇也。師古曰：瓚説是也。【補注】先謙曰：官本「備」上有「不」字。齊召南云：案瓚注據太常孔臧與從弟安國書也。漢初不知書本百篇，則妄謂二十八篇，取象二十八宿。錢大昕云：以注文證之，「不」字衍。陳詩庭云：南監本無「不」字。先謙案，官本注「存」作「有」，是。

〔一三〕【補注】先謙曰：言自爲書，非春秋傳。

今聖上德通神明，繼統揚業，亦閔文學錯亂，學士若兹，雖昭其情，〔一〕猶依違謙讓，〔二〕樂與士君子同之。故下明詔，試左氏可立不，〔三〕遣近臣奉指銜命，將以輔弱扶微，與二三君子比意同力，冀得廢遺。〔四〕今則不然，深閉固距，而不肯試，猥以不誦絶之，〔五〕欲以杜塞餘道，絶滅微學。夫可與樂成，難與慮始，〔六〕此乃衆庶之所爲耳，非所望士君子也。且此數家之事，皆先帝所親論，今上所考視，其古文舊書，〔七〕皆有徵驗，外内相應，〔八〕豈苟而已哉！

〔一〕【補注】先謙曰：「昭」，文選作「深照」。

〔二〕師古曰：依違，言不專決也。

〔三〕【補注】先謙曰：考詢其可否。

〔四〕師古曰：比，合也。經蓺有廢遺者，冀得興立之也。比音頻寐反。

〔五〕師古曰：猥，苟也。苟不誦習之，而欲絶去此學。【補注】宋祁曰：注文當作「苟以己不誦習之」。

〔六〕【補注】先謙曰：李注「二語本太公金匱」。

〔七〕【補注】先謙曰：文選「其」下多「爲」字。

〔八〕【補注】何焯曰：內謂陳發祕藏，外謂民間桓公、貫公、庸生遺學。

夫禮失求之於野，古文不猶愈於野乎？〔一〕往者博士書有歐陽，春秋公羊，易則施、孟，然孝宣皇帝猶復廣立穀梁春秋，梁丘易，大小夏侯尚書，義雖相反，猶並置之。何則？與其過而廢之也，寧過而立之。〔二〕傳曰：「文武之道未墜於地，在人；賢者志其大者，不賢者志其小者。」〔三〕今此數家之言，所以兼包大小之義，豈可偏絶哉！若必專己守殘，〔四〕黨同門，妬道真，〔五〕違明詔，失聖意，以陷於文吏之議，甚爲二三君子不取也。

〔一〕師古曰：愈，勝也。

〔二〕師古曰：過猶誤。

〔三〕師古曰：論語孔子弟子子貢之言也。志，識也，一曰記。【補注】先謙曰：官本「言」下無「也」字。

〔四〕師古曰：專執己所偏見，苟守殘缺之文也。

〔五〕師古曰：黨同師之學，妬道蓺之真也。

其言甚切，諸儒皆怨恨。是時名儒光禄大夫龔勝以歆移書上疏深自罪責，願乞骸骨罷。及儒者師丹爲大司空，亦大怒，奏歆改亂舊章，非毁先帝所立。上曰：「歆意欲廣道術，亦何以爲非毁哉？」歆由是忤執政大臣，爲衆儒所訕，〔一〕懼誅，求出補吏，爲河内太守。以宗室不宜典三河，徙守五原，後復轉在涿郡，歷三郡守。數年，以病免官，起家復爲安定屬國都尉。會哀帝崩，王莽持政，莽少與歆俱爲黄門郎，重之，白太后。〔二〕太后留歆爲右曹太中大夫，遷中壘校尉，羲和，京兆尹，使治明堂辟雍，封紅休侯。典儒林史卜之官，考定律曆，著三統曆譜。〔三〕

〔一〕師古曰：訕，謗也，音所諫反。

〔二〕【補注】宋祁曰：浙本作「太皇太后」。

〔三〕【補注】先謙曰：具載律曆志。

初，歆以建平元年改名秀，字穎叔云。〔一〕及王莽篡位，歆爲國師，後事皆在莽傳。

〔一〕應劭曰：河圖赤伏符云「劉秀發兵捕不道，四夷雲集龍鬬野，四七之際火爲主」，故改名，幾以趣也。【補注】宋祁曰：注文「趣」字當作「當」字。何焯曰：載其改名於哀帝之時，以見歆樂禍非望，素不能乃心王室。

贊曰：仲尼稱「材難不其然與」！〔一〕自孔子後，綴文之士衆矣，唯孟軻、孫況、董仲舒、司馬遷、劉向、揚雄。〔二〕此數公者，皆博物洽聞，通達古今，其言有補於世。傳曰「聖人不出，其間必有命世者焉」，豈近是乎？〔三〕劉氏鴻範論發明大傳，著天人之應；七略剖判藝文，綜百家之緒；三統曆譜考步日月五星之度。有意其推本之也。〔四〕嗚虖！向言山陵之戒，于今察之，〔五〕哀哉！指明梓柱以推廢興，昭矣！〔六〕豈非直諒多聞，古之益友與！〔七〕

〔一〕師古曰：論語載孔子之言也。賢材難得。與讀曰歟。

〔二〕師古曰：孫況即荀卿也。

〔三〕師古曰：近音其靳反。

〔四〕師古曰：言其究極根本，深有意也。

〔五〕師古曰：虖讀曰呼。【補注】何焯曰：言赤眉之亂，無不被發。先謙曰：官本注在「嗚虖」下。

〔六〕師古曰：昭然明白。【補注】先謙曰：官本無注。

〔七〕師古曰：諒，信也。論語稱孔子曰「益者三友，友直、友諒、友多聞，益矣」。贊言向直諒多聞，可謂益矣。與讀曰歟。【補注】何焯曰：「多聞」指上鴻範論、七略、三統曆譜，言山陵、梓柱，則加以直諒。七略、三統并子歆所著，連類舉之，而申言向之直諒，則褒貶亦具其中矣。先謙曰：官本注「可謂益矣」「矣」作「也」。

季布欒布田叔傳第七

季布，楚人也，爲任俠有名。〔一〕項籍使將兵，數窘漢王。〔二〕項籍滅，高祖購求布千金，敢有舍匿，罪三族。〔三〕布匿濮陽周氏，周氏曰：「漢求將軍急，跡且至臣家，〔四〕能聽臣，臣敢進計；即否，願先自剄。」布許之。乃髡鉗布，衣褐，〔五〕置廣柳車中，〔六〕并與其家僮數十人，之魯朱家所賣之。〔七〕朱家心知其季布也，買置田舍。〔八〕乃之雒陽見汝陰侯滕公，〔九〕説曰：「季布何罪？臣各爲其主用，職耳。〔一〇〕項氏臣豈可盡誅邪？今上始得天下，而以私怨求一人，何示不廣也！且以季布之賢，漢求之急如此，此不北走胡，南走越耳。〔一一〕夫忌壯士以資敵國，此伍子胥所以鞭荆平之墓也。〔一二〕君何不從容爲上言之？」〔一三〕滕公心知朱家大俠，意布匿其所，乃許諾。侍閒，果言如朱家指。〔一四〕上乃赦布。當是時，諸公皆多布能摧剛爲柔，〔一五〕朱家亦以此名聞當世。布召見，謝，拜郎中。〔一六〕

〔一〕應劭曰：任謂有堅完可任託以事也。如淳曰：相與信爲任，同是非爲俠。師古曰：任謂任使其氣力。俠之言挾也，以權力俠輔人也。任音人禁反。俠音下頰反。【補注】宋祁曰：「俠」疑作「挾」。

〔二〕如淳曰：窘，困也。師古曰：窘音求閔反。

〔三〕師古曰：舍，止；匿，隱也。

〔四〕師古曰：跡謂尋其蹤跡也。

〔五〕師古曰：衣，著之也。褐，毛布之衣也。

〔六〕服虔曰：東郡謂廣轍車爲廣柳車。鄭氏曰：作大柳衣車，若周禮喪車也。李奇曰：廣柳，大隆穹也。晉灼曰：周禮説「衣翣柳」，柳，聚也，衆飾之所聚也。此爲載以喪車，欲人不知也。師古曰：晉、鄭二説是也。隆穹，所謂車弮者耳，非此之謂也。弮音扶晚反。【補注】先謙曰：案，集解引李奇曰「大牛車也，車上覆爲柳」，與此異。

〔七〕師古曰：朱家，魯人，見游俠傳。

〔八〕【補注】先謙曰：史記作「迺買而置之田。誡其子曰，田事聽此奴，必與同食」。

〔九〕師古曰：夏侯嬰也。本爲滕令，遂號爲滕公。

〔一〇〕師古曰：職，常也。言此乃常道也。一曰職，主掌其事也。

〔一一〕【補注】先謙曰：史記「南」上有「即」字。

〔一二〕師古曰：子胥，伍員也。荆即楚也。子胥之父伍奢爲平王所殺，子胥奔吴，教吴伐楚。平王已卒，其後吴師入郢，子胥掘平王之墓，取屍鞭之三百也。【補注】宋祁曰：「荆平」字下當有「王」字。又浙本「忌」字作「亡」。先謙曰：史記有「王」字。「忌」同。浙本作「亡」，誤。

〔一三〕師古曰：從音千容反。

〔一四〕師古曰：侍，侍於天子。閒謂事務之隙。【補注】宋祁曰：注末當添「也」字。

〔一五〕師古曰：多猶重也。

〔一六〕【補注】宋祁曰：浙本「拜」字下有「爲」字。

孝惠時，爲中郎將。單于嘗爲書嫚呂太后，〔一〕太后怒，召諸將議之。上將軍樊噲曰：「臣願得十萬衆，橫行匈奴中。」諸將皆阿呂太后，〔二〕以噲言爲然。布曰：「樊噲可斬也。夫以高帝兵三十餘萬，〔三〕困於平城，噲時亦在其中。今噲奈何以十萬衆橫行匈奴中，面謾！〔四〕且秦以事胡，陳勝等起。今瘡痍未瘳，〔五〕噲又面諛，欲搖動天下。」是時殿上皆恐，太后罷朝，遂不復議擊匈奴事。

〔一〕師古曰：嫚謂辭語褻汚也。嫚讀與慢同。【補注】先謙曰：見匈奴傳。

〔二〕師古曰：阿，曲也，曲從其意。

〔三〕【補注】齊召南曰：案史記作「將兵四十餘萬衆」，而本書匈奴傳載布言「三十二萬人」。「噲時亦在其中」六字，史記所無。然匈奴傳詳載布言，且及平城之歌。詳略不同如此。

〔四〕師古曰：謾，欺誑也，音嫚，又音莫連反。

〔五〕師古曰：痍，傷也。瘳，差也。痍音夷。瘳音丑留反。【補注】先謙曰：官本「瘡」作「創」。

布爲河東守。孝文時，人有言其賢，召欲以爲御史大夫。人又言其勇，使酒難近。〔一〕至，留邸一月，〔二〕見罷。〔三〕布進曰：「臣待罪河東，陛下無故召臣，此人必有以臣欺陛下者。〔四〕今臣至，無所受事，〔五〕罷去，此人必有毀臣者。夫陛下以一人譽召臣，一人毀去臣，臣恐天下有識者聞之，有以窺陛下。」〔六〕上默然，慙曰：「河東吾股肱郡，故特召君耳。」布之官。

〔一〕應劭曰：使酒，酗酒也。師古曰：言因酒霑洽而使氣也。近謂附近天子爲大臣也。【補注】先謙曰：官本「又」上無「人」字。引宋祁本云，一本「又言」字上有「人」字。顧炎武云「難近，謂令人畏而遠之」。顔注非。

〔二〕師古曰：邸，諸郡朝宿之舍，在京師也。

〔三〕師古曰：既引見而罷，令還郡也。【補注】劉攽曰：見罷，猶言見逐、見棄耳，非引見也。

〔四〕師古曰：謂妄言其賢，故云欺也。

〔五〕【補注】宋祁曰：一本無「受」字。

〔六〕師古曰：窺見陛下淺深也。

辯士曹丘生數招權顧金錢，〔一〕事貴人趙談等，〔二〕與竇長君善。〔三〕布聞，寄書諫長君曰：「吾聞曹丘生非長者，勿與通。」及曹丘生歸，欲得書請布。〔四〕竇長君曰：「季將軍不說足下，〔五〕足下無往。」固請書，遂行。使人先發書，〔六〕布果大怒，待曹丘。曹丘至，則揖布曰：「楚人諺曰『得黃金百，不如得季布諾』，〔七〕足下何以得此聲梁楚之間哉？且僕與足下俱楚人，使僕游揚足下名於天下，顧不美乎？〔八〕何足下距僕之深也！」布乃大說。〔九〕引入，留數月，爲上客，厚送之。布名所以益聞者，曹丘揚之也。

〔一〕孟康曰：招，求也，以金錢事權貴，而求得其形勢以自炫耀也。李奇曰：持權屬請人，顧以金錢也。師古曰：二家之說皆非也。言招求貴人威權，因以請託，故得他人顧金錢也。【補注】劉攽曰：「招權」謂作爲形勢招權歸己也。「顧金錢」者，謂志在金錢也。顧猶念也。先謙曰：官本注「屬」下有「以」字。史記云「生，楚人」。

〔二〕李奇曰：宦者趙談也。【補注】宋祁曰：越本「談」作「同」。先謙曰：史公以父諱「談」爲「同」。漢書自應作「談」。

越本乃後人據史記妄改。

〔三〕服虔曰：景帝舅。【補注】先謙曰：見外戚傳。

〔四〕師古曰：欲得竇長君書，與布爲已紹介也。

〔五〕師古曰：説讀曰悦。

〔六〕師古曰：使人先致書於布。發，視也。

〔七〕師古曰：諺，傳也。【補注】先謙曰：史記「百」下有「斤」字。「諾」上有「一」字。

〔八〕師古曰：顧，念也。

〔九〕師古曰：説讀曰悦。【補注】何焯曰：既爲俠，則其交必雜，此曹丘所以卒容於季布也。

布弟季心氣蓋關中，遇人恭謹，爲任俠，方數千里，士爭爲死。嘗殺人，亡吳，從爰絲匿，長事爰絲，〔一〕弟畜灌夫、籍福之屬。嘗爲中司馬，〔二〕中尉郅都不敢加。〔三〕少年多時時竊借其名以行。〔四〕當是時，季心以勇，布以諾，聞關中。〔五〕

〔一〕師古曰：絲，爰盎字。言以兄長之禮事也。【補注】宋祁曰：浙本注文「也」字作「之」。

〔二〕如淳曰：中尉之司馬。【補注】先謙曰：索隱「漢書作『中尉司馬』」，誤也。有「尉」字，則如不加注。

〔三〕【補注】周壽昌曰：雖以都之嚴峻，不敢有加於彼。先謙曰：史記作「不敢不加禮」。都見酷吏傳。

〔四〕師古曰：詐自稱爲心之賓客徒黨也。

〔五〕【補注】何焯曰：漢初游俠之盛，季布、袁盎扇之也。自田、竇敗，公卿不敢致賓客，遂多閭里之魁矣。

布母弟丁公，〔一〕爲項羽將，逐窘高祖彭城西。短兵接，漢王急，顧謂丁公曰：「兩賢豈相戹哉！」〔二〕丁公引兵而還。及項王滅，丁公謁見高祖，以丁公徇軍中，〔三〕曰：「丁公爲項王臣不忠，使項王失天下者也。」遂斬之，曰：「使後爲人臣無傚丁公也！」

〔一〕晉灼曰：楚漢春秋云「薛人，名固」。師古曰：此母弟爲同母異父之弟。【補注】宋祁云：浙本注文無「之」字，有「也」字。周壽昌曰：左僖二十四年傳「得罪於母弟之寵子帶」，是謂同母弟爲母弟也。師古曰：丁公名固，則自姓丁，故以爲異父。

〔二〕孟康曰：丁公及彭城賴齮追上，故曰兩賢也。師古曰：孟説非也。兩賢，高祖自謂并謂固耳。言吾與固俱是賢，豈相戹困也。故固感此言而止也。雖與賴齮俱追，而高祖獨與固言耳。

〔三〕師古曰：徇，行示也，音辭俊反。

欒布，梁人也。彭越爲家人時，嘗與布游，〔一〕窮困，賣庸於齊，爲酒家保。〔二〕數歲別去，而布爲人所略，賣爲奴於燕。爲其主家報仇，〔三〕燕將臧荼舉以爲都尉。荼爲燕王，布爲將。及荼反，漢擊燕，虜布。梁王彭越聞之，乃言上，請贖布爲梁大夫。使於齊，未反，〔四〕漢召彭越責以謀反，夷三族，梟首雒陽，下詔有收視者輒捕之。布還，奏事彭越頭下，祠而哭之。吏捕以聞。上召布罵曰：「若與彭越反邪？吾禁人勿收，若獨祠而哭之，與反明矣。〔五〕趣亨之。」〔六〕方提趨湯，〔七〕顧曰：「願一言而死。」上曰：「何言？」布曰：「方上之困彭城，敗滎陽、成皋間，項王所以不能遂西，徒以彭王居梁地，〔八〕與漢合從苦楚也。〔九〕當是之時，彭王壹顧，與楚則漢破，與漢則楚破。且陔下之會，微彭王，項氏不亡。〔一〇〕天下已定，彭王剖符受封，亦欲傳之萬世。〔一一〕今漢壹徵兵於梁，〔一二〕彭王病不行，而疑以爲反。反形未見，以苛細誅之，臣恐功臣人人自危也。今彭王已死，臣生不如死，請就亨。」上乃釋布，拜爲都尉。

〔一〕師古曰：家人猶言編户之人也。【補注】先謙曰：家人猶庶人。見魏豹傳。

〔二〕孟康曰：酒家作保。保，庸也。可保信，故謂之保。師古曰：謂庸作受顧也。爲保，謂保可任使。【補注】沈欽韓曰：鶡冠子世兵篇「伊尹酒保」。

〔三〕服虔曰：爲買者報仇也。

〔四〕師古曰：反，還也。

〔五〕師古曰：若，汝也。

〔六〕師古曰：趣讀曰促。促，急也。

〔七〕師古曰：提，舉也。舉而欲投之於湯也。趨讀曰趣，趨，嚮也。

〔八〕師古曰：徒，但也。

〔九〕師古曰：從音子容反。

〔一〇〕師古曰：微，無也。

〔一一〕【補注】先謙曰：官本「亦」作「之」。引宋祁曰：「封之」，「之」字誤，可删，添「亦」字。

〔一二〕【補注】宋祁曰：越本作「今帝徵兵於梁」。浙本從今。

孝文時，爲燕相，至將軍。布稱曰：「窮困不能辱身，非人也；富貴不能快意，非賢也。」於是嘗有德，厚報之；有怨，必以法滅之。吳楚反時，以功封爲鄃侯，〔一〕復爲燕相。燕齊之間皆爲立社，號曰欒公社。

〔一〕蘇林曰：鄃音輸，清河縣也。【補注】先謙曰：今濟南府平原縣西南五十里。

布薨，子賁嗣侯，〔一〕孝武時坐爲太常犧牲不如令，國除。

〔一〕師古曰：賁音奔。

田叔，趙陘城人也。〔一〕其先，齊田氏也。叔好劍，學黃老術於樂鉅公。〔二〕爲人廉直，喜任俠。〔三〕游諸公，〔四〕趙人舉之趙相趙午，言之趙王張敖，以爲郎中。數歲，趙王賢之。未及遷。

〔一〕蘇林曰：陘音刑。【補注】錢大昕曰：史記云「陘城今在中山國」。攷地理志，「中山有苦陘，有陸成，無陘城縣也」。

〔二〕師古曰：姓樂名鉅也。公者，老人之稱也。【補注】先謙曰：史記樂毅傳「樂氏之族有樂臣公，善修黃帝、老子之言，顯聞於齊，稱賢師」。集解「臣公」一作「巨公」。史公贊云「樂瑕公教樂臣公，樂臣公教蓋公」。索隱「臣公」本（一）〔亦〕作「巨公」。此「鉅公」即「巨公」也。御覽五百十引道學傳亦作「樂鉅公」，「臣」爲「巨」譌無疑。

〔三〕師古曰：喜，好也，音許吏反。

〔四〕師古曰：諸公皆長者也。

會趙午、貫高等謀弒上，事發覺，漢下詔捕趙王及羣臣反者。趙有敢隨王，罪三族。唯田叔、孟舒等十餘人赭衣自髡鉗，〔一〕隨王至長安。趙王敖事白，得出，〔二〕廢爲宣平侯，〔三〕乃

進言叔等十人。〔四〕上召見，與語，漢廷臣無能出其右者。〔五〕上說，〔六〕盡拜爲郡守、諸侯相。叔爲漢中守十餘年。〔七〕

〔一〕【補注】先謙曰：史記有「稱王家奴」四字。

〔二〕師古曰：白，明也。

〔三〕【補注】先謙曰：官本「廢」下有「王」字。引宋祁云，一本無「王」字。

〔四〕【補注】先謙曰：史記作「十餘人」。

〔五〕師古曰：材不勝。【補注】宋祁曰：浙本注文作「材能不勝之也」。

〔六〕師古曰：說讀曰悅。【補注】先謙曰：官本注末有「也」字。引宋祁云，刪「也」字。

〔七〕【補注】何焯曰：欒布再爲燕相，田叔守漢中，孟舒守雲中，皆十餘年。此漢初所以吏盡其職，得與民休息也。

孝文帝初立，召叔問曰：「公知天下長者乎？」對曰：「臣何足以知之！」上曰：「公長者，宜知之。」叔頓首曰：「故雲中守孟舒，長者也。」是時孟舒坐虜大入雲中免。上曰：「先帝置孟舒雲中十餘年矣，虜常一入，孟舒不能堅守，無故士卒戰死者數百人。長者固殺人乎？」叔叩頭曰：「夫貫高等謀反，天子下明詔，趙有敢隨張王者罪三族，然孟舒自髡鉗，隨張王，以身死之，豈自知爲雲中守哉！漢與楚相距，士卒罷敝，〔一〕而匈奴冒頓新服北夷，來爲邊寇，孟舒知士卒罷敝，不忍出言，士爭臨城死敵，如子爲父，以故死者數百人，孟舒豈毆之哉！〔二〕是乃孟舒所以爲長者。」於是上曰：「賢哉孟舒！」復召以爲雲中守。

〔一〕師古曰：罷讀爲疲。下亦同。

〔二〕師古曰：毆與驅同。言不毆之令戰也。毆字從攵，攵音普木反。【補注】宋祁曰：「豈毆之哉」之下當有「戰」字。先謙曰：官本「毆」作「敺」，攵作「攴」。

後數歲，叔坐法失官。梁孝王使人殺漢議臣爰盎，景帝召叔案梁，具得其事。還報，上曰：「梁有之乎？」對曰：「有之。」「事安在？」〔一〕叔曰：「上無以梁事爲問也。〔二〕今梁王不伏誅，是廢漢法也；如其伏誅，太后食不甘味，臥不安席，此憂在陛下。」於是上大賢之，以爲魯相。〔三〕

〔一〕師古曰：索其狀也。

〔二〕師古曰：言不須更論之也。

〔三〕【補注】先謙曰：相景帝子共王餘。

相初至官，民以王取其財物自言者百餘人。叔取其渠率二千人笞，怒之〔一〕曰：「王非汝主邪？何敢自言主！」魯王聞之，大慙，發中府錢，使相償之。〔二〕相曰：「王自使人償之，不爾，是王爲惡而相爲善也。」〔三〕

〔一〕師古曰：渠，大也。【補注】錢大昭曰：千，閩本作「十」。先謙曰：官本作「十」，是。史記同。

〔二〕師古曰：中府，王之財物藏也。

〔三〕師古曰：不爾，是則王爲惡。

魯王好獵，相常從入苑中，王輒休相就館。相常暴坐苑外，〔一〕終不休，曰：「吾王暴露，獨何爲舍？」〔二〕王以故不大出遊。

〔一〕師古曰：於外自暴露而坐。

〔二〕【補注】周壽昌曰：舍，入舍休息也。禮月令云「耕者少舍」。

數年以官卒，魯以百金祠，〔一〕少子仁不受，曰：「義不傷先人名。」

〔一〕【補注】沈欽韓曰：以百金與其家爲祠。

仁以壯勇爲衛將軍舍人，〔一〕數從擊匈奴。衛將軍進言仁爲郎中，至二千石、丞相長史，失官。後使刺三河，還，〔二〕奏事稱意，拜爲京輔都尉。月餘，遷司直。〔三〕數歲，戾太子舉兵，仁部閉城門，令太子得亡，坐縱反者族。〔四〕

〔一〕張晏曰：衛青也。

〔二〕如淳曰：爲刺史於三河郡。三河，謂河南、河內、河東也。【補注】沈欽韓曰：如説非也。三河後屬司隸，是時未置司隸官，仍以丞相史刺舉。

〔三〕【補注】先謙曰：褚少孫補史記云「仁上書言『天下郡太守多爲姦利，三河尤甚。臣請先刺舉三河。三河太守皆內倚中貴人，與三公有親屬，無所畏憚，宜先正三河，以警天下姦吏』。是時河南、河內太守皆御史大夫杜父兄子弟也，河東太守石丞相子孫也。是時石氏九人爲二千石，方盛貴，仁數上書言之。杜大夫及石氏使人謝田少卿曰『吾非敢有語言也，願少卿無相誣汙也』。仁已刺三河，三河太守皆下吏誅死，仁還奏事，武帝説。以仁爲能，不畏彊槩，拜仁爲丞相司直，威振天下」。

〔四〕師古曰：遣仁掌閉城門，乃令太子得出，故云縱反也。

贊曰：以項羽之氣，而季布以勇顯名楚，身履軍搴旗者數矣，〔一〕可謂壯士。及至困戹奴僇，苟活而不變，何也？〔二〕彼自負其材，受辱不羞，欲有所用其未足也，故終爲漢名將。賢者誠重其死。夫婢妾賤人，感槩而自殺，非能勇也，〔三〕其畫無俚之至耳。〔四〕欒布哭彭越，田叔隨張敖，赴死如歸，彼誠知所處，〔五〕雖古烈士，何以加哉！

〔一〕鄧展曰：履軍，戰勝蹈履之。李奇曰：搴，拔也。孟康曰：搴，斬取也。師古曰：謂勝敵拔取旗也。鄧、李二說皆是。搴音騫。今流俗書本改「履」謂「屢」，而加「典」字，云「身屢典軍」，非也。【補注】宋祁曰：注文「謂屢」當作「爲屢」。先謙曰：爲謂古字通。「身屢典軍」，即用史記文。

〔二〕師古曰：僇，古戮字也。奴僇謂髠鉗爲奴而賣之也。

〔三〕師古曰：感槩，謂感念局狹爲小節。槩音工代反。【補注】王念孫曰：師古以「槩」爲「節槩」，則「感槩」二字義不相屬，故必加數字以曲成其說也。今案，「感槩而自殺」，史記作「感慨而自殺」。游俠傳「感槩不快意」，史記作「慨不快意」，是感槩即感慨也。感慨之爲感槩，猶慨然之爲槩然。莊子至樂篇「是其始死也，我獨何能無槩然」是也。

〔四〕張晏曰：言其計畫道理無所至，故自殺耳。蘇林曰：俚，賴也。言其計畫無所成賴。晉灼曰：楊雄方言「俚，聊也」。許慎曰「賴也」。此爲其計畫無所聊賴，至於自殺耳。師古曰：晉說是也。【補注】先謙曰：史記作「其計畫無復之耳」。

〔五〕如淳曰：太史公曰「非死者難，處死者難也」。

高五王傳第八

漢書三十八

高皇帝八男：呂后生孝惠帝，曹夫人生齊悼惠王肥，薄姬生孝文帝，戚夫人生趙隱王如意，趙姬生淮南厲王長，諸姬生趙幽王友、趙共王恢、燕靈王建。〔一〕淮南厲王長自有傳。

〔一〕鄭氏曰：諸，姬姓也。張晏曰：非一之稱也。師古曰：諸姬，總言在姬妾之列者耳。其知姓位者，史各具言之。不知氏族及秩次者，則云諸姬也。而趙幽以下三王，非必同母，蓋以皆不知其所生之姬姓，故總言之。文三王傳云「諸姬生代孝王參、梁懷王揖」，景十三王傳云「屬諸姬子于栗姬」，此意皆同。張云「非一」，近得之矣。春秋左氏傳曰「諸子仲子、戎子」、「諸子鬻姒」，此其例也。豈以諸爲姓乎？鄭說非矣。共讀曰恭。其下類此。

齊悼惠王肥，其母高祖微時外婦也。〔一〕高祖六年立，食七十餘城。〔二〕諸民能齊言者皆與齊。〔三〕孝惠二年入朝，帝與齊王燕飲太后前，置齊王上坐，如家人禮。〔四〕太后怒，乃令人酌兩巵鴆酒置前，〔五〕令齊王爲壽。〔六〕齊王起，帝亦起，欲俱爲壽。太后恐，自起反巵。〔七〕齊王怪之，因不敢飲，陽醉去。問知其鴆，乃憂，自以爲不得脫長安。〔八〕內史士曰：〔九〕「太后獨有帝與魯元公主，今王有七十餘城，而公主乃食數城。王誠以一郡上太后爲公主湯沐邑，太后必喜，王無患矣。」於是齊王獻城陽郡以尊公主爲王太后。〔一〇〕呂太后喜而許之。乃置酒齊邸，樂飲，遣王歸國。後十三年薨，子襄嗣。

〔一〕師古曰：謂與旁通者。【補注】沈欽韓曰：小雅「求爾新特」。傳「新特，外昏也」。列女傳賢明篇「宋鮑蘇仕衞三年而娶外妻」。外婦與外昏、外妻同義。

〔二〕【補注】齊召南曰：案高紀「以膠東、膠西、臨淄、濟北、博陽、城陽郡七十三縣封齊」。先謙曰：史記云「七十城」，舉大數。

〔三〕孟康曰：此時流移，故使齊言者還齊也。師古曰：欲其國大，故多封之。【補注】先謙曰：索隱引孟説，此時人多流亡、移亡，一也。「人多」二字不可少。

〔四〕師古曰：以兄弟齒列，不從君臣之禮，故曰「家人也」。坐音材臥反。

〔五〕應劭曰：鴆鳥黑身赤目，食蝮蛟野葛，以其羽畫酒中，飲之立死。【補注】先謙曰：官本「蛟」作「蛇」，是。

〔六〕【補注】周壽昌曰：據此，古人置酒爲壽，先自飲，明其酒無惡味，而後以壽長上也。觀下「帝亦起，欲俱爲壽」可見。

〔七〕師古曰：反音幡。

〔八〕師古曰：脱，免也。言死於長安，不得更至齊國也。脱音吐活反。

〔九〕師古曰：内史，王官。士者，其名也。【補注】先謙曰：史記作「内史勳」。

〔一〇〕師古曰：爲齊王太后也。言以母禮事之，所以自媚也。解具在惠紀。【補注】齊召南曰：案史記無此句，但曰「獻城陽郡以爲魯元公主湯沐邑」而已。

趙隱王如意，九年立。〔一〕四年，高祖崩，〔二〕呂太后徵王到長安鴆殺之。無子，絶。

〔一〕師古曰：高祖之九年也。他皆類此。【補注】沈欽韓曰：西京雜記「趙王如意年幼，未能親外傳，戚姬使舊趙王內傳趙媼傳之，號其室曰養德宮」。

〔二〕師古曰：趙王之四年。

趙幽王友，十一年立爲淮陽王。趙隱王如意死，孝惠元年，徙友王趙，凡立十四年。〔一〕太后以諸呂女爲后，不愛，愛它姬。諸呂女怒去，讒之於太后曰：「王曰『呂氏安得王？〔二〕太后百歲後，吾必擊之』。」太后怒，以故召趙王。趙王至，置邸不見，令衞圍守之，不得食。其羣臣或竊饋之，輒捕論之。趙王餓，乃歌曰：「諸呂用事兮，劉氏微；迫脅王侯兮，彊授我妃。我妃既妒兮，誣我以惡；〔三〕讒女亂國兮，上曾不寤。我無忠臣兮，何故〔四〕棄國？自快中野兮，蒼天與直！〔五〕于嗟不可悔兮，寧早自賊！〔六〕爲王餓死兮，誰者憐之？呂氏絶理兮，託天報仇！」〔七〕遂幽死。以民禮葬之長安。

〔一〕【補注】宋祁曰：「四」字校添。

〔二〕師古曰：安，猶焉也。

〔三〕師古曰：惡音一故反。

〔四〕師古曰：謂不能明白之也。

〔五〕師古曰：天色蒼蒼，故曰蒼天。言己之理直，冀天臨監之。【補注】劉攽曰：「棄國」當屬上句。宋祁曰：浙本無

「自」字。

〔六〕師古曰：賊，害也。悔不早棄趙國，而快意自殺於田野之中，今乃被幽餓也。

〔七〕【補注】宋祁曰：仇音渠尤反，讎也。

高后崩，孝文即位，立幽王子遂爲趙王。二年，有司請立皇子爲王。上曰：「趙幽王幽死，朕甚憐之。已立其長子遂爲趙王。遂弟辟彊及齊悼惠王子朱虚侯章、東牟侯興居有功，皆可王。」於是取趙之河間立辟彊，是爲河間文王。文王立十三年薨，子哀王福嗣。一年薨。無子，國除。

趙王遂立二十六年，孝景時鼂錯以過削趙常山郡，諸侯怨，吴楚反，遂與合謀起兵。其相建德、内史王悍諫，不聽。遂燒殺德、悍，〔一〕發兵住其西界，欲待吴楚俱進，北使匈奴與連和。漢使曲周侯酈寄擊之，趙王城守邯鄲，相距七月。吴楚敗，匈奴聞之，亦不肯入邊。欒布自破齊還，并兵引水灌趙城。〔二〕城壞，王遂自殺，國除。景帝憐趙相、内史守正死，皆封其子爲列侯。〔三〕

〔一〕師古曰：上云「其相建德内史王悍」，下云「燒殺德、悍」，是爲相姓建名德也。而景武功臣侯表云「遽侯横父建德，以趙相死事，子侯」，則是不知其姓。表、傳不同，疑後人轉寫此傳，誤脱去一「建」字也。【補注】先謙曰：史記上下文並作「建德悍」，顔説是也。

〔二〕【補注】先謙曰：紀要「西河在廣平府邯鄲縣東二十五里，一名渚沁水」。濁漳水注「牛首水出邯鄲縣西堵山，東流分爲二水。漢景時六國悖逆，命曲周侯酈寄攻趙，圍邯鄲，相捍七月，引牛首、拘水灌城，城壞，王自殺。其水東入邯鄲城，經温明殿南，又東流出城，合成一川。又東澄而爲渚沁水，東南流，注拘澗水。又東入白渠」。案：城南五里有渚河，城西半里有沁河，合爲西河。

〔三〕【補注】先謙曰：史記贊云「趙任防與先生，豈有篡殺之謀爲天下僇哉」！索隱「史漢不見趙不用防與公，蓋當時猶知事迹，故史公明著之」。據此，納忠者不獨相、内史也。

趙共王恢。十一年，梁王彭越誅，立恢爲梁王。十六年，趙幽王死，呂后徙恢王趙，恢心不樂。太后以呂產女爲趙王后，王后從官皆諸呂也，内擅權，微司趙王，〔一〕王不得自恣。王有愛姬，王后鴆殺之。〔二〕王乃爲歌詩四章，令樂人歌之。王悲思，六月自殺。太后聞之，以爲用婦人故自殺，無思奉宗廟禮，廢其嗣。

〔一〕【補注】周壽昌曰：司讀曰伺。

〔二〕【補注】沈欽韓曰：外戚傳同。西京雜記云「呂后命力士於被中縊殺之」。

燕靈王建。十一年，燕王盧綰亡入匈奴，明年，立建爲燕王。十五年薨，〔一〕有美人子，〔二〕太后使人殺之，絕後。

〔一〕【補注】沈欽韓曰：金史文藝傳「初，兩燕王墓舊在中都東城外，海陵廣京城，圍墓在東城内。前嘗有盜發其墓。大（建）〔定〕九年，詔改葬於城外。俗傳六國時燕王及太子丹之葬。及啓壙，其東墓之柩題其端曰『燕靈王柩』，乃西漢高祖子劉建葬也。其西墓，蓋燕康王劉嘉之葬也」。

〔二〕師古曰：王之美人生子也。

齊悼惠王子，前後凡九人爲王：太子襄爲齊哀王，次子章爲城陽景王，興居爲濟北王，將閭爲齊王，志爲濟北王，辟光爲濟南王，〔一〕賢爲菑川王，卬爲膠西王，雄渠爲膠東王。

〔一〕師古曰：辟音壁，又讀曰闢。

齊哀王襄，孝惠六年嗣立。明年，惠帝崩，吕太后稱制。元年，以其兄子鄘侯吕台爲吕王，〔一〕割齊之濟南郡爲吕王奉邑。〔二〕明年，哀王弟章入宿衛於漢，高后封爲朱虚侯，以吕禄女妻之。後四年，封章弟興居爲東牟侯，皆宿衛長安。高后七年，割齊琅邪郡，立營陵侯劉澤爲琅邪王。是歲，趙王友幽死于邸。三趙王既廢，高后立諸吕爲三王，擅權用事。〔三〕

〔一〕師古曰：鄘音敷。【補注】先謙曰：史記作「酈」。徐廣注「一作鄘」。

〔二〕師古曰：奉音扶用反。他皆類此。

〔三〕【補注】先謙曰：三王，燕、趙、梁。

章年二十，有氣力，忿劉氏不得職。嘗入侍燕飲，高后令章爲酒吏。〔一〕章自請曰：「臣將種也，請得以軍法行酒。」高后曰：「可。」酒酣，章進歌舞，已而曰：「請爲太后言耕田。」〔二〕高后兒子畜之，〔三〕笑曰：「顧乃父知田耳，〔四〕若生而爲王子，安知田乎？」〔五〕章曰：「臣知之。」太后曰：「試爲我言田意。」〔六〕章曰：「深耕穊種，立苗欲疏；〔七〕非其種者，鉏而去之。」〔八〕太后默然。頃之，諸吕有一人醉，亡酒，〔九〕章追，拔劍斬之，而還報曰：「有亡酒一人，臣謹行軍法斬之。」太后左右大驚。業已許其軍法，亡以罪也。因罷酒。自是後，諸吕憚章，雖大臣皆依朱虚侯。劉氏爲彊。〔一〇〕

〔一〕【補注】沈欽韓曰：「吏」當作「史」。賓之初筵云「或立之監，或佐之史」。先謙曰：史記亦作「吏」，置以監酒，不必定用古名也。

〔二〕師古曰：欲申諷喻也。

〔三〕師古曰：比之於子也。【補注】沈欽韓曰：莊子庚桑楚「能兒子乎」？吕后蓋以小兒視之，非愛之也。周壽昌曰：畜，如季布「弟畜灌夫、籍福」之畜。

〔四〕師古曰：顧，念也。乃，汝也。汝父，謂高帝也。【補注】劉攽曰：兒子畜之，不以人臣待之也。乃父直謂王肥耳。下又云「齊王自以兒子年少，豈可以琅邪爲父也」？齊召南曰：悼惠王本高帝微時庶子，故曰「知田」。上文「高后兒子畜之」，不謂呼孫爲子也。下文云「若生而爲王子，安知田乎」？義尤明白。劉説是。

〔五〕師古曰：若亦汝也。

〔六〕【補注】先謙曰：史記作「試爲我言田」，不須加「意」字也。此「意」字即下文「章」字誤衍。

〔七〕師古曰：穊，稠也。穊種者，言多生子孫也。疏立者，四散置之，令爲藩輔也。穊音冀。

〔八〕師古曰：以斥諸吕也。

〔九〕師古曰：避酒而逃亡。

〔一〇〕師古曰：爲音于僞反。【補注】朱一新曰：「爲」當讀如字。顔音非。

其明年，高后崩。趙王吕禄爲上將軍，吕王産爲相國，皆居長安中，聚兵以威大臣，欲爲亂。章以吕禄女爲婦，知其謀，乃使人陰出告其兄齊王，欲令發兵西，〔一〕朱虚侯、東牟侯欲從中與大臣爲内應，以誅諸吕，因立齊王爲帝。

〔一〕師古曰：西詣京師。

齊王聞此計，與其舅駟鈞、郎中令祝午、中尉魏勃陰謀發兵。齊相召平聞之，〔一〕乃發兵入衛王宫。魏勃紿平曰：〔二〕「王欲發兵，非有漢虎符驗也。〔三〕而相君圍王，固善。勃請爲君將兵衛衛王。」〔四〕召平信之，乃使魏勃將。勃既將，以兵圍相府。召平曰：「嗟乎！道家之言『當斷不斷，反受其亂』。」〔五〕遂自殺。於是齊王以駟鈞爲相，魏勃爲將軍，祝午爲内史，悉發國中兵。使祝午紿琅邪王曰：「吕氏爲亂，齊王發兵欲西誅之。齊王自以兒子，年少，不習兵革之事，願舉國委大王。大王自高帝將也，〔六〕習戰事。齊王不敢離兵，〔七〕使臣請大王幸之臨菑見齊王計事，并將齊兵以西平關中之亂。」琅邪王信之，以爲然，乃馳見齊王。齊王與魏勃等因留琅邪王，而使祝午盡發琅邪國而并將其兵。琅邪王劉澤既欺，不得反國，〔八〕乃説齊王曰：「齊悼惠王，高皇帝長子也，推本言之，大王高皇帝適長孫也，〔九〕當立。今諸大臣狐疑未有所定，而澤於劉氏最爲長年，大臣固待澤決計。今大王留臣無爲也，不如使我入關計事。」齊王以爲然，乃益具車送琅邪王。

〔一〕師古曰：召讀曰邵。【補注】先謙曰：索隱「廣平人召平，與東陵侯召平及此召平，皆别人」。

〔二〕師古曰：給，誑也。

〔三〕【補注】先謙曰：胡三省云：「史記文帝紀『二年九月，初與郡國守相爲銅虎符』。既有初字，則前此未有銅虎符也。召平、魏勃事在前，何緣有銅虎符？」沈欽韓云：史家以後事追稱，此類甚多。

〔四〕師古曰：謂將兵及衞守之具，以禁衞王。令不得發也。

〔五〕【補注】沈欽韓曰：春申傳贊引之，後書儒林傳引作「黄石公三略」。

〔六〕師古曰：言自高帝之時已爲將也。

〔七〕服虔曰：不敢離其兵而到琅邪。

〔八〕【補注】王念孫曰：「既欺」本作「既見欺」，謂見欺於齊王而不得反其國也。今本脱「見」字，則文不成義。燕王劉澤傳注引此，有「見」字。悼惠王世家同。

〔九〕師古曰：適讀曰嫡。

琅邪王既行，齊遂舉兵西攻吕國之濟南。於是齊王遺諸侯王書曰：「高帝平定天下，王諸子弟。悼惠王薨，惠帝使留侯張良立臣爲齊王。惠帝崩，高后用事，春秋高，聽諸吕擅廢帝更立，〔一〕又殺三趙王，滅梁、趙、燕，以王諸吕，分齊國爲四。〔二〕忠臣進諫，上或亂不聽。今高后崩，皇帝春秋富，〔三〕未能治天下，固待大臣諸侯。〔四〕今諸吕又擅自尊官，聚官嚴威，〔五〕劫列侯忠臣，撟制以令天下，〔六〕宗廟以危。寡人帥兵入誅不當爲王者。」

〔一〕【補注】先謙曰：史記作「擅廢高帝所立」。義異。

〔二〕師古曰：本自齊國更分爲濟南、琅邪、城陽，凡爲四也。

〔三〕師古曰：言年幼也。比之於財，方未匱竭，故謂之富。

〔四〕【補注】先謙曰：史記「待」作「恃」。

〔五〕【補注】朱一新曰：監本下「官」作「兵」。先謙曰：官本作「兵」，史記同。

〔六〕師古曰：撟，託也。託天子之制詔也。撟音矯。

漢聞之，相國呂產等遣大將軍潁陰侯灌嬰將兵擊之。嬰至滎陽，乃謀曰：「諸呂舉兵關中，欲危劉氏而自立，今我破齊還報，是益呂氏資也。」乃留兵屯滎陽，使人諭齊王及諸侯，與連和，〔一〕以待呂氏之變而共誅之。齊王聞之，乃屯兵西界待約。〔二〕

〔一〕師古曰：諭謂曉告也。

〔二〕【補注】先謙曰：史記「乃」下有「西取其故濟南郡」句。

呂祿、呂產欲作亂，朱虛侯章與太尉勃、丞相平等誅之。章首先斬呂產，太尉勃等乃盡誅諸呂。而琅邪王亦從齊至長安。大臣議欲立齊王，皆曰：〔一〕「母家駟鈞惡戾，虎而冠者也。〔二〕訪以呂氏故，幾亂天下，〔三〕今又立齊王，是欲復爲呂氏也。代王母家薄氏，君子長者，且代王高帝子，於今見在最爲長。以子則順，以善人則大臣安。」於是大臣乃謀迎代王，而遣章以誅呂氏事告齊王，令罷兵。

〔一〕【補注】先謙曰：史記作「琅邪王及大臣曰」。

〔二〕張晏曰：言鈞惡戾，如虎著冠。

〔三〕如淳曰：訪猶方也。師古曰：幾音鉅依反。【補注】劉攽曰：此「訪」與公羊「訪於此」義同。周壽昌曰：訪同昉。昉，始也。先謙曰：史記作「方」。

灌嬰在滎陽，聞魏勃本教齊王反，既誅呂氏，罷齊兵，使使召責問魏勃。勃曰：「失火之家，豈暇先言丈人後救火乎！」〔一〕因退立，股戰而栗。〔二〕恐不能言者，終無他語。灌將軍孰視笑曰：「人謂魏勃勇，妄庸人耳，〔三〕何能爲乎！」乃罷勃。〔四〕勃父以善鼓琴見秦皇帝。及勃少時，欲求見齊相曹參，家貧無以自通，乃常獨早埽齊相舍人門外。舍人怪之，以爲物而司之，得勃。〔五〕勃曰：「願見相君無因，故爲子埽，欲以求見。」於是舍人見勃，曹參因以爲舍人。壹爲參御言事，以爲賢，言之悼惠王。王召見，拜爲內史。始悼惠王得自置二千石。及悼惠王薨，哀王嗣，勃用事重於相。

〔一〕師古曰：言以社稷將危，故舉兵以匡之，不暇待有詔命也。【補注】先謙曰：官本「匡」作「臣」，引宋祁曰：注文「以臣之」或作「以匡之」。先謙案：「丈人」，史記作「大人」。

〔二〕師古曰：股，腳也。戰者，懼之甚也。

〔三〕【補注】先謙曰：索隱「言凡妄庸劣之人」。

〔四〕師古曰：放令去。

〔五〕師古曰：物謂鬼神。司者，察視之。

齊王既罷兵歸，而代王立，是爲孝文帝。

文帝元年，盡以高后時所割齊之城陽、琅邪、濟南郡復予齊，而徙琅邪王王燕。益封朱虚侯、東牟侯各二千户，黄金千斤。

是歲，齊哀王薨，子文王則嗣。十四年薨，無子，國除。〔一〕

〔一〕【補注】先謙曰：史記「則」作「側」，誤。

城陽景王章，〔一〕孝文二年以朱虚侯與東牟侯興居俱立，二年薨，子共王喜嗣。孝文十二年，徙王淮南，〔二〕五年，復還王城陽，凡立三十三年薨。子頃王延嗣，二十六年薨。子敬王義嗣，九年薨。子惠王武嗣，十一年薨。〔三〕子荒王順嗣，四十六年薨。〔四〕子戴王恢嗣，八年薨。子孝王景嗣，二十四年薨。子哀王雲嗣，一年薨，無子，國絶。成帝復立雲兄俚爲城陽王，〔五〕王莽時絶。

〔一〕【補注】先謙曰：王齊城陽郡。年表云，都莒。
〔二〕【補注】先謙曰：年表云，都陳。
〔三〕【補注】宋祁曰：越本作「十年」。先謙曰：史記作「十一年」。表同。
〔四〕【補注】宋祁曰：越本作三十六年。先謙曰：史記作「四十六年」。表同。
〔五〕師古曰：俚音里。

濟北王興居〔一〕初以東牟侯與大臣共立文帝於代邸，曰：「誅吕氏，臣無功，請與太僕滕公俱入清宮。」〔二〕遂將少帝出，迎皇帝入宮。

〔二〕【補注】先謙曰：王齊濟北郡。
〔三〕師古曰：滕公，夏侯嬰也。

始誅諸吕時，朱虚侯章功尤大，大臣許盡以趙地王章，盡以梁地王興居。及文帝立，聞朱虚、東牟之初欲立齊王，故黜其功。〔一〕二年，王諸子，乃割齊二郡以王章、興居。章、興居意自以失職奪功。歲餘，章薨，而匈奴大入邊，漢多發兵，丞相灌嬰將擊之，文帝親幸太原。興居以爲天子自擊胡，遂發兵反。上聞之，罷兵歸長安，使棘蒲侯柴將軍〔二〕擊破，虜濟北王，王自殺，國除。

〔一〕師古曰：不賞之。
〔二〕張晏曰：柴武。【補注】錢大昭曰：案功臣表有「棘蒲剛侯陳武」。此又作「柴」，説詳侯表。

文帝愍濟北王逆亂以自滅，明年，盡封悼惠王諸子罷軍等七人爲列侯。〔一〕至十五年，齊文王又薨，無子。時悼惠王後尚有城陽王在，文帝憐悼惠王適嗣之絶，〔二〕於是乃分齊爲六國，盡立前所封悼惠王子列侯見在者六人爲王。齊孝王將閭以楊虚侯立，濟北王志以安都侯立，菑川王賢以武成侯立，膠東王雄渠以白石侯立，膠西王卬以平昌侯立，〔三〕濟南王辟光以扐侯立。〔四〕孝文十六年，六王同日俱立。

〔一〕師古曰：罷音皮彼反。又讀曰疲。【補注】錢大昭曰：本紀亦作七人。攷王子侯表，管共侯罷軍、氏邱共侯甯國、營平侯信都、楊邱侯安、楊虚侯將閭、朸侯辟光、安都侯志、平昌侯卬、武成侯賢、白石侯雄渠，俱悼惠王子，同日受封。此七人當作十人。下文云「十五年分齊爲六國，盡立前所封悼惠王子列侯見在者六人爲王」。時罷軍、甯國、信都等已卒，皆非見在，故不得王。

〔二〕師古曰：適讀曰嫡。【補注】宋祁曰：越本「絶」字下有「世」字。

〔三〕【補注】先謙曰：菑川王都劇，膠東王都即墨，膠西王都高苑，並見年表。

〔四〕服虔曰：扐音勒。扐，平原縣也。【補注】朱一新曰：「扐」，王子侯表作「朸」，悼惠王世家作「勒」，誤也。

立十一年，孝景三年，吴楚反，膠東、膠西、菑川、濟南王皆發兵應吴楚。欲與齊，〔一〕齊孝王狐疑，城守不聽。三國兵共圍齊，〔二〕齊王使路中大夫告於天子。〔三〕天子復令路中大夫還報，告齊王堅守，漢兵今破吴楚矣。路中大夫至，三國兵圍臨菑數重，無從入。三國將與路中大夫盟曰：「若反言漢已破矣，〔四〕齊趣下三國，不且見屠。」〔五〕路中大夫既許，至城下，望見齊王，曰：「漢已發兵百萬，使太尉亞夫擊破吴楚，方引兵救齊，齊必堅守無下！」三國將誅路中大夫。

〔一〕師古曰：與之同反。

〔二〕張晏曰：膠西、菑川、濟南也。【補注】劉奉世曰：吴王濞傳前云「膠西、膠東與菑川、濟南共圍臨菑」，後云「膠西、膠東、菑川三國各引兵歸」。則此三國無濟南王也。然初言四國共圍齊，又言三國，疑必有誤。

〔三〕張晏曰：姓路，爲中大夫。【補注】周壽昌曰：廣韻「中」字下引賈執英賢傳曰「路中大夫之後」，以路中爲氏，是其後姓路中也。先謙曰：索隱引顧氏「按路氏譜，中大夫名卬」。

〔四〕師古曰：若，汝也。反謂反易其辭也。

〔五〕師古曰：趣讀曰促。

齊初圍急，陰與三國通謀，約未定，會路中大夫從漢來，其大臣乃復勸王無下三國。會漢將欒布、平陽侯等兵至齊，〔一〕擊破三國兵，解圍。已後聞齊初與三國有謀，〔二〕將欲移兵伐齊。齊孝王懼，飲藥自殺。而膠東、膠西、濟南、菑川王皆伏誅，國除，獨濟北王在。

〔一〕師古曰：平陽侯曹襄。【補注】齊召南曰：案顏注大誤。曹襄以武帝元光五年嗣爵，豈容孝景初年已爲將軍？索隱云「案表是曹奇」，是也。奇薨於景帝四年，則救齊擊破三國兵，乃奇未薨前一年事耳。

〔二〕【補注】王念孫曰：「已後聞」三字文義不順。「後」當爲「復」，言欒布等破三國兵解齊圍，已而復聞齊與三國有謀，遂欲伐齊也。通鑑漢紀八作「後」，則所見漢書本已誤。史記正作「已而復聞齊初與三國有謀」。西南夷傳云，王侯受詔，已復相攻。復、後二字篆隸皆相似，故復譌作後。

齊孝王之自殺也，景帝聞之，以爲齊首善，〔一〕以迫劫有謀，非其罪也，召立孝王太子壽，是爲懿王。二十三年薨，子厲王次昌嗣。

〔一〕師古曰：言其初首無逆亂之心。

其母曰紀太后。太后取其弟紀氏女爲王后，王不愛。紀太后欲其家重寵，〔一〕令其長女紀翁主入王宮，〔二〕正其後宮無令得近王，欲令愛紀氏女。王因與其姊翁主姦。

〔一〕師古曰：重音直用反。

〔二〕師古曰：諸王女曰翁主。而紀氏所生，故謂之紀翁主。

齊有宦者徐甲，〔一〕入事漢皇太后。〔二〕皇太后有愛女曰脩成君，脩成君非劉氏子，〔三〕太后憐之。脩成君有女娥，太后欲嫁之於諸侯。宦者甲乃請使齊，必令王上書請娥。皇太后大喜，使甲之齊。時主父偃知甲之使齊以取后事，亦因謂甲：「即事成，幸言偃女願得充王後宮。」甲至齊，風以此事。〔四〕紀太后怒曰：「王有后，後宮備具。且甲，齊貧人，及爲宦者入事漢，〔五〕初無補益，乃欲亂吾王家！且主父偃何爲者？乃欲以女充後宮！」甲大窮，還報皇太后曰：「王已願尚娥，〔六〕然事有所害，恐如燕王。」燕王者，與其子昆弟姦，坐死。〔七〕故以燕感太后。〔八〕太后曰：「毋復言嫁女齊事。」事寖淫聞於上。〔九〕主父偃由此與齊有隙。

〔一〕師古曰：宦者，奄人。
〔二〕張晏曰：皇太后，武帝之母。
〔三〕蘇林曰：皇太后前嫁金氏所生。【補注】先謙曰：見外戚傳。
〔四〕師古曰：風讀曰諷。
〔五〕【補注】先謙曰：史記「及」作「急」，下更有「乃」字。
〔六〕師古曰：尚，配也。
〔七〕師古曰：燕王定國傳云「與其子女三人姦」。子昆弟者，言是其子女又長幼非一，故云子昆弟也。一曰，子昆弟者，定國之姊妹也。言定國姦其子女及其姊妹。【補注】宋祁曰：浙本正文「坐死」字上有「新」字。先謙曰：史記有「新」字。
〔八〕師古曰：言齊王與其姊妹姦，終當坐之致死，不足嫁女與之。

〔九〕師古曰：寖，古浸字也。寖淫，猶言漸染也。【補注】先謙曰：史記作「浸潯」。浸潯即侵尋之異文，亦與寖淫同義。

偃方幸用事，因言：「齊臨菑十萬户，市租千金，〔一〕人衆殷富，鉅於長安，〔二〕非天子親弟愛子不得王此。今齊王於親屬益疏。」乃從容言呂太后時齊欲反，〔三〕及吳楚時孝王幾爲亂。〔四〕今聞齊王與其姊亂。於是武帝拜偃爲齊相，且正其事。偃至齊，急治王後宮宦者爲王通於姊翁主所者，辭及王。王年少，懼大罪〔五〕爲吏所執誅，乃飲藥自殺。

〔一〕師古曰：收一市之租，直千金也。

〔二〕師古曰：鉅，大也。【補注】先謙曰：官本無注。

〔三〕師古曰：從音千容反。

〔四〕師古曰：幾音鉅依反。【補注】宋祁曰：自「及吳楚」止「鉅依反」十七字，景德本有，他本無。

〔五〕【補注】先謙曰：官本「大」作「以」。引宋祁曰，越本「以」作「大」。朱一新云：「大」，監本作「以」。

是時趙王懼主父偃壹出敗齊，恐其漸疏骨肉，乃上書言偃受金及輕重之短，〔一〕天子亦因囚偃。公孫弘曰：「齊王以憂死，無後，非誅偃無以塞天下之望。」〔二〕偃遂坐誅。

〔一〕師古曰：輕重謂用心不平。

〔二〕師古曰：塞，滿也。

厲王立五年，國除。

濟北王志，吳楚反時初亦與通謀，後堅守不發兵，故得不誅，徙王菑川。元朔中，齊國絕。悼惠王後唯有二國:城陽、菑川。菑川地比齊,〔一〕武帝爲悼惠王家園在齊,乃割臨菑東圜悼惠王家園邑盡以予菑川,〔二〕令奉祭祀。

〔一〕師古曰:比,近也,音頻二反。
〔二〕師古曰:圜謂周繞之。

志立三十五年薨,〔一〕是爲懿王。子靖王建嗣,二十年薨。子頃王遺嗣,三十五年薨。子思王終古嗣。五鳳中,青州刺史奏終古使所愛奴與八子及諸御婢姦,〔二〕終古或參與被席,〔三〕或白晝使𧝝伏,犬馬交接,〔四〕終古親臨觀,産子,輒曰:「亂不可知,使去其子。」〔五〕事下丞相御史。奏終古位諸侯王,以令置八子,秩比六百石,〔六〕所以廣嗣重祖也。而終古禽獸行,亂君臣夫婦之別,悖逆人倫,〔七〕請逮捕。有詔削四縣。二十八年薨。子考王尚嗣,五年薨。〔八〕子孝王橫嗣,三十一年薨。子懷王交嗣,六年薨。子永嗣,王莽時絕。

〔一〕【補注】先謙曰:通鑑考異云:武紀「賜淮南、菑川王几杖,毋朝」。顏注「淮南王安、菑川王志,皆武帝諸父列也」。案諸侯王表「志在位三十五年」,與傳同。以元光五年薨。紀云「菑川王志」,誤也。
〔二〕如淳曰:八子,妾號。
〔三〕師古曰:與讀曰豫。
〔四〕師古曰:𧝝者,露形體也,音郎果反。【補注】先謙曰:官本「𧝝」作「羸」。案羸誤,𧝝亦俗字。王念孫云「景祐本『𧝝』作『𧞤』,此古字之僅存者。説文『𧞤,袒也。從衣,𣎆聲』。或『從果,聲作裸,俗作𧝝』,不合六書之義。世人多見嬴，少見嬴，而經傳中『嬴』字皆譌爲『羸』矣」。

〔五〕師古曰：去，除也。音丘呂反。

〔六〕【補注】錢大昭曰：案外戚傳「八子視千石比中更」。此是諸侯王之八子，故秩不同。

〔七〕師古曰：悖，乖也。音步内反。

〔八〕【補注】周壽昌曰：「五年」，表作「六年」。

贊曰：悼惠之王齊，最爲大國。以海内初定，子弟少，激秦孤立亡藩輔，〔一〕故大封同姓，以填天下。〔二〕時諸侯得自除御史大夫羣卿以下衆官，如漢朝，漢獨爲置丞相。自吴楚誅後，稍奪諸侯權，左官附益阿黨之法設。〔三〕其後諸侯唯得衣食租稅，貧者或乘牛車。

〔一〕師古曰：激，感發也。音工歷反。

〔二〕師古曰：填音竹刃反。

〔三〕張晏曰：諸侯有罪，傳相不舉奏爲阿黨。師古曰：皆新制律令之條也。左官，解在諸侯王表。附益，言欲增益諸侯王也。【補注】周壽昌曰：左官，諸侯王表注：「應劭曰『人道爲右，今舍天子而仕王侯，故謂之左官也』。」附益二字見論語。諸侯王表注：「張晏曰『律鄭氏説，封諸侯過限曰附益』。」顔注非。匡衡傳：「丞相主簿陸賜曹屬明阿承衡意，猥舉郡計，亂減縣界，附下罔上，擅以地附益大臣，皆不道。」阿黨二字見禮記月令。鄭注謂「治獄吏以私恩曲撓相爲也」。本注引張晏曰「諸侯有罪，傳相不舉奏爲阿黨」。諸侯王表注：「或曰，阿媚王侯有重法也。」元后傳：「上使尚書劾奏章『知野王前以王舅出補吏，而私薦之，欲令在朝阿附諸侯』。」朱博傳言「大司馬喜阿黨大臣，無益政治」，皆是也。

蕭何曹參傳第九

漢書三十九

蕭何，沛人也。〔一〕以文毋害爲沛主吏掾。〔二〕高祖爲布衣時，數以吏事護高祖。高祖爲亭長，常佑之。〔三〕高祖以吏繇咸陽，〔四〕吏皆送奉錢三，何獨以五。〔五〕秦御史監郡者，與從事辨之。〔六〕何乃給泗水卒史〔七〕事，第一。〔八〕秦御史欲入言徵何，何固請，得毋行。〔九〕

〔一〕【補注】先謙曰：史記作「沛豐人」。

〔二〕服虔曰：爲人解通，無嫉害也。應劭曰：雖爲文吏，而不刻害也。蘇林曰：毋害，若言無比也。一曰，害，勝也，無能勝害之者。晉灼曰：酷吏傳：「趙禹爲丞相亞夫吏，府中皆稱其廉，然亞夫不任，曰『極知禹無害，然文深，不可以居大府』。」蘇説是也。師古曰：害，傷也，無人能傷害之者。蘇、晉兩説皆得其意，服、應非也。【補注】劉奉世曰：持法者，或以己意私怨陷人謂之害。故貴於文毋害。毋害者，取其爲人毋害於行，則可以爲吏矣。文、毋害者，蓋其時擇吏之二事也。亞夫所以稱禹無害廉，其一節也。故韓信又云「無行不得推擇爲吏」。餘説太汎。先謙曰：宣紀詔云「能使生者不怨，死者不恨，則可謂文吏矣」。文者，循理用法之謂。過於理則爲文深，爲舞文。集解引漢書音義云「無害者，如言無比，陳留閒語也」。此無害之確詁。文毋害，猶言文吏之最能者耳。蜀中舟子長年三老，號曰最能。唐杜甫有最能行，最能之稱，猶無害也。周亞夫稱趙禹云「極知禹無害，然文深不可以居大府」。顏注「無害，言無人能勝之者」。訓爲無比意，是也。而此注云「無人能傷害之」，則尚拘於字義，不悟其爲當時語耳。既言「禹無害」，又云「然文深」，則無害非無嫉害不刻害之義甚明。服、應非也。索隱引韋昭云「有文理不傷害」。訓文爲有文理，是訓毋害爲無傷害，非也。續志「郡國秋冬遣無害吏案訊諸囚，平其辠法」，謂遣吏能最高者。劉昭注「律有無害都吏，猶今言公平吏」。天下豈有公平而文深者？劉注誤矣。墨子號令篇「請擇吏之忠信者，無害可任事者」。案，無害可任事者，猶云「最能可任事者也」。論衡程材篇論文吏云「巧習無害，文高德少」。巧習無害，猶言巧習無比，是無害二字言吏高下皆可施用。索隱「主吏，功曹也」。主吏掾即功曹掾」。

〔三〕師古曰：佑，助也。言居家時爲何所護，及爲亭長，何又擁助也。【補注】宋祁曰：注文「也」字當作「之」字。先謙曰：史記作「常左右之」。

〔四〕師古曰：繇讀曰傜，傜役也。【補注】先謙曰：官本「役」作「役」。

〔五〕師古曰：出錢以資行，他人皆三百，何獨五百。奉音扶用反。【補注】先謙曰：索隱劉氏云「時錢有重者，一當百，故有送錢三者」。

〔六〕張晏曰：何與共事備辨，明何素有方略也。蘇林曰：辟何與從事也。秦時無刺史，以御史監郡。師古曰：二説皆同。【補注】劉攽曰：此句先題目下事言「秦制，御史監郡者，凡有事，皆與從事共辨之」。錢大昭曰：辨，治也。秦時御史監郡，郡中事皆與從事共辨之。何爲泗水卒史，即從事也。蘇、顔説皆失之。先謙曰：辨與辦同。

〔七〕師古曰：泗水郡，沛所屬也。何爲郡卒史。【補注】周壽昌曰：秦時沛屬泗水郡，漢乃屬沛郡也。索隱「如氏云，案律，郡卒史、書佐各十人」。

〔八〕師古曰：課最上。【補注】齊召南曰：案事字應屬上句，言何給泗水郡卒史事也。第一即是課最上，不必有「事」字。舊讀非。

〔九〕孟康曰：當還入相秦事，故召何也。師古曰：此説非也。御史以何明辨，欲因入奏事之次，言於朝廷，徵何用之。

何心不願，以情固請，而御史止，故得不行也。【補注】沈欽韓曰：漢刺史歲一奏事京師，秦法當然。

及高祖起爲沛公，何嘗爲丞督事。〔一〕沛公至咸陽，諸將皆爭走金帛財物之府分之，〔二〕何獨先入收秦丞相御史律令圖書藏之。沛公具知天下阸塞，户口多少，彊弱處，民所疾苦者，以何得秦圖書也。

〔一〕師古曰：督謂監視之也。何爲沛丞，專督衆事。

〔二〕師古曰：走謂趣向之走。音奏。【補注】先謙曰：官本「音」上無「走」字。

初，諸侯相與約，先入關破秦者王其地。沛公既先定秦，項羽後至，欲攻沛公，沛公謝之得解。羽遂屠燒咸陽，與范增謀曰：「巴蜀道險，秦之遷民皆居蜀。」乃曰：「蜀漢亦關中地也。」故立沛公爲漢王，而三分關中地，王秦降將以距漢王。〔一〕漢王怒，欲謀攻項羽。周勃、灌嬰、樊噲皆勸之，何諫之曰：〔二〕「雖王漢中之惡，不猶愈於死乎？」〔三〕漢王曰：「何爲乃死也？」〔四〕何曰：「今衆弗如，百戰百敗，不死何爲？周書曰『天予不取，反受其咎』。〔五〕語曰『天漢』，其稱甚美。〔六〕夫能詘於一人之下，而信於萬乘之上者，湯武是也。〔七〕臣願大王王漢中，養其民以致賢人，收用巴蜀，還定三秦，天下可圖也。」漢王曰：「善。」乃遂就國，以何爲丞相。何進韓信，漢王以爲大將軍，〔八〕説漢王令引兵東定三秦。〔九〕語在信傳。

〔一〕【補注】宋祁曰：浙本「距」字下有「塞」字。

〔二〕【補注】宋祁曰：謝郭去「之」字，浙本無「之」字。齊召南曰：漢王就國漢中一段，史記所缺，而班氏補之。何爲漢功臣之首，宜也。

〔三〕師古曰：愈，勝也。【補注】先謙曰：官本無注。

〔四〕【補注】宋祁曰：「乃」字疑作「迺」。

〔五〕師古曰：周書者本與尚書同類，蓋孔子所删(白)〔百〕篇之外，劉向所奏有七十一篇。【補注】沈欽韓曰：周書見存者無此語。太公金匱云「天與不取，反受其殃」。越語范蠡曰「天與不取，反爲之災」。

〔六〕孟康曰：語，古語也。言地之有漢，若天之有河漢，名號休美。臣瓚曰：流俗語云「天漢，其言常以漢配天，此美名也」。師古曰：瓚說是也。天漢，河漢也。【補注】宋祁曰：注文「河漢」，當作「天河」。沈欽韓曰：詩雲漢疏引河圖括地象云「河精上爲天漢」。

〔七〕師古曰：信讀曰伸，古通用字。【補注】沈欽韓曰：文選注五十五引太公金匱曰：屈一人之下，申萬人之上。武王曰：請著金版。韓策或謂韓王語同此。「萬乘」當爲「萬人」。

〔八〕【補注】先謙曰：以爲大將，而稱曰將軍。信傳可證。此時尚無大將軍官名也。

〔九〕【補注】先謙曰：官本無「王」字。引宋祁曰：浙本「說漢」字下有「王」字。

何以丞相留收巴蜀，填撫諭告，〔一〕使給軍食。漢二年，漢王與諸侯擊楚，何守關中，侍太子，治櫟陽。爲令約束，立宗廟、社稷、宮室、縣邑。輒奏，上可許以從事；〔二〕即不及奏，輒以便宜施行，上來以聞。〔三〕計戶轉漕給軍，漢王數失軍遯去，何常興關中卒，輒補缺。上以此剸屬任何關中事。〔四〕

〔一〕師古曰：填音竹忍反。【補注】先謙曰：官本注「忍」作「刃」，是。

〔二〕師古曰：可其所奏，許其所請依以行事。

〔三〕應劭曰：上來還，乃以所爲聞也。

〔四〕師古曰：剸讀與專同，又音章阮反。此即言專聲之急上者也，（又）〔今〕俗語猶然。他皆類此。屬音之欲反。【補注】先謙曰：史記「剸」作「專」。

漢三年，與項羽相距京、索間，〔一〕上數使使勞苦丞相。〔二〕鮑生謂何曰：〔三〕「今王暴衣露蓋，數勞苦君者，有疑君心。爲君計，莫若遣君子孫昆弟能勝兵者悉詣軍所，上益信君。」於是何從其計，漢王大說。〔四〕

〔一〕師古曰：索音山客反。

〔二〕師古曰：勞音來到反。次下亦同。

〔三〕師古曰：鮑生，當時有識之士，姓鮑而爲諸生也。【補注】沈欽韓曰：書中言轅生、王生之類甚多，皆謂先生也。師古以爲諸生，妄也。

〔四〕師古曰：說讀曰悅。

漢五年，已殺項羽，即皇帝位，論功行封，羣臣爭功，歲餘不決。上以何功最盛，先封爲酇侯，〔一〕食邑八千户。功臣皆曰：「臣等身被堅執兵，〔二〕多者百餘戰，少者數十合，攻城略地，大小各有差。今蕭何未有汗馬之勞，徒持文墨議論，不戰，顧居臣等上，何也？」〔三〕上曰：「諸君知獵乎？」曰：「知之。」「知獵狗乎？」曰：「知之。」〔四〕上曰：「夫獵，追殺獸者狗也，而發縱指示獸處者人也。〔五〕今諸君徒能走得獸耳，〔六〕功狗也；至如蕭何，發縱指示，功人也。且諸君獨以身從我，多者三兩人；蕭何舉宗數十人皆隨我，功不可忘也！」羣臣後皆莫敢言。

〔一〕文穎曰：音贊。師古曰：先封何者，謂諸功臣舊未爵者，何最在前封也。酇屬南陽，解在高紀。【補注】宋祁曰：索隱：「鄒氏云『酇屬沛郡，音嵯；屬南陽，音贊』。又臣瓚案茂陵書『蕭何國在南陽，則字當音贊。今多呼爲嵯也』。」先謙曰：官本注「未」作「有」。齊召南云：案功臣表，六年十二月甲申封曹參、靳歙、夏侯嬰、王吸、傅寬、召歐、薛歐、陳濞、陳嬰、陳平凡十侯。至正月丙午，封張良、劉纏、蕭何、周勃、樊噲、酈商、灌嬰、周昌、武虎、董渫、孔聚、陳賀、陳豨共十二侯。其餘功臣未封者尚多，即上文所云「羣臣爭功，歲餘不決」者也。注「舊有爵者」疑應作「未封爵者」。先謙案，何先封沛郡之鄺，而後封南陽之酇。此先封者作鄺，音嵯。傳寫並作酇耳。音嵯者沛郡縣，今歸德府永城縣西南。音贊者南陽縣，今襄陽府光化縣北。

〔二〕【補注】先謙曰：史記「兵」作「鋭」。

〔三〕師古曰：顧猶反也。

〔四〕【補注】宋祁曰：謝郭本去「知獵狗乎曰知之」七字。

〔五〕師古曰：發縱，謂解紲而放之也。指示者，以手指示之。今俗言放狗。縱音子用反，而讀者乃爲蹤蹟之蹤，非也。書本皆不爲蹤字，自有逐蹤之狗，不待人發也。【補注】錢大昭曰：說文無「蹤」字。「蹤蹟」字古作「縱」。隸釋郭仲奇碑云「有山甫之縱」，又云「徽縱顯」」，魯峻碑云「比縱豹産」，趙圉令碑云「羡其縱高」，外黃碑云「莫與比縱」，夏承碑云「紹縱先軌」，皆是也。小顏乃疑非蹤蹟之蹤，誤矣。先謙曰：史記作「蹤」。足證縱、蹤通用。顏注非是。

〔六〕【補注】吳仁傑曰：史記作「得走獸」。案上文「追殺獸者，狗也；而發縱指示者，人也」。所謂「走得獸者」，謂其追而殺之耳。云「得走獸」，則乖本指矣。王仲任亦云「高祖行封，先及蕭何，蕭何安坐，樊、酈馳走」是也。

列侯畢已受封，奏位次，〔一〕皆曰：「平陽侯曹參身被七十創，攻城略地，功最多，宜第一。」上已橈功臣多封何，〔二〕至位次未有以復難之，然心欲何第一。關内侯鄂千秋時爲謁者，〔三〕進曰：「羣臣議皆誤。夫曹參雖有野戰略地之功，此特一時之事。夫上與楚相距五歲，失軍亡衆，跳身遯者數矣，〔四〕然蕭何常從關中遣軍補其處。非上所詔令召，而數萬衆會上乏絶者數矣。夫漢與楚相守滎陽數年，軍無見糧，〔五〕蕭何轉漕關中，給食不乏。陛下雖數亡山東，蕭何常全關中待陛下，此萬世功也。今雖無曹參等百數，何缺於漢？〔六〕漢得之不必待以全。奈何欲以一旦之功，而加萬世之功哉！〔七〕蕭何當第一，曹參次之。」上曰：「善。」於是乃令何第一，〔八〕賜帶劍履上殿，入朝不趨。上曰：「吾聞進賢受上賞，蕭何功雖高，待鄂君乃得明。」於是因鄂千秋故所食關内侯邑二千户，封爲安平侯。〔九〕是日，悉封何父母兄弟十餘人，〔一〇〕皆食邑。乃益封何二千户，「以嘗繇咸陽時何送我獨贏錢二也」。〔一一〕

〔一〕【補注】齊召南曰：案十八侯位次定於此時。

〔二〕應劭曰：橈，屈也。師古曰：音女教反。

〔三〕【補注】先謙曰：官本作「鄂秋」。引宋祁曰：浙本作「鄂千秋」。周壽昌云：各本俱作「鄂秋」。功臣表亦作「鄂秋」，無「千」字。史表亦作「千秋」，而何世家祇稱「鄂君」，無名。

〔四〕師古曰：跳身謂輕身走出也。【補注】周壽昌曰：「跳」，史記作「逃」。據文下有「遯」字，作「跳」爲是。

〔五〕師古曰：無見在之糧。

〔六〕師古曰：數音所具反。

〔七〕【補注】先謙曰：官本無「而」字。引宋祁曰：浙本「加」字上有「而」字。

〔八〕【補注】先謙曰：史記脱「第一」二字，當依此訂。

〔九〕【補注】先謙曰：官本無「千」字。引宋祁曰：浙本作「鄂千秋」。

〔一〇〕【補注】先謙曰：「父母」，史記作「父子」。

〔一一〕師古曰：贏，餘也。二謂二百也。衆人送皆三百，何獨五百，故云「贏二」也。

陳豨反，上自將至邯鄲。而韓信謀反關中，呂后用何計誅信。語在信傳。上已聞誅信，使使拜丞相爲相國，〔一〕益封五千户，令卒五百人一都尉爲相國衛。諸君皆賀，召平獨弔。〔二〕召平者，故秦東陵侯。秦破，爲布衣，貧，種瓜長安城東，瓜美，故世謂「東陵瓜」，從召平始也。〔三〕平謂何曰：「禍自此始矣。上暴露於外，而君守於内，非被矢石之難，而益君封置衛者，以今者淮陰新反於中，有疑君心。夫置衛衛君，非以寵君也。〔四〕願君讓封勿受，悉以家私財佐軍。」何從其計，上説。〔五〕

〔一〕【補注】齊召南曰：案丞相紫綬，相國則緑綬矣。漢初相國惟何及曹參二人。自參薨後，即仍稱丞相。又案何爲相國，在淮陰既誅之後，此傳甚明。而公卿表乃列於九年，誤也。若在九年，則豨尚未叛，信尚未誅矣。當以此傳爲正在十一年。周壽昌曰：高帝即位，置一丞相，至是更名相國。

〔二〕師古曰：召讀曰邵。

〔三〕【補注】先謙曰：史記「始也」作「以爲名也」。

〔四〕師古曰：恐其爲變，故守衛之。【補注】宋祁曰：浙本句末有「也」字。

〔五〕師古曰：説讀曰悦。

其秋，黥布反，上自將擊之，〔一〕數使使問相國何爲。〔二〕曰：「爲上在軍，拊循勉百姓，〔三〕悉所有佐軍，如陳豨時。」〔四〕客又説何曰：「君滅族不久矣。夫君位爲相國，功第一，不可復加。然君初入關，本得百姓心，十餘年矣。皆附君，尚復孳孳得民和。〔五〕上所謂數問君，〔六〕畏君傾動關中。今君胡不多買田地，賤貰貣以自汙？上心必安。」〔七〕於是何從其計，上乃大説。〔八〕

〔一〕【補注】宋祁曰：舊本作「上自將軍」。浙本無「軍」字。

〔二〕師古曰：問其居守，何所營爲。

〔三〕【補注】先謙曰：史記「曰」作「相國」二字。「勉」下有「力」字，是也。無「力」字不成句。史記作「相國」，實事。此作「曰」，乃對使者語矣。

〔四〕師古曰：悉，盡也。盡所有糧食資用，出以佐軍也。

〔五〕師古曰：孳字與孜同。孜孜，言不怠也。【補注】宋祁曰：注文「怠」亦作「逮」。

〔六〕【補注】宋祁曰：此疑有「者」字。先謙曰：謂與爲同。史記作「爲」，有「者」字。

〔七〕師古曰：貰，賒也。貣音土得反。

〔八〕師古曰：説讀曰悦。

上罷布軍歸，民道遮行，〔一〕上書言相國彊賤買民田宅數千人。〔二〕上至，何謁。上笑曰：「今相國乃利民！」〔三〕民所上書皆以與何，曰：「君自謝民。」後何爲民請曰：「長安地陿，上林中多空地，棄，願令民得入田，毋收稾爲獸食。」〔四〕上大怒曰：「相國多受賈人財物，爲請吾苑！」乃下何廷尉，械繫之。數日，王衛尉侍，〔五〕前問曰：「相國胡大罪，陛下繫之暴也？」〔六〕上曰：「吾聞李斯相秦皇帝，有善歸主，有惡自予。今相國多受賈豎金，爲請吾苑，以自媚於民。〔七〕故繫治之。」王衛尉曰：「夫職事苟有便於民而請之，真宰相事也。陛下柰何乃疑相國受賈人錢乎！〔八〕且陛下距楚數歲，陳豨、黥布反時，陛下自將往，當是時相國守關中，關中搖足則關西非陛下有也。〔九〕相國不以此時爲利，乃利賈人之金乎？且秦以不聞其過亡天下，夫李斯之分過，又何足法哉！陛下何疑宰相之淺也！」上不懌。〔一〇〕是日，使使持節赦出何。何年老，素恭謹，徒跣入謝。上曰：「相國休矣！〔一一〕相國爲民請吾苑不許，〔一二〕我不過爲桀紂主，而相國爲賢相。吾故繫相國，欲令百姓聞吾過。」

〔一〕師古曰：在道上遮天子行。

〔二〕【補注】先謙曰：史記作「數千萬」，義異。

〔三〕【補注】先謙曰：謂奪民所有以爲利。

〔四〕師古曰：稾，禾稈也。言恣人田之，不收其稾稅也。稾音工老反。稈音工旱反。【補注】劉攽曰：言毋收稾草爲獸食而已。沈欽韓曰：此棄地，本種稾給獸食。今令民田取粟也。注非。

〔五〕如淳曰：百官公卿表衛尉王氏無名字。師古曰：史失之也。侍謂侍天子也。

〔六〕師古曰：前問謂進而請也。胡，何也。

〔七〕師古曰：媚，愛也，求愛於民。【補注】先謙曰：官本「求」作「取」。

〔八〕【補注】宋祁曰：浙本作「民人」。先謙曰：史記作「賈人」。

〔九〕【補注】先謙曰：史記不重「關中」二字。

〔一〇〕師古曰：懌，悦也。感衞尉之言，故慙悔而不悦也。【補注】先謙曰：官本「悔」作「愧」。帝不欲何布德於民，故繫治之。而衞尉之言，正不能不勉從，故不懌。非感言而慙悔也。

〔一一〕師古曰：令出外自休息。

〔一二〕【補注】先謙曰：官本「吾」字在「苑」下。引宋祁曰：越本作「相國爲民請吾苑，不許」。錢大昭云：南監本、閩本「吾」字在「苑」下。先謙案，史記同。

高祖崩，何事惠帝。何病，上親自臨視何疾，〔一〕因問曰：「君即百歲後，誰可代君？」對曰：「知臣莫如主。」帝曰：「曹參何如？」何頓首曰：「帝得之矣。何死不恨矣！」〔二〕

〔一〕【補注】宋祁曰：浙本無「親」字。

〔二〕【補注】周壽昌曰：高紀，帝崩時，吕后問相，帝已定何後爲參。茲云惠帝發問，始爲參者，殆帝恐何意有可否也。紀、傳各就當時語書之，非有異同。

何買田宅必居窮辟處，〔一〕爲家不治垣屋。〔二〕曰：「令後世賢，師吾儉，不賢，毋爲埶家所奪。」

〔一〕師古曰：辟讀曰僻。僻，隱也。

〔二〕師古曰：垣，牆也。

孝惠二年，何薨，〔一〕謚曰文終侯。子禄嗣，薨，無子。高后乃封何夫人同爲酇侯，小子延爲筑陽侯。〔二〕孝文元年，罷同，更封延爲酇侯。薨，子遺嗣。薨，無子。文帝復以遺弟則嗣，有罪免。〔三〕景帝二年，制詔御史：「故相國蕭何，高皇帝大功臣，所與爲天下也。〔四〕今其祀絶，朕甚憐之。其以武陽縣户二千封何孫嘉爲列侯。」嘉，則弟也。薨，子勝嗣，後有罪免。武帝元狩中，復下詔御史：「以酇户二千四百封何曾孫慶爲酇侯，布告天下，令明知朕報蕭相國德也。」慶，則子也。薨，子壽成嗣，坐爲太常儀牲瘦免。〔五〕宣帝時，詔丞相御史求問蕭相國後在者，得玄孫建世等十二人，復下詔以酇户二千封建世爲酇侯。傳子至孫獲，坐使奴殺人減死論。成帝時，復封何玄孫之子南緣長喜爲酇侯。〔六〕傳子至曾孫。王莽敗乃絶。〔七〕

〔一〕【補注】先謙曰：集解引東觀漢記云「蕭何墓在長陵東，司馬門道北百步」。正義引括地志「蕭何墓在雍州咸陽縣東北三十七里」。

〔二〕師古曰：酇及筑陽皆南陽縣也。今其地見屬襄州。筑音逐。【補注】周壽昌曰：史表懿侯同元年，是。同謚懿也。而無其母家姓。先謙曰：官本注「見」作「並」。

〔三〕【補注】先謙曰：據侯表，則紹封武陽，非嘉也。疑表誤。

〔四〕師古曰：爲，治也。亦曰「共造其功業」。

〔五〕【補注】先謙曰：「儀」當作「犧」，官本不誤。

〔六〕蘇林曰：緣音人足攣躃之攣。鉅鹿，縣名也。師古曰：喜爲此縣之長。

〔七〕【補注】先謙曰：侯表居攝元年，喜曾孫禹嗣。建國元年，更爲蕭鄉侯。莽敗，絶。

曹參，〔一〕沛人也。秦時爲獄掾，而蕭何爲主吏，居縣爲豪吏矣。〔二〕高祖爲沛公也，參以中涓從。〔三〕擊胡陵、方與，〔四〕攻秦監公軍，大破之。〔五〕東下薛，擊泗水守軍薛郭西。復攻胡陵，取之。徙守方與。方與反爲魏，擊之。豐反爲魏，〔六〕攻之。賜爵七大夫。北擊司馬欣軍碭東，〔七〕取狐父、祁善置。〔八〕又攻下邑以西，至虞，擊秦將章邯車騎。攻轅戚〔九〕及亢父，〔一〇〕先登。遷爲五大夫。北救東阿，〔一一〕擊章邯軍，陷陳，追至濮陽。攻定陶，取臨濟。〔一二〕南救雍丘，擊李由軍，破之，殺李由，虜秦候一人。章邯破殺項梁也，沛公與項羽引兵而東。楚懷王以沛公爲碭郡長，將碭郡兵。於是乃封參執帛，〔一三〕號曰建成君。遷爲戚公，屬碭郡。〔一四〕

〔一〕【補注】先謙曰：索隱引春秋緯及博物志，並云參字敬伯。

〔二〕師古曰：言參及蕭何竝爲吏之豪長也。

〔三〕如淳曰：中涓，如中謁者也。師古曰：涓，絜也，言其在内主知絜清灑埽之事，蓋親近左右也。【補注】沈欽韓曰：墨子號令篇有中涓，其名蓋始於戰國，職内舍之事也。先謙曰：官本「絜」作「潔」。

〔四〕師古曰：音房豫。【補注】先謙曰：史記「擊」上有「將」字。

〔五〕孟康曰：監，御史監郡者。公，名也。晉灼曰：案高紀名平也。秦一郡置守、尉、監三人。師古曰：公者，時人尊稱之耳。晉説是也。【補注】齊召南曰：案，監泗水郡御史名平。不特高紀可證，夏侯嬰傳「從攻胡陵，嬰與蕭何降泗水監平，平以胡陵降」。即此監公也。

〔六〕【補注】先謙曰：高紀「時雍齒反，爲魏守豐」。

〔七〕【補注】齊召南曰：史記「欣」作「尼」，是也。高紀作「㞍」，樊噲傳「與司馬㞍戰碭東」，即此人。尼、㞍二字相似，未知孰正，但必非欣耳。

〔八〕文穎曰：善置，置名也。晉灼曰：祁音坻。師古曰：狐父、祁，二縣名也。祁音鉅夷反，又音十夷反。父音甫。置若今之驛也。【補注】沈欽韓曰：狐父、祁邑，聚名非縣也。伍被傳「吳王破大梁，敗狐父」。史正義引括地志云「狐父亭在宋州碭山縣東南三十里，故祁城在宋州下邑縣東北四十九里」。先謙曰：史記「取」下有「碭」字，是與高紀合。凡與紀合者，地不復出，言取狐父及祁之善置。

〔九〕【補注】先謙曰：史記作「爰戚」。今濟甯州嘉祥縣西南。功臣表有「爰戚侯」，作「爰」，是。

〔一〇〕師古曰：亢父音抗甫。

〔一一〕【補注】先謙曰：高紀「章邯圍田榮東阿」，本戰國阿邑。漢置東阿縣，故或爲阿，或爲東阿。周勃傳「擊秦軍阿下」即此，北救東阿擊章邯軍也。曹相國世家索隱單行本作「北救阿」，無「東」字。蓋後人傳改，致有參差。

〔一二〕【補注】先謙曰：此臨濟在大名府長垣縣西南，正義以爲淄州高苑縣西北，誤。

〔一三〕鄭氏曰：楚爵也。張晏曰：孤卿也。【補注】錢大昭曰：漢紀作「執帛侯」，非。沈欽韓曰：禮「孤執皮帛」。楚僭王號，故次於執珪。高祖初起，官爵皆從楚制。

〔一四〕師古曰：爲戚縣之令。【補注】先謙曰：正義「即爰戚也，時屬秦泗水郡」。因沛公爲碭郡長，故改戚屬碭郡耳。

其後從攻東郡尉軍，破之成武南。擊王離軍成陽南，又攻杠里，大破之。〔一〕追北，西至開封，擊趙賁軍，破之，〔二〕圍趙賁開封城中。西擊秦將楊熊軍於曲遇，〔三〕破之，虜秦司馬及御史各一人。遷爲執珪。〔四〕從西攻陽武，下轘轅、緱氏，〔五〕絶河津。擊趙賁軍尸北，破之。〔六〕從南攻犨，與南陽守齮戰陽城郭東，〔七〕陷陳，取宛，虜齮，定南陽郡。〔八〕從西攻武關、嶢關，取之。〔九〕前攻秦軍藍田南，又夜擊其北軍，大破之，遂至咸陽，破秦。

〔一〕【補注】先謙曰：據高紀，破成陽杠里在秦二年，後九月破成武在三年十月。樊噲傳，先成武，後杠里，與此同。

〔二〕師古曰：賁音奔。

〔三〕師古曰：曲音丘羽反，遇音顒。

〔四〕張晏曰：侯伯執珪，以朝位比之。如淳曰：呂氏春秋「得五員者位執珪」，古爵名也。【補注】先謙曰：官本「五」作「伍」，案漢書伍姓皆作「五」，其作「伍」者，後人改之。

〔五〕【補注】先謙曰：陽武、緱氏，河南縣。陽武，今懷慶府陽武縣東南二十八里。緱氏，今河南府偃師縣南。續志緱氏縣有轘轅關。

〔六〕孟康曰：尸鄉之北。【補注】先謙曰：續志尸鄉在偃師北三十里。

〔七〕應劭曰：今堵陽。【補注】沈欽韓曰：一統志「堵陽故城在南陽府裕州東六里，本秦陽城縣，漢改名」。即本應劭此注也。案地理志但云「堵陽，莽曰陽城」，不言本秦陽城。

〔八〕師古曰：高紀言「南陽守齮降，封爲殷侯」，而此傳言虜齮，紀傳不同，疑傳誤。【補注】先謙曰：虜謂生致之，先虜後封，事理自合，非誤也。

〔九〕師古曰：嶢音堯。

項羽至，以沛公爲漢王。漢王封參爲建成侯。從至漢中，遷爲將軍。從還定三秦，攻下辨、故道、〔一〕雍、斄。〔二〕擊章平軍於好畤南，破之，〔三〕圍好畤，取壤鄉。〔四〕擊三秦軍壤東及高櫟，破之。〔五〕復圍章平，平出好畤走。因擊趙賁、内史保軍，破之。東取咸陽，更名曰新城。〔六〕參將兵守景陵二十三日，〔七〕三秦使章平等攻參，參出擊，大破之。賜食邑於寧秦。〔八〕以將軍引兵圍章邯廢丘；以中尉從漢王出臨晉關。至河内，下脩武，度圍津，〔九〕東擊龍且、項佗定陶，破之。〔一〇〕東取碭、蕭、彭城。〔一一〕擊項籍軍，漢軍大敗走。參以中尉圍取雍丘。王武反於外黄，程處反於燕，〔一二〕往擊，盡破之。柱天侯反於衍氏，〔一三〕進破取衍氏。擊羽嬰於昆陽，追至葉。〔一四〕還攻武彊，〔一五〕因至滎陽。〔一六〕參自漢中爲將軍中尉，從擊諸侯，及項王敗，還至滎陽。〔一七〕

〔一〕鄧展曰：武都二縣也。【補注】先謙曰：下辨道在今階州成縣西三十里，故道今漢中府鳳縣西北。

〔二〕蘇林曰：右扶風二縣也。斄音胎。【補注】先謙曰：雍，今西安府長安縣治。斄，今乾州武功縣西南。

〔三〕【補注】先謙曰：今乾州東十里好畤村。

〔四〕文穎曰：壤，地名也。【補注】先謙曰：正義「壤鄉今在武功縣東南〔二〕〔一〕十餘里高壤坊」，是。案唐武功縣在今武功縣西南。

〔五〕師古曰：櫟音歷。

〔六〕【補注】先謙曰：地理志「右扶風渭城，故咸陽，高帝元年更名新城」。

〔七〕孟康曰：縣名也。【補注】先謙曰：官本注在「景陵」下。史記作「二十日」。景陵無考。

〔八〕蘇林曰：今華陰。【補注】先謙曰：地理志「寧秦，高帝八年更名華陰」。

〔九〕師古曰：在東郡。【補注】先謙曰：據河水注，東郡白馬縣有韋鄉，故河津亦有韋津之稱。韋、圍通借字。成紀「大木十圍以上」，「圍」作「韋」，可互證。

〔一〇〕師古曰：且音子餘反。佗音徒何反。

〔一一〕【補注】先謙曰：此漢二年彭城之役。

〔一二〕服虔曰：皆漢將。師古曰：燕，東郡之縣，故南燕國。音一千反。【補注】先謙曰：史記「外黃」作「黃」。集解引徐廣云「內黃縣有黃澤」。案，樊噲灌嬰傳作「外黃」，是也。徐說誤。外黃，陳留縣，今開封府杞縣東六十里。燕，今衞輝府延津縣東三十五里。

〔一三〕【補注】沈欽韓曰：一統志衍氏在今開封府鄭州北三十里。先謙曰：索隱「衍氏魏邑」。

〔一四〕師古曰：葉，南陽縣也。音式涉反。【補注】先謙曰：羽嬰，人姓名。昆陽，今南陽府葉縣治。葉在今葉縣南三十里。

〔一五〕師古曰：武彊城在陽武。【補注】錢大昭曰：高帝封莊不識爲武彊侯，即此地。先謙曰：正義：「括地志『武彊故城在鄭州管城縣東北三十一里』」。

〔一六〕【補注】先謙曰：高帝時在滎陽。

〔一七〕師古曰：敗謂戰彭城而敗。

漢二年，拜爲假左丞相，〔一〕入屯兵關中。月餘，魏王豹反，以假丞相〔二〕別與韓信東攻魏將孫遫東張，〔三〕大破之。因攻安邑，得魏將王襄。擊魏王於曲陽，追至東垣，〔四〕生獲魏王豹。取平陽，得豹母妻子，盡定魏地，凡五十二縣。賜食邑平陽。因從韓信擊趙相國夏說軍於鄔東，〔五〕大破之，斬夏說。韓信與故常山王張耳引兵下井陘，擊成安君陳餘，而令參還圍趙別將戚公於鄔城中。戚公出走，追斬之。乃引兵詣漢王在所。韓信已破趙，爲相國，東擊齊，參以左丞相屬焉。攻破齊歷下軍，遂取臨淄。還定濟北郡，收著、漯陰、平原、鬲、盧。〔六〕已而從韓信擊龍且軍於上假密，〔七〕大破之，斬龍且，虜亞將周蘭。〔八〕定齊郡，凡得七十縣。〔九〕得故齊王田廣相田光，其守相許章，及故將軍田既。〔一〇〕韓信立爲齊王，引兵東詣陳，與漢王共破項羽，而參留平齊未服者。

〔一〕【補注】周壽昌曰：此猶後世之虛銜也。元年，蕭何已真拜丞相。

〔二〕【補注】宋祁曰：浙本「假」字下有「左」字。先謙曰：史記有「左」字。

〔三〕蘇林曰：東張屬河東。師古曰：遬，古速字。【補注】宋祁曰：浙本正文，遬字下有軍字。王念孫曰：浙本是也。上下文皆言攻某軍，擊某軍，脱去「軍」字，則語意不完。涑水注引此有「軍」字。史記同。先謙曰：涑水注「涑水西南逕張陽城東。竹書紀年『齊師逐鄭太子齒，奔張城南鄭者也』。漢書之所謂東張矣」。正義引括地志云「東張城在蒲州虞鄉縣西北四十里」。先謙案，唐之虞鄉，即今虞鄉縣治也。一統志「今平陽府浮山縣西南三十里有東張鎮」。

〔四〕【補注】沈欽韓曰：紀要「曲陽城在絳州絳縣東南，或曰在曲沃之陽，故曰曲陽。垣縣城在絳州垣曲縣西二十里，一名王垣，亦曰武垣。博物記『王屋山在縣東，狀如垣』，故縣亦有東垣之稱」。解史記者以定州、瀛州屬縣當之，不知魏豹都安邑，今之解州，豈能遠越至真定、河間乎？梁玉繩曰：曲陽乃陽曲之誤，太原縣也。陽曲抵垣不甚遠，是以追及之。史記作「武垣」，「武」字衍。

〔五〕蘇林曰：鄔，太原縣也。師古曰：說讀曰悦。鄔音一户反，又音乙據反。【補注】沈欽韓曰：陳餘傳「餘爲代王，留傅趙王，而使夏説以相國守代」，此夏説自爲代相也。韓信傳注，李奇曰「夏説，代相也」，其説是矣。此作「趙」，蓋誤。

〔六〕師古曰：五縣名也。時未有濟北郡，史追書之耳。著音竹庶反，又音直庶反。漯音它合反。鬲與隔同。【補注】錢大昕曰：項羽封田安爲濟北王，都博陽。田榮攻殺安，并三齊之地，因以濟北爲郡，非追書也。先謙曰：著，濟南縣。漯陰、平原、鬲，並平原縣。盧，泰山縣。著在今濟陽縣西南。漯陰，在今臨邑縣西十里。平原，在今平原縣南二十里。鬲縣，今德州北。盧，今長清縣西三十里。並屬濟南府。

〔七〕文穎曰：或以爲高密。【補注】先謙曰：濰水注「濰水逕高密縣故城西，又北。韓信斬龍且於是水」。案假密即高密也。高、假，雙聲。有下密縣，故此稱上假密。高密，高密縣，今萊州府高密縣西南。下密，膠東縣，今萊州府昌邑縣東。

〔八〕師古曰：亞將，次將也。

〔九〕【補注】先謙曰：史記云「七十餘縣」。

〔一〇〕師古曰：守相爲相居守者。

漢王即皇帝位，韓信徙爲楚王。參歸相印焉。高祖以長子肥爲齊王，而以參爲齊相國。〔一〕高祖六年，與諸侯剖符，賜參爵列侯，食邑平陽萬六百三十户，世世勿絶。

〔一〕【補注】先謙曰：官本無「齊」字。引宋祁曰「相國」字上當有「齊」字。

參以齊相國擊陳豨將張春，破之。黥布反，參從悼惠王將車騎十二萬，與高祖會擊黥布軍，大破之。南至蘄，還定竹邑、相、蕭、留。〔一〕

〔一〕師古曰：四縣名。【補注】先謙曰：竹邑在今鳳陽府宿州北二十里。相，今宿州西北。蕭，今徐州府蕭縣西北，並漢沛郡縣。留，今徐州府沛縣東南，漢楚國縣。

參功：凡下二國，縣百二十二；得王二人，相三人，將軍六人，大莫囂、郡守、司馬、候、御史各一人。〔一〕

〔一〕如淳曰：囂音敖。張晏曰：莫囂，楚卿號也。時近六國，故有令尹、莫囂之官。【補注】先謙曰：官本「候」作「侯」，史記亦作「候」，即前云「虜秦候一人」也。

孝惠元年，除諸侯相國法，更以參爲齊丞相。參之相齊，齊七十城。〔一〕天下初定，悼惠王富於春秋，參盡召長老諸先生，問所以安集百姓。而齊故諸儒以百數，〔二〕言人人殊，參未知所定。聞膠西有蓋公，〔三〕善治黄老言，〔四〕使人厚幣請之。既見蓋公，蓋公爲言治道貴清靜而民自定，推此類具言之。參於是避正堂，舍蓋公焉。〔五〕其治要用黄老術，故相齊九年，齊國安集，大稱賢相。

〔一〕【補注】錢大昕曰：吳王濞傳「悼惠王王齊七十二城」。高五王傳亦云「食七十餘城」，此云「七十」者，舉成數也。

〔二〕師古曰：數音所具反。【補注】先謙曰：史記「故」下衍「俗」字，當依此訂。

〔三〕師古曰：蓋音古盍反。

〔四〕張晏曰：黄帝、老子之書。

〔五〕師古曰：舍，止也。【補注】周壽昌曰：正堂，齊丞相治事之堂。五行志日食條下有云「避正堂」。後書章帝紀「幸元氏，祠光武、顯宗於縣舍正堂」。皆官舍之正堂也。

蕭何薨，參聞之，告舍人趣治行，〔一〕「吾且入相」。居無何，使者果召參。參去，屬其後相〔二〕曰：「以齊獄市爲寄，慎勿擾也。」後相曰：「治無大於此者乎？」參曰：「不然。夫獄市者，所以并容也，今君擾之，姦人安所容乎？吾是以先之。」〔三〕

〔一〕師古曰：舍人猶家人也。一說私屬官主家事者也。趣讀曰促，謂速也。治行，謂脩治行裝也。【補注】宋祁曰：浙本注文作「猶言家人也」。先謙曰：通鑑胡注據戰國策：「蘇秦使舍人資送張儀於秦」，「李斯爲呂不韋舍人」，謂爲私屬官可也。以爲主家事則拘矣。

〔二〕師古曰：屬音之欲反。

〔三〕孟康曰：夫獄市者，兼受善惡，若窮極姦人，姦人無所容，竄久且爲亂。秦人極刑而天下畔，孝武峻法而獄繁，此其效也。師古曰：老子云「我無爲，民自化；我好靜，民自正」。參欲以道化爲本，不欲擾其末也。【補注】宋祁曰：浙本注文無「師古曰」三字。先謙曰：浙本是也。史集解引並作漢書音義，則皆孟說矣。

始參微時，與蕭何善，及爲宰相，有隙。〔一〕至何且死，所推賢唯參。參代何爲相國，舉事無所變更，壹遵何之約束。〔二〕擇郡國吏長大，〔三〕訥於文辭，謹厚長者，即召除爲丞相史。〔四〕吏言文刻深，欲務聲名，輒斥去之。〔五〕日夜飲酒，卿大夫以下吏及賓客見參不事事，〔六〕來者皆欲有言。至者，參輒飲以醇酒，〔七〕度之欲有言，復飲酒，醉而後去，〔八〕終莫得開說，〔九〕以爲常。

〔一〕師古曰：參自以戰鬬功多，而封賞每在何後，故怨何也。【補注】劉奉世曰：此特師古意料之爾。先謙曰：史記

「宰相」作「將相」，是。「宰」駁文，否則「爲」上當加「何」字。

〔二〕師古曰：舉，皆也，言凡事皆無變改。

〔三〕孟康曰：取年長大者。

〔四〕【補注】何焯曰：謹厚長者，其爲治乃能務與秦吏相反，年又長大，非唯歷事多，其人親受秦法酷烈之害，必事事思順民情，與之休息也。

〔五〕師古曰：斥，卻也。

〔六〕如淳曰：不事丞相之事。

〔七〕師古曰：醇酒不澆，謂厚酒也。

〔八〕師古曰：度音大各反。飲音於禁反。【補注】先謙曰：「度之」，史記作「閒之」，猶言頃之也。此謂揣度之。

〔九〕如淳曰：開謂有所啟白。

相舍後園近吏舍，吏舍日飲歌呼，〔一〕從吏患之，無如何，〔二〕乃請參遊後園。聞吏醉歌呼，從吏幸相國召按之。乃反取酒張坐飲，〔三〕大歌呼與相和。

〔一〕師古曰：呼音火故反。其下竝同。

〔二〕師古曰：從吏，吏之常從相者也。從音材用反。【補注】先謙曰：史記「患之」作「惡之」。

〔三〕師古曰：張設坐席而飲也。坐音才卧反。

參見人之有細過，掩匿覆蓋之，府中無事。

參子窋爲中大夫。〔一〕惠帝怪相國不治事，以爲「豈少朕與？」〔二〕乃謂窋曰：「女歸，試私從容問乃父〔三〕曰：『高帝新棄羣臣，帝富於春秋，君爲相國，日飲，無所請事，何以憂天下？』然無言吾告女也。」窋既洗沐歸，時閒，自從其所諫參。〔四〕參怒而笞之二百，曰：「趣入侍，〔五〕天下事非乃所當言也。」至朝時，帝讓參〔六〕曰：「與窋胡治乎？〔七〕乃者我使諫君也。」〔八〕參免冠謝曰：「陛下自察聖武孰與高皇帝？」上曰：「朕乃安敢望先帝！」參曰：「陛下觀參孰與蕭何賢？」〔九〕上曰：「君似不及也。」參曰：「陛下言之是也。且高皇帝與蕭何定天下，法令既明具，陛下垂拱，參等守職，遵而勿失，不亦可乎？」惠帝曰：「善。君休矣！」〔一〇〕

〔一〕師古曰：窋音張律反。

〔二〕師古曰：言豈以我爲年少故也。與讀曰歟。【補注】王念孫曰：索隱：「少者，不足之詞。故胡亥亦云『丞相豈少我哉』？」案小司馬説是也。晏子春秋外篇亦云：「夫子何少寡人之甚也？」羣書治要所引如是。今本「少」譌作「小」。

〔三〕師古曰：乃，汝也。

〔四〕師古曰：閒謂空隙也。自從其所，猶言自出其意也。

〔五〕師古曰：趣讀曰促。

〔六〕師古曰：讓，責也。

〔七〕師古曰：胡，何也，言共窋爲何治也。治音丈吏反。【補注】陳景雲曰：漢人以笞掠爲治，治即笞耳。錢大昕曰：與窋胡治，猶言胡與窋笞也。陳説是。

〔八〕師古曰：乃者猶言曩者。

〔九〕【補注】宋祁曰：浙本「觀參」字下有「能」字。先謙曰：史記亦有「能」字。與，如也。賢，優也，言材能孰優。浙本是。

〔一〇〕師古曰：且令出休息。

參爲相國三年，薨，謚曰懿侯。百姓歌之曰：「蕭何爲法，講若畫一；〔一〕曹參代之，守而勿失。載其清靜，民以寧壹。」〔二〕

〔一〕文穎曰：「講」或作「較」。師古曰：講，和也，畫一言整齊也。【補注】先謙曰：史記「講」作「顜」。徐廣注，顜音古項反，一音較。錢大昭云：講與斠同。斠，即角斗甬之角。説文「斠，平斗斛也」。斠、較通用，顜、講皆借字。王念孫云：索隱單行本「顜」作「覯」。集韻三講、四覺兩引史記，並云「或作覯」。而説文、玉篇、廣韻皆無「顜」字，則顜即覯之譌。

〔二〕師古曰：載猶乘也。【補注】錢大昭曰：靜，南監本、閩本作「靖」。王念孫曰：載，行也。見堯典鄭注、昭十年左傳注、周語注、淮南俶真篇注。謂行其清靜之治也。顏訓載爲乘，失之。先謙曰：官本「靜」作「靖」。

窋嗣侯，高后時至御史大夫。傳國至曾孫襄，武帝時爲將軍，擊匈奴，薨。〔一〕子宗嗣，有罪，完爲城旦。〔二〕至哀帝時，乃封參玄孫之孫本始爲平陽侯，〔三〕二千户，王莽時薨。子宏嗣，建武中先降河北，封平陽侯。〔四〕至今八侯。〔五〕

〔一〕【補注】先謙曰：據史記「窋孫時尚平陽公主，時子襄尚衛長公主」。

〔二〕【補注】先謙曰：史記云「征和二年，宗坐太子死」。侯表與傳同。班蓋正史記之誤。

〔三〕【補注】錢大昕曰：案功臣表「本始乃參玄孫之玄孫」。傳脱「玄」字。

〔四〕【補注】先謙曰：表云「建武二年，侯宏嗣，以舉兵佐軍紹封」。非莽所侯也。「嗣」字當在「封」上。

〔五〕【補注】劉攽曰：「八侯」字疑衍。齊召南曰：案參傳子窋，窋子奇，奇子時，時子襄，襄子宗。參玄孫本始，本始子宏，宏子曠，即功臣表所謂今見者也。「八侯」似非衍文。周壽昌曰：案高帝時侯者，後嗣紹封最盛，如蕭何，不過終西漢而止，不及曹參。魏志武帝紀云「漢相國曹參後」。注引王沈魏書云「參以功封平陽侯，世襲爵土，絶而復紹，至今適嗣國於容城」。

贊曰：蕭何、曹參皆起秦刀筆吏，〔一〕當時録録未有奇節。〔二〕漢興，依日月之末光，〔三〕何以信謹守管籥，參與韓信俱征伐。〔四〕天下既定，因民之疾秦法，順流與之更始，二人同心，遂安海内。淮陰、黥布等已滅，唯何、參擅功名，位冠羣臣，聲施後世，〔五〕爲一代之宗臣，〔六〕慶流苗裔，盛矣哉！

〔一〕師古曰：刀，所以削書也。古者用簡牒，故吏皆以刀筆自隨也。

〔二〕師古曰：録録猶鹿鹿，言在凡庶之中也。【補注】沈欽韓曰：晏子諫篇「録録彊食」。

〔三〕師古曰：易文言云「聖人作而萬物睹」，又曰「見龍在田，天下文明」。贊言何、參值漢初興，故以日月爲喻耳。

〔四〕師古曰：高祖出征，何每居守，故言守管籥。

〔五〕師古曰：冠謂居其首。

〔六〕師古曰：言爲後世之所尊仰，故曰宗臣也。【補注】先謙曰：官本無「之」字。

張陳王周傳第十

漢書四十

張良字子房，其先韓人也。大父開地，〔一〕相韓昭侯、宣惠王、襄哀王。父平，相釐王、〔二〕悼惠王。〔三〕悼惠王二十三年，平卒。卒二十歲，秦滅韓。良年少，未宦事韓。〔四〕韓破，良家僮三百人，弟死不葬，悉以家財求客刺秦王，爲韓報仇，以五世相韓故。〔五〕

〔一〕應劭曰：大父，祖父；開地，名也。【補注】沈欽韓曰：荀子臣道篇「韓之張去疾、趙之奉陽、齊之孟嘗，可謂篡臣也」。楊倞注「蓋張良之祖」。韓非説林「張譴相韓，病將死。公乘無正懷三十金而問其疾」。案張譴之相，當在公仲、公叔之後，荀子與韓非俱並時目擊者，當非妄説。而史名開地，名平，無一同者。又王符氏姓志云「良，韓公族，姬姓。良爲韓報讎，秦索賊急，乃變姓爲張，匿於下邳」。今攷諸書，則良之先以張爲氏，符言非也。

〔二〕師古曰：釐讀曰僖。

〔三〕【補注】錢大昭曰：人表作「桓惠王」。先謙曰：索隱、韓世家及世本並作「桓」。

〔四〕【補注】宋祁曰：「宦」疑是「嘗」字。錢大昭曰：閩本「宦」作「嘗」。周壽昌曰：何焯云「北宋本無年字」。先謙曰：淩稚隆云，一本「未」下有「嘗」字。案史記作「未宦事韓」。

〔五〕師古曰：從昭侯至悼惠王，凡五君。

良嘗學禮淮陽，〔一〕東見倉海君，〔二〕得力士，爲鐵椎重百二十斤，秦皇帝東游，至博狼沙中，〔三〕良與客狙擊秦皇帝，〔四〕誤中副車。〔五〕秦皇帝大怒，大索天下，〔六〕求賊急甚。良乃更名姓，亡匿下邳。〔七〕

〔一〕【補注】先謙曰：史正義「今陳州也」。案即漢淮陽，今陳州府淮寧縣治。

〔二〕晉灼曰：海神也。如淳曰：東夷君長也。師古曰：二説並非。蓋當時賢者之號也。良既見之，因而求得力士。【補注】沈欽韓曰：越絶云「楚威王滅無疆，無疆之子侯，竊自立爲君長」。倉海君蓋諸粤之君長。先謙曰：索隱「姚察以武帝時東夷濊君降，爲倉海郡。或因以名，蓋得其近耳」。

〔三〕服虔曰：河南陽武南，地名也，今有亭。師古曰：狼音浪。【補注】先謙曰：史記「狼」作「浪」。地理志「河南陽武縣有博狼沙」。寰宇記云「在縣東南五里」。漢陽武縣城在今懷慶府陽武縣東南二十八里。

〔四〕師古曰：狙謂密伺之，音千豫反，字本作覰。【補注】先謙曰：索隱引應劭云「狙，伏伺也，謂狙之伺物，必伏而候之，故今云『狙候』是也」。

〔五〕師古曰：副謂後乘也。【補注】先謙曰：索隱：「漢官儀『天子屬車三十六乘，屬車即副車，奉車郎御而從後』」。

〔六〕師古曰：索，搜也。索音山客反。

〔七〕師古曰：更，改也。【補注】先謙曰：下邳，東海縣。今徐州府邳州東三里。

良嘗閒從容步游下邳圯上，〔一〕有一老父，衣褐，至良所，〔二〕直墮其履汜下，〔三〕顧謂良曰：「孺子下取履！」〔四〕良愕然欲歐之。〔五〕爲其老，乃彊忍，下取履，因跪進。〔六〕父以足受之，笑去。〔七〕良殊大驚。父去里所，復還，〔八〕曰：「孺子可教矣。後五日平明，與我期此。」良因怪之，跪曰：「諾。」〔九〕五日平明，良往，父已先在，怒曰：「與老人期，後，何也？」去，後五日蚤會。」〔一〇〕五日，雞鳴往。父又先在，復怒曰：「後，何也？」去，後五日復蚤來。」五日，良夜半往。有頃，父亦來，喜曰：「當如是。」出一編書，〔一一〕曰：「讀是則爲王者師。後十年興。十三年，孺子見我濟北穀城山下黄石〔一二〕即我已。」〔一三〕遂去不見。旦日視其書，乃太公兵法。良因異之，常習誦。〔一四〕

〔一〕服虔曰：圯音頤，楚人謂橋曰圯。應劭曰：汜水之上也。文穎曰：沂水上橋也。師古曰：下邳之水非汜水也，又非沂水。服説是矣。【補注】張佖曰：案，從水，乃詩云江有汜及今有汜水縣，字音詳里反。據許慎説文云「東楚謂橋爲圯，在土部」。本從土，傳寫蓋誤從汜。合從土，作頤音。與下文「直墮其履汜下」並作「圯」字校定。劉攽曰：子謂若本實作圯，則應劭無緣解作汜上。疑「汜」亦自爲頤音而釋爲橋也。譬如贍辭作澹辭矣。然則汜字從水亦未爲誤，而校定亦未宜從土也。宋祁曰：舊本汜從水，張佖改作土，謂從水者，是江有汜之汜，音詳里反。余謂佖説非也。近胡旦作（圯）〔汜〕僑贊，字從水。旦，碩儒也，予嘗問之。旦曰「汜音頤，何所疑憚？說文從圯，蓋本字原，後人從水，未容無義，佖改從土，柰應注爲汜水之汜，又何以辨應之誤耶」？用此，尤見張佖之率爾也。王念孫曰：沂水注「沂水於下邳縣北，西流分爲二水，一水逕城東屈，從縣南注泗，謂之小沂水，水上有橋，徐泗間以爲圯。昔張子房遇黄石公于圯上，即此處也」。據此，則文穎以汜爲沂水上橋是也。師古不審地望而非之，誤矣。沈欽韓曰：淮南道應訓「公孫龍至於河上，而航在一汜，使善呼者一呼而航來」。注「汜，水厓也」。此汜上者，亦謂下邳之水邊也。先謙曰：官本注「是矣」作「是也」。汜字當從水，而有二解：如服説，讀汜爲圯，則訓爲橋；如沈引淮南注，則訓爲水厓。予疑「汜」字古本或作「沂」，故敍傳云「漢良受書於邳沂」。顔注引晉灼曰「沂，崖也，下邳水之崖也」。此注文穎云「沂水上橋」，蓋所見有沂、汜兩本，因而立注。水經注小沂水之名，又後人沿傳文及文説爲之附會，流傳以成典實，究之古訓，不如此也。沂與圻通，圻又與垠同，故宋祁於敘傳引韋昭本作「垠」，文選載班此文亦作「邳垠」。垠字本訓崖岸，足證班氏於此傳文必解爲下邳水崖之上，不以爲橋圯。而沈氏「汜爲水崖」之說爲不可易也。韋昭於作「垠」之本釋曰「垠，限也，謂橋」。文選大將軍讌會詩李注，引文穎「沂水上橋」之說以釋垠字，則妄爲牽引，而愈不可通矣。

〔二〕師古曰：褐制若裘，今道士所服者是。【補注】宋祁曰：褐制若喪服。

〔三〕師古曰：直猶故也，一曰正也。【補注】先謙曰：直猶故也，語本崔浩，索隱駮之，謂當訓正。王念孫云：老父墮履使良取，欲以觀其能忍與否。如小司馬說，是履墮出於無意，失其指矣。直之言特也，謂特墮其履而使取之。並引禮祭義、穀梁文十一年傳、孟子梁惠王篇、莊子德充符篇、齊策、韓詩外傳、梁孝王世家「直、特同義」以釋之。詳史記雜志。詩柏舟「實維我特」，韓詩「特」作「直」，史記叔孫通傳「吾直戲耳」，漢書「直」作「特」，尤明證。

〔四〕師古曰：孺，幼也。【補注】先謙曰：官本無注。

〔五〕師古曰：愕，驚貌也。歐，擊也，音一口反。【補注】先謙曰：史記「歐」作「毆」。集解引徐廣曰，一云「良怒，欲罵之」。

〔六〕【補注】周壽昌曰：釋名云「跪，危也。兩膝隱地，體危倪也」。古無高坐，於所尊敬，跪而致物者其常。禮記「跪而遷屨」，是爲己納履也。此「跪進」履者，所謂授坐不立也。張釋之爲王生跪而結韈，亦是此意。先謙曰：史記「取履」下作「父曰『履我』」！良業爲取履，因長跪履之」。

〔七〕【補注】宋祁曰：浙本作「笑而去」。先謙曰：史記亦有「而」字。

〔八〕師古曰：行一里許而還來。

〔九〕【補注】先謙曰：官本無「之」字。引劉攽曰：「怪」字合在「因」字上。宋祁云：浙本「怪」字下有「之」字。周壽昌云：案史丹傳「上因納，謂丹」云云，古書自有此等句法，非有誤。劉刊非也。先謙案，史記亦有「之」字。

〔一〇〕師古曰：放良令去，戒以後會也。其下亦同。蚤音早。【補注】宋祁曰：注文「蚤音早」，當作「蚤，古早字」。先謙曰：蚤、早通作字，非古字也。依說文當爲「早」。

〔一一〕師古曰：編謂聯次之也。聯簡牘以爲書，故云一編。編音鞭。

〔一二〕【補注】先謙曰：史正義引括地志云「穀城山一名黄山，在濟州東阿縣東。濟州，故濟北郡」。

〔一三〕師古曰：已，語終之辭。

〔一四〕【補注】宋祁云：一本「誦」下有「讀」字。先謙曰：史記作「常習誦讀之」。

居下邳，爲任俠。項伯嘗殺人，從良匿。

後十年，陳涉等起，良亦聚少年百餘人，景駒自立爲楚假王，在留。〔一〕良欲往從之，行道遇沛公。沛公將數千人略地下邳，遂屬焉。沛公拜良爲廄將。〔二〕良數以太公兵法說沛公，沛公喜，常用其策。良爲它人言，皆不省。〔三〕良曰：「沛公殆天授。」〔四〕故遂從不去。〔五〕

〔一〕【補注】宋祁曰：浙本作「在陳留」。齊召南曰：案，留縣名。地理志「屬楚國」，即後文良所云「始臣起下邳，與上會留」者也。良之封留，即以此事。別本作「在陳留」，非也。先謙曰：高紀作「在留」。

〔二〕服虔曰：官名也。【補注】沈欽韓曰：猶楚宫廄尹之職。

〔三〕師古曰：省，視也。【補注】先謙曰：釋詁「省，察也」。顔訓非。

〔四〕師古曰：殆，近也。

〔五〕【補注】齊召南曰：史記作「故遂從之，不去見景駒」。此班氏改正史記之失也。高紀明言「沛公道得張良，遂與俱見景駒，請兵以攻豐」。可見良亦見駒，但自此決意從沛公耳。

沛公之薛，見項梁，共立楚懷王。良乃説項梁曰：「君已立楚後，韓諸公子横陽君成賢，〔一〕可立爲王，益樹黨。」〔二〕項梁使良求韓成，立爲韓王。以良爲韓司徒，〔三〕與韓王將千餘人西略韓地，得數城，秦輒復取之，往來爲游兵潁川。

〔一〕【補注】宋祁云：浙本「韓」字上有「而」字。錢大昭曰：功臣表「傳寬以舍人從起横陽」，即成所封地。

〔二〕師古曰：廣立六國之後，共攻秦也。

〔三〕【補注】周壽昌曰：「司徒」，史記作「申徒」。徐廣云：即司徒語音訛轉，故字亦隨改。案，楚漢春秋作「信都」，信即申，都、徒，音近而轉耳。

沛公之從雒陽南出轘轅，良引兵從沛公，下韓十餘城，擊楊熊軍。〔一〕沛公乃令韓王成留守陽翟，與良俱南，攻下宛，西入武關。沛公欲以二萬人擊秦嶢關下軍，〔二〕良曰：「秦兵尚彊，未可輕。臣聞其將屠者子，賈豎易動以利。〔三〕願沛公且留壁，使人先行，爲五萬人具食，〔四〕益張旗幟諸山上，爲疑兵，〔五〕令酈食其持重寶啗秦將。」〔六〕秦將果欲連和〔七〕俱西襲咸陽，〔八〕沛公欲聽之。良曰：「此獨其將欲叛，士卒恐不從。不從必危，不如因其解擊之。」〔九〕沛公乃引兵擊秦軍，大破之。逐北至藍田，〔一〇〕再戰，秦兵竟敗。遂至咸陽，秦王子嬰降沛公。

〔一〕【補注】先謙曰：史記「擊」下有「破」字。

〔二〕師古曰：嶢音堯。【補注】先謙曰：嶢關解見高紀。

〔三〕師古曰：商賈之人，志無遠大，譬猶僮豎，故云賈豎。

〔四〕【補注】先謙曰：史記徐廣注：「五」一作「百」。

〔五〕師古曰：皆所以表己軍之多，誇示敵人。幟音式志反。

〔六〕師古曰：啗音徒濫反。解在高紀。

〔七〕【補注】周壽昌曰：「果」下史記有「畔」字。

〔八〕師古曰：欲與漢王和而隨漢兵襲咸陽。【補注】宋祁曰：浙本「襲」字上有「共」字。

〔九〕師古曰：解讀曰懈。

〔一〇〕【補注】周壽昌曰：逐，史記作「遂」。以北爲南北之北，此以北爲敗北之北也。

沛公入秦，宮室帷帳狗馬重寶婦女以千數，意欲留居之。樊噲諫，沛公不聽。良曰：「夫秦爲無道，故沛公得至此。爲天下除殘去賊，宜縞素爲資。〔一〕今始入秦，即安其樂，此所謂『助桀爲虐』。且『忠言逆耳利於行，毒藥苦口利於病』，〔二〕願沛公聽樊噲言。」沛公乃還軍霸上。

〔一〕晉灼曰：資，質也。欲令沛公反秦奢泰，服儉素以爲資。師古曰：縞，白素也，音工老反。【補注】宋祁曰：注文「資」字，舊本作「質」。

〔二〕【補注】宋祁曰：「逆耳苦口」，疑作「逆於耳，苦於口」。先謙曰：史記亦作「逆耳苦口」。

項羽至鴻門，欲擊沛公，項伯夜馳至沛公軍，私見良，欲與俱去。良曰：「臣爲韓王送沛公，今有事急，〔一〕亡去不義。」乃具語沛公。沛公大驚，曰：「爲之柰何？」良曰：「沛公誠欲背項王邪？」沛公曰：「鯫生説我距關毋内諸侯，〔二〕秦地可王也，故聽之。」良曰：「沛公自度能卻項王乎？」〔三〕沛公默然，曰：〔四〕「今爲柰何？」良因要項伯見沛公。〔五〕沛公與伯飲，爲壽，結婚，令伯具言沛公不敢背項王，所以距關者，備它盜也。項羽後解，語在羽傳。〔六〕

〔一〕【補注】先謙曰：官本作「今事有急」。

〔二〕服虔曰：鯫音七垢反。鯫，小人也。臣瓚曰：楚漢春秋「鯫，姓」。師古曰：服説是也。音才垢反。【補注】先謙曰：索隱「鯫，小魚也。臣瓚案，楚漢春秋鯫生本姓解」。此注誤作小人，又脱三字，致語義不了。

〔三〕師古曰：卻音丘略反。

〔四〕【補注】先謙曰：史記有「固不能也」句。

〔五〕【補注】先謙曰：史記「因」作「固」，義異。

〔六〕【補注】齊召南曰：案此直用史記而失者也。鴻門之役，史記於項羽本紀中詳敘，故留侯世家曰「語在項羽事中」。若漢書既移敘其事於高紀，故羽傳從略，但曰「語在高紀」，不應此文復曰「語在羽傳」也。此史家修改所未及處。

漢元年，沛公爲漢王，王巴蜀，賜良金百溢，〔一〕珠二斗，良具以獻項伯。漢王亦因令良厚遺項伯，使請漢中地。〔二〕項王許之。漢王之國，良送至褒中，遣良歸韓。良因説漢王燒絶棧道，〔三〕示天下無還心，以固項王意。乃使良還。行，燒絶棧道。〔四〕

〔一〕服虔曰：二十兩曰溢。師古曰：秦以溢名金，若漢之論斤也。【補注】錢大昭曰：溢古鎰字。食貨志云「秦兼天下，黄金以溢爲名」。

〔二〕服虔曰：本不盡與漢中，故請求之。【補注】先謙曰：史集解引如淳曰「本但與巴蜀，故請漢中地」。案服注蓋據高紀、蕭何等傳，但言漢中，故云。然據此傳，上文明言止王巴蜀，則無漢中明矣。如注爲是。此當在項羽議封未定時。侯表良功狀亦有「請漢中地」四字。

〔三〕師古曰：棧道，閣道也。

〔四〕師古曰：還謂歸還韓。且行且燒，所過之處皆燒之也。

良歸至韓，聞項羽以良從漢王故，不遣韓王成之國，與俱東，至彭城殺之。時漢王還定三秦，良乃遺項羽書曰：「漢王失職，欲得關中，如約即止，不敢復東。」〔一〕又以齊反書遺羽，曰：「齊與趙欲并滅楚。」項羽以故北擊齊。

〔一〕【補注】先謙曰：官本無「復」字。引宋祁曰：「敢」字下疑有「復」字。

良乃間行歸漢。漢王以良爲成信侯，從東擊楚。至彭城，漢王兵敗而還。至下邑，〔一〕漢王下馬踞鞌而問曰：「吾欲捐關已東等棄之，誰可與共功者？」〔二〕良曰：「九江王布，楚梟將，〔三〕與項王有隙，彭越與齊王田榮反梁地，〔四〕此兩人可急使。而漢王之將獨韓信可屬大事，當一面。〔五〕即欲捐之，捐之此三人，楚可破也。」漢王乃遣隨何説九江王布，而使人連彭越。〔六〕及魏王豹反，使韓信特將北擊之，〔七〕因舉燕、代、齊、趙。〔八〕然卒破楚者，此三人力也。

〔一〕師古曰：梁國之縣也。今屬宋州。【補注】先謙曰：官本「國」作「地」。高紀「時周吕侯將兵居此，帝往從之」。

〔二〕師古曰：捐關以東，謂不自有其地，將以與人，令其立功共破楚也。【補注】先謙曰：「已」與「以」同。

〔三〕師古曰：梟，謂最勇健也。

〔四〕【補注】先謙曰：官本無「田榮」二字。

〔五〕師古曰：屬，委也，音之欲反。

〔六〕師古曰：與相連結也。

〔七〕師古曰：特，獨也。專任之使將也。【補注】先謙曰：「北」，史記作「兵」，是。

〔八〕【補注】何焯曰：「伐」當作「代」。宋大字本亦誤作「伐」。先謙曰：史記作「代」。

良多病，未嘗特將兵，〔一〕常爲畫策臣，時時從。

〔一〕【補注】宋祁云：舊本云「持兵將」。

漢三年，項羽急圍漢王於滎陽，漢王憂恐，與酈食其謀橈楚權。〔一〕酈生曰：「昔湯伐桀，封其後杞。武王誅紂，封其後宋。今秦無道，〔二〕伐滅六國，無立錐之地。陛下誠復立六國後，此皆爭戴陛下德義，〔三〕願爲臣妾。德義已行，南面稱伯，〔四〕楚必斂衽而朝。」〔五〕漢王曰：「善。趣刻印，先生因行佩之。」〔六〕

〔一〕師古曰：橈，弱也，音女教反，其字從木。

〔二〕【補注】先謙曰：官本「道」作「德」。引宋祁云，浙本「德」字作「道」。

〔三〕【補注】周壽昌曰：高帝五年即皇帝位，此三年猶爲漢王。陛下之稱，史臣追書之。

〔四〕師古曰：伯讀曰霸。【補注】先謙曰：官本無注。

〔五〕師古曰：衽，衣襟也。【補注】王念孫曰：衽謂袂也。廣雅「袂、衽，袖也。衽，袂也」。此云「斂衽而朝」，貨殖傳「海岱之間，斂衽而往朝焉」，是衽即袂也。管子弟子職篇「攝衽盥漱」又曰「振衽埽席」，趙策「攝衽抱几」，列女母儀傳「文伯引衽攘捲而親饋之」，皆謂袂也。

〔六〕師古曰：趣讀曰促。佩謂授與六國使帶也。

酈生未行，良從外來謁漢王。漢王方食，曰：「客有爲我計橈楚權者。」具以酈生計告良，曰：「於子房如何？」〔一〕良曰：「誰爲陛下畫此計者？陛下事去矣。」漢王曰：「何哉？」良曰：「臣請借前箸以籌之。〔二〕昔湯武伐桀紂封其後者，度能制其死命也。〔三〕今陛下能制項籍死命乎？其不可一矣。武王入殷，表商容閭，〔四〕式箕子門，〔五〕封比干墓，今陛下能乎？其不可二矣。發鉅橋之粟，〔六〕散鹿臺之財，〔七〕以賜貧窮，今陛下能乎？其不可三矣。殷事以畢，偃革爲軒，〔八〕倒載干戈，示不復用，〔九〕今陛下能乎？其不可四矣。休馬華山之陽，示無所爲，今陛下能乎？其不可五矣。息牛桃林之壄，〔一〇〕示天下不復輸積，〔一一〕今陛下能乎？其不可六矣。且夫天下游士，左親戚，棄墳墓，〔一二〕去故舊，從陛下者，但日夜望咫尺之地。今乃立六國後，唯無復立者，〔一三〕游士各歸事其主，從親戚，反故舊，陛下誰與取天下乎？其不可七矣。且楚唯毋彊，六國復橈而從之，〔一四〕陛下焉得而臣之？其不可八矣。〔一五〕誠用此謀，陛下事去矣。」漢王輟食吐哺，罵曰：「豎儒，幾敗乃公事！」〔一六〕令趣銷印。〔一七〕

〔一〕【補注】先謙曰：言子房以爲如何也。官本作「何如」，意同。叔孫通吴王濞傳並有「於公何如」之語，其義並同。宋本史記亦作「於子房何如」，今本誤爲「具以酈生語告於子房曰『何如』」？詳王念孫史記雜志。

〔二〕張晏曰：求借所食之箸，用指畫也。或曰，前世湯武箸明之事，以籌度今時之不若也。師古曰：或說非也。箸音直庶反。

〔三〕師古曰：度音大各反。

〔四〕師古曰：商容，殷賢人也。里門曰閭。表謂顯異之。

〔五〕師古曰：式亦表也。一說，至其門而撫車式，所以敬之。【補注】先謙曰：史記作「釋箕子之拘」。徐廣注：「『釋』一作『式』，『拘』一作『囚』。」囚不可式，常亦門之誤字。蓋人習知武王釋箕子囚，而不知有式箕子門之事，故改門爲囚，而不計「式」、「囚」之不可通也。史記下云：「今陛下能封聖人之墓，表賢者之閭，式智者之門乎？」正承上三者言，尤爲史、漢文同之顯證。後見王念孫史記雜志，與余說大同。

〔六〕服虔曰：鉅橋，倉名也。師古曰：許慎云「鉅鹿之大橋，有漕粟也」。

〔七〕臣瓚曰：鹿臺，臺名，今在朝歌城中。師古曰：劉向云「鹿臺大三里，高千尺也」。【補注】先謙曰：財，當依留侯世家作「錢」。周本紀亦作「財」，王念孫云「此後人依晚出古文尚書改之。武成正義羣書治要引正作『錢』，齊世家逸周書克殷篇、管子版法解、淮南主術、道應篇並同。殷本紀『帝紂厚賦稅以實鹿臺之錢』，呂覽慎大篇云『賦鹿臺之錢』，說苑指武篇『散鹿臺之金錢』，並作『錢』。自僞書盛行，後人輒改錢爲財，幸其參差不一，猶可考見古書元文」。

〔八〕蘇林曰：革者，兵車革輅。軒者，朱軒也。如淳曰：偃武備而治禮樂也。

〔九〕【補注】宋祁曰：「載」作「戴」。

〔一〇〕晉灼曰：在弘農閿鄉南谷中。師古曰：山海經云「夸父之山，北有林焉，名曰桃林，廣圍三百里」，即謂此也。其山谷今在閿鄉縣東南，湖城縣西南，去湖城三十五里。

〔一一〕【補注】先謙曰：官本無「示」字。引宋祁曰「浙本『天』字上有『示』字」。王念孫云：案浙本是也。史記、漢紀及新序善謀篇皆有「示」字。

〔一二〕師古曰：左者，言其乖避而委離之，以從漢也。【補注】先謙曰：官本「左」作「離」。引宋祁曰「離親戚」。浙本「離」作「左」。左者，言其乖避而委離之。若只作「離」字，則不須用注也。

〔一三〕師古曰：既立六國後，土地皆盡，無以封功勞之人，故云無復立者。唯，發語之辭。

〔一四〕服虔曰：唯當使楚無彊，彊則六國弱而從之。晉灼曰：當今唯楚大，無有彊之者，若復立六國，皆橈而從之，陛下焉得而臣之乎？師古曰：服說是也。

〔一五〕【補注】周壽昌曰：史記以「湯伐桀」作不可者一，「武王伐紂」作不可者二，以下遞異，至此書「不可者七」爲「不可者八」。「且楚唯無彊」至「焉得而臣之」直接「誠用客之謀」云云。無「其不可八矣」五字，與本書稍異。

〔一六〕師古曰：輟，止也。哺，食在口中者也。幾，近也。哺音捕。幾音鉅依反。

〔一七〕師古曰：趣讀曰促。

後韓信破齊欲自立爲假齊王，〔一〕漢王怒。良說漢王，漢王使良授齊王信印。語在信傳。

〔一〕【補注】先謙曰：官本無「假」字。引宋祁曰「齊王上疑有『假』字」。

五年冬，漢王追楚至陽夏南，〔一〕戰不利，壁固陵，諸侯期不至。良說漢王，漢王用其計，諸侯皆至。語在高紀。

〔一〕師古曰：夏音工雅反。

漢六年，封功臣。良未嘗有戰鬭功，高帝曰：「運籌策帷幄中，〔一〕決勝千里外，子房功也。自擇齊三萬户。」良曰：「始臣起下邳，與上會留，此天以臣授陛下。陛下用臣計，幸而時中，〔二〕臣願封留足矣，不敢當三萬户。」乃封良爲留侯，與蕭何等俱封。〔三〕

〔一〕【補注】先謙曰：史記「幄」作「帳」。

〔二〕【補注】周壽昌曰：中讀曰仲。

〔三〕【補注】宋祁曰：浙本「封」作「拜」。

上已封大功臣二十餘人，〔一〕其餘日夜爭功而不決，〔二〕未得行封。上居雒陽南宮，從復道望見諸將〔三〕往往數人偶語。〔四〕上曰：「此何語？」良曰：「陛下不知乎？此謀反耳。」上曰：「天下屬安定，何故而反？」〔五〕良曰：「陛下起布衣，與此屬取天下，今陛下已爲天子，而所封皆蕭、曹故人所親愛，而所誅者皆平生仇怨。今軍吏計功，天下不足以徧封，此屬畏陛下不能盡封，又恐見疑過失及誅，故相聚而謀反耳。」上乃憂曰：「爲將柰何？」良曰：「上平生所憎，羣臣所共知，誰最甚者？」上曰：「雍齒與我有故怨，數窘辱我，〔六〕我欲殺之，爲功多，不忍。」良曰：「今急先封雍齒，以示羣臣，羣臣見雍齒先封，則人人自堅矣。」於是上置酒，封雍齒爲什方侯，〔七〕而急趣丞相御史定功行封。〔八〕羣臣罷酒，皆喜曰：「雍齒且侯，我屬無患矣。」

〔一〕【補注】宋祁云：浙本無「上」字。

〔二〕【補注】宋祁曰：浙本無「而」字。

〔三〕師古曰：復讀曰複。【補注】先謙曰：史記「復」作「複」。集解引如淳云「上下有道故謂之復道」。韋昭云：閣道。

〔四〕【補注】先謙曰：史記作「往往相與坐沙中語」。

〔五〕師古曰：屬，近也，言近始安。屬音之欲反。

〔六〕服虔曰：未起之時與我有故怨也。師古曰：每以勇力困辱高祖。【補注】王念孫曰：案「怨」字因注文而衍。蓋正文本作「雍齒與我有故」，故服注申之曰「未起之時與我有故怨」。若正文有怨字，則服注爲贅語矣。有故即有怨。吕氏春秋精諭篇「齊桓公與管仲謀伐衛，退朝而入，衛姬望見君，下堂再拜請衛君之罪。公曰：『吾與衛無故，子曷爲請？』」無故即無怨也。史記作「雍齒與我故」。文選幽通賦注、御覽居處部二十三引漢書，竝作「雍齒與我有故」。新序善謀篇同，皆無「怨」字。

〔七〕蘇林曰：漢中縣也。師古曰：地理志「屬廣漢」，非漢中也。今則屬益州。什音十。【補注】錢大昕曰：功臣表作「汁防」。

〔八〕師古曰：趨音促。

劉敬説上都關中，上疑之。左右大臣皆山東人，多勸上都雒陽：「雒陽東有成皋，西有殽黽，〔一〕背河鄉雒，其固亦足恃。」〔二〕良曰：「雒陽雖有此固，其中小，不過數百里，田地薄，四面受敵，此非用武之國。夫關中左殽函，右隴蜀，沃野千里，〔三〕南有巴蜀之饒，北有胡苑之利，〔四〕阻三面而固守，獨以一面東制諸侯。諸侯安定，河、渭漕輓天下，西給京師；〔五〕諸侯有變，順流而下，足以委輸。此所謂金城千里，天府之國。〔六〕劉敬説是也。」於是上即日駕，西都關中。

〔一〕師古曰：殽，山也。黽，池也，音沔。【補注】宋祁曰：注文當作「殽，殽山也。黽，黽池也」。
〔二〕師古曰：鄉讀曰嚮。
〔三〕師古曰：沃者，溉灌也。言其土地皆有溉灌之利，故云沃野。
〔四〕師古曰：謂安定、北地、上郡之北與胡相接之地，可以畜牧者也。養禽獸謂之苑。
〔五〕師古曰：輓，引也。輓音晚。
〔六〕師古曰：財物所聚謂之府。言關中之地物産饒多，可備贍給，故稱天府也。

良從入關，性多疾，〔一〕即道引不食穀，〔二〕閉門不出歲餘。

〔一〕【補注】周壽昌曰：性猶生也。周禮地官「辨五地之物生」。杜子春讀生爲性，亦猶體也。魏志吴質傳注「上將軍真性肥，中領軍朱爍性瘦」，與此性義同。計秦滅韓時，良年少，越十年從高帝，事帝十三年，後六年卒，壽不過五十。
〔二〕孟康曰：服辟穀藥而靜居行氣。道讀曰導。

上欲廢太子，立戚夫人子趙王如意。大臣多爭，未能得堅決也。吕后恐，不知所爲。或謂吕后曰：「留侯善畫計，上信用之。」吕后乃使建成侯吕澤劫良曰：〔一〕「君常爲上謀臣，今上日欲易太子，〔二〕君安得高枕而卧？」〔三〕良曰：「始上數在急困之中，幸用臣策；今天下安定，以愛欲易太子，骨肉之閒，雖臣等百人何益！」吕澤彊要曰：「爲我畫計。」良曰：「此難以口舌爭也。顧上有所不能致者四人。〔四〕四人年老矣，皆以上嫚姆士，〔五〕故逃匿山中，義不爲漢臣。然上高此四人。今公誠能毋愛金玉璧帛，令太子爲書，卑辭安車，因使辯士固請，宜來。〔六〕來，以爲客，時從入朝，令上見之，則一助也。」於是吕后令吕澤使人奉太子書，卑辭厚禮，迎此四人。四人至，客建成侯所。

〔一〕【補注】先謙曰：通鑑考異云：「『澤』當是『釋之』。」齊召南云：考異是也。「澤」與「釋」相近而譌，其下文又脱「之」字耳。吕澤封周吕侯，吕釋之封建成侯。恩澤侯表可據也。先謙案：釋、澤通作字。

〔二〕師古曰：言日日欲易之。

〔三〕師古曰：安，焉也。

〔四〕師古曰：顧，念也。四人，謂園公、綺里季、夏黄公、角里先生，所謂商山四皓也。【補注】錢大昭曰：案隸釋云「揚子雲法言美行『園公、綺里季、夏黄公、角里先生』，班孟堅敘近古逸民，與揚子同」。陳留志云「園公姓庾字宣明，常居園中，因以號。夏黄公姓崔名廣，隱居夏里，號曰黄公。角里先生姓周名術，或曰霸上先生」。皇甫謐之徒説又相戾，故小顔悉棄不取。陶淵明詩「黄、綺之南山」，杜子美詩「黄、綺終辭漢」，似亦以夏爲地名也。惟圈稱陳留耆舊傳自序云「圈公爲秦博士，避地南山，惠太子以爲司徒，至稱十一世」。漢刻有圈公角里先生神坐，圈公、綺里季神祚机，則圈稱蓋有據也。師古以爲商山四皓。三輔舊事云「四皓隱於上雒熊耳山」。是商山即熊耳山。周壽昌曰：廣韻「漢有應曜，隱於淮陽山下，與四皓俱徵，曜獨不至。時人語曰『商山四皓，不如淮陽一老』。八代孫劭集解漢書」。白帖卷二十二所引同。案，據此四人外尚有一人，徵而不至者也。先謙曰：官本注「角」作「甪」。

〔五〕師古曰：嫚與慢同。娒，古侮字。

〔六〕師古曰：宜應得其來。

漢十一年，黥布反，上疾，欲使太子往擊之。四人相謂曰：「凡來者，將以存太子。太子將兵，事危矣。」乃説建成侯曰：「太子將兵，有功即位不益，〔一〕無功則從此受禍。且太子所與俱諸將，皆與上定天下梟將也，今乃使太子將之，此無異使羊將狼，〔二〕皆不肯爲用，其無功必矣。臣聞『母愛者子抱』，〔三〕今戚夫人日夜侍御，趙王常居前，上終不使不肖子居愛子上，〔四〕明代太子位必矣。〔五〕君何不急請呂后承閒爲上泣〔六〕言：『黥布，天下猛將，善用兵，今諸將皆陛下故等夷，〔七〕乃令太子將，此屬莫肯爲用，且布聞之，鼓行而西耳。〔八〕上雖疾，彊載輜車，臥而護之，〔九〕諸將不敢不盡力。上雖苦，彊爲妻子計。』」〔一〇〕呂后承閒爲上泣而言，如四人意。上曰：「吾惟之，豎子固不足遣，〔一一〕乃公自行耳。」〔一二〕於是上自將而東，羣臣居守，皆送至霸上。良疾，强起至曲郵，〔一三〕見上曰：「臣宜從，疾甚。楚人剽疾，願上慎毋與楚爭鋒。」〔一四〕因説上令太子爲將軍監關中兵。〔一五〕上謂「子房雖疾，彊臥傅太子」。是時叔孫通已爲太傅，良行少傅事。〔一六〕

〔一〕師古曰：太子嗣君，貴已極矣，雖更立功，位無加益矣。【補注】錢大昭曰：「即」，史記作「則」。則、即聲相近，古字通。

〔二〕【補注】沈欽韓曰：燕丹子「荆軻曰『太子率燕國之衆而當秦，猶使羊將狼，使狼追虎耳』」。

〔三〕【補注】沈欽韓曰：韓非備内篇：「語曰『其母好者其子抱』。然則其爲之反也，其母惡者其子釋」。

〔四〕【補注】先謙曰：官本「終」上有「曰」字。引劉攽曰「曰字後人妄加」。王念孫云：劉説非也。「不使不肖子居愛子上」，是四皓述高帝之語如此。外戚傳「太子爲人仁弱，高祖以爲不類己，常欲廢之而立如意。如意類我」。故下文曰「明其代太子位必矣」。若無「曰」字，則爲四皓語矣。是四皓以太子爲不肖，豈其然乎？史記亦有「曰」字。

〔五〕【補注】先謙曰：官本「明」下有「其」字。

〔六〕師古曰：因空隙之時。

〔七〕師古曰：夷，平也，言故時皆齊等。【補注】周壽昌曰：禮曲禮「在醜夷不爭」。鄭注「夷猶儕也」。

〔八〕師古曰：擊鼓而行，言無所畏。

〔九〕師古曰：輜車，衣車也。護謂監領諸將。

〔一〇〕【補注】宋祁云：浙本「夜」字上有「立」字。先謙曰：史記亦有「立」字。

〔一一〕師古曰：惟，思也。

〔一二〕師古曰：乃公，汝父也。

〔一三〕師古曰：在新豐西，今俗謂之鄠頭。

〔一四〕師古曰：剽音匹妙反。

〔一五〕【補注】先謙曰：高紀「以三萬人軍霸上」。

〔一六〕【補注】先謙曰：通鑑胡注「古世子有三師三少，至漢惟太傅、少傅耳」。

漢十二年，上從破布歸，疾益甚，愈欲易太子。良諫不聽，因疾不視事。叔孫太傅稱説引古，以死爭太子。上陽許之，〔一〕猶欲易之。及宴，置酒，太子侍。四人者從太子，年皆八十有餘，須眉皓白，衣冠甚偉。〔二〕上怪，問曰：「何爲者？」〔三〕四人前對，各言其姓名。上乃驚曰：「吾求公，避逃我，〔四〕今公何自從吾兒游乎？」四人曰：「陛下輕士善罵，臣等義不辱，故恐而亡匿。今聞太子仁孝，恭敬愛士，天下莫不延頸願爲太子死者，故臣等來。」上曰：「煩公幸卒調護太子。」〔五〕

〔一〕【補注】周壽昌曰：史記「陽」作「詳」，詳即佯字，與陽同。
〔二〕師古曰：所以謂之四皓。
〔三〕【補注】先謙曰：史記「何」上有「彼」字。
〔四〕【補注】王念孫曰：案「避逃」上更有一「公」字，而今本脱之，則語意不完。外戚恩澤侯表序注、文選謝瞻張子房詩注、班彪王命論注引此，竝作「吾求公，公避逃我」，史記及新序善謀篇作「吾求公數歲，公避逃我」，皆重一「公」字。
〔五〕師古曰：調謂和平之，護謂保安之。

四人爲壽已畢，趨去。上目送之，〔一〕召戚夫人指視曰：〔二〕「我欲易之，彼四人爲之輔，羽翼已成，難動矣。呂氏真乃主矣。」〔三〕戚夫人泣涕，上曰：「爲我楚舞，吾爲若楚歌。」〔四〕歌曰：「鴻鵠高飛，一舉千里。〔五〕羽翼以就，横絶四海。〔六〕横絶四海，又可柰何！〔七〕雖有矰繳，尚安所施！」〔八〕歌數闋，〔九〕戚夫人歔欷流涕。〔一〇〕上起去，罷酒。竟不易太子者，良本招此四人之力也。

〔一〕師古曰：以目瞻之訖其出也。
〔二〕師古曰：視讀曰示。
〔三〕師古曰：乃，汝也。
〔四〕師古曰：若亦汝也。
〔五〕師古曰：鵠音胡督反。
〔六〕師古曰：就，成也。絶謂飛而直度也。【補注】沈欽韓曰：意林「尸子曰『鴻鵠之鷇，羽翼未全，而有四海之心』」。

〔七〕【補注】先謙曰：史記「又」作「當」。

〔八〕師古曰：繳，弋射也。其矢爲矰。矰音增。繳音之若反。

〔九〕師古曰：闋，盡也。曲終爲闋，音口穴反。

〔一〇〕師古曰：歔音虛，欷音稀，又音許氣反。

良從上擊代，出奇計下馬邑，及立蕭相國，〔一〕所與從容言天下事甚衆，〔二〕非天下所以存亡，故不著。〔三〕良乃稱曰：「家世相韓，及韓滅，不愛萬金之資，爲韓報仇彊秦，天下震動。今以三寸舌爲帝者師，封萬户，位列侯，此布衣之極，於良足矣。願棄人閒事，欲從赤松子遊耳。」〔四〕乃學道，欲輕舉。〔五〕高帝崩，吕后德良，乃彊食之，〔六〕曰：「人生一世，如白駒之過隙，〔七〕何自苦如此！」良不得已，彊聽食。後六歲薨。〔八〕謚曰文成侯。

〔一〕服虔曰：何時未爲相國，良勸高祖立之。

〔二〕師古曰：從音千容反。【補注】宋祁曰：浙本「所與」字下有「上」字。王念孫曰：案浙本是也，無「上」字則文義不明。史記亦有「上」字。

〔三〕師古曰：著謂書之於史。著音竹助反。

〔四〕師古曰：赤松子，仙人號也。神農時爲雨師，服水玉，教神農能入火自燒。至昆山上，常止西王母石室，隨風雨上下。炎帝少女追之，亦得仙俱去。

〔五〕師古曰：道謂仙道。【補注】先謙曰：史記作「乃學辟穀道引輕身」。徐廣注云「乃學道引欲輕舉也」。「道」下有「引」字，是。道讀曰導。惟學導引，方能輕身。師古所見本無「引」字，乃注云「道謂仙道」，是望文爲注而失其本意矣。

〔六〕師古曰：食讀曰飤。

〔七〕師古曰：解在魏豹傳。【補注】錢大昭曰：南監本、閩本「世」下有「閒」字。先謙曰：官本有「閒」字，史記同。

〔八〕【補注】先謙曰：史記「作後八年卒」。據侯表，良以高后二年薨。

良始所見下邳圯上老父與書者，〔一〕後十三歲從高帝過濟北，果得穀城山下黃石，〔二〕取而寶祠之。〔三〕及良死，并葬黃石。〔四〕每上冢伏臘祠黃石。

〔一〕【補注】宋祁云：浙本「圯」作「汜」。

〔二〕【補注】沈欽韓曰：御覽六，黃石公記曰「黃石，鎮星之精也」。

〔三〕【補注】先謙曰：史記「寶」作「葆」。徐廣注史記，珍寶字皆作「葆」。

〔四〕【補注】先謙曰：史記衍「冢」字。當依此訂。

子不疑嗣侯。孝文三年坐不敬，國除。〔一〕

〔一〕【補注】先謙曰：侯表「不疑，孝文五年，坐與門大夫殺故楚内史，贖爲城旦」。與此云「不敬」異。史記亦作「五年」，明此「三」字誤。

陳平，陽武户牖鄉人也。〔一〕少時家貧，好讀書，治黃帝、老子之術。有田三十畝，與兄伯居。伯常耕田，縱平使游學。平爲人長大美色，〔二〕人或謂平：「貧何食而肥若是？」其嫂疾平之不親家生産，〔三〕曰：「亦食糠覈耳。〔四〕有叔如此，不如無有！」伯聞之，逐其婦棄之。

〔一〕師古曰：陽武，縣名，屬陳留。户牖者，其鄉名。【補注】錢大昕曰：案地理志，陽武屬河南，不屬陳留。沈欽韓曰：御覽五百三十二引蔡邕陳留東昏庫上里社碑曰「惟斯庫上里，古陽武之户牖鄉也。秦時有池子華爲丞相。案秦本紀「惠文王後七年，樂池相秦」。漢興，陳平由此社宰，遂相高祖，剋定天下，爲右丞相。孝明之世，虞延爲太尉，熹平中，延曾孫放以宰相繼踵，咸出斯里。雖有積德修身之效，亦斯社所相，乃樹碑云」。水經注「東昏縣，故陽武之户牖鄉。平有功於高祖，封户牖侯，是後置東昏縣也」。紀要「東昏城在開封府蘭陽縣東北二十里，故户牖鄉」。

〔二〕【補注】先謙曰：史記無「大」字，蓋脱。

〔三〕【補注】先謙曰：不親，言不親身治家事。史記「親」作「視」，字近而訛。

〔四〕孟康曰：覈，麥糠中不破者也。晉灼曰：覈音紇。京師人謂麤屑爲紇頭。【補注】錢大昭曰：廣韻引作「穅麧」。蘇輿曰：説文「麧，堅麥也，從麥，乞聲」。孟注、晉音與許合。麧，本字，此借覈爲之。説文「䵒」下云「麥覈屑也」。義微別。

及平長，可取婦，富人莫與者，〔一〕貧者平亦媿之。久之，户牖富人張負〔二〕有女孫，五嫁夫輒死，人莫敢取，平欲得之。邑中有大喪，平家貧侍喪。以先往後罷爲助。張負既見之喪所，獨視偉平，〔三〕平亦以故後去。負隨平至其家，家乃負郭窮巷，〔四〕以席爲門，然門外多長者車徹。〔五〕張負歸，謂其子仲曰：「吾欲以女孫予陳平。」〔六〕仲曰：「平貧不事事，〔七〕一縣中盡笑其所爲，獨柰何予之女？」負曰：「固有美如陳平長貧者乎？」卒與女。爲平貧，乃假貸幣以聘，〔八〕予酒肉之資以内婦。負戒其孫曰：「毋以貧故，事人不謹。事兄伯如事乃父，事嫂如事乃母。」〔九〕平既取張氏女，資用益饒，游道日廣。

〔一〕【補注】宋祁云：浙本作「莫肯與」。

〔二〕【補注】先謙曰：索隱「負是婦人老宿之稱，猶武負之類也。然此張負既稱富人，或恐是丈夫」。周壽昌云：下云「張負既見之喪所」，又云「負隨平至其家」，此豈老婦人行動？其爲丈夫無疑。

〔三〕師古曰：視而悅其奇偉。

〔四〕師古曰：負謂偕也。

〔五〕【補注】周壽昌曰：長者，貴人也。後書馬援傳但謂「長者家兒」，又「子石當屏居自守，而反游京師長者」。注「長者謂豪俠」。魏志「文帝詔三世長者知被服，五世長者知飲食」，與此長者同。先謙曰：官本「徹」作「轍」。史記同。

〔六〕【補注】宋祁云：越本無「孫予」二字。劉攽曰：吾欲以女陳平，「女」下疑少一「與」字。

〔七〕師古曰：不事産業之事。

〔八〕師古曰：貸音土戴反。

〔九〕師古曰：乃，汝也。

里中社，〔一〕平爲宰，〔二〕分肉甚均。里父老曰：「善，陳孺子之爲宰！」平曰：「嗟乎，使平得宰天下，亦如此肉矣！」

〔一〕【補注】先謙曰：孔穎達云「祭法『大夫以下成羣立社，曰置社』。注云『大夫不得特立社，與民族居百家以上則共立一社，今時里社是也』。如鄭此言，則周之政法，百家以上得立社。秦漢以來，雖非大夫，民二十五家以上則得立社。故曰今之里社」。

〔二〕師古曰：主切割肉也。

陳涉起王，使周市略地，立魏咎爲魏王，與秦軍相攻於臨濟。平已前謝兄伯，〔一〕從少年往事魏王咎，爲太僕。說魏王，王不聽。人或讒之，平亡去。

〔一〕服虔曰：謝語其兄伯往事魏也。

項羽略地至河上，平往歸之，從入破秦，賜爵卿。〔一〕項羽之東王彭城也，漢王還定三秦而東。殷王反楚，項羽乃以平爲信武君，將魏王客在楚者往擊，殷降而還。項王使項悍拜平爲都尉，〔二〕賜金二十溢。居無何，〔三〕漢攻下殷。項王怒，將誅定殷者。平懼誅，乃封其金與印，使使歸項王，而平身閒行杖劍亡。度河，船人見其美丈夫，獨行，疑其亡將，要下當有寶器金玉，目之，欲殺平。平心恐，乃解衣裸而佐刺船。〔四〕船人知其無有，乃止。

〔一〕張晏曰：禮秩如卿，不治事。
〔二〕師古曰：悍音下旦反。
〔三〕師古曰：無何，猶言無幾時。
〔四〕師古曰：自露其形，示無所懷挾。

平遂至脩武降漢，因魏無知求見漢王，〔一〕漢王召入。是時，萬石君石奮爲中涓，受平謁。平等十人俱進，賜食。〔二〕王曰：「罷，就舍矣。」平曰：「臣爲事來，所言不可以過今日。」於是漢王與語而說之，〔三〕問曰：「子居楚何官？」平曰：「爲都尉。」是日拜平爲都尉，使參乘，典護軍。諸將盡讙，〔四〕曰：「大王一日得楚之亡卒，未知高下，而即與共載，使監護長者！」〔五〕漢王聞之，愈益幸平，遂與東伐項王。至彭城，爲楚所敗，引師而還。收散兵至滎陽，以平爲亞將，屬韓王信，軍廣武。

〔一〕【補注】先謙曰：索隱引張敞與朱邑書云「陳平須魏倩而後進」。孟康云「即無知也」。

〔二〕【補注】先謙曰：史記作「七人」。

〔三〕師古曰：說讀曰悦。

〔四〕師古曰：讙囂而議也。【補注】宋祁曰：一本作「譁」。注云「譁囂而議」。

〔五〕【補注】先謙曰：長者，諸將自謂。酈食其謂「高帝不宜倨見長者」，是其例也。史記「護」下衍「軍」字。

絳、灌等或讒平曰：〔一〕「平雖美丈夫，如冠玉耳，其中未必有也。〔二〕聞平居家時盜其嫂；〔三〕事魏王不容，亡而歸楚；歸楚不中，又亡歸漢。〔四〕今大王尊官之，令護軍。臣聞平使諸將，金多者得善處，金少者得惡處。平，反覆亂臣也，願王察之。」漢王疑之，以讓無知，問曰：「有之乎？」無知曰：「有。」漢王曰：「公言其賢人何也？」對曰：「臣之所言者，能也；陛下所問者，行也。今有尾生、孝已之行，〔五〕而無益於勝敗之數，陛下何暇用之乎？今楚漢相距，臣進奇謀之士，顧其計誠足以利國家耳。〔六〕盜嫂受金又安足疑乎？」漢王召平而問曰：「吾聞先生事魏不遂，事楚而去，〔七〕今又從吾游，信者固多心乎？」平曰：「臣事魏王，魏王不能用臣說，故去事項王。項王不信人，其所任愛，非諸項即妻之昆弟，〔八〕雖有奇士不能用。臣居楚聞漢王之能用人，故歸大王。臝身來，不受金無以爲資。誠臣計畫有可采者，願大王用之；〔九〕使無可用者，大王所賜金具在，請封輸官，得請骸骨。」漢王乃謝，厚賜，拜以爲護軍中尉，盡護諸將。諸將乃不敢復言。

〔一〕師古曰：舊説云「絳，絳侯周勃也。灌，灌嬰也」。而楚漢春秋高祖之臣別有絳灌。疑昧之文，不可據也」。【補注】王念孫曰：史記「或」作「咸」。案既言絳、灌等，則讒平者非止一人，作「咸」者是也。

〔二〕孟康曰：飾冠以玉，光好外見，中非所有也。

〔三〕師古曰：盜猶私也。

〔四〕師古曰：中音竹仲反。

〔五〕如淳曰：孝已，高宗之子，有孝行。師古曰：尾生，古之信士。一説即微生高。【補注】沈欽韓曰：以下語本蘇秦謂燕王。

〔六〕師古曰：顧，念也。

〔七〕師古曰：遂猶竟也。【補注】先謙曰：官本無「也」字。引宋祁曰：注末當有「也」字。

〔八〕【補注】周壽昌曰：諸項，伯、莊外惟聲、它、悍、冠，見各傳。桃侯劉襄爲項氏親，降漢，封侯。見表。

〔九〕【補注】先謙曰：史記「願」誤「顧」。

其後，楚急擊，絶漢甬道，圍漢王於滎陽城。漢王患之，請割滎陽以西和。項王弗聽。漢王謂平曰：「天下紛紛，何時定乎？」平曰：「項王爲人，恭敬愛人，士之廉節好禮者多歸之。至於行功賞爵邑，重之，〔一〕士亦以此不附。今大王嫚而少禮，士之廉節者不來；然大王能饒人以爵邑，士之頑頓耆利無恥者亦多歸漢。〔二〕誠各去兩短，集兩長，天下指麾即定矣。然大王資侮人，〔三〕不能得廉節之士。顧楚有可亂者，〔四〕彼項王骨鯁之臣〔五〕亞父、鍾離眜、龍且、周殷之屬，〔六〕不過數人耳。大王能出捐數萬斤金，行反閒，閒其君臣，以疑其心，〔七〕項王爲人意忌信讒，〔八〕必内相誅。漢因舉兵而攻之，破楚必矣。」漢王以爲然，乃出黄金四萬斤予平，恣所爲，不問出入。

〔一〕師古曰：言愛惜之。
〔二〕如淳曰：頑頓，謂無廉隅也。師古曰：頓讀曰鈍。耆讀曰嗜。
〔三〕師古曰：資謂天性也。侮，古侮字。【補注】先謙曰：史記「資」作「恣」，義異。
〔四〕師古曰：顧，念也。
〔五〕【補注】先謙曰：官本「鯁」作「骾」。
〔六〕師古曰：眜音秣。且音子閭反。【補注】先謙曰：官本「眜」作「昧」。
〔七〕師古曰：閒音居莧反。
〔八〕【補注】先謙曰：意，疑也。

平既多以金縱反閒於楚軍，宣言諸將鍾離眜等爲項王將，功多矣，然終不得列地而王，欲與漢爲一，以滅項氏，分王其地。項王果疑之，使使至漢。漢爲太牢之具，舉進，見楚使，〔一〕即陽驚曰：「以爲亞父使，乃項王使也！」復持去，以惡草具進楚使。〔二〕使歸，具以報項王，果大疑亞父。〔三〕亞父欲急擊下滎陽城，項王不信，不肯聽亞父。亞父聞項王疑之，乃

大怒曰：「天下事大定矣，君王自爲之！願乞骸骨歸！」〔四〕歸未至彭城，疽發背而死。〔五〕

〔一〕師古曰：舉鼎俎而來。【補注】先謙曰：官本注在「舉進」下。

〔二〕服虔曰：去肴肉，更以惡草之具。【補注】宋祁曰：浙本作「菜草之具」。

〔三〕【補注】宋祁云：浙本「果」字上復有「項王」二字。

〔四〕【補注】宋祁曰：「乞」當作「賜」。

〔五〕師古曰：疽，癰瘡也，音千余反。

平乃夜出女子二千人滎陽東門，楚因擊之。平乃與漢王從城西門出去。〔一〕遂入關，收聚兵而復東。

〔一〕【補注】宋祁曰：「出去」當作「夜出」。先謙曰：史記作「夜出去」。

明年，淮陰侯信破齊，自立爲假齊王，使使言之漢王。漢王怒而罵，平躡漢王。〔一〕漢王寤，乃厚遇齊使，使張良往立信爲齊王。於是封平以户牖鄉。用其計策，卒滅楚。

〔一〕孟康曰：躡謂躡漢王足。

漢六年，人有上書告楚王韓信反。高帝問諸將，諸將曰：「亟發兵阬豎子耳。」〔一〕高帝默然。以問平，平固辭謝，曰：〔二〕「諸將云何？」上具告之。平曰：「人之上書言信反，人有聞知者乎？」曰：「未有。」曰：「信知之乎？」曰：「弗知。」平曰：「陛下兵精孰與楚？」〔三〕

上曰：「不能過也。」平曰：「陛下將用兵有能敵韓信者乎？」上曰：「莫及也。」平曰：「今兵不如楚精，將弗及，而舉兵擊之，是趣之戰也，〔四〕竊爲陛下危之。」上曰：「爲之柰何？」平曰：「古者天子巡狩，會諸侯。南方有雲夢，〔五〕陛下弟出，僞游雲夢，〔六〕會諸侯於陳。陳，楚之西界，信聞天子以好出游，其勢必郊迎謁。〔七〕而陛下因禽之，特一力士之事耳。」〔八〕高帝以爲然，乃發使告諸侯會陳，「吾將南游雲夢」。上因隨以行。行至陳，〔九〕楚王信果郊迎道中。高帝豫具武士，見信，即執縛之。語在信傳。

〔一〕師古曰：亟，急也，音居力反。
〔二〕【補注】宋祁曰：一本「固」作「因」。然作「固」爲長。
〔三〕師古曰：與，如也。
〔四〕師古曰：趣讀曰促。
〔五〕師古曰：楚澤名。夢音莫風反，又讀如本字。【補注】沈欽韓曰：一統志「安陸以南，華容以北，枝江以東，皆古之雲夢澤。後世悉爲邑居聚落」。
〔六〕師古曰：弟，但也，語聲急也。它皆類此。【補注】先謙曰：官本「弟」作「第」。
〔七〕師古曰：言出郊遠迎謁也。【補注】先謙曰：官本「言出郊」作「出其郊」。
〔八〕【補注】宋祁云：浙本「特」字上有「此」字。
〔九〕【補注】先謙曰：史記作「行未至陳」，是也。故「信迎於道中」下，乃「至陳而會諸侯」也。本書蓋奪一「未」字。

遂會諸侯於陳。〔一〕還至雒陽，與功臣剖符定封，封平爲户牖侯，世世勿絕。平辭曰：

「此非臣之功也。」上曰：「吾用先生計謀，戰勝克敵，非功而何？」平曰：「非魏無知臣安得進？」上曰：「若子可謂不背本矣！」〔二〕乃復賞魏無知。

〔一〕【補注】先謙曰：史記有「盡定楚地」句。

〔二〕師古曰：若，如也。

其明年，平從擊韓王信於代。至平城，爲匈奴圍，七日〔一〕不得食。高帝用平奇計，使單于閼氏解，圍以得開。〔二〕高帝既出，其計祕，世莫得聞。高帝南過曲逆，〔三〕上其城，望室屋甚大，曰：「壯哉縣！吾行天下，獨見雒陽與是耳。」顧問御史：「曲逆户口幾何？」〔四〕對曰：「始秦時三萬餘户，間者兵數起，多亡匿，今見五千餘户。」於是召御史，〔五〕更封平爲曲逆侯，〔六〕盡食之，〔七〕除前所食户牖。

〔一〕【補注】宋祁曰：「圍」字上疑有「所」字。王念孫曰：文選劉峎重贈盧諶詩注陸機漢高祖功臣頌注引此，皆有「所」字。史記同。

〔二〕師古曰：閼氏音焉支。【補注】先謙曰：解字上屬爲句，謂解説也。史記無「解」字。

〔三〕孟康曰：中山蒲陰縣。【補注】先謙曰：在今保定府元縣東南。

〔四〕【補注】沈欽韓曰：百官表「御史掌圖籍祕書」，故户口之數職知之。每有封爵，與丞相同被詔，亦因此。

〔五〕【補注】先謙曰：官本「召」作「詔」，是。史記同。

〔六〕【補注】宋祁曰：曲逆，漢書元無音文，文選載陸士衡高祖功臣頌「曲逆宏達，好謀能斷」，注「曲，區句反。逆，音遇」。

〔七〕【補注】錢大昕曰：漢時封縣侯，户數多少不同。如蕭何始封酇，食八千户，後又益封二千户。元狩中，以酇户二千四百封其曾孫慶。宣帝時以酇户二千封其玄孫建世。封號雖同，而租入迥別。蓋一縣之户不止此數，除侯所食外，其餘歸之有司也。高祖功臣盡食一縣者，惟平一人。

平自初從，至天下定後，常以護軍中尉從擊臧荼、陳豨、黥布。〔一〕凡六出奇計，〔二〕輒益邑封。奇計或頗祕，世莫得聞也。

〔一〕【補注】先謙曰：史記無臧荼。

〔二〕【補注】錢大昭曰：閒疏楚君臣，一奇計也；夜出女子二千人滎陽東門，二奇計也；躡漢王立信爲齊王，三奇計也；僞游雲夢縛信，四奇計也；解平城圍，五奇計也；其六當在從擊臧荼、陳豨、黥布時，史傳無文。

高帝從擊布軍還，病創，徐行至長安。燕王盧綰反，上使樊噲以相國將兵擊之。既行，人有短惡噲者。〔一〕高帝怒曰：「噲見吾病，乃幾我死也！」〔二〕用平計，召絳侯周勃受詔牀下，曰：「平乘馳傳載勃代噲將，〔三〕平至軍中即斬噲頭！」二人既受詔，馳傳未至軍，行計曰：「樊噲，帝之故人，功多，〔四〕又吕后女弟吕須夫，〔五〕有親且貴，帝以忿怒故欲斬之，即恐後悔。寧囚而致上，令上自誅之。」未至軍，爲壇，以節召樊噲。噲受詔，即反接，〔六〕載檻車詣長安，而令周勃代將兵定燕。

〔一〕師古曰：陳其短失過惡於上，謂譖毁之。它皆類此。

〔二〕孟康曰：幾幸我死也。幾音冀。

〔三〕師古曰：傳音張戀反。【補注】先謙曰：官本「曰」下有「陳」字。引宋祁云「景祐本無『陳』字。校添」。先謙案，史記有「陳」字。

〔四〕師古曰：行計，謂於道中且計也。【補注】宋祁曰：注文「道中」字下當有「行」字。

〔五〕【補注】王念孫曰：「弟」上本無「女」字，後人以意加之也。女弟而但曰弟者，省文耳。景祐本及史記皆無「女」字。樊噲傳「噲以吕后弟吕須爲婦」，五行志「趙皇后弟昭儀」，高五王傳「紀太后取其弟紀氏女爲王后」，弟上皆無「女」字。先謙曰：官本「須」作「嬃」，下同。

〔六〕師古曰：反縛兩手也。

平行聞高帝崩，〔一〕平恐吕后及吕須怒，乃馳傳先去。逢使者詔平與灌嬰屯於滎陽。平受詔，立復馳至宫，哭殊悲，因奏事喪前。吕后哀之，曰：「君出休矣！」平畏讒之就，〔二〕因固請之，得宿衛中。〔三〕太后乃以爲郎中令，日傅教帝。〔四〕是後吕須讒乃不得行。樊噲至，即赦復爵邑。

〔一〕師古曰：未至京師，於道中聞高帝崩。

〔二〕師古曰：就，成也，言畏讒毒已者得其成計。【補注】先謙曰：「其成」，字誤倒。

〔三〕【補注】宋祁曰：「之」字可删。王念孫曰：平此時但請之耳。下文「太后以爲郎中令」，然後得其所請。若云因固請之得宿衛中，則是平已得宿衛，而下文爲贅語矣。「之」字涉上文兩之字而衍。史記無。

〔四〕如淳曰：傅相之。【補注】先謙曰：史記「日」作「曰」。

惠帝六年，相國曹參薨，安國侯王陵爲右丞相，平爲左丞相。

王陵，沛人也。始爲縣豪，高祖微時兄事陵。及高祖起沛，入咸陽，陵亦聚黨數千人，居南陽，不肯從沛公。及漢王之還擊項籍，陵乃以兵屬漢。〔一〕項羽取陵母置軍中，陵使至，則東鄉坐陵母，欲以招陵。〔二〕陵母既私送使者，泣曰：「願爲老妾語陵，善事漢王。漢王長者，毋以老妾故持二心。妾以死送使者。」遂伏劍而死。項王怒，亨陵母。陵卒從漢王定天下。以善雍齒，雍齒，高祖之仇，陵又本無從漢之意，以故後封陵，爲安國侯。〔三〕

〔一〕【補注】齊召南曰：陵之初從，傳與表判然不同。據此傳，則在漢王還定三秦率五諸侯伐楚之後，故下文云「陵本無從漢之意」也。但張蒼傳言陵解張蒼之厄，乃在沛公初定南陽，未入武關以前，何邪？先謙曰：據高紀「帝入南陽時，陵降」，特未從入關耳。救張蒼在南陽，於事理固無礙也。

〔二〕師古曰：鄉讀曰嚮。

〔三〕【補注】周壽昌曰：最後始封，史記作「晚封」。

陵爲人少文任氣，好直言。爲右丞相二歲，惠帝崩。高后欲立諸呂爲王，問陵。陵曰：「高皇帝刑白馬而盟曰：『非劉氏而王者，天下共擊之。』今王呂氏，非約也。」太后不說。〔一〕問丞相平〔二〕及絳侯周勃等，皆曰：「高帝定天下，王子弟；今太后稱制，欲王昆弟諸呂，無所不可。」太后喜。罷朝，陵讓平、勃曰：「始與高帝唼血而盟，諸君不在邪？〔三〕今高帝崩，太后女主，欲王呂氏，諸君縱欲阿意背約，何面目見高帝於地下乎！」平曰：「於面折廷爭，臣不如君；〔四〕全社稷，定劉氏後，〔五〕君亦不如臣。」陵無以應之。於是呂太后欲廢陵，乃陽

遷陵爲帝太傅，實奪之相權。〔六〕陵怒，謝病免，杜門竟不朝請，〔七〕十年而薨。〔八〕

〔一〕師古曰：說讀曰悅。

〔二〕【補注】先謙曰：官本「丞」上有「左」字。

〔三〕師古曰：唼，小歃也，音所甲反。【補注】宋祁云：浙本無「而」字。王念孫曰：浙本是也。景祐本作「唼而盟」，「而」即「血」之誤。此作「唼血而盟」者，一本作「血」，一本作「而」，而寫者誤合之耳。史記呂后紀作「啑血盟」，無「而」字。

〔四〕師古曰：廷爭，謂當朝廷而諫爭。

〔五〕【補注】先謙曰：官本「定」作「安」。

〔六〕【補注】周壽昌曰：「之」猶「其」也。古訓如此。項籍傳「籍以故疑范增，稍奪之權」。語相類。

〔七〕師古曰：杜，塞也，閉塞其門也。請音才性反。杜字本作𢾕，音同。【補注】先謙曰：官本「𢾕」作「敼」。

〔八〕【補注】先謙曰：史記作「七年」。

陵之免，呂太后徙平爲右丞相，以辟陽侯審食其爲左丞相。〔一〕食其亦沛人也。漢王之敗彭城西，楚取太上皇、呂后爲質，食其以舍人侍呂后。其後從破項籍爲侯，幸於呂太后。及爲相，不治，〔二〕監宮中，如郎中令，公卿百官皆因決事。呂須常以平前爲高帝謀執樊噲，數讒平曰：「爲丞相不治事，日飲醇酒，戲婦人。」平聞，日益甚。呂太后聞之，私喜。〔三〕面質呂須於平前，〔四〕曰：「鄙語曰『兒婦人口不可用』，顧君與我何如耳，無畏呂須之譖。」〔五〕

〔一〕師古曰：食其音異基。

〔二〕鄭氏曰：不立治處，使止宮中也。李奇曰：不治丞相職事也。師古曰：李説是也。

〔三〕【補注】先謙曰：平不以能加於辟陽之上，又無治迹，不爲呂后所畏忌，故后喜之。

〔四〕師古曰：質，對也。

〔五〕師古曰：顧，念也。

呂太后多立諸呂爲王，平僞聽之。〔一〕及呂太后崩，平與太尉勃合謀，卒誅諸呂，立文帝，平本謀也。審食其免相，文帝立，舉以爲相。〔二〕

〔一〕師古曰：謂且順從之，不乖牾也。

〔二〕如淳曰：舉猶皆也。衆人之議皆以爲勃、平功多矣。師古曰：言文帝以平、勃俱舊臣，有功，皆欲以爲相。

太尉勃親以兵誅呂氏，功多；平欲讓勃位，乃謝病。文帝初立，怪平病，〔一〕問之。平曰：「高帝時，〔二〕勃功不如臣；及誅諸呂，臣功亦不如勃。願以相讓勃。」於是乃以太尉勃爲右丞相，位第一；平徙爲左丞相，位第二。賜平金千斤，益封三千户。

〔一〕【補注】周壽昌曰：怪其無故以病謝。

〔二〕【補注】宋祁曰：别本「帝」上有「皇」字。

居頃之，上益明習國家事，朝而問右丞相勃曰：「天下一歲決獄幾何？」〔一〕勃謝不知。問「天下錢穀一歲出入幾何？」勃又謝不知。汗出洽背，〔二〕媿不能對。上亦問左丞相平。平曰：「各有主者。」〔三〕上曰：「主者爲誰乎？」平曰：「陛下即問決獄，責廷尉；問錢穀，責治粟內史。」上曰：「苟各有主者，而君所主何事也？」平謝曰：「主臣！〔四〕陛下不知其駑下，使待罪宰相。〔五〕宰相者，上佐天子理陰陽，順四時，下遂萬物之宜，〔六〕外填撫四夷諸侯，内親附百姓，使卿大夫各得任其職也。」上稱善。勃大慙，出而讓平曰：「君獨不素教我乎！」平笑曰：「君居其位，獨不知其任邪？且陛下即問長安盜賊數，又欲彊對邪？」〔七〕於是絳侯自知其能弗如平遠矣。居頃之，勃謝病請免相，〔八〕而平顓爲丞相。〔九〕

〔一〕師古曰：臨朝問也。幾音居豈反。

〔二〕師古曰：洽，霑也。【補注】先謙曰：史記作「沾背」。

〔三〕【補注】宋祁曰：越本無「各」字。王念孫曰：越本是也。景祐本亦無「各」字，此涉下文「苟各有主者」而衍。下文平曰「陛下即問決獄，責廷尉；問錢穀，責治粟內史」。故文帝曰「苟各有主者，而君所主何事」？此文但言「有主者」而已，不須言「各」。北堂書鈔政術部下、藝文類聚職官部一、御覽職官部二引此，皆無「各」字，史記亦無。

〔四〕文穎曰：惶恐之辭也，猶今言死罪也。孟康曰：主臣，主羣臣也，若今言人主。晉灼曰：主，擊也。臣，服也。言其擊服，惶恐之辭。師古曰：文、晉二説是也。【補注】先謙曰：集解引張晏云：「若今人謝曰『惶恐』也。馬融龍虎賦『勇怯見之，莫不主臣』。」先謙案，據馬賦則作「惶恐」解，漢時自有確詁。蓋對主稱臣，惶恐意自見，別無義可求。

〔五〕師古曰：駑，凡馬之稱，非駿者也，故以自喻。駑音奴。

〔六〕師古曰：遂，申也。

〔七〕【補注】劉攽曰：盜賊數亦自有主者，謂不當問細故也。

〔八〕【補注】宋祁曰：越本無「病請」二字。

〔九〕師古曰：顓與專同。【補注】周壽昌曰：此後無左右。

孝文二年，平薨，諡曰獻侯。傳子至曾孫何，坐略人妻棄主。〔一〕王陵亦至玄孫，坐酎金國除。辟陽侯食其免後三歲而爲淮南王所殺，文帝令其子平嗣侯。淄川王反，辟陽近淄川，平降之，國除。〔二〕

〔一〕【補注】先謙曰：官本「主」作「市」，是。

〔二〕【補注】先謙曰：辟陽，信都縣，今冀州東南三十里。淄川國在青州府壽光縣東南三十一里。此蓋因地近而先交通。侯表「審平坐謀反自殺」，即謂此。

始平曰：「我多陰謀，道家之所禁。〔一〕吾世即廢，亦已矣，終不能復起，以吾多陰禍也。」〔二〕其後曾孫陳掌以衞氏親戚貴，〔三〕願得續封，〔四〕然終不得也。〔五〕

〔一〕師古曰：此平謂陳平。

〔二〕【補注】先謙曰：官本無「終」字。引宋祁曰「『不能』字上疑有『終』字」。

〔三〕師古曰：掌妻，衞子夫之姊。

〔四〕【補注】先謙曰：官本「封」下有「之」字。引宋祁曰「浙本無之字」。王念孫曰：浙本是也。「封」下不當有「之」字。後漢書袁安傳注引此，無「之」字。

〔五〕【補注】宋祁曰：「得」，一作「行」。

周勃，沛人。其先卷人也。〔一〕徙沛。勃以織薄曲爲生，〔二〕常以吹簫給喪事，〔三〕材官引

强。〔四〕

〔一〕師古曰：卷，縣名也。地理志屬河南，音丘權反。其下亦同。【補注】先謙曰：官本「沛人」下有「也」字。引宋祁曰「沛人也，『也』字可删」。案，卷在今懷慶府原武縣西北。

〔二〕蘇林曰：薄一名曲。月令曰「具曲植」。師古曰：許慎云「葦薄爲曲」也。

〔三〕師古曰：吹簫以樂喪賓，若樂人也。【補注】沈欽韓曰：鹽鐵論散不足篇「今俗因人之喪以求酒食，幸與小坐，而責辦歌舞俳優連笑伎戲，此沿秦俗之弊」。先謙曰：顔注本臣瓚。索隱引「賓」作「殯」，是。又云「左傳『歌虞殯』，猶今挽歌類也。歌者或有簫管」。

〔四〕服虔曰：能引强弓弩官也。孟康曰：如今挽强司馬也。師古曰：强音其兩反。

高祖爲沛公初起，勃以中涓從攻胡陵，下方與。〔一〕方與反，與戰，卻敵。攻豐。擊秦軍碭東。還軍留及蕭。復攻碭，破之。下下邑，先登。賜爵五大夫。攻蘭、虞，取之。〔二〕擊章邯車騎，殿。〔三〕略定魏地。攻轅戚、東緡，以往至栗，〔四〕取之。攻齧桑，〔五〕先登。擊秦軍阿下，破之。〔六〕追至濮陽，下甄城。〔七〕攻都關定陶，〔八〕襲取宛朐，得單父令。〔九〕夜襲取臨濟，攻壽張，以前至卷，〔一〇〕破李由雍丘下。攻開封，先至城下爲多。〔一一〕後章邯破項梁。沛公與項羽引兵東如碭。自初起沛還至碭，一歲二月。楚懷王封沛公號武安侯，爲碭郡長。沛公拜勃爲襄賁令。〔一二〕從沛公定魏地，攻東郡尉於成武，破之。〔一三〕攻長社，先登。攻潁陽、緱氏，〔一四〕絶河津。擊趙賁軍尸北。〔一五〕南攻南陽守齮，破武關、嶢關。攻秦軍於藍田。〔一六〕至咸陽，滅秦。

〔一〕師古曰：音房豫。

〔二〕【補注】齊召南曰：史記作「攻蒙、虞」，是也。此承下邑之文，曹參傳亦曰「攻下邑以西，至虞」。據地理志「梁國即秦碭郡也。下邑、蒙、虞三縣俱屬梁國」。此文「蘭」應作「蒙」。先謙曰：地無「蘭虞」名，齊說是。

〔三〕師古曰：殿之言填也，謂鎮軍後以扞敵。勃擊破章邯之殿兵也。殿音丁見反。【補注】劉奉世曰：殿、最、多，皆功之高下名品也。周壽昌曰：殿，爲高帝殿後也。「擊章邯車騎」句，「殿」一字句。先謙曰：殿若是名品，則下功也。傳不當書。劉說謬。顏、周二說並通。據曹參傳「擊秦將章邯車騎」，則是以「章邯車騎」爲句矣。周說較優。

〔四〕師古曰：緡音昏。【補注】先謙曰：轅戚，詳曹參傳。東緡，山陽縣，今濟甯州金鄉縣東北二十里。顏以爲陳留之東昏，誤也。栗，沛郡縣，今歸德府夏邑縣治。

〔五〕【補注】沈欽韓曰：紀要「齧桑亭在徐州沛縣西南」。

〔六〕【補注】先謙曰：「阿」，詳曹參傳。

〔七〕【補注】齊召南曰：史「蘄」作「甄鄄」。阿地近濮陽，史記是。先謙曰：鄄城，濟陰縣，今曹州府濮州東二十里。

〔八〕【補注】先謙曰：都關，山陽縣，在今濮州東南。

〔九〕師古曰：音善甫。【補注】先謙曰：宛朐即冤句，濟陰縣，今曹州府菏澤縣東南。單父，山陽縣，今曹州府單縣南一里。

〔一〇〕【補注】先謙曰：臨濟即魏咎、田儋死處。「壽張」當作「壽良」，東郡縣。今泰安府東平州西南。後漢光武以叔父名良諱，改壽張。此作壽張，後人所改。史記作「攻張」，又脫「壽」字。

〔一一〕文穎曰：勃士卒至者多也。如淳曰：周禮「戰功曰多」。師古曰：多謂功多也。

〔一二〕師古曰：賁音肥。【補注】沈欽韓曰：史記作「虎賁令」。徐廣云「一作句盾令」。史記是也。高祖方用勃爲將，安得遠縣棄之。

〔一三〕【補注】先謙曰：史記有「擊王離軍破之」六字。案曹參傳亦有「擊王離軍成陽南」，正在項羽渡河救趙之前。此誤脱。

〔一四〕【補注】先謙曰：長社、潁陽，並潁川縣。長社在今許州長葛縣西。潁陽今許州西南。

〔一五〕師古曰：賁音奔。尸即尸鄉。

〔一六〕【補注】先謙曰：史記「攻」作「破」，是。

項羽至，以沛公爲漢王。漢王賜勃爵爲威武侯。從入漢中，拜爲將軍。還定三秦，賜食邑懷德。〔一〕攻槐里、好畤，最。〔二〕北擊趙賁、内史保於咸陽，最。北救漆。〔三〕擊章平姚卬軍。西定汧。〔四〕還下郿、頻陽。〔五〕圍章邯廢丘，破之。西擊益已軍，破之。〔六〕攻上邽。〔七〕東守嶢關。〔八〕擊項籍，攻曲遇，最。〔九〕還守敖倉，追籍。籍已死，因東定楚地泗水、東海郡，凡得二十二縣。還守雒陽、櫟陽，賜與潁陰侯共食鍾離。〔一〇〕以將軍從高祖擊燕王臧荼，破之易下。〔一一〕所將卒當馳道爲多。〔一二〕賜爵列侯，剖符世世不絶。食絳八千二百八十户。〔一三〕

〔一〕【補注】先謙曰：懷德，馮翊縣，在今西安府富平縣西南十里。

〔二〕如淳曰：於將率之中功爲最也。【補注】沈欽韓曰：商子境内篇「陷隊之士，其先入者舉爲最，其後入者舉爲殿」。先謙曰：槐里即廢丘，據後書之。

〔三〕師古曰：漆，扶風縣。【補注】錢大昭曰：救，當從史記作「攻」。先謙曰：今邠州治。

〔四〕師古曰：汧亦扶風縣，音口肩反。【補注】先謙曰：在今鳳翔府隴州南。

〔五〕師古曰：郿即岐州郿縣也。頻陽在櫟陽東北。郿音媚。【補注】先謙曰：郿，扶風縣，在今鳳翔府郿縣東北。頻陽，馮翔縣，在今西安府富平縣東北五十里。

〔六〕如淳曰：章邯將也。【補注】先謙曰：史記「西」作「破西丞」，「益已」作「盜巴西天水縣」，疑此奪文。益、盜、已、巴，形近。未知孰是。

〔七〕師古曰：邽音圭。【補注】先謙曰：上邽，隴西縣，今秦州西南。

〔八〕【補注】先謙曰：此高帝使距關不內諸侯軍。

〔九〕師古曰：曲音丘禹反。遇音顒。【補注】先謙曰：史記作「曲逆」，誤。

〔一〇〕【補注】先謙曰：鍾離，九江縣，今鳳陽府東北二十里。潁陰，史記作「潁陽」。潁陰侯灌嬰，無潁陽侯。

〔一一〕【補注】先謙曰：易，涿郡縣，今保定府雄縣西北十五里。

〔一二〕師古曰：當高祖所行之前。【補注】劉敞曰：馳道猶言乘輿耳。言勃將卒在馳道有功也。戰功曰多。沈欽韓曰：謂敵人馳車衝突之道，當之者功爲多也。注非。先謙曰：索隱或以馳道爲秦之馳道，故賈山傳云「秦爲馳道，東窮燕、齊」也。先謙案，諸說顏、劉爲優。

〔一三〕【補注】先謙曰：史記「二百」作「一百」。

以將軍從高帝擊韓王信於代，降下霍人，以前至武泉，〔一〕擊胡騎，破之武泉北。轉攻韓信軍銅鞮，破之。還，降太原六城。擊韓信胡騎晉陽下，破之，下晉陽。後擊韓信軍於硰石，〔二〕破之，追北八十里。還攻樓煩三城，〔三〕因擊胡騎平城下，所將卒當馳道爲多。勃遷爲太尉。

〔一〕孟康曰：縣屬雲中也。【補注】先謙曰：索隱「蕭該云，左傳『以偪陽子歸納諸霍人』。杜預云，晉邑也，或作『靃』」。

正義「霍音瑣，又音蘇寡反」。顏師古云『音山寡反』。案，『霍』字當作『葰』。地理志云『葰人，縣，屬太原郡』」。先謙案：葰人在今代州繁畤縣南，張引顏音，今本所無。武泉今朔平府右玉縣西北。

〔二〕應劭曰：砦音沙。孟康曰：地名也。齊恭曰：砦音赤坐反。師古曰：齊音是也。【補注】沈欽韓曰：正義云「在樓煩縣西北」。明志「太原府靜樂縣西北有廢樓煩縣，唐所置，爲監牧地也」。紀要「砦石城在靜樂縣東北。靜樂今屬忻州」。先謙曰：「後」是「復」之誤。下文「後擊綰軍沮陽」，史記「後」作「復」，即其證也。此「後」字，史記亦誤。

〔三〕【補注】先謙曰：樓煩，雁門縣，今代州崞縣東北。

陳豨，屠馬邑。〔一〕所將卒斬豨將軍乘馬降。〔二〕轉擊韓信、陳豨、趙利軍於樓煩，破之。得豨將宋最、鴈門守圂。〔三〕因轉攻得雲中守遫、丞相箕肄、將軍博。〔四〕定鴈門郡十七縣，雲中郡十二縣。因復擊豨靈丘，〔五〕破之，斬豨、丞相程縱、將軍陳武、都尉高肄。定代郡九縣。〔六〕

〔一〕【補注】錢大昭曰：「陳豨」上脱「擊」字。史記及南監本、閩本皆有。先謙曰：官本有。

〔二〕師古曰：姓乘馬，名降也。乘音食孕反。【補注】先謙曰：史記「降」作「絺」。

〔三〕師古曰：圂者，鴈門守之名，音下頓反。

〔四〕師古曰：遫，古速字也。肄音弋二反。博者，亦豨將之名也。【補注】先謙曰：史記「肄」作「肆」，「博」作「勳」，無「軍」字。

〔五〕【補注】先謙曰：靈丘，代郡縣，在今大同府靈丘縣東。

〔六〕【補注】先謙曰：史記「肄」作「肆」。「斬豨」下有「得豨」二字，謂既斬豨，又得縱等也。高紀「周勃定代，斬陳豨於當城」，與史言「斬豨靈丘」異。蓋靈丘、當城相距近也。後不更言斬豨事。則此處終言之爲是。疑本書奪「得豨」二字也。

燕王盧綰反，勃以相國代樊噲將，〔一〕擊下薊，〔二〕得綰大將抵、丞相偃、守陘、〔三〕太尉弱、御史大夫施屠渾都。〔四〕破綰軍上蘭，〔五〕後擊綰軍沮陽。〔六〕追至長城，定上谷十二縣，右北平十六縣，遼東二十九縣，〔七〕漁陽二十二縣。〔八〕最從高帝得相國一人，〔九〕丞相二人，將軍、二千石各三人；別破軍二，下城三，定郡五，縣七十九，得丞相、大將各一人。

〔一〕【補注】錢大昭曰：時高帝怒噲，使陳平即軍中斬噲，故勃代之。周壽昌曰：勃爲丞相，在孝文初，此是虛稱。

〔二〕師古曰：即幽州薊縣也，音計。【補注】先謙曰：薊，廣陽縣，今順天府大興縣西南。

〔三〕張晏曰：盧綰郡守，陘其名也。師古曰：陘音刑。

〔四〕師古曰：姓施屠，名渾都。渾音胡昆反。【補注】先謙曰：索隱「施，名也。屠，滅之也」。地理志「渾都縣屬上谷」。先謙案，渾都，志作「軍都」。渾、軍通借字。在今順天府昌平州西十七里。

〔五〕【補注】沈欽韓曰：正義引括地志云「嬀州懷戎縣東北有馬蘭溪水」，恐是。案水經注「馬蘭溪水導源馬蘭城」。明志「薊州遵化縣北有馬蘭峪」。

〔六〕服虔曰：沮音阻。師古曰：縣名，屬上谷。【補注】先謙曰：「後」，史記作「復」，是。沮陽在今宣化府懷來縣南。

〔七〕【補注】錢大昭曰：「遼東」上，史記有「遼西」二字。案地理志遼西縣十四，遼東縣十八，合之得三十二縣。較絳侯所定者多三縣。後又有析置者耳。且下云「定郡五」，若無遼西，止四郡矣。當從史記爲是。

〔八〕【補注】錢大昭曰：當作十二縣。先謙曰：史記亦作「二十二縣」。

〔九〕師古曰：最者，凡也。總言其攻戰克獲之數。

勃爲人木强敦厚，〔一〕高帝以爲可屬大事。〔二〕勃不好文學，每召諸生說士，東鄉坐責之：〔三〕「趣爲我語。」〔四〕其椎少文如此。〔五〕勃既定燕而歸，高帝已崩矣，以列侯事惠帝。惠帝六年，置太尉官，以勃爲太尉。〔六〕十年，高后崩。吕禄以趙王爲漢上將軍，吕産以吕王爲相國，秉權，欲危劉氏。〔七〕勃與丞相平、朱虚侯章共誅諸吕，語在高后紀。

〔一〕師古曰：木謂質樸。强音其兩反。

〔二〕師古曰：屬，委也，音之欲反。

〔三〕如淳曰：勃自東鄉，責諸生説士，不以賓主之禮也。師古曰：鄉讀曰嚮。【補注】錢大昭曰：士，南監本、閩本竝作事。先謙曰：官本作「事」，史記作「士」。

〔四〕蘇林曰：音趣舍。臣瓚曰：令直言勿稱經書也。師古曰：二説皆非也。趣讀曰促，謂令速言也。

〔五〕服虔曰：謂訥鈍也。應劭曰：今俗名拙語爲椎儲。師古曰：椎謂樸鈍如椎也。音直推反。

〔六〕【補注】先謙曰：徐廣云「功臣表及將相表皆高后四年始置太尉」。齊召南云「案傳此文與公卿表同，蓋用史記世家而不取史記功臣、將相二表也。

〔七〕【補注】先謙曰：史記有「勃爲太尉，不得入軍門。陳平爲丞相，不得任事」四語。

於是陰謀乃爲「少帝及濟川、淮陽、恒山王皆非惠帝子，〔一〕吕太后以計詐名它人子，殺其母，養之後宮，令孝惠子之，立以爲後，用彊吕氏。今已滅諸吕，少帝即長用事，吾屬無類矣，〔二〕不如視諸侯賢者立之。」遂迎立代王，是爲孝文皇帝。

〔一〕【補注】錢大昕曰：此稱恒山，後稱常山，史駁文也。攷外戚恩澤侯表，高后時以孝惠子侯者四人，襄城侯義三年爲常山王，更名安。即少帝也。軹侯朝四年爲常山王，壺關侯武六年爲淮陽王，昌平侯大七年爲吕王。異姓諸侯王表，高后七年，呂王產徙梁。十一月丁巳，王大始，故平昌侯，恩澤侯表作「昌平侯」。傳稱濟川王，表稱呂王，其實一也。初，高后割齊之濟南郡爲呂王奉邑，及呂產徙封，改呂國曰濟川，以王孝惠之子，此事之所宜有者，則濟川即濟南矣。孝景時分梁爲濟川國。攷梁孝王始封，其時濟南王辟光尚存，七國既平，梁又未嘗益封，此兩濟川者，名同而實異也。先謙曰：官本「乃」作「以」，是。

〔二〕師古曰：云被誅滅無遺種。

東牟侯興居，朱虛侯章弟也，曰：「誅諸呂，臣無功，請得除宮。」乃與太僕汝陰滕公入宮。〔一〕滕公前謂少帝曰：「足下非劉氏，不當立。」乃顧麾左右執戟，皆仆兵罷。〔二〕有數人不肯去，宦者令張釋諭告，亦去。〔三〕滕公召乘輿車載少帝出。少帝曰：「欲持我安之乎？」〔四〕滕公曰：「就舍少府。」〔五〕乃奉天子法駕，迎皇帝代邸，報曰：「宮謹除。」〔六〕皇帝入未央宮，有謁者十人持戟衛端門，〔七〕曰：「天子在也，足下何爲者？」不得入。太尉往喻，乃引兵去，皇帝遂入。是夜，有司分部誅濟川、淮陽、常山王及少帝於邸。

〔一〕【補注】劉敞曰：當云「汝陰侯」。

〔二〕師古曰：仆，頓也，音赴。

〔三〕師古曰：荆燕吳傳云張擇，今此作釋，參錯不同，未知孰是也。【補注】先謙曰：官本「官」作「宦」，是。「擇」當爲「澤」。

〔四〕師古曰：言往何所也。

〔五〕【補注】周壽昌曰：何焯用宋本校，「舍」下多一「舍」字。

〔六〕【補注】宋祁曰：「除」下當有「矣」字。

〔七〕師古曰：端門，殿之正門。

文帝即位，以勃爲右丞相，賜金五千斤，邑萬户。居十餘月，〔一〕人或説勃曰：「君既誅諸吕，立代王，威震天下，而君受厚賞處尊位以厭之，則禍及身矣。」〔二〕勃懼，亦自危，乃謝請歸相印。上許之。歲餘，陳丞相平卒，上復用勃爲丞相。〔三〕十餘月，上曰：「前日吾詔列侯就國，或頗未能行，丞相朕所重，其爲朕率列侯之國。」乃免相就國。〔四〕

〔一〕【補注】先謙曰：史記作「居月餘」。

〔二〕師古曰：厭謂當之也。言既有大功，又受厚賞而居尊位，以久當之，即禍及矣。厭音一涉反，又音烏狎反。【補注】先謙曰：官本「即」上多「不去」二字，此脱。

〔三〕【補注】先謙曰：官本無「丞」字。引宋祁曰：浙本「相」字上有「丞」字。

〔四〕【補注】先謙曰：本書王商傳：「張匡云『往者丞相周勃再建大功，及孝文時，纖介怨恨而日爲之蝕，於是退勃使就國，卒無怵愁憂』。」案傳、志皆無其事，蓋匡妄言。

歲餘，每河東守尉行縣至絳，絳侯勃自畏恐誅，常被甲令家人持兵以見。其後人有上書告勃欲反，下廷尉，逮捕勃治之。勃恐，不知置辭。〔一〕吏稍侵辱之。勃以千金與獄吏，獄吏乃書牘背示之，〔二〕曰「以公主爲證」。公主者，孝文帝女也，勃太子勝之尚之，〔三〕故獄吏教引爲證。初，勃之益封，〔四〕盡以予薄昭。及繫急，薄昭爲言薄太后，太后亦以爲無反事。文帝朝，太后以冒絮提文帝，〔五〕曰：「絳侯綰皇帝璽，將兵於北軍，〔六〕不以此時反，今居一小縣，顧欲反邪！」〔七〕文帝既見勃獄辭，乃謝曰：「吏方驗而出之。」〔八〕於是使使持節赦勃，復爵邑。勃既出，曰：「吾嘗將百萬軍，然安知獄吏之貴也！」〔九〕

〔一〕師古曰：置，立也。辭，對獄之辭。

〔二〕李奇曰：吏所執（薄）〔簿〕也。師古曰：牘，木簡，以書辭也，音讀。

〔三〕師古曰：尚，配也，解在張耳傳。

〔四〕【補注】先謙曰：史記有「受賜」二字。

〔五〕應劭曰：陌額絮也。晉灼曰：巴蜀異志謂頭上巾爲冒絮。師古曰：冒，覆也，老人所以覆其頭。提，擲也。提音徒計反。【補注】周壽昌曰：釋名「帽，冒也」。漢時亦自稱帽。本書「鄧通初以刺船郎著黃帽」。應云「陌額絮」者，方言「幧巾，南楚之閒云『陌額』也」。唐、宋以來呼曰『抹額』」。索隱「提，蕭該音底，擲也」。案即抵物之抵。戰國策「侍醫夏無且，以其所奉藥囊提荆軻」，與此同義。

〔六〕應劭曰：言勃誅諸呂，廢少帝，手貫國璽，時尚不反，況今更有異乎？師古曰：綰謂引結其組，音烏版反。【補注】先謙曰：官本「貫」作「綰」。

〔七〕師古曰：顧猶倒也。

〔八〕【補注】先謙曰：史記「吏」下衍「事」字。

〔九〕【補注】先謙曰：官本無「然」字。引宋祁曰「浙本『安知』字上有『然終』字」。

勃復就國，孝文十一年薨，諡曰武侯。子勝之嗣，尚公主不相中，〔一〕坐殺人，死，國絕。

一年，〔一〕弟亞夫復爲侯。

〔一〕如淳曰：猶言不相合當也。師古曰：意不相可也。中音竹仲反。

〔二〕【補注】宋祁曰：景祐本「一年」下有「文帝乃擇子賢者河内太守」十一字。子據後言「文帝擇勃子賢者皆推亞夫」，於文次第方及耳，不容先更於此重複見也。若更存此，則河内太守三處再見，班固之筆必不然也。今去之。錢大昭曰：閩本無下「弟」字。「亞夫」上有「文帝乃擇勃子賢者河内太守」十一字。

亞夫爲河内守時，許負相之：〔一〕「君後三歲而侯。侯八歲，爲將相，持國秉，〔二〕貴重矣，於人臣無二。後九年而餓死。」亞夫笑曰：「臣之兄以代父侯矣，有如卒，子當代，我何説侯乎？然既已貴如負言，又何説餓死？指視我。」〔三〕負指其口曰：「從理入口，此餓死法也。」〔四〕居三歲，兄絳侯勝之有罪，文帝擇勃子賢者，皆推亞夫，乃封爲條侯。〔五〕

〔一〕應劭曰：許負，河内温人，老嫗也。

〔二〕師古曰：秉音彼命反。

〔三〕師古曰：視讀曰示。

〔四〕師古曰：從，豎也，音子容反。【補注】沈欽韓曰：册府元龜八百三十五云「梁褚蘿爲水軍都督，面甚尖危，有從理入口。時有庾敻，狀貌豐美，頤頰開張，人皆謂敻必爲方伯，無餧乏之慮。及魏討江陵，卒致飢死，蘿竟保衣食而終」。此或別有故也。麻衣神異賦云「法令入口，鄧通餓死野人家；騰蛇鎖脣，梁武飢亡臺城上」。注「法令者，口邊紋也。騰蛇即法令紋也。梁武帝亦有此」。即此所謂「從理入口」也。

〔五〕師古曰：縣在勃海。地理志作「蓨」字，其音同耳。【補注】先謙曰：官本注「蓨」作「脩」。引宋祁曰：「脩」當作

「蓨」。集韻「音祧」，云「周亞夫所封」。錢大昕云：案地理志「勃海郡有脩市縣，侯國」。應劭讀「脩」爲「條」，此清河綱王子寅所封也。又信都國有脩縣，師古亦讀爲條。亞夫所封，蓋信都之脩，非勃海之脩市也。志作「脩」，不作「蓨」。顔注誤。

文帝後六年，匈奴大入邊。以宗正劉禮爲將軍軍霸上，祝兹侯徐厲爲將軍軍棘門，以河内守亞夫爲將軍軍細柳，以備胡。上自勞軍，至霸上及棘門軍，直馳入，將以下騎出入送迎。已而之細柳軍，軍士吏被甲，鋭兵刃，彀弓弩，持滿。〔一〕天子先驅至，不得入。〔二〕先驅曰：「天子且至！」軍門都尉曰：「軍中聞將軍之令，不聞天子之詔。」〔三〕有頃，上至，又不得入。於是上使使持節詔將軍曰：「吾欲勞軍。」亞夫乃傳言開壁門。壁門士請車騎曰：「將軍約，軍中不得驅馳。」於是天子乃按轡徐行。至中營，將軍亞夫揖，〔四〕曰：「介胄之士不拜，請以軍禮見。」〔五〕天子爲動，改容式車。〔六〕使人稱謝：〔七〕「皇帝敬勞將軍。」成禮而去。既出軍門，羣臣皆驚。文帝曰：「嗟乎，此真將軍矣！鄉者霸上、棘門如兒戲耳，〔八〕其將固可襲而虜也。至於亞夫，可得而犯邪！」稱善者久之。月餘，三軍皆罷。乃拜亞夫爲中尉。

〔一〕師古曰：彀，張也，音遘。【補注】劉奉世曰：言「彀弓弩」是也。敵未至，何遽持滿，何時已乎？此二字疑衍。周壽昌曰：弓弩上絃爲彀，持滿則力拽使滿。持滿不發，亦軍容也。

〔二〕師古曰：先驅，導駕者也，若今之武候隊矣。

〔三〕【補注】沈欽韓曰：六韜立將篇「軍中之事，不聞君命，皆由將出」。白虎通曰「大夫將兵，但聞將軍令，不聞君命也」。

〔四〕【補注】沈欽韓曰：史記作「持兵揖」，此脱兩字也。太祝九㨶，七曰奇拜。注「或云，奇讀曰倚，倚拜謂持節、持戟拜，身倚之以拜」。鄉飲酒禮注「推手曰揖，引手曰撎」。又何休云「以手通指曰揖」。此「持兵揖」，似當從「倚拜」之説。

〔五〕應劭曰：禮，介者不拜。【補注】沈欽韓曰：尉繚子議兵篇「竭人之力不責禮，故古者甲冑之士不拜」。

〔六〕師古曰：古者立乘，凡言式車者，謂俛身撫式，以禮敬人。式，車前横木也。

〔七〕師古曰：謝，告也。

〔八〕師古曰：鄉讀曰嚮。【補注】先謙曰：史記「如」上有「軍」字，語意乃足。

文帝且崩時，戒太子曰：「即有緩急，周亞夫真可任將兵。」文帝崩，亞夫爲車騎將軍。孝景帝三年，吴楚反。亞夫以中尉爲太尉，東擊吴楚。因自請上曰：「楚兵剽輕，難與爭鋒。〔一〕願以梁委之，絶其食道，乃可制也。」上許之。〔二〕

〔一〕師古曰：剽音匹妙反。【補注】先謙曰：楚兵總謂吴楚之兵。義詳吴王濞傳。

〔二〕師古曰：吴王傳云「亞夫至淮陽，問鄧都尉，爲畫此計，亞夫乃從之」。今此云自請而後行。二傳不同，未知孰是。【補注】沈欽韓曰：鄧爲畫計，而亞夫先上請。兩傳雖異，可互參。

亞夫既發，至霸上，趙涉遮説亞夫曰：「將軍東誅吴楚，勝則宗廟安，不勝則天下危，能用臣之言乎？」亞夫下車，禮而問之。涉曰：「吴王素富，懷輯死士久矣。〔一〕此知將軍且行，必置間人於殽黽阸陿之間。且兵事上神密，將軍何不從此右去，走藍田，〔二〕出武關，抵雒陽，〔三〕間不過差一二日，〔四〕直入武庫，擊鳴鼓。諸侯聞之，以爲將軍從天而下也。」〔五〕太尉如其計。至雒陽，使吏搜殽黽間，果得吴伏兵。乃請涉爲護軍。

〔一〕師古曰：輯與集同。
〔二〕師古曰：右謂少西去也。走音奏。
〔三〕師古曰：抵，至也。
〔四〕師古曰：謂右去行遲止一二日也。
〔五〕師古曰：不意其猝至。

亞夫至，會兵滎陽。〔一〕吴方攻梁，梁急，請救。亞夫引兵東北走昌邑，〔二〕深壁而守。梁王使使請亞夫，亞夫守便宜，不往。梁上書言景帝，景帝詔使救梁。亞夫不奉詔，堅壁不出，而使輕騎兵弓高侯等〔三〕絶吴楚兵後食道。吴楚兵乏糧，飢，欲退，數挑戰，終不出。夜，軍中驚，内相攻擊擾亂，至於帳下。亞夫堅臥不起。〔四〕頃之，復定。吴奔壁東南陬，〔五〕亞夫使備西北。已而其精兵果奔西北，不得入。〔六〕吴楚既餓，乃引而去。亞夫出精兵追擊，大破吴王濞。吴王濞棄其軍，與壯士數千人亡走，保於江南丹徒。漢兵因乘勝，遂盡虜之，降其縣，購吴王千金。月餘，越人斬吴王頭以告。凡相守攻三月，而吴楚破平。於是諸將乃以太尉計謀爲是。由此梁孝王與亞夫有隙。

〔一〕師古曰：會，集也。
〔二〕師古曰：走音奏。

〔三〕【補注】周壽昌曰：弓高侯韓頽當。

〔四〕【補注】宋祁曰：浙本「堅」作「終」。先謙曰：史記作「終」。

〔五〕如淳曰：陬，隅也。師古曰：音子侯反，又音鄒。

〔六〕【補注】劉奉世曰：兩陣相向，吴奔東南陬，則西北在陣後。何由奔之？蓋亞夫令備西南陬，傳者但欲見能料敵，反其所攻，不知遂失實也。

歸，復置太尉官。五歲，遷爲丞相，景帝甚重之。上廢栗太子，亞夫固爭之，不待。〔一〕上由此疏之。而梁孝王每朝，常與太后言亞夫之短。

〔一〕【補注】錢大昭曰：「待」當作「得」。先謙曰：官本作「得」。

竇太后曰：「皇后兄王信可侯也。」上讓曰：「始南皮及章武先帝不侯，〔一〕及臣即位，乃侯之，信未得封也。」竇太后曰：「人生各以時行耳。〔二〕竇長君在時，竟不得封侯，〔三〕死後，乃其子彭祖顧得侯。〔四〕吾甚恨之。〔五〕帝趣侯信也！」〔六〕上曰：「請得與丞相計之。」〔七〕亞夫曰：「高帝約『非劉氏不得王，非有功不得侯，不如約，天下共擊之』。今信雖皇后兄，無功，侯之，非約也。」上默然而沮。〔八〕其後匈奴王徐盧等五人降漢，〔九〕上欲侯之以勸後。亞夫曰：「彼背其主降陛下，陛下侯之，即何以責人臣不守節者乎？」上曰：「丞相議不可用。」乃悉封徐盧等爲列侯。亞夫因謝病免相。

〔一〕師古曰：南皮，竇彭祖，太后弟長君之子。章武，太后母弟廣國。

〔二〕師古曰：言富貴當及己身也。【補注】周壽昌曰：「人生」，史記作「人主」。索隱謂「人主各當其時而行事，不必一一相法也」。
〔三〕【補注】先謙曰：官本無封字。
〔四〕師古曰：顧，反也。
〔五〕【補注】先謙曰：恨，悔也。
〔六〕師古曰：趣讀曰促。
〔七〕【補注】宋祁曰：景本「計之」字下，又有「與丞相計之」五字。
〔八〕師古曰：沮者，止壞之意也，音才與反。
〔九〕師古曰：功臣表云唯徐盧。【補注】先謙曰：按表，容城侯徐盧外，有桓侯賜、遒侯陸彊、易侯僕黥、范陽侯范代、翕侯邯鄲，俱匈奴王。以中三年十二月丁丑同日封，尚不止五人。官本注「唯」作「雎」。

頃之，上居禁中，召亞夫賜食。獨置大胾，〔一〕無切肉，又不置箸。亞夫心不平，顧謂尚席取箸。〔二〕上視而笑曰：「此非不足君所乎？」〔三〕亞夫免冠謝上。上曰：「起。」亞夫因趨出。上目送之，曰：「此鞅鞅，非少主臣也！」〔四〕

〔一〕師古曰：胾，大臠，音側吏反。【補注】宋祁曰：浙本注云「大胾，大臠也」。沈欽韓曰：荀子非相篇注「胾，臠也」。曲禮注「殽，骨體也；胾，切肉也」。胾，正是切肉。云「無切肉」，則是「大臠」也。
〔二〕應劭曰：尚席，主席者也。【補注】周壽昌曰：史記注引輿服雜事云「尚席，掌武帳帷幔」。
〔三〕孟康曰：設胾無箸者，此非不足滿於君所乎？嫌恨之也。如淳曰：非故不足君之食具，偶失之也。師古曰：孟說近之。帝言賜君食而不設箸，此由我意，於君有不足乎？【補注】宋祁曰：浙本注文「由我」字上有「豈不」二字。

〔四〕【補注】沈欽韓曰：御覽八十八引漢武故事曰「時太子在側，亞夫失意有怒色，太子視之不輟，亞夫於是起。帝曰：『爾何故視此邪？』對曰：『此人面畏，必能作賊。』帝笑曰：『此怏怏，非少主臣也。』」

居無何，亞夫子爲父買工官尚方甲楯五百被可以葬者。〔一〕取庸苦之，不與錢。〔二〕庸知其盜買縣官器，〔三〕怨而上變告子，事連汙亞夫。書既聞，上下吏。〔四〕吏簿責亞夫，〔五〕亞夫不對。上罵之曰：「吾不用也。」〔六〕召詣廷尉。廷尉責問曰：「君侯欲反何？」亞夫曰：「臣所買器，乃葬器也，何謂反乎？」吏曰：「君縱不欲反地上，即欲反地下耳。」〔七〕吏侵之益急。初，吏捕亞夫，亞夫欲自殺，其夫人止之，以故不得死，遂入廷尉，因不食五日，歐血而死。國絕。

〔一〕如淳曰：工官，官名也。張晏曰：被，具也。五百具，甲楯也。師古曰：被音皮義反。

〔二〕師古曰：庸，謂賃也。苦謂極苦使也。【補注】宋祁曰：浙本注文「賃」字下有「作者」字。

〔三〕【補注】先謙曰：索隱「縣官謂天子也，所以謂國家爲縣官者，夏官『王畿内縣，即國都也。王者官天下，故曰縣官也』」。

〔四〕【補注】宋祁曰：浙本「下」字下有「之」字。

〔五〕如淳曰：簿音主簿之簿。簿問其辭情。師古曰：簿問者，書之於簿，一一問之也。

〔六〕孟康曰：言不用汝對，欲殺之也。如淳曰：恐獄吏畏其復用事，不敢折辱也。師古曰：孟説是也。一云，帝責此吏云「不勝其任，吾不用汝」，故召亞夫令詣廷尉也。【補注】沈欽韓曰：帝怒亞夫屈强不置對，直下廷尉考劾，不用問也。先謙曰：索隱引師古「一説」，以爲姚察解。

〔七〕【補注】先謙曰：史記「君」下有「侯」字，與上文合。

一歲，上乃更封絳侯勃它子堅爲平曲侯，續絳侯後。傳子建德，爲太子太傅，坐酎金免官。後有罪，國除。〔一〕

〔一〕【補注】先謙曰：功臣表「建德，元鼎五年坐酎金免侯」。史記作「坐酎金不善，元鼎五年有罪，國除」。蓋本作「元鼎五年坐酎金不善，有罪，國除」。史文誤倒，非酎金不善之外別有罪也。兩文同在元鼎五年，本無不合，明此文有誤。

亞夫果餓死。死後，〔一〕上乃封王信爲蓋侯。至平帝元始二年，繼絶世，復封勃玄孫之子恭爲絳侯，千户。

〔一〕【補注】先謙曰：據表，信封在死前。

贊曰：聞張良之智勇，以爲其貌魁梧奇偉，〔一〕反若婦人女子。故孔子稱「以貌取人，失之子羽。」〔二〕學者多疑於鬼神，〔三〕如良受書老父，亦異矣。高祖數離困阸，良常有力，〔四〕豈可謂非天乎！陳平之志，見於社下，傾側擾攘楚、魏之間，卒歸於漢，而爲謀臣。〔五〕及呂后時，事多故矣，〔六〕平竟自免，以智終。王陵廷爭，杜門自絶，亦各其志也。周勃爲布衣時，鄙樸庸人，至登輔佐，匡國家難，誅諸呂，立孝文，爲漢伊周，〔七〕何其盛也！始呂后問宰相，高祖曰：「陳平智有餘，王陵少戇，可以佐之；〔八〕安劉氏者必勃也。」又問其次，云「過此以後，非乃所及」。〔九〕終皆如言，聖矣夫！

〔一〕應劭曰：魁梧，丘虛壯大之意也。蘇林曰：梧音悟。師古曰：魁，大貌也。梧者，言其可驚悟。今人讀爲吾，非也。【補注】王念孫曰：案師古以梧爲驚悟，則義與魁大不相屬，故又加一「可」字以增成其義，其失也鑿矣。今案：魁、梧，皆大也。梧之言吴也，方言「吴，大也」。後書臧洪傳「洪體貌魁梧」。李注「梧音吾」，蓋舊有此讀。「魁梧奇偉」四字平列，魁與梧同義，奇與偉同義。應劭以「魁梧」爲「丘虛壯大」之意，是也。先謙曰：官本注「驚」下「悟」作「梧」。

〔二〕師古曰：子羽，孔子弟子澹臺滅明字，貌惡而行善，故云然也。

〔三〕師古曰：謂無鬼神之事也。【補注】先謙曰：史記作「學者多言無鬼神」。

〔四〕師古曰：離，遭也。

〔五〕【補注】宋祁曰：一作「謀主」。

〔六〕師古曰：故謂中屯難也。

〔七〕師古曰：處伊尹、周公之任。

〔八〕師古曰：戆，愚也，舊音下紺反，今讀音竹巷反。

〔九〕師古曰：乃，汝也，言汝亦不及見也。【補注】宋祁曰：浙本正文「及」下有「也」字。

樊酈滕灌傳靳周傳第十一

樊噲，沛人也，以屠狗爲事。〔一〕後與高祖俱隱於芒碭山澤閒。

〔一〕師古曰：時人食狗亦與羊豕同，故噲專屠以賣。【補注】周壽昌曰：禮記「士無故不殺犬豕」，又「（以其）〔其以〕乘壺酒、束脩、一犬」。月令「天子以犬嘗麻，以犬嘗稻」。續志「祀聖師周公、孔子，牲以犬」。知古者食犬與羊豕同，漢猶然也。玩顏注，是以其時食狗爲異，知唐以來不復以犬充膳矣。

陳勝初起，蕭何、曹參使噲求迎高祖，立爲沛公。〔一〕噲以舍人從攻胡陵、方與，〔二〕還守豐，擊泗水監豐下，破之。〔三〕復東定沛，破泗水守薛西。〔四〕與司馬尼戰碭東，〔五〕卻敵，斬首十五級，賜爵國大夫。〔六〕常從，沛公擊章邯軍濮陽，攻城先登，斬首二十三級，賜爵列大夫。〔七〕從攻陽城，〔八〕先登。下戶牖，〔九〕破李由軍，斬首十六級，賜上閒爵。〔一〇〕後攻圉都尉、東郡守尉於成武，〔一一〕卻敵，斬首十四級，捕虜十六人，〔一二〕賜爵五大夫。從攻秦軍，出亳南，〔一三〕河閒守軍於杠里，破之。〔一四〕擊破趙賁軍開封北，〔一五〕以卻敵先登，斬候一人，首六十八級，捕虜二十六人，〔一六〕賜爵卿。從攻破揚熊於曲逆。〔一七〕攻宛陵，〔一八〕先登，斬首八級，捕虜四十四人，賜爵封號賢成君。〔一九〕從攻長社、轘轅，絶河津，東攻秦軍尸鄉，〔二〇〕南攻秦軍於犨。〔二一〕破南陽守齮於陽城。東攻宛城，先登。西至酈，〔二二〕以卻敵，斬首十四級，捕虜四十四人，〔二三〕賜重封。〔二四〕攻武關，至霸上，斬都尉一人，首十級，捕虜百四十六人，降卒二千九百人。

〔一〕師古曰：高祖時亡在外，故求而迎之。

〔二〕師古曰：皆縣名。方音房。與音豫。

〔三〕師古曰：泗水，郡名。監，謂御史監郡者也。破之於豐縣下。【補注】周壽昌曰：監名平，見高紀。

〔四〕師古曰：破郡守於薛縣之西。【補注】周壽昌曰：守名莊。先謙曰：官本無「水」字，引宋祁曰「泗」字下疑有「水」字。

〔五〕師古曰：秦將章邯之司馬也。𡰥讀與夷同。【補注】先謙曰：司馬，姓也，辨見高紀。𡰥，史記作「尼」。

〔六〕文穎曰：即官大夫也，爵第六級。

〔七〕文穎曰：即公大夫也，爵第七級。

〔八〕【補注】齊召南曰：陽城，史記作「城陽」。以上下文推之，城陽地既太遠，陽城亦尚懸隔，胡三省謂應作「成陽」是也，二史皆傳寫誤耳。先謙曰：成陽，濟陰縣，「成」、「城」通作。

〔九〕師古曰：陽武縣之鄉。【補注】先謙曰：户牖詳陳平傳。

〔一〇〕張晏曰：得徑上聞也。如淳曰：吕氏春秋曰「魏文侯東勝齊於長城，天子賞文侯以上聞」。晉灼曰：名通於天子也。【補注】沈欽韓曰：吕覽「天子賞魏文侯以上聞」者，蓋初命爲諸侯事，噲爲沛公私將，此「上聞爵」，亦得上達懷王也。錢大昭曰：上云「賜爵國大夫、列大夫」，下云「賜爵五大夫」、「賜爵卿」、「賜爵封號賢成君」。文穎以國大夫即官大夫，爵第六級；列大夫即公大夫，爵第七級。然則「上聞爵」即「公乘」，爵第八級也。下文五大夫，爵本第九級，卿則左庶長以上，封君則大庶長之屬矣。先謙曰：史記作「上間」，集解引如淳曰「間或作聞」；下引呂覽「上聞」作「上聞爵」三字。

〔一一〕師古曰：圉即陳留圉縣。【補注】劉攽曰：圉，縣名，有尉，無都尉。又郡都尉至景帝方置，明此衍「都」字。周壽昌曰：郡守尉之改爲都尉，雖在景帝中二年，而酈商從高祖王漢中時已爲隴西都尉，非即郡都尉耶？大抵秦時都尉，郡縣俱有，未可知也。先謙曰：史記作「從攻圉東郡守尉於成武」，無「圉都尉」三字。高紀秦三年攻破東郡尉於成武，曹參傳從攻東郡尉軍，破之成武南，灌嬰傳擊破東郡尉於成武，即此一役，而皆不言攻圉都尉，明此文與史記同，傳寫者誤圉爲圉，又妄加「都尉」二字耳。又高紀、曹、灌傳但言東郡尉，疑此「守」字亦衍文。官本「後」作「從」，是。

〔一二〕師古曰：生獲曰虜。

〔一三〕鄭氏曰：亳，成湯封邑，今河南偃師湯亭是。

〔一四〕師古曰：杠音江。

〔一五〕師古曰：賁音奔。

〔一六〕師古曰：既斬候一人，又更斬它首六十八。【補注】先謙曰：案，注文當在「捕虜」上。史記「二十六」作「二十七」。

〔一七〕師古曰：曲音丘羽反。逆音顯。【補注】先謙曰：「楊」、「揚」通作字，「楊雄」之爲「揚雄」，亦與此同。逆，官本作「遇」，是。史記同。

〔一八〕【補注】先謙曰：宛陵，河南縣，今開封府新鄭縣東北三十八里。

〔一九〕張晏曰：食禄比封君而無邑也。臣瓚曰：秦制，列侯乃有封爵。師古曰：瓚説非也。楚漢之際，權設寵榮，假其位號，或得邑地，或空受爵，此例多矣。約以秦制，於義不通。

〔二〇〕【補注】先謙曰：尸鄉亦單稱尸，曹參、灌嬰、周勃傳並云「尸北」。史記此傳作「東攻秦軍於尸」，東攻與下「南攻」對文。正義誤斷「南」字連上讀。案諸傳云「尸北」，此不得是尸南也。

〔二一〕【補注】先謙曰：南陽縣，今汝州魯山縣東南五十里。

〔二二〕師古曰：南陽之縣也，音直益反。

〔二三〕【補注】先謙曰：史記作「斬首二十四級，捕虜四十人」，官本亦作「四十人」。

〔二四〕張晏曰：益祿也。如淳曰：正爵名也。臣瓚曰：增封也。師古曰：諸家之説皆非也。重封者，加二號耳。【補注】先謙曰：封爵未聞有加二號者，張、薛説是，若今之親王雙俸，亦云雙親王也。雙親王見乾隆朝東華續録。

項羽在戲下，欲攻沛公。沛公從百餘騎因項伯面見項羽，謝無有閉關事。項羽既饗軍士，中酒，〔一〕亞父謀欲殺沛公，令項莊拔劍舞坐中，欲擊沛公，項伯常屏蔽之。〔二〕時獨沛公與張良得入坐，樊噲居營外，聞事急，乃持盾入。〔三〕初入營，營衛止噲，〔四〕噲直撞入，立帳下。〔五〕項羽目之，問爲誰。張良曰：「沛公參乘樊噲也。」項羽曰：「壯士。」賜之卮酒彘肩。噲既飲酒，拔劍切肉食之。〔六〕項羽曰：「能復飲乎？」噲曰：「臣死且不辭，豈特卮酒乎！且沛公先入定咸陽，暴師霸上，以待大王。〔七〕大王今日至，聽小人之言，與沛公有隙，臣恐天下解，〔八〕心疑大王也。」項羽默然。沛公如廁，麾噲去。既出，沛公留車騎，〔九〕獨騎馬，噲等四人步從，〔一〇〕從山下走歸霸上軍，〔一一〕而使張良謝項羽。羽亦因遂已，〔一二〕無誅沛公之心。是日微樊噲奔入營譙讓項羽，沛公幾殆。〔一三〕

〔一〕張晏曰：酒酣也。師古曰：飲酒之中也。不醉不醒故謂之中。中音竹仲反。【補注】先謙曰：顧炎武云「中酒謂酒半也，呂氏春秋謂之『中飲』。凡事之半曰中，中酒猶今人言『半席』。相如傳『酒中樂酣』，師古曰『酒中，飲酒之半也』。一人注書，前後不同」。沈欽韓云「燕丹子『酒中，太子出美人能琴者』，酒中即中酒也」。周壽昌云「時飲酒未終宴，賓主各懷意慮，何暇計及醉醒，又豈能如尋常燕飲以中酒爲盡歡耶？此中字，讀如本音，不得音竹仲反明矣。相如傳顏注『音竹仲反』，亦同此誤」。先謙案：中酒二字，唐宋詩人用之，皆讀平聲，足證顏氏之非。

〔二〕【補注】先謙曰：史記「屏」作「肩」，誤。項羽紀作「翼蔽」，與屏蔽義同。

〔三〕【補注】先謙曰：後志：「樊噲冠，漢將樊噲造次所冠，以入項羽軍。廣九寸，高七寸，前後各出四寸，制似冕。或曰『樊噲常持鐵楯，聞項羽有意殺漢王，噲裂裳以裹楯，冠之入軍門，立漢王旁，視項羽』。」

〔四〕師古曰：營衛，謂營壘之守衛者。

〔五〕師古曰：謂以盾撞擊人，撞音丈江反。【補注】王文彬曰：撞入，突入也，顏説未合。先謙曰：案，集解引漢書音義曰「音撞鐘」。徐廣云，一本作「立帷下，瞋目而視，眥皆血出」。

〔六〕【補注】先謙曰：史記「食」下有「盡」字。

〔七〕師古曰：時項羽未爲王，故高紀云「以待將軍」。此言「大王」，史追書耳。【補注】先謙曰：高紀惟留張良謝羽曰「聞將軍有意督過之」，不載噲語，顏注誤。

〔八〕【補注】先謙曰：案正義云「至此爲絶句」，當從之，謂天下解體也。

〔九〕師古曰：沛公所乘之車及從者之騎。

〔一〇〕【補注】齊召南曰：四人，噲與靳彊、夏侯嬰、紀成也。見高紀。

〔一一〕【補注】先謙曰：史記「山上」有「閒道」二字，高紀作「從閒道走軍」，此二字不可少。

〔一二〕師古曰：已，止也。

〔一三〕師古曰：微，無也。譙，責也。殆，危也。譙音才笑反。幾音鉅依反。【補注】宋祁曰：奔，疑作「犇」。

後數日，〔一〕項羽入屠咸陽，立沛公爲漢王。漢王賜噲爵爲列侯，號臨武侯。遷爲郎中，從入漢中。

〔一〕【補注】先謙曰：史記作「明日」。案高紀作「後數日」，此班改正者。

還定三秦，别擊西丞白水北，〔一〕擁輕車騎雍南，破之。〔二〕從攻雍、斄城，先登。〔三〕擊章平軍好畤，攻城，先登陷陣，斬縣令丞各一人，首十一級，虜二十人，遷爲郎中騎將。〔四〕從擊秦車騎壤東，〔五〕卻敵，遷爲將軍。攻趙賁，下郿、槐里、柳中、咸陽；〔六〕灌廢丘，最。〔七〕至櫟陽，賜食邑杜之樊鄉。〔八〕從攻項籍，屠煮棗，〔九〕擊破王武、程處軍於外黄。〔一〇〕攻鄒、魯、瑕丘、薛。〔一一〕項羽敗漢王於彭城，盡復取魯、梁地。噲還至滎陽，益食平陰二千户，以將軍守廣武一歲。〔一二〕項羽引東，從高祖擊項籍，下陽夏，〔一三〕虜楚周將軍卒四千人。〔一四〕圍項籍陳，大破之。〔一五〕屠胡陵。

〔一〕服虔曰：西丞，縣名也。晉灼曰：白水，今廣平魏縣也。地理志無「西丞」，似秦將名也。師古曰：二説並非也。西謂隴西郡西縣也。白水，水名，經西縣東南流而過。言擊西縣之丞於白水之北。【補注】沈欽韓曰：晉灼注衍「平」字。此白水即濁水，在成縣界。一統志「濁水在秦州徽縣西南，自成縣流入，又東南入略陽縣界。白水縣在寧羌州西南」。晉志「略陽郡本名廣魏，蓋魏時曾以白水縣隸入也」。水經「漢水東南至廣魏白水縣西」，可以證晉灼此注也。

〔二〕【補注】王念孫曰：擁，當依景祐本作「雍」。擊雍輕車騎雍南者，上「雍」是章邯爲雍王之「雍」，下「雍」是雍縣也。二雍字竝於用反。史記正作「雍輕車騎」。正義「音於拱反」，則已誤讀爲「擁」矣。酈商傳亦云「破雍將軍烏氏」。後人改雍爲擁，則義不可通。

〔三〕師古曰：斄讀與郃同，縣名，即后稷所封，今武功故城是，音胎。

〔四〕【補注】先謙曰：百官表郎中有車、户、騎三將。

〔五〕師古曰：地名也。【補注】齊召南曰：曹參傳曰「取壤鄉，擊三秦軍壤東」，然則壤是鄉名，壤東，壤鄉之東也。先謙曰：三秦省文稱秦也。史記「車」誤「軍」。正義「壤鄉在武功縣東南二十里」。

〔六〕師古曰：柳中即細柳地也，在長安西。【補注】先謙曰：下者，攻下之。酈、槐里，並扶風縣。

〔七〕李奇曰：以水灌廢丘也。張晏曰：最，功第一也。晉灼曰：京輔治華陰灌北也。師古曰：高紀言「引水灌廢丘」，李説是也。或者云，漢王自彭城敗還始灌廢丘，此時未也。此説非矣。彭城還，更灌廢丘，始平定之，無廢丘。此時已當灌矣。【補注】先謙曰：高紀「元年夏，圍廢丘。二年六月，灌廢丘」。如顏説，水攻經年，必無之理。蓋此時噲留圍廢丘，次年灌而舉之，噲復在事，功居首。云「灌廢丘，最」者，統前後言之，無取過泥。索隱「廢丘即槐里」。上文總言所攻陷之邑，别言以水灌廢丘，其功特最也。初言槐里，稱其新名，後言功最，是重舉，不欲再見其文，故因舊稱廢丘也。

〔八〕師古曰：杜縣之鄉也，今曰樊川。

〔九〕晉灼曰：地理志無也。清河有煮棗城，功臣表有煮棗侯。師古曰：既云攻項籍，屠煮棗，則其地當在大河之南，非清河之城明矣，但未詳其處耳。【補注】宋祁曰：後漢地理志「濟陰郡宛朐有煮棗城」。周壽昌曰：史記「蘇秦説魏襄王曰『大王之地，東有淮潁煮棗』」是也。

〔一〇〕【補注】先謙曰：曹參傳「王武反於外黄，程處反於燕，往擊，盡破之」。此傳俱在外黄，與參傳微異。服虔云：皆漢將。

〔一一〕【補注】先謙曰：翳即騶，今兖州府鄒縣東南二十六里。魯，今曲阜縣治；瑕丘今滋陽縣西二十五里；薛，今滕縣東南四十四里，並漢魯國縣，今屬兖州府。

〔一二〕師古曰：即滎陽之廣武。

〔一三〕師古曰：夏音工雅反。

〔一四〕師古曰：周殷。【補注】先謙曰：高祖五年十一月，遣人誘周殷畔楚，當即其時。

〔一五〕師古曰：於陳縣圍之。

項籍死，漢王即皇帝位，以噲有功，益食邑八百户。其秋，燕王臧荼反，噲從攻虜荼，定燕地。楚王韓信反，噲從至陳，取信，定楚。更賜爵列侯，與剖符，世世勿絶，食舞陽，號爲舞陽侯，除前所食。以將軍從攻反者韓王信於代。自霍人以往至雲中，〔一〕與絳侯等共定之，益食千五百户。因擊陳豨與曼丘臣軍，戰襄國，破柏人，先登，降之定清河、常山凡二十七縣，〔二〕殘東垣，〔三〕遷爲左丞相。破得綦母卬、尹潘軍於無終、廣昌。〔四〕破豨别將胡人王黄軍代南，因擊韓信軍參合。軍所將卒斬韓信，擊豨胡騎横谷，斬將軍趙既，虜代丞相馮梁、守孫奮、大將王黄、〔五〕將軍大將一人、太僕解福等十人。〔六〕與諸將共定代鄉邑七十三。後燕王盧綰反，噲以相國擊綰，破其丞相抵薊南，〔七〕定燕縣十八，鄉邑五十一。〔八〕益食千三百户，定食舞陽五千四百户。從，斬首百七十六級，虜二百八十七人。别，破軍七，下城五，定郡六，縣五十二，得丞相一人，將軍十三人，二千石以下至三百石十二人。〔九〕

〔一〕【補注】先謙曰：霍人，見周勃傳。雲中郡，今大同府。

〔二〕【補注】先謙曰：上言「破柏人」，下不得復言「降之」，「降」字屬下讀，謂降定清河、常山諸縣耳。與酈商傳「降定郡六」同一句例。「之」字衍，史記無。

〔三〕張晏曰：殘，有所毀也。臣瓚曰：殘謂多所殺傷也。師古曰：瓚説是。【補注】先謙曰：以其卒罵高祖也，見高紀。官本注「謂」作「爲」，字同。

〔四〕師古曰：姓綦毋，名卬也。綦音其。【補注】先謙曰：官本「卬」作「印」，是。尹，姓；潘，名。無終，右北平縣，今順天府薊州治。廣昌，代郡縣，今易州廣昌縣北。

〔五〕【補注】先謙曰：守，豨之代郡守也。

〔六〕【補注】先謙曰：史記作「將軍太卜、太僕解福等十人」，是太卜乃將軍名，在十人之内，皆噲所虜獲者也。史記汲古本奪「太卜」二字。此作「將軍大將一人」，文不成義，且與上「大將」復出，明傳寫妄改。

〔七〕師古曰：抵，至也。一説，抵者，其丞相之名也，音丁禮反。【補注】先謙曰：據周勃傳「得綰大將抵、丞相偃」，則抵蓋以假丞相爲大將，如當時漢制，一説是也。

〔八〕【補注】先謙曰：此後則周勃代將，破綰定燕。

〔九〕【補注】先謙曰：「從」字上當有「凡」字，此總計其功，高帝功臣爲大將者，傳皆有之。曹參傳稱「參功凡」云云，酈商、灌嬰、靳歙傳皆稱「凡」，可證。周勃傳作「最」，最亦凡也，其例正同。史記「八十七人」作「八十八人」，「十三人」作「十二人」，「十二人」作「十一人」。

噲以吕后弟吕須爲婦，〔一〕生子伉，〔二〕故其比諸將最親。先黥布反時，高帝嘗病，〔三〕惡見人，臥禁中，詔户者無得入羣臣。羣臣絳、灌等莫敢入。十餘日，噲乃排闥直入，〔四〕大臣隨之。上獨枕一宦者臥。噲等見上流涕曰：「始陛下與臣等起豐沛，定天下，何其壯也！今天下已定，又何憊也！〔五〕且陛下病甚，大臣震恐，不見臣等計事，顧獨與一宦者絕乎？〔六〕且陛下獨不見趙高之事乎？」〔七〕高帝笑而起。

〔一〕【補注】先謙曰：須，官本作「顉」，下同。

〔二〕師古曰：伉音抗，又音剛。

〔三〕師古曰：黥布未反之前。

〔四〕師古曰：闥，宮中小門也，一曰門屏也，音土曷反。【補注】王文彬曰：廣雅釋詁「排，推也」，謂推門直入。詩東方之日，釋文引韓詩「門屏之閒謂之闥」。顔以闥爲門屏，非是。即門屏之閒，亦不得以排言也。

〔五〕師古曰：憊，力極也，音蒲拜反。

〔六〕師古曰：顧猶反也。【補注】先謙曰：絕，長訣也。

〔七〕師古曰：謂始皇崩，趙高矯爲詔命，殺扶蘇而立胡亥。

其後盧綰反，高帝使噲以相國擊燕。是時高帝病甚，人有惡噲黨於呂氏，〔一〕即上一日宮車晏駕，則噲欲以兵盡誅戚氏、趙王如意之屬。高帝大怒，乃使陳平載絳侯代將，而即軍中斬噲。〔二〕陳平畏呂后，執噲詣長安。至則高帝已崩，呂后釋噲，〔三〕得復爵邑。

〔一〕師古曰：惡謂毁譖，言其罪惡也。

〔二〕師古曰：即，就也。

〔三〕師古曰：釋，解也，解免其罪。

孝惠六年，噲薨，謚曰武侯，子伉嗣。而伉母呂須亦爲臨光侯，噲高后時用事顓權，〔一〕大臣盡畏之。高后崩，大臣誅呂須等，因誅伉，舞陽侯中絶數月。孝文帝立，乃復封噲庶子市人爲侯，復故邑。薨，謚曰荒侯，子佗廣嗣。六歲，其舍人上書言：「荒侯市人病不能爲人，〔二〕令其夫人與其弟亂而生佗廣，佗廣實非荒侯子。」〔三〕下吏，免。平帝元始二年，繼絶世，封噲玄孫之子章爲舞陽侯，邑千户。

〔一〕師古曰：顓與專同。【補注】錢大昭曰：南監本、閩本無「噲」字，用事顓權，謂呂須也。先謙曰：官本及史記無「噲」字。

〔二〕師古曰：言無人道也。

〔三〕【補注】周壽昌曰：史記「六歲」下云「侯家舍人得罪他廣，怨之」，則舍人上書有因。其樊酈滕灌傳贊云「余與他廣通，爲言高祖功臣之興時若此云」，是他廣能存故家遺乘，亦佳公子也。

酈商，高陽人也。〔一〕陳勝起，商聚少年得數千人。沛公略地六月餘，商以所將四千人屬沛公於岐。〔二〕從攻長社，先登，賜爵封信成君。〔三〕從攻緱氏，絶河津，破秦軍雒陽東。從下宛、穰，定十七縣。别將攻旬關，〔四〕西定漢中。〔五〕

〔一〕師古曰：酈音歷。【補注】齊召南曰：商即食其弟。食其傳曰「陳留高陽人」是也。高陽乃陳留縣之鄉聚名，此文似脱「陳留」二字耳。先謙曰：高陽屬陳留圉縣，詳食其傳。

〔二〕【補注】先謙曰：據高紀、酈食其傳，秦三年二月，沛公過高陽，食其言其弟商爲將，將陳留兵，距二世元年沛公起事已年餘矣。此傳文異，蓋史公據樊他廣所述録之，以廣異聞，班氏因之。正義謂「沛公略地至陳留，商起兵，乃六月餘得四千人，從高祖」，曲爲之説，非也。索隱「岐，地名闕，蓋在河南陳、鄭之界」。

〔三〕【補注】先謙曰：初次賞功，即賜爵封君，與靳歙同。

〔四〕師古曰：漢中旬水上之關也，今在洵陽縣。【補注】先謙曰：旬陽，漢中縣，今興安府洵陽縣北。旬關在洵陽縣東。「別將」有二義：一、小將別在他所，高紀「項梁盡召別將」是。一、別領一軍爲將，此傳是。與周、樊、灌、靳等傳單言別者，義同。

〔五〕師古曰：先言攻旬關，定漢中，然後云沛公爲漢王，是則沛公從武關、藍田而來，商時別從西道平定漢中。【補注】先謙曰：官本注「攻」作「取」。

沛公爲漢王，賜商爵信成君，〔一〕以將軍爲隴西都尉。別定北地郡，〔二〕破章邯別將於烏氏、栒邑、泥陽，〔三〕賜食邑武城六千户。〔四〕從擊項籍軍，與鍾離（眛）〔眛〕戰，〔五〕受梁相國印，〔六〕益食四千户。從擊項羽二歲，攻胡陵。〔七〕

〔一〕【補注】劉奉世曰：「君」當作「侯」。高祖爲漢王，絳、灌諸將皆賜侯爵，因故號封之也。商先以從攻長社，先登，封信成君。何焯曰：此復云賜商爵信成君，當即樊噲傳所謂賜重封也。先謙曰：以此爲重封，於義不通，劉説是也。或疑下文賜爵列侯，此不得爲信成侯，但漢初先賜名號侯，如樊噲臨武，傅寬通德之類甚多。信成乃名號，後賜爵列侯，則實封耳。灌嬰傳由昌文君賜號昌文侯，即其例也。

〔二〕【補注】齊召南曰：史記作「定北地、上郡」，則二郡也，此文似脱「上」字。

〔三〕師古曰：烏氏，安定縣也。栒邑今在豳州。泥陽，北地縣。氏音支。栒音荀。【補注】齊召南曰：史記作「破雍將軍烏氏，周類軍栒邑，蘇駔軍於泥陽」。蓋烏氏守將佚其姓名，而栒邑、泥陽守將姓名具存也。此傳質言，但云破章邯別將於烏氏、栒邑、泥陽耳。先謙曰：烏氏，安定縣，今平涼府平涼縣西北。泥陽，北地縣，今慶陽府寧州東五十里泥陽里。栒邑，扶風縣，今邠州三水縣東北二十五里。

〔四〕【補注】先謙曰：史記作「武成」。「城」、「成」通用字。武城，馮翊縣，今同州府華州東北十七里。紀要「左文八年傳，秦伐晉，取武城。魏文侯三十八年，秦敗我武下」，即武城下也。

〔五〕【補注】先謙曰：史記作「以隴西都尉從擊項籍軍五月，出鉅野，與鍾離(眜)〔眛〕戰，疾鬬」。

〔六〕師古曰：漢以梁相國印授之。

〔七〕【補注】先謙曰：史記「二歲」下有「三月」二字。

漢王即帝位，燕王臧荼反，商以將軍從擊荼，戰龍脱，〔一〕先登，陷陣，破荼軍易下，〔二〕卻敵，遷爲右丞相，〔三〕賜爵列侯，與剖符，世世勿絕，食邑涿郡五千户。〔四〕別定上谷，因攻代，受趙相國印。〔五〕與絳侯等定代郡、雁門，得代丞相程縱、〔六〕守相郭同、〔七〕將軍以下至六百石十九人。還，以將軍將太上皇衞一歲。〔八〕十月，以右丞相擊陳豨，殘東垣。〔九〕又從擊黥布，攻其前垣，〔一〇〕陷兩陳，得以破布軍，更封爲曲周侯，食邑五千一百户，除前所食。凡別破軍三，降定郡六、縣七十三，得丞相、守相、大將軍各一人，小將軍二人，〔一一〕二千石以下至六百石十九人。

〔一〕孟康曰：地名也。【補注】沈欽韓曰：趙世家「孝成王十九年，趙以龍兑、汾門與燕」，龍兑即龍脱也。紀要「龍迹山在易州西南三十里，即龍兑」。

〔二〕師古曰：今易縣。【補注】先謙曰：今雄縣。

〔三〕【補注】周壽昌曰：此右丞相，與韓信、樊噲、傅寬皆假虛稱。

〔四〕【補注】李慈銘曰：史記「涿」下無「郡」字，是也。漢封諸功臣列侯，及分涿縣，立涿郡，雖俱在高帝六年，然列侯之封，無有以郡者，蓋封商在前，置郡在後。當封商時，涿猶爲縣，及既爲郡，故更封商曲周耳。「五千户」下，史記有「號曰涿侯」四字，不可去。

〔五〕師古曰：初受梁相國印，今又受趙相國印。【補注】先謙曰：史記「別定上谷」上有「以右丞相」四字，「與絳侯等」上有「以右丞相、趙相國別」八字。趙相國是實任，右丞相猶虛稱也。

〔六〕【補注】先謙曰：據周勃傳，與勃共得之。

〔七〕師古曰：守相，謂爲相而居守者。

〔八〕【補注】先謙曰：將太上皇宮衞卒。公卿表商爲衞尉，即此事也。

〔九〕【補注】先謙曰：高紀十年九月，豨反。十一年冬，攻降東垣。此十月即十一年冬，史記作「七月」，誤。

〔一〇〕李奇曰：前鋒堅蔽若垣牆也。或曰，軍前以大軍自障若垣也。師古曰：二説皆非也。謂攻其壁壘之前垣。【補注】先謙曰：官本注「大軍」作「大車」，是。考證云：「前垣」，史記作「前拒」。集解「拒音矩。徐廣云：『拒一作和。』駰謂：拒，方陳也」。王念孫云：案史記作「拒」，漢書作「垣」，皆「桓」字之誤也。垣與桓聲相同，拒與桓字相近。莊子應帝王篇「鯢桓之水爲淵」，崔譔本「桓」作「拒」。桓讀爲和，和與桓聲相近，故史記一本作「和」。如淳注漢書酷吏傳云「陳、宋之俗言，桓聲如和」。案，和、桓聲相近，桓之讀爲和，猶和之讀爲桓。水經桓水注引禹貢「和夷厎績」，鄭注曰「和讀曰桓」。逸周書時訓篇「將帥不和」，與言、權爲韻，亦讀爲和。和謂軍門也。周官大司馬「以旌爲左右和之門」，鄭注「軍門曰和，今謂之壘，門立兩旌以爲之」。孫子軍爭篇「合軍聚衆，交和而舍」。魏武帝注「軍門爲和門，兩軍相對爲交和」。韓子外儲説左篇「李悝與秦人戰，謂左和曰速上，右和已上矣；又馳而至右和曰，左和已上矣」。燕策「齊、韓、魏共攻燕，楚王使景陽將而救之，三國乃罷兵。魏軍其西，齊軍其東，楚師欲還，不可得也。景陽乃開西和門，通使於魏」。唐開元禮「仲冬講武，除地爲場，四出爲和門」。言「四出」，則左右前後皆有和門，故此言「攻其前和」也。軍前門謂之前和，猶棺前蔽謂之前和。呂氏春秋開春論「昔王季歷葬於渦山之尾，欒水齧其木，見棺之前和」是也。和與桓聲相近，軍門兩出謂之和，周官所謂左右和。猶木雙植謂之桓也。周官大宗伯「公執桓圭」，鄭注曰「雙植謂之桓」。軍門四出謂之和，猶木四植謂之桓也。檀弓「三家視桓楹」，鄭注曰「四植謂之桓」。軍門四出謂之和，而字或爲桓，猶木貫柱四出謂之桓，而聲或爲和也。漢書酷吏傳「瘞寺門桓東」，如淳曰：「舊亭傳於四角面百步築土四方，上有屋，屋上有柱出，高丈餘，有大板貫柱四出，名曰桓表。縣所治夾兩邊各一桓。陳、宋之俗言桓聲如和，今猶謂之和表」。師古曰：「即華表也」。然則史記作「拒」，漢書作「垣」，皆「桓」字之譌也。李、顔以垣爲牆垣，裴以拒爲方陳，皆失之。訓拒爲方陳，則與下文「陷兩陳」相複。且桓與和聲相近，故史記一本作「和」，若作「拒」，則聲與和遠而不可通矣。

〔一二〕【補注】宋祁曰：越本、景祐本無二「軍」字。王念孫曰：越本、景祐本是也。史記亦無二「軍」字。周勃傳「得丞相、大將各一人」，灌嬰傳「斬其小將十人」，皆無「軍」字。

商事孝惠帝、呂后。呂后崩，商疾不治事。〔一〕其子寄，字況，與呂禄善。及高后崩，大臣欲誅諸呂。呂禄爲將軍，軍於北軍，太尉勃不得入北軍，於是乃使人劫商，令其子寄紿呂禄。呂禄信之，與出游，而太尉勃乃得入據北軍，遂以誅諸呂。商是歲薨，謚曰景侯。子寄嗣。天下稱酈況賣友。〔二〕

〔一〕文穎曰：商有疾病，不能治官事。

〔二〕【補注】先謙曰：史記「友」作「交」。

孝景時，吳、楚、齊、趙反，上以寄爲將軍，圍趙城，七月不能下。〔一〕欒布自平齊來，乃滅趙。孝景中二年，寄欲取平原君姊爲夫人，〔一〕景帝怒，下寄吏，免。上乃封商它子堅爲繆侯，〔二〕奉商後。傳至玄孫終根，武帝時爲太常，〔四〕坐巫蠱誅，國除。元始中，賜高祖時功臣自酈商以下子孫爵乎關内侯，食邑凡百餘人。〔五〕

〔一〕【補注】先謙曰：史記作「十月」。

〔二〕蘇林曰：景帝王皇后母臧兒也。【補注】齊召南曰：事在孝景中二年，臧兒尚未尊稱平原君也，史官紀事，隨後文稱之耳。何焯曰：外戚傳「武帝即位，尊太后母臧兒爲平原君」。此當如監本、汪本無「姊」字，爲與注合。寄欲取之，蓋臧兒更嫁田氏而復寡之時，時武帝立爲皇太子已三年矣。周壽昌曰：臧兒始嫁王仲，更嫁田氏，前後生子女五。女爲后，男服官，齒必不庳，若其姊，當更老矣。據蘇注，則「姊」字衍。官本及明凌氏本亦無「姊」字。先謙曰：各本無「姊」字，是。若是平原君姊，景帝尚不至怒而下寄吏也。史記亦無「姊」字。

〔三〕師古曰：繆所封邑名。

〔四〕【補注】先謙曰：公卿表征和四年。

〔五〕【補注】錢大昭曰：南監本、閩本「乎」作「皆」。先謙曰：官本作「皆」，是。功臣表賜商代後者猛友爵關内侯。

夏侯嬰，沛人也。爲沛廄司御，每送使客，〔一〕還過泗上亭，與高祖語，未嘗不移日也。嬰已而試補縣吏，與高祖相愛。高祖戲而傷嬰，人有告高祖。〔二〕高祖時爲亭長，重坐傷人，〔三〕告故不傷嬰，〔四〕嬰證之。移獄覆，嬰坐高祖繫歲餘，掠笞數百，終脱高祖。〔五〕

〔一〕【補注】先謙曰：送，官本作「逢」。案「送」是，史記亦作「送」。

〔二〕【補注】先謙曰：集解引韋昭云「告，白也，白高祖傷人」。

〔三〕如淳曰：爲吏傷人，其罪重。

〔四〕蘇林曰：自告情故，不傷嬰也。

〔五〕【補注】劉攽曰：告故不傷嬰者，高祖抵言不曾傷嬰，故嬰證其實然。告故者反坐栲，告者不服，故移獄覆矣，嬰以此坐繫掠笞也。

高祖之初與徒屬欲攻沛也，〔一〕嬰時以縣令史爲高祖使。上降沛一日，〔二〕高祖爲沛公，賜嬰爵七大夫，以嬰爲太僕，〔三〕常奉車。〔四〕從攻胡陵，嬰與蕭何降泗水監平，〔五〕平以胡陵降，賜嬰爵五大夫。從擊秦軍碭東，攻濟陽，〔六〕下户牖，破李由軍雍丘，以兵車趣攻戰疾，破之，〔七〕賜爵執帛。從擊章邯軍東阿、濮陽下，以兵車趣攻戰疾，破之，賜爵執圭。從擊趙賁軍開封，揚熊軍曲遇。〔八〕嬰從捕虜六十八人，降卒八百五十人，得印一匱。〔九〕又擊秦軍雒陽東，以兵車趣攻戰疾，賜爵封，轉爲滕令。〔一〇〕因奉車〔一一〕從攻定南陽，戰於藍田、芷陽，〔一二〕至霸上。沛公爲漢王，賜嬰爵列侯，號昭平侯，復爲太僕，從入蜀漢。

〔一〕師古曰：謂始亡在外，未被樊噲召時。【補注】劉奉世曰：欲攻沛者，以沛令後悔，閉城城守也，此即被樊噲召時。按帝紀，未嘗兩至沛，下文義相屬，非兩事甚明。

〔二〕師古曰：謂父老開城門迎高祖時也。【補注】先謙曰：官本「父」「老」倒。

〔三〕【補注】先謙曰：史記作「賜嬰爵七大夫，以爲太僕」是也。此「嬰」字誤倒在「以」字下。

〔四〕師古曰：爲沛公御車。

〔五〕張晏曰：胡陵，平所止縣，何嘗給之，故與降。【補注】先謙曰：降者，説降之。

〔六〕【補注】先謙曰：陳留縣，今開封府蘭儀縣東。

〔七〕師古曰：趣讀曰促，謂急速也。次下亦同。【補注】李慈銘曰：史記無「破之」二字。上既云「破李由軍」矣，此涉下文而誤衍。先謙曰：戰疾，猶酈商傳云「疾鬭」也。

〔八〕【補注】先謙曰：揚，史記作「楊」。

〔九〕師古曰：時自相署置官之印。

〔一〇〕鄧展曰：今沛郡公丘縣。【補注】宋祁曰：浙本「封」字上有「重」字。先謙曰：史記作「滕公」，無「重」字，公即令也。先未封，「重」字不當有。

〔一一〕師古曰：因此又每奉車從攻戰，以至霸上。【補注】先謙曰：史記「因」下有「復」字，是。

〔一二〕師古曰：芷陽後爲霸陵縣。【補注】先謙曰：史記有「以兵車趣攻戰疾」句。

還定三秦，從擊項籍。至彭城，項羽大破漢軍。漢王不利，馳去。見孝惠、魯元，載之。漢王急，馬罷，虜在後，〔一〕常蹶兩兒棄之，〔二〕嬰常收載行，面雍樹馳。〔三〕漢王怒，欲斬嬰者十餘，卒得脱，而致孝惠、魯元於豐。漢王既至滎陽，收散兵，復振，賜嬰食邑沂陽。〔四〕擊項籍下邑，追至陳，卒定楚。至魯，益食茲氏。〔五〕

〔一〕師古曰：罷讀曰疲。

〔二〕服虔曰：蹶音撥。晉灼曰：音足跋物之跋。師古曰：服音是。【補注】先謙曰：蹶，史記作「蹶」。「棄」上有「欲」字。以足蹋兩兒使下也。

〔三〕服虔曰：高祖欲斬之，故嬰圍樹走，面向樹也。應劭曰：古者立乘，嬰恐小兒墮墜，各置一面雍持之。樹，立也。蘇林曰：南方人謂抱小兒爲雍樹。面者，以面首向臨之也。師古曰：面，偝也。雍，抱持之。言取兩兒，令面背已，而抱持之以馳，故云「面雍樹馳」。服言圍樹而走，義尤疎越。雍讀曰擁。【補注】劉奉世曰：抱兩兒者，未有能背面而能抱持者，況復馳乎！蘇説是也。李慈銘曰：索隱「蘇林與晉灼皆言南方及京師謂抱小兒爲擁樹」，是。晉灼於此亦有注，而小顔删之。先謙曰：史記作「收竟載之徐行，面雍樹乃馳」。集解引蘇説作「面者，大人以面首向臨之，小兒抱大人頸似懸樹也」。較此爲詳。據項羽紀，漢王推墮二子，於是者三，故嬰擁抱於前，不聽漢王再蹤棄也。

〔四〕師古曰：沂音魚依反。【補注】先謙曰：史記作「祈陽」，索隱「蓋鄉名也」。漢書作「沂」，楚無其縣」。

〔五〕師古曰：茲氏，縣名，地理志屬太原。【補注】先謙曰：今汾州府汾陽縣治。

漢王即帝位，燕王臧荼反，嬰從擊荼。明年，從至陳，取楚王信。更食汝陰，剖符，世世勿絶。從擊代，至武泉、雲中，益食千户。因從擊韓信軍胡騎晉陽旁，大破之。追北至平城，爲胡所圍，七日不得通。高帝使使厚遺閼氏，冒頓乃開其圍一角。高帝出欲馳，嬰固徐行，弩皆持滿外鄉，〔一〕卒以得脱。〔二〕益食嬰細陽千户。〔三〕從擊胡騎句注北，大破之。擊胡騎平城南，三陷陳，功爲多，賜所奪邑五百户。〔四〕從擊陳豨、黥布軍，陷陳卻敵，益千户，定食汝陰六千九百户，除前所食。

〔一〕師古曰：故示閑暇，所以固士卒心，而令敵不測也。鄉讀曰嚮。

〔二〕師古曰：卒，終也。

〔三〕師古曰：益其邑使食之。【補注】先謙曰：細陽，汝南縣，今潁州府太和縣東。

〔四〕孟康曰：時有罪過奪邑者，以賜之。【補注】劉奉世曰：言賜所奪，則嬰蓋以過嘗奪邑，今以功復賜之耳。王文彬曰：嬰攻戰時所奪之邑，即以賜之也。孟、劉説皆未是。錢大昭曰：「閼」，南監本、閩本作「賜」。先謙曰：官本作「賜」，史記同，「閼」字誤。

嬰自上初起沛，常爲太僕從，竟高祖崩。以太僕事惠帝。惠帝及高后德嬰之脱孝惠、魯元於下邑閒也，〔一〕乃賜嬰北第第一，〔二〕曰「近我」，以尊異之。惠帝崩，以太僕事高后。高后崩，代王之來，嬰以太僕與東牟侯入清宫，廢少帝，〔三〕以天子法駕迎代王代邸，與大臣共立文帝，復爲太僕。八歲薨，〔四〕謚曰文侯。傳至曾孫頗，〔五〕尚平陽公主，坐與父御婢奸，自殺，國除。

〔一〕【補注】先謙曰：官本考證按，下邑，縣名，屬梁國。

〔二〕師古曰：北第者，近北闕之第，嬰最第一也，故張衡西京賦云「北闕甲第，當道直啟」。

〔三〕【補注】先謙曰：東牟侯興居也，事詳周勃傳。

〔四〕【補注】周壽昌曰：文選西征賦李善注引長安圖曰：「漢時七里渠有嬰馬橋，夏侯嬰冢在橋南。」先謙曰：索隱案，姚氏云：「三輔故事曰『滕文公墓在飲馬橋東大道南，俗謂之馬冢』。博物志曰『公卿送嬰葬，至東都門外，馬不行，掊地悲鳴，得石椁，有銘曰「佳城鬱鬱，三千年見白日，吁嗟滕公居此室」。乃葬之』。」

〔五〕師古曰：頗音普河反。

初嬰爲滕令奉車，故號滕公。及曾孫頗尚主，主隨外家姓，號孫公主，〔一〕故滕公子孫更爲孫氏。〔二〕

〔一〕【補注】錢大昕曰：漢景帝女平陽公主，本陽信公主，王皇后生，元帝女平陽公主，衛倢伃生，其外家皆非孫氏。此夏侯頗所尚之平陽公主，蓋別一人，不知何帝女也。馬端臨帝系考載「高帝一女，魯元公主。文帝二女，館陶長公主及周勃子勝之所尚公主。景帝三女，平陽公主、南宮公主、隆慮公主。武帝五女，鄂邑蓋長公主、夷安公主、衛長公主、陽石公主、諸邑公主。宣帝二女，館陶公主、敬武公主。元帝三女，平都公主、平陽公主、潁邑公主」。皆據班史紀傳。然尚有未備，如博成侯張建，建始四年坐尚陽邑公主與婢姦主旁，數醉罵主，免。夏侯頗尚平陽公主，成帝微行過陽阿主作樂，此三事皆遺漏。而南宮公主壻耏申見功臣侯表，馬氏亦失書。先謙曰：據衛青傳，平陽侯曹壽尚武帝姊陽信長公主，後壽有惡疾，就國。上詔青尚平陽主。參之功臣表，曹壽即曹時也。其子襄以元光五年嗣侯。是曹時卒於元光四年，後七年當元朔五年，青爲大將軍而尚平陽主，卒後與主合葬，不容更有夏侯頗尚平陽主之事。且表云「元光三年，頗嗣侯，十八年，元鼎二年，坐尚公主與父御姦，自殺」。是元鼎初，公主尚爲頗所尚，其時平陽主適衛青久矣，足證頗所尚者，必非平陽主也。況平陽主外家非孫姓，尤明此「平陽」二字有誤。

〔二〕【補注】周壽昌曰：此或頗一支，更爲孫氏，其他子孫不盡然也。功臣表嬰玄孫之子長安大夫信附滕公表，不云更姓孫。魏志夏侯惇傳猶云「夏侯嬰之後也」。

灌嬰，睢陽販繒者也。〔一〕高祖爲沛公，略地至雍丘，章邯殺項梁，而沛公還軍於碭，嬰以中涓從，擊破東郡尉於成武及秦軍於杠里，疾鬬，賜爵七大夫。又從攻秦軍亳南、開封、曲遇，戰疾力，〔二〕賜爵執帛，號宣陵君。從攻陽武以西至雒陽，破秦軍尸北。北絶河津，南破南陽守齮陽城東，遂定南陽郡。西入武關，戰於藍田，疾力，至霸上，賜爵執圭，號昌文君。

〔一〕師古曰：繒者，帛之總名。【補注】錢大昕曰：依班史例，當云睢陽人也，以販繒爲生。先謙曰：睢陽，梁國縣，今歸德府商丘縣南。史記同。漢紀作「雒陽」，誤。

〔三〕孟康曰：攻戰速疾也。師古曰：疾，急速也。力，强力也。

沛公爲漢王，拜嬰爲郎中，從入漢中，十月，拜爲中謁者。〔一〕從還定三秦，下櫟陽，降塞王。還圍章邯廢丘，未拔。從東出臨晉關，擊降殷王，定其地。擊項羽將龍且、魏相項佗軍定陶南，〔二〕疾戰，破之。賜嬰爵列侯，號昌文侯，食杜平鄉。〔三〕復以中謁者從降下碭，以北至彭城。項羽擊破漢王，漢王遁而西，嬰從還，軍於雍丘。王武、魏公、申徒反，〔四〕從擊破之。攻下外黄，〔五〕西收軍於滎陽。楚騎來衆，漢王乃擇軍中可爲騎將者，皆推故秦騎士重泉人李必、駱甲〔六〕習騎兵，今爲校尉，可爲騎將。漢王欲拜之，必、甲曰：「臣故秦民，恐軍不信臣，臣願得大王左右善騎者傅之。」〔七〕嬰雖少，然數力戰，乃拜嬰爲中大夫，令李必、駱甲爲左右校尉，將郎中騎兵〔八〕擊楚騎於滎陽東，大破之。受詔别擊楚軍後，絶其饟道，〔九〕起陽武至襄邑。擊項羽之將項冠於魯下，破之，所將卒斬右司馬、騎將各一人。〔一〇〕擊破柘公王武軍燕西，〔一一〕所將卒斬樓煩將五人，〔一二〕連尹一人。〔一三〕擊王武别將桓嬰白馬下，破之，所將卒斬都尉一人。以騎度河南，送漢王到雒陽，從北迎相國韓信軍於邯鄲。〔一四〕還至敖倉，嬰遷爲御史大夫。〔一五〕

〔一〕【補注】先謙曰：據高紀，漢王元年四月入漢中，五月即出襲雍，圍廢丘，八月降塞王。稽合本傳，此「十月」當作「四月」。

〔二〕【補注】先謙曰：曹參傳東擊龍且、項佗定陶，破之。無「魏相」，則「魏相」非人姓名，蓋項佗爲魏相國。

〔三〕師古曰：杜縣之平鄉。【補注】李慈銘曰：「食杜平鄉」四字衍。先謙曰：諸傳賜名號侯，無即賜食邑者，此「食杜平鄉」與下復出，李以爲衍文，是。史記亦誤。

〔四〕張晏曰：故秦將，降爲公，今反。【補注】先謙曰：魏公、申徒二人，蓋從王武反者。曹參傳「王武反於外黃，往擊，盡破之」。證以此傳下文竝合。

〔五〕【補注】先謙曰：史記無「外」字。案，外黃是。山陽、東萊二郡皆有黃縣，時屬齊國，並在今山東境，非此時戰地也。史正義云「在曹州府考城縣東二十四里」，望文爲訓，失之。

〔六〕師古曰：重泉，縣名也，地理志屬左馮翊。【補注】先謙曰：官本考證「按，李必後封戚侯，見功臣表，作季必」。案，重泉在今同州府蒲城縣東南五十里。

〔七〕如淳曰：傅音附，猶言隨從者。

〔八〕【補注】先謙曰：即百官表之郎中騎將也。

〔九〕師古曰：饟，古餉字。

〔一〇〕張晏曰：主右方之馬，左亦如之。晉灼曰：下所謂「左右千人之騎」。【補注】宋祁曰：淳化本作「左右馬」，今越本無「左」字，疑「馬」字上有「司」字，不當去「左」字。陽夏公注題云「以注觀，當有『左』字」。錢大昭曰：「右司」，閩本作「左右」。先謙曰：據張説，本文無「左」字。據晉説，似有「左」字，但下文無「左右千人之騎」語，疑晉誤也。

〔一一〕師古曰：柘，縣名。公者，柘之令也。王武，其人姓名也。燕亦縣名，古南燕國也。音一千反。【補注】先謙曰：曹參、樊噲、靳歙傳及本傳上文皆不言王武是柘公，則柘公自別一人，非即王武也。顔説誤。

〔一二〕李奇曰：樓煩，縣名，其人善騎射，故名射士爲樓煩，取其稱也。師古曰：解在項羽傳。【補注】先謙曰：取其稱也，案集解引作「取其美稱，未必樓煩人也」。

〔一三〕蘇林曰：楚官也。

〔一四〕【補注】李慈銘曰：史記「從」作「使」，疑「從」字誤。

〔一五〕【補注】先謙曰：此假官也，表不載，與諸傳相國、丞相同。

三年，以列侯食邑杜平鄉。〔一〕受詔將郎中騎兵東屬相國韓信，擊破齊軍於歷下，所將卒虜單騎將軍華毋傷〔二〕及將吏四十六人。降下臨淄，得相田光。〔三〕追齊相田横至嬴、博，〔四〕擊破其騎，所將卒斬騎將一人，生得騎將四人。攻下嬴、博，破齊將軍田吸於千乘，斬之。東從韓信攻龍且、留公於假密，〔五〕卒斬龍且，〔六〕生得右司馬、連尹各一人，樓煩將十人，身生得亞將周蘭。〔七〕

〔一〕【補注】劉奉世曰：前已爲列侯食杜平鄉矣，疑駢出。先謙曰：前是衍文，説見上。

〔二〕師古曰：華音下化反。【補注】錢大昭曰：單騎，南監本、閩本竝作「車騎」。先謙曰：官本作「車」，史記同。「單」字誤。

〔三〕【補注】李慈銘曰：史記作「齊守相田光」，是也。田儋傳同，此脱「守」字。齊相爲田横，光乃守相耳。曹參傳又作「故齊王田廣相田光，守相許章」。

〔四〕師古曰：二縣名。

〔五〕師古曰：留，縣名。公，留令也。攻龍且及留令於假密。【補注】先謙曰：史記亦作「於高密」，索隱注「留，縣。令稱公，旋其名」。案今索隱單行本作「族其名」。「旋」、「族」疑皆「於」字之誤。假密即高密，假音革，「高」「假」雙聲字。

〔六〕師古曰：嬰所將之卒也。其下亦同。

〔七〕師古曰：亞，次也。

齊地已定，韓信自立爲齊王，使嬰别將擊楚將公杲於魯北，破之。轉南，破薛郡長，〔一〕身虜騎將入。攻博陽，〔二〕前至下相以東南僮、取慮、徐。〔三〕度淮，盡降其城邑，至廣陵。〔四〕項羽使項聲、薛公、郯公復定淮北，嬰度淮擊破項聲、郯公下邳，斬薛公，〔五〕下下邳、壽春。擊破楚騎平陽，〔六〕遂降彭城。虜柱國項佗，〔七〕降留、薛、沛、酇、蕭、相。〔八〕攻苦、譙，〔九〕復得亞將。〔一〇〕與漢王會頤鄉。〔一一〕從擊項籍軍陳下，破之。所將卒斬樓煩將二人，虜將八人。〔一二〕賜益食邑二千五百户。

〔一〕師古曰：長，亦如郡守也，時每郡置長。

〔二〕【補注】齊召南曰：「入」字係「一人」兩字傳寫誤併，史記作「身虜騎將一人。句。攻博陽句。」，是也。「攻博陽」上不須「入」字，宋本及各本俱讀入攻博陽爲句，非是。沈欽韓曰：「博陽」當作「傅陽」。紀要「偪陽城在兗州府嶧縣南五十里，春秋時小國，漢置傅陽縣，屬楚國。傅、偪同音」。

〔三〕師古曰：僮及取慮及徐，三縣名也。取音趨，又音秋。慮音盧。

〔四〕蘇林曰：别將兵屯廣陵也。師古曰：此説非也。謂從下相以東南盡降城邑，乃至廣陵皆平定。

〔五〕【補注】先謙曰：據高紀，嬰與彭越同在此役。

〔六〕師古曰：此平陽在東郡。【補注】沈欽韓曰：按東郡燕縣之平陽亭回遠，當是山陽之平陽。明志，兗州府鄒縣西有廢南平陽縣。正義云「南平陽縣城，今兗州鄒縣也」。

〔七〕師古曰：佗音徒何反。
〔八〕師古曰：凡六縣也。鄼音才何反。
〔九〕師古曰：二縣也。【補注】先謙曰：官本「譙」作「醮」。
〔一〇〕【補注】李慈銘曰：史記「亞將」下有「周蘭」二字，是也。前已獲蘭，蓋後逸去，而此復得之。
〔一一〕【補注】沈欽韓曰：案集解徐廣曰「苦縣有頤鄉」。一統志「頤鄉在歸德府鹿邑縣南」。紀要云「在縣東」。
〔一二〕【補注】先謙曰：史記作「虜騎將八人」，此奪「騎」字。

項籍敗垓下去也，嬰以御史大夫將車騎別追項籍至東城，破之。所將卒五人共斬項籍，皆賜爵列侯。降左右司馬各一人，卒萬二千人，盡得其軍將吏。下東城、歷陽。〔一〕度江，破吳郡長吳下，〔二〕得吳守，遂定吳、豫章、會稽郡。〔三〕還定淮北，凡五十二縣。

〔一〕【補注】先謙曰：東城，今鳳陽府定遠縣。歷陽，今和州治。並漢九江縣。
〔二〕如淳曰：雄長之長也。師古曰：此說非也。吳郡長，當時爲吳郡長，嬰破之於吳下。【補注】齊召南曰：按，後儒以會稽至東漢順帝始分，遂疑二史此文爲譌，然亦安知楚漢之際不嘗分爲二郡，而其後復合乎？下文又曰「遂定吳、豫章、會稽郡」，則尤明矣。
〔三〕【補注】沈欽韓曰：寰宇記高帝六年，命灌嬰立豫章。按水經注，豫章，秦以爲廬江南部，漢高祖六年，始命灌嬰以爲豫章郡治。官本考證據功臣表作「陳嬰」，不知灌嬰先有此事。

漢王即帝位，賜益嬰邑三千户。〔一〕以車騎將軍從擊燕王荼。明年，從至陳，取楚王信。還，剖符，世世勿絶，食潁陰二千五百户。〔二〕從擊漢王信於代，〔三〕至馬邑，別降樓煩以北六縣，斬代左將，〔四〕破胡騎將於武泉北。復從擊信胡騎晉陽下，所將卒斬胡白題將一人。〔五〕又受詔并將燕、趙、齊、梁、楚車騎，擊破胡騎於硰石。〔六〕至平城，爲胡所困。〔七〕

〔一〕【補注】先謙曰：周勃傳「賜與潁陽侯共食鍾離」，互證兩傳文，當在此時。

〔二〕【補注】李慈銘曰：史記此下有「號曰潁陰侯」五字，不可省。

〔三〕【補注】錢大昭曰：「漢」當作「韓」。先謙曰：官本作「韓」。

〔四〕【補注】李慈銘曰：史記作「左相」，是，此誤。

〔五〕師古曰：胡名也。【補注】沈欽韓曰：梁書諸夷傳「白題國，其先蓋匈奴之別種胡。今在滑國東」。按，裴子野即援此傳爲證。先謙曰：唐杜甫秦州雜詩「胡舞白題斜」。薛夢符注「題，額也」。其俗以白塗堊其額，因得名，如黑齒、雕題之類。

〔六〕師古曰：硰音千坐反。

〔七〕【補注】先謙曰：史記有「從還軍東垣」五字，不可省。

從擊陳豨，別攻豨丞相侯敞軍曲逆下，破之，〔一〕卒斬敞及特將五人。〔二〕降曲逆、盧奴、上曲陽、安國、安平。〔三〕攻下東垣。

〔一〕【補注】先謙曰：敞又見高紀。

〔二〕師古曰：卒謂所將之卒也。特，獨也，各特爲將。【補注】周壽昌曰：特將，楚漢間所置將名。功臣表「陳豨以特將將卒五百人，前元年從起宛朐」是也。韓信傳亦有特將，似皆其所部裨將。先謙曰：官本「各特」作「各獨」，是。

〔三〕【補注】先謙曰：盧奴，中山縣，今定州治。上曲陽，常山縣，今定州曲陽縣西。安國，中山縣，今保定府祁州南。

安平，涿郡縣，今深州安平縣治。

黥布反，以車騎將軍先出，攻布別將於相，破之，斬亞將、樓煩將三人。又進擊破布上柱國及大司馬軍。又進破布別將肥銖。〔一〕嬰身生得左司馬一人，所將卒斬其小將十人，追北至淮上。益食邑二千五百户。布已破，高帝歸，定令嬰食潁陰五千户，除前所食邑。凡從所得二千石二人，別破軍十六，降城四十六，定國一，郡二，縣五十二，得將軍二人，柱國、相各一人，二千石十人。

〔一〕【補注】先謙曰：史記作「肥誅」，徐廣注「一作『銖』」。古無以誅命名者，此傳是也。

嬰自破布歸，高帝崩，以列侯事惠帝及呂后。呂后崩，呂禄等欲爲亂。齊哀王聞之，舉兵西，呂禄等以嬰爲大將軍往擊之。嬰至滎陽，乃與絳侯等謀，因屯兵滎陽，風齊王以誅呂氏事，〔一〕齊兵止不前。絳侯等既誅諸吕，齊王罷兵歸。嬰自滎陽還，與絳侯、陳平共立文帝。於是益封嬰三千户，賜金千斤，爲太尉。

〔一〕師古曰：風讀曰諷。【補注】先謙曰：微示之也。

三歲，絳侯勃免相，嬰爲丞相，罷太尉官。是歲，匈奴大入北地，上令丞相嬰將騎八萬五千擊匈奴。匈奴去，濟北王反，詔罷嬰兵。〔一〕後歲餘，以丞相薨，謚曰懿侯。傳至孫彊，〔二〕有罪，絕。武帝復封嬰孫賢爲臨汝侯，奉嬰後，後有罪，國除。

〔一〕【補注】先謙曰：詳文紀。

〔二〕【補注】先謙曰：官本「彊」作「彊」，是。史記同。

傅寬，〔一〕以魏五大夫騎將從，爲舍人，起橫陽。〔二〕從攻安陽、杠里，趙賁軍於開封，及擊楊熊曲遇、陽武，斬首十二級，賜爵卿。從至霸上。沛公爲漢王，賜寬封號共德君。〔三〕從入漢中，爲右騎將。定三秦，賜食邑雕陰。〔四〕從擊項籍，待懷，〔五〕賜爵通德侯。從擊項冠、周蘭、龍且，所將卒斬騎將一人敖下，〔六〕益食邑。

〔一〕【補注】錢大昕曰：寬與靳歙，史失其所居郡縣。

〔二〕【補注】先謙曰：索隱按，橫陽，邑名，在韓。韓公子成初封橫陽君。正義引括地志云「故橫城在宋州宋城縣西南三十里，蓋橫陽也」。案，一統志「橫城在歸德府商丘縣西南」。

〔三〕師古曰：共讀曰恭。

〔四〕孟康曰：縣名，屬上郡。【補注】先謙曰：今鄜州北三十里。

〔五〕服虔曰：侍高帝於懷。懷，縣名也。師古曰：地理志「屬河内，即今懷州」。【補注】先謙曰：今懷慶府武陟縣西南。官本注「侍」作「待」，「召」作「名」。此誤。

〔六〕師古曰：敖，地名。敖倉蓋取此名也。左氏傳曰「敖，鄗之間」。

屬淮陰，〔一〕擊破齊歷下軍，擊田解。〔二〕屬相國參，殘博，〔三〕益食邑。因定齊地，剖符世世勿絕，〔四〕封陽陵侯，二千六百户，除前所食。爲齊右丞相，備齊。〔五〕五歲，爲齊相國。〔六〕四月，〔七〕擊陳豨，屬太尉勃，以相國代丞相噲擊豨。〔八〕一月，徙爲代相國，將屯。〔九〕二歲，爲丞相，將屯。〔一〇〕孝惠五年薨，謚曰景侯。傳至曾孫偃，謀反，誅，國除。

〔一〕張晏曰：韓信也。信時爲相國，云淮陰者，終言之也。

〔二〕【補注】先謙曰：田儋傳「齊王使華毋傷、田解軍歷下」，則擊歷下軍與擊解不得爲二事，下「擊」字誤也。華毋傷爲灌嬰所虜，田解當不得獨脱，疑「擊」當爲斬或得字、虜字之譌，史記亦誤。

〔三〕師古曰：參，曹參也。博，太山縣也。

〔四〕【補注】先謙曰：官本「勿」作「不」。

〔五〕張晏曰：時田横未降，故設屯備。【補注】錢大昭曰：功臣表無「右」字。先謙曰：正義云「按，爲齊王韓信相」。

〔六〕【補注】先謙曰：案，正義「爲齊悼惠王劉肥相五歲也」。案，此説非也。謂寬距爲齊右丞相之後五歲，又爲齊相國耳。韓信王齊，在高祖四年，寬爲相當是五年。又五歲，是高祖十年，寬爲齊相國。豨反在十年九月，故下文云，爲齊相國四月而擊豨也。

〔七〕【補注】宋祁曰：景德本作「四月」，别本作「一」字誤也。

〔八〕【補注】先謙曰：據周勃傳，勃遷爲太尉，擊陳豨。盧綰反，勃以相國代樊噲擊綰。此文「以相國」上當更有「勃」字。「擊豨」當爲「擊盧綰」，史文脱誤也，史記亦誤。

〔九〕如淳曰：既爲相國，有警則將卒而屯守也。師古曰：此説非也。時代國常有屯兵以備邊寇，寬爲代相，兼將此屯兵也。

〔一〇〕【補注】李慈銘曰：史記「丞相」上有「代」字是也。時改諸王國之相國爲丞相。

靳歙，以中涓從，起宛朐。〔一〕攻濟陽。破李由軍。擊秦軍開封東，斬騎千人將一人，〔二〕

首五十七級，捕虜七十三人，賜爵封臨平君。又戰藍田北，斬車司馬二人，〔三〕騎長一人，〔四〕首二十八級，捕虜五十七人。至霸上。沛公爲漢王，賜歙爵建武侯，遷騎都尉。

〔一〕師古曰：歙音翕。宛音於元反。朐音其于反。

〔二〕如淳曰：騎將率號爲千人。漢儀注「邊郡置部都尉、千人、司馬、候也」。【補注】先謙曰：案集解引徐廣曰「『將』一作『候』」，疑如氏所見本「將」作「候」，故注云然。

〔三〕張晏曰：主車也。【補注】先謙曰：集解引作「主官車」。

〔四〕張晏曰：騎之長。

從定三秦。別西擊章平軍於隴西，破之，定隴西六縣，所將卒斬車司馬、候各四人，騎長十二人。從東擊楚，至彭城。漢軍敗還，保雍丘，擊反者王武等。略梁地，別西擊邢説軍菑南，破之，〔一〕身得説都尉二人，司馬、候十二人，降吏卒四千六百八十人。破楚軍滎陽東。食邑四千二百户。〔二〕

〔一〕師古曰：菑，縣名也，後爲考城。説讀曰悦。【補注】先謙曰：今歸德府考城縣東南五里有漢菑縣故城，後漢改考城。

〔二〕【補注】先謙曰：史記「食邑」上有「三年賜」三字。

別之河内，擊趙賁軍朝歌，破之，〔一〕所將卒得騎將二人，車馬二百五十匹。從攻安陽以東，至棘蒲，〔二〕下十縣。〔三〕別攻破趙軍，得其將司馬二人，候四人，降吏卒二千四百人。從降下邯鄲。別下平陽，〔四〕身斬守相，所將卒斬兵守郡一人，〔五〕降鄴。從攻朝歌、邯鄲，又別擊破趙郡，〔六〕降邯鄲郡六縣。〔七〕還軍敖倉，破項籍軍成皋南，擊絶楚饟道，起滎陽至襄邑。破項冠魯下。略地東至鄫、郯、下邳，〔八〕南至蘄、竹邑。擊項悍濟陽下。還擊項籍軍陳下，破之。別定江陵，降柱國、大司馬以下八人，身得江陵王，致雒陽，〔九〕因定南郡。從至陳，取楚王信。剖符世世勿絶，定食四千六百户，爲信武侯。

〔三〕【補注】齊召南曰：史記作「擊趙將賁郝軍朝歌」，則其人姓賁名郝，係趙將，非姓趙名賁也。先謙曰：齊説是也。趙賁乃秦將，後復爲章邯將，爲曹參、樊噲所破，見高紀、參、噲傳。此在河内者，自别一趙將賁郝。後人習見趙賁，妄删「將郝」兩字耳。

〔二〕【補注】沈欽韓曰：紀要「安陽城在趙州臨城縣南」。廉頗傳「攻魏之房子、安陽，拔之」。即此城也。一統志「棘蒲故城，今趙州治」。

〔三〕【補注】先謙曰：史記作「下七縣」。

〔四〕【補注】先謙曰：案集解引徐廣曰「鄴有平陽城」。正義引括地志云「平陽城在相州臨漳縣西二十五里」。按，臨漳縣今屬彰德府。

〔五〕李奇曰：或以爲「郡守」也，字反耳。晉灼曰：將兵郡守也。師古曰：當言「兵郡守一人」也。【補注】先謙曰：史記作「斬兵守、郡守各一人」，此奪「守各」二字。沈欽韓云：墨子號令篇「非時而行者，惟守，及操太守之節而使者」，是守與太守爲二也。蓋將屯謂之兵守，如魏晉之都督與刺史，於義爲通。

〔六〕【補注】先謙曰：官本「郡」作「軍」是，史記同。

〔七〕【補注】先謙曰：自「别之河内」至此，皆擊趙事，當在三年。韓信、張耳擊趙時，别令歙將兵畧趙地也。

〔八〕【補注】先謙曰：鄫即繒，東海縣，在今兗州府嶧縣東八十里。史記作「繒」。
〔九〕師古曰：江陵王，謂共敖之子共尉也，得而送致於雒陽。
〔一〇〕【補注】先謙曰：案史記「爲」作「號」。

以騎都尉〔從〕擊代，攻韓信平城下，還軍東垣。有功，遷爲車騎將軍，并將梁、趙、齊、燕、楚車騎，〔一〕別擊陳豨丞相敞，破之，〔二〕因降曲逆。從擊黥布有功，益封，定食邑五千三百户。凡斬首九十級，虜百四十二人，〔三〕別破軍十四，降城五十九，定郡、國各一，縣二十三，得王、柱國各一人，二千石以下至五百石三十九人。〔四〕

〔一〕【補注】先謙曰：據灌嬰傳，此與嬰同將。
〔二〕師古曰：侯敞。
〔三〕【補注】先謙曰：「四十」，史記作「三十」。
〔四〕【補注】錢大昭曰：「五」下，南監本、閩本皆有「百」字。先謙曰：官本有「百」字，史記同，此奪。

高后五年，薨，謚曰肅侯。子亭嗣，有罪，國除。

周緤，沛人也。〔一〕以舍人從高祖起沛。至霸上，西入蜀、漢，還定三秦，常爲參乘，賜食邑池陽。〔二〕從東擊項羽滎陽，絶甬道，從出度平陰，遇韓信軍襄國，〔三〕戰有利不利，終亡離上心。上以緤爲信武侯，〔四〕食邑三千三百户。

〔一〕師古曰：緤音息列反。

〔二〕師古曰：即馮翊池陽縣。【補注】先謙曰：緤食邑時，池陽尚未爲縣，縣乃惠帝置也。秦立蕩社縣，其地有池陽，蓋鄉聚之名，緤因食之。

〔三〕【補注】李慈銘曰：案此傳，史記多脱文，班氏因之。如「遇韓信軍襄國」，上下皆有佚脱。即「賜食邑池陽」，亦必先有賜爵之文。先謙曰：高帝出度平陰，韓信軍修武。上馳入，奪其軍。傳蓋言此事，然非襄國也。殺趙王歇襄國，又在此事前，與遇信軍無涉，李以爲有奪文，是也。

〔四〕師古曰：以其忠信，故加此號。【補注】先謙曰：功臣表云，楚漢分鴻溝，以緤爲信，號曰信武，蓋以此。

〔五〕【補注】先謙曰：表云「二千二百户」。

上欲自擊陳豨，緤泣曰：「始秦攻破天下，未曾自行，今上常自行，是亡人可使者乎？」上以爲「愛我」，賜入殿門不趨。〔一〕

〔一〕【補注】先謙曰：史記更有「殺人不死」四字。

十二年，更封緤爲⿰崩阝城侯，〔一〕孝文五年薨，謚曰貞侯。〔二〕子昌嗣，有罪，國除。景帝復封緤子應爲鄲侯，〔三〕薨，謚曰康侯。子仲居嗣，坐爲太常有罪，國除。〔四〕

〔一〕服虔曰：音菅蒯之蒯。蘇林曰：音簿催反。晉灼曰：功臣表屬長沙。師古曰：此字從崩，從邑。音蒯，非也。呂忱音陪，而楚漢春秋作憑城侯。陪、憑聲相近，此其實也。又音普肯反。【補注】王文彬曰：按，先封某邑，後改他邑曰更封。如史記曲周侯酈商傳「商先食邑涿，號曰涿侯」，後云「更食曲周」是也。緤前封信武乃名號侯，至此爲⿰崩阝城侯，是新封邑，不得云「更封」也，「更」字當爲衍文。史記作「以緤爲蒯城侯」，不言更封。先謙曰：史記作「蒯成」。索隱「蒯者，鄉名。三蒼云，蒯鄉在城父縣，音裴」。正義引括地志云「蒯亭在河南西十四里苑中」。輿地志云「蒯成縣，故陳倉縣之鄉聚名也，周緤所封。晉武帝咸寧四年，分陳倉立蒯成縣，屬始平郡」。先謙案，三蒼音蒯爲裴，與呂忱音鄘爲陪同。諸書雖蒯、鄘互異，其讀一也。

〔二〕【補注】周壽昌曰：史記傳同。史表作「尊侯」。正義云「尊」一作「卓」。案，尊與貞聲近而誤，卓則譌脱貞下半也。

〔三〕蘇林曰：音多，屬沛國。【補注】宋祁曰：沛國，當作陳國。張照曰：按陳國無鄲縣，據志應作沛郡。王念孫曰：淮水注「苞水東逕鄲縣故城南，漢景帝中元年封周應爲侯國，音多」。沈繹旃云「漢書周緤傳，蘇林音多寒反，讀如邯鄲之鄲。史記周緤傳亦引蘇音，則但曰音多。漢志引孟康之音亦曰多。丁度遂造爲當何反之音，以附會之。觀酈注，則六朝本已如是，不始於小顏、小司馬也」。見趙氏水經注釋。念孫案：沛郡鄲縣之「鄲」，蘇林、孟康皆音多，「多」下「寒反」二字，乃明監本妄加之也。今考景祐本、汪本、毛本周緤傳注竝作「音多」，獨明監本有「寒反」二字，而沈氏遂爲其所惑。凡漢書注中所引漢魏人音，皆曰某音某，或曰音某某之某，未有音某某反者。明監本地理志鮦陽下，孟康曰「鮦音紂紅反」。辯見地理志。此傳鄲侯下，「鄲音多寒反」，皆不類漢魏人語，則「紅反、寒反」四字，明是監本所加。考鄲縣之鄲，蘇林、周緤傳注。孟康、地理志注。酈道元、淮水注。顔籀、高惠高后文功臣表注、百官公卿表注。司馬貞高祖功臣侯表索隱。皆音多，自是舊讀如此，非有脱文。史記周緤傳索隱引蘇林正作「音多」，則本無「寒反」二字明矣。地理志之鄲縣，孟康「音多」，正與蘇林相合，豈亦脱去「寒反」二字邪？且蘇音在孟康之前，若蘇音多寒反，而孟音多，則後人當兩存其音，不當獨用孟音。今諸家皆音多，而不音多寒反，則蘇、孟同音可知。又高紀「上自東至邯鄲」，「邯鄲」二字皆無音，而鄲侯之「鄲」獨有音，則其音多而不音單又可知。水經注「音多」，即本於蘇、孟。乃云「六朝本已如是，不始於小顏、小司馬」，則豈酈、顔、司馬及丁度所見本及景祐本、汪本、毛本皆不足據，而唯明監本爲足據邪？沈氏之意，徒以單在寒韻，多在歌韻，鄲從單聲，不當讀如多，此明監本所以加「寒反」二字也。不知寒、歌二韻古聲相近，故單聲之字多有轉入歌韻者，并有轉入哿、箇二韻者。説文「驒，从馬，單聲」。而魯頌駉篇「有驒有駱」之「驒」音徒河反。説文「奲，富奲奲皃，从奢，單聲，丁可切」。「鼉」字，説文亦从單聲。而淮南主術篇「水殺黿鼉」，已與犧、罷爲韻。犧，古讀若訶。罷，古讀若波。説見唐韻正。又爾雅「癉，勞也」。癉音丁賀反。小雅大東篇「哀我憚人」，小明篇「憚我不暇」，「憚」字竝音丁佐反。四牡篇「嘽嘽駱馬」，説文引作「痑痑駱馬」，丁可切。凡此皆單聲之字而轉入歌、哿、箇三韻者也。其寒韻中字，非從單聲，而轉入歌、哿、箇者則不可枚舉，又何疑於鄲之音多乎？而全祖望經史問答，且謂「沈説足發二千年之謬」，不知明監本加「寒反」二字，乃二千年未有之謬也。先謙曰：官本作「鄲音多寒反」。按，王説是。

〔四〕【補注】先謙曰：公卿表「元鼎三年」。

贊曰：仲尼稱「犂牛之子騂且角，雖欲勿用，山川其舍諸？」〔一〕言士不繫於世類也。語曰「雖有茲基，不如逢時」，〔二〕信矣！樊噲、夏侯嬰、灌嬰之徒，方其鼓刀僕御販繒之時，〔三〕豈自知附驥之尾，〔四〕勤功帝籍，〔五〕慶流子孫哉？當孝文時，天下以酈寄爲賣友。夫賣友者，謂見利而忘義也。若寄父爲功臣而又執劫，〔六〕雖摧呂禄，以安社稷，〔七〕誼存君親，可也。

〔一〕師古曰：論語載孔子爲弟子仲弓發此言也。犂，雜色。騂，赤色也。舍，置也。言牛色純而角美，堪爲犧牲，雖以其母犂色而不欲用，山川寧肯置之？喻父雖不材，不害子之美。

〔二〕張晏曰：茲基，鉏也。言雖有田具，值時乃獲。

〔三〕師古曰：鼓刀謂屠狗。

〔四〕師古曰：蓋以蚊虻爲喻，言託驥之尾則涉千里。

〔五〕【補注】先謙曰：官本「勤」作「勒」，是。

〔六〕師古曰：周勃等劫其父而令寄行說。

〔七〕【補注】先謙曰：漢紀「擢呂禄」作「權賣呂禄」，於義亦通。

張周趙任申屠傳第十二

張蒼，陽武人也，〔一〕好書律曆。秦時爲御史，主柱下方書。〔二〕有罪，亡歸。及沛公略地過陽武，蒼以客從攻南陽。蒼當斬，解衣伏質，〔三〕身長大，肥白如瓠，時王陵見而怪其美士，乃言沛公，赦勿斬。〔四〕遂西入武關，至咸陽。〔五〕

〔一〕【補注】先謙曰：陽武，河南縣，今懷慶府陽武縣東南二十八里。

〔二〕如淳曰：方，板也。謂事在板上者也。秦置柱下史，蒼爲御史，主其事。或曰主四方文書也。師古曰：下云蒼自秦時爲柱下御史，明習天下圖書計籍，則主四方文書是也。柱下，居殿柱之下，若今侍立御史矣。【補注】齊召南曰：按，柱下史，本周制，而秦因之，老子在周爲柱下史是也。沈約宋志「侍御史於周爲柱下史」。師古注「若今侍立御史矣」，「立」字似衍文。唐制，侍御史六人。先謙曰：如注「謂」下脱「書」字，集解引有。

〔三〕師古曰：質，鍖也。【補注】先謙曰：史記「當斬」上有「坐法」二字，不可省。

〔四〕【補注】周壽昌曰：王陵傳「高祖起沛，陵亦聚數千人，居南陽」，是雖未從沛公，實同在南陽，亦未與沛公爲敵也。或偶過沛公，適見蒼被罪，愛而爲言以救之耳。

〔五〕【補注】先謙曰：史記「遂」下有「從」字。

沛公立爲漢王，入漢中，還定三秦。陳餘擊走常山王張耳，耳歸漢，漢以蒼爲常山守。從韓信擊趙，蒼得陳餘。趙地已平，漢王以蒼爲代相，備邊寇。已而徙爲趙相，相趙王耳。耳卒，相其子敖。復徙相代。燕王臧荼反，蒼以代相從攻荼有功，六年封爲北平侯，食邑千二百户。〔一〕

〔一〕【補注】先謙曰：官本無「六年」二字。

遷爲計相，〔一〕一月，更以列侯爲主計四歲。〔二〕是時蕭何爲相國，而蒼乃自秦時爲柱下御史，明習天下圖書計籍，又善用算律曆，故令蒼以列侯居相府，領主郡國上計者。〔三〕黥布反，漢立皇子長爲淮南王，而蒼相之。十四年，遷爲御史大夫。〔四〕

〔一〕文穎曰：以能計，故號曰計相。師古曰：專主計籍，故號計相。【補注】沈欽韓曰：宋史職官志「三司使通管鹽鐵、度支、户部，號曰計省，位亞執政，目爲計相」。其名蓋本此。

〔二〕張晏曰：以列侯典校郡國簿書。如淳曰：以其所主，因以爲官號，與計相同。時所卒立，非久施也。師古曰：去計相之名，更號主計。【補注】劉攽曰：「四歲」字本在「黥布反」上，誤書在此。宋祁曰：浙本「一月」作「三月」。先謙曰：史記「四歲」字亦在此。布以高祖十一年反，是蒼爲主計在八年，又後封侯二年也。

〔三〕【補注】先謙曰：周禮大司徒「以土會之法，辨五地之物生」。注「會，計也。以(上)〔土〕計貢税之法，因别此五者也」。唐書柳冕傳「冕表言，漢法，三載上計，以會課最」。史記范睢傳「三歲不上計」，注「凡郡長論課殿最，歲盡，遣吏上計」。新序載「魏文侯時東陽上計，錢布十倍，大夫畢賀」。韓非子稱「西門豹重斂百姓，期年上計，文侯迎而拜之」。是古者上計，以貢税定其殿最也。

〔四〕【補注】先謙曰：淮南厲王傳「黥布反，上自將擊滅布，即立長爲王」。合證高紀，長王當在十二年。公卿表「高后八年，淮南丞相張蒼爲御史大夫」。自高帝十二年至高后八年，計十六年。此「四」字當作「六」。

周昌者，沛人也。其從兄苛，〔一〕秦時皆爲泗水卒史。及高祖沛起，〔二〕擊破泗水守監，於是苛、昌自卒史從沛公，〔三〕沛公以昌爲職志，〔四〕苛爲客。〔五〕從入關破秦。沛公立爲漢王，以苛爲御史大夫，〔六〕昌爲中尉。

〔一〕師古曰：苛音何。

〔二〕【補注】錢大昭曰：「沛起」二字當乙。先謙曰：官本作「起沛」。

〔三〕【補注】宋祁曰：越本「自」作「以」，校改「以」作「自」。王念孫曰：汪本從宋改。念孫案：宋改「以」爲「自」，從史記也。然「以」、「自」皆由也，則改猶不改耳。景祐本亦作「以」。

〔四〕應劭曰：「掌主職也。」鄭氏曰：主旗志也。師古曰：志與幟同，音式異反。

〔五〕張晏曰：爲帳下賓客，不掌官也。【補注】沈欽韓曰：猶戰國之客卿、客將也。

〔六〕【補注】錢大昭曰：公卿表「苛自内史遷」。則苛曾爲内史。

漢三年，楚圍漢王滎陽急，漢王出去，而使苛守滎陽城。楚破滎陽城，欲令苛將，苛罵曰：「若趣降漢王！不然，今爲虜矣！」〔一〕項羽怒，亨苛。漢王於是拜昌爲御史大夫。常從擊破項籍。六年，與蕭曹等俱封，爲汾陰侯。苛子成以父死事，封爲高景侯。

〔一〕師古曰：若，汝也。趣讀曰促。【補注】錢大昭曰：「慮」當爲「虜」。先謙曰：官本作「虜」。「今」猶「即」也。

昌爲人强力，敢直言，自蕭曹等皆卑下之。〔一〕昌嘗燕入奏事，〔二〕高帝方擁戚姬，〔三〕昌還走。〔四〕高帝逐得，騎昌項，上問曰：「我何如主也？」昌仰曰：「陛下即桀紂之主也。」於是上笑之，然尤憚昌。及高帝欲廢太子，而立戚姬子如意爲太子，大臣固爭莫能得，上以留侯策止。而昌庭爭之强，〔五〕上問其説，昌爲人吃，〔六〕又盛怒，曰：「臣口不能言，然臣心知其其不可。〔七〕陛下欲廢太子，臣期期不奉詔。」〔八〕上欣然而笑，即罷。〔九〕吕后側耳於東箱聽，〔一〇〕見昌，爲跪謝曰：「微君，太子幾廢。」〔一一〕

〔一〕師古曰：下音胡駕反。

〔二〕孟康曰：以上宴時入奏事。師古曰：燕謂安閑之居也。

〔三〕師古曰：擁，抱也。

〔四〕師古曰：還謂卻退也。

〔五〕【補注】先謙曰：「庭」字誤，當從史記作「廷」。

〔六〕師古曰：吃，言之難也，音訖。【補注】先謙曰：官本無「音訖」二字。

〔七〕【補注】錢大昭曰：南監本、閩本皆作「然臣期期知其不可」。官本同南監、閩本，史記亦同。據下顔注，此文亦當爲「期期」，後人據宋説妄改也。

〔八〕師古曰：以口吃故，每重言期期。【補注】劉攽曰：「期」，讀如荀子「曰欲綦色」之綦。楚人謂極爲綦。宋祁曰：學官本云「臣口不能言，然臣期期知其不可」，浙本「然心知期期不可。陛下欲廢太子，臣期期不奉詔」。予據此，則前之二吃作「其」，後之二吃乃可爲「期」耳。若云「臣期〔期〕知其不可」，又了無意矣。又顔注文，元無「每」字。王念孫曰：顔説是也。「臣期期知其不可」，臣知其不可也。「臣期期不奉詔」，臣不奉詔也。期期乃吃者語急之聲，本無意義。劉讀期爲綦，而訓爲極。臣極不奉詔，斯爲不詞矣。先謙曰：通鑑胡注：「孔穎達疏『釋詁「幾，汔也」』。杜預云『汔，期也』。然則期字雖别，皆是近義，言其近當如此。史記周昌云云，意亦與汔同。」案，諸家之説皆未當也。期者，必也。左哀十六年傳「期死非勇也」。杜注「期，必也」。本書路温舒傳，温舒引俗語曰「畫地爲獄，議不入；刻木爲吏，期不對」。師古注「期猶必也。議必不入對」。是期之爲必，漢世恒言。此文「臣心知期期不可」，心知必不可也。他本作「臣期期知其不可」，臣必知其不可也。若今人言定知矣。「臣期期不奉詔」，臣必不奉詔也。單言期，語吃乃爲期期耳。劉、胡二説固非，王氏乃以「期期」爲「語急之聲，本無意義」，斯爲謬矣。劉注「欲」上「日」當爲「目」。王念孫云荀子王霸篇「目欲綦色，耳欲綦聲」。楊注但云「綦，極也」。劉云楚人謂極爲綦，未知所據。

〔九〕【補注】先謙曰：史記作「既罷」是也。「即」與「既」形近而誤，各本俱譌。

〔一〇〕師古曰：正寢之東西室皆曰箱，言似箱篋之形。【補注】先謙曰：史記「箱」作「廂」。

〔一一〕師古曰：微，無也。幾音鉅依反。

是(後)〔歲〕，戚姬子如意爲趙王，年十歲，高祖憂萬歲之後不全也。趙堯爲符璽御史，趙人方與公〔一〕謂御史大夫周昌曰：「君之史趙堯，年雖少，然奇士，君必異之，〔二〕是且代君之位。」昌笑曰：「堯年少，刀筆吏耳，〔三〕何至是乎！」居頃之，堯侍高祖，高祖獨心不樂，悲歌，羣臣不知上所以然。堯進請問曰：〔四〕「陛下所爲不樂，非以趙王年少，而戚夫人與呂后有隙，備萬歲之後而趙王不能自全乎？」高祖曰：「我私憂之，不知所出。」〔五〕堯曰：「陛下獨爲趙王置貴彊相，及呂后、太子、羣臣素所敬憚者乃可。」高祖曰：「然。吾念之欲如是，而羣臣誰可者？」堯曰：「御史大夫昌，其人堅忍伉直，自呂后、太子及大臣皆素嚴憚之。獨昌可。」高祖曰：「善。」於是召昌謂曰：「吾固欲煩公，〔六〕公彊爲我相趙。」〔七〕昌泣曰：「臣初起從陛下，陛下獨奈何中道而棄之於諸侯乎？」高祖曰：「吾極知其左遷，〔八〕然吾私憂趙，〔九〕念非公無可者。公不得已彊行！」〔一〇〕於是徙御史大夫昌爲趙相。

〔一〕孟康曰：方與，縣名。公，其號也。師古曰：音房豫。【補注】周壽昌曰：集解引瓚曰「方與縣令也」。案，楚漢之際，縣尹皆稱公，如徐公之類甚多不必爲其號也。
〔二〕【補注】先謙曰：異，優待也。
〔三〕【補注】先謙曰：案正義，古用簡牘，書有錯繆，以刀削之，故號曰「刀筆吏」。
〔四〕【補注】王念孫曰：景祐本「問」作「間」。宋祁曰「問，疑作間」。汪本從宋改。念孫案，原本作「請問」，義自可通，不當輒以意改也。史記亦作「請問」。先謙曰：官本作「請問」，亦引宋説。此本「請間」，疑後人因宋説改也。
〔五〕師古曰：不知計所出。
〔六〕師古曰：固，必也。言必欲勞煩公。
〔七〕師古曰：彊音其兩反。次下亦同。【補注】先謙曰：官本注「次」作「以」。
〔八〕師古曰：是時尊右而卑左，故謂貶秩位爲左遷。佗皆類此。【補注】先謙曰：官本注「位」作「任」。
〔九〕【補注】先謙曰：史記有「王」字，不可省。
〔一〇〕師古曰：已，止也。

既行久之，高祖持御史大夫印弄之，曰：「誰可以爲御史大夫者？」孰視堯曰：「無以易堯。」〔一一〕遂拜堯爲御史大夫。堯亦前有軍功食邑，及以御史大夫從擊陳豨有功，封爲江邑侯。

〔一〕師古曰：言堯可爲之，餘人不能勝也。易，代也。【補注】先謙曰：官本無「言」字。

高祖崩，太后使使召趙王，其相昌令王稱疾不行。使者三反，昌曰：「高帝屬臣趙王，〔一〕王年少，竊聞太后怨戚夫人，欲召趙王并誅之。臣不敢遣王，王且亦疾，不能奉詔。」太后怒，〔二〕乃使使召趙相。相至，謁太后，太后罵昌曰：「爾不知我之怨戚氏乎？而不遣趙王！」昌既被徵，高后使使召趙王。王果來，至長安月餘，見鴆殺。昌謝病不朝見，三歲而薨，謚曰悼侯。傳子至孫意，有罪，國除。景帝復封昌孫左車爲安陽侯，有罪，國除。

〔一〕師古曰：屬，委也，音之欲反。

〔二〕【補注】先謙曰：史記作「高后患之」。

初，趙堯既代周昌爲御史大夫，高祖崩，事惠帝終世。高后元年，怨堯前定趙王如意之畫，〔一〕乃抵堯罪，〔二〕以廣阿侯任敖爲御史大夫。

〔一〕師古曰：畫謂畫策令周昌爲相。

〔二〕【補注】先謙曰：據表云「免官」。

任敖，沛人也，少爲獄吏。高祖嘗避吏，吏繫吕后，遇之不謹。任敖素善高祖，怒，擊傷主呂后吏。及高祖初起，敖以客從爲御史，守豐二歲。高祖立爲漢王，東擊項羽，敖遷爲上黨守。陳豨反，敖堅守，封爲廣阿侯，食邑千八百户。高后時爲御史大夫，三歲免。孝文元年薨，〔一〕謚曰懿侯。傳子至曾孫越人，坐爲太常廟酒酸不敬，國除。

〔一〕【補注】先謙曰：集解引徐廣曰「文帝二年，任敖卒」。駰案，漢書「敖，孝文元年薨」，徐誤也。正義「案，史表云孝文二年卒，漢表又云封十九年卒，計高祖十一年封，到文帝二年則十九年矣。漢書誤。裴氏不考，乃云徐誤，何其貳過也」。先謙案：敖子敬，以孝文三年嗣，是敖二年薨，正義是。此「元」字當正作「二」。

初任敖免，平陽侯曹窋代敖爲御史大夫。〔一〕高后崩，與大臣共誅諸呂。後坐事免，〔二〕以淮南相張蒼爲御史大夫。蒼與絳侯等尊立孝文皇帝，四年，代灌嬰爲丞相。

〔一〕師古曰：窋音竹律反。

〔二〕【補注】齊召南曰：史記作「窋不與大臣共誅呂禄等，免」。以高后紀核之，窋行御史大夫事。郎中令賈壽以灌嬰及齊、楚合從，告相國產，窋即以其語馳告丞相、太尉。及呂禄已去北軍，相國產欲入未央宫作亂，窋復馳語太尉，則窋固非不與大臣共謀誅諸呂者也。但代邸上議羣臣列名，即云御史大夫臣蒼，則孝文未立之前，窋已罷官矣。其後賞功又不及窋。意者史記所云，固得其實乎？不然，即不與太尉、丞相較功，亦當與襄平、典客共賞矣。先謙曰：不與者，不與其事也。窋坐事免官在前，及誅諸呂迎文帝時，張蒼已代任，故賞蒼而不及窋。說詳呂后紀，此傳誤也。

漢興二十餘年，天下初定，公卿皆軍吏。蒼爲計相時，緒正律曆。〔一〕以高祖十月始至霸上，故因秦時本十月爲歲首，不革。〔二〕推五德之運，以爲漢當水德之時，上黑如故。〔三〕吹律調樂，入之音聲，〔四〕及以比定律令。〔五〕若百工，天下作程品。〔六〕至於爲丞相，卒就之。〔七〕故漢家言律曆者本張蒼。蒼尤好書，〔八〕無所不觀，無所不通，而尤邃律曆。〔九〕

〔一〕文穎曰：緒，尋也。謂本其統緒而正之。

〔二〕師古曰：革，改也。【補注】先謙曰：史記作「因故秦時」。

〔三〕【補注】先謙曰：案正義引姚察云：「蒼是秦人，猶用推五勝之法，以周赤烏爲火，漢勝火以水也。」

〔四〕【補注】先謙曰：史記「入」作「人」。

〔五〕如淳曰：比音比次之比。謂五音清濁，各有所比，不相錯入，以定十二律之法令於樂官，使長行之。或曰，比謂比方之比，音必履反。臣瓚曰：謂以比故取類，以定法律與條令也。師古曰：依如氏之説，比音頻二反。【補注】先謙曰：官本注「或曰」下無「比」字。

〔六〕如淳曰：若，順也。百工爲器物皆有尺寸斤兩斛斗輕重之宜，使得其法，此之謂順。晉灼曰：若，豫及之辭。師古曰：言吹律調音以定法令，及百工程品，皆取則也。若，晉説是。【補注】先謙曰：高紀所謂「張蒼定章程」也。官本注「是」下有「也」字。

〔七〕師古曰：卒，終也。就，成也。

〔八〕【補注】宋祁曰：學官本「尤」作「凡」，（注不）〔不注〕音。陽夏公謂當從「凡」，若從「尤」，則師古當音「好」字，作去聲。浙本「凡」作「尤」。王念孫曰：案，作「尤」，則與下文「尤」字重出，作「凡」者是也。景祐本亦作「凡」。凡當讀爲汎。上言「汎好書」，故下言「無所不觀，無所不通，而尤邃律曆」。「尤邃」二字正對「汎好」言之。「好」字仍當讀去聲，不當讀上聲。史記作「蒼本好書」，則讀去聲明矣。陽夏公以「好」字師古無音，而讀上聲，非也。上文「張蒼好書律曆」，師古亦無音。

〔九〕師古曰：邃，深也，音先遂反。

蒼德安國侯王陵。〔一〕及貴，父事陵。陵死後，蒼爲丞相，洗沐，〔二〕常先朝陵夫人上食，然後敢歸家。

〔一〕師古曰：以救其死刑故也。

〔二〕【補注】周壽昌曰：休沐之日。

蒼爲丞相十餘年，魯人公孫臣上書，陳終始五德傳，〔一〕言漢土德時，其符黄龍見，當改正朔，易服色。事下蒼，蒼以爲非是，罷之。其後黄龍見成紀，於是文帝召公孫臣以爲博士，草立土德時曆制度，〔二〕更元年。〔三〕蒼由此自絀，〔四〕謝病稱老。蒼任人爲中候，〔五〕大爲姦利，上以爲讓，〔六〕蒼遂病免。孝景五年薨，謚曰文侯。傳子至孫類，〔七〕有罪，國除。

〔一〕師古曰：傳謂傳次也，音直戀反。

〔二〕張晏曰：以秦水德，漢土勝之。晉灼曰：草，創始也。【補注】王鳴盛曰：賈誼傳「誼以爲漢宜改正朔，數用五，色上黄」。贊曰「誼欲改定制度，以漢爲土德，其術已疏矣」。案，秦人用水德，本自謬舛不可承，況五德取相生，不取相剋，即欲承秦，爲何以土勝之。張蒼固非，而公孫臣、賈誼亦非也。漢當爲火德，亦見荀悦漢紀第一卷。

〔三〕【補注】先謙曰：又明年，遂更爲後元年。

〔四〕【補注】先謙曰：官本「絀」作「詘」，引宋祁曰「一作『絀』」。

〔五〕張晏曰：所選舉保任也。按中候，官名。師古曰：蒼有所保舉，而其人爲中候之官。

〔六〕師古曰：用此事責蒼。

〔七〕【補注】先謙曰：官本「子」作「國」。「類」，今本史記同。集解引徐廣曰：「一作『顛』，音瞶」。索隱單行本注，案漢書作「毅」。顛即毅也。王念孫云：本作「類」，或作「顛」，並讀如聾瞶之瞶。玉篇「類音毅，又音瞶」。史表作「預」，及「類」、「毅」，皆「類」之誤。

初蒼父長不滿五尺，蒼長八尺餘，蒼子復長八尺，及孫類長六尺餘。〔一〕蒼免相後，口中無齒，食乳，女子爲乳母。〔二〕妻妾以百數，嘗孕者不復幸。年百餘歲乃卒。著書十八篇，言陰陽律曆事。〔三〕

〔一〕【補注】李慈銘曰：史記「蒼長八尺餘」下有「爲侯丞相」四字。「長六尺餘」下有「坐法失侯」四字。此節去之，則語意不明。

〔二〕師古曰：言每就飲之。

〔三〕【補注】周壽昌曰：藝文志不載。

申屠嘉，梁人也。以材官蹶張〔一〕從高帝擊項籍，遷爲隊率。〔二〕從擊黥布，爲都尉。孝惠時，爲淮陽守。孝文元年，舉故以二千石從高祖者，悉以爲關內侯，食邑二十四人，〔三〕而嘉食邑五百戶。十六年，遷爲御史大夫。張蒼免相，文帝以皇后弟竇廣國賢有行，〔四〕欲相之，曰：「恐天下以吾私廣國。」久念不可，而高帝時大臣餘見無可者，〔五〕乃以御史大夫嘉爲丞相，因故邑封爲故安侯。〔六〕

〔一〕如淳曰：材官之多力，能腳踏彊弩張之，故曰蹶張。律有蹶張士。師古曰：今之弩，以手張者曰擘張，以足蹋者曰蹶張。蹶音厥。擘音布麥反。【補注】錢大昭曰：説文「趆，距也，从走，厈省聲」。漢令曰「趆張百人」。蹶張即趆張矣。

〔二〕師古曰：一隊之率也。音所類反。

〔三〕【補注】錢大昭曰：據本紀，是三十人，傳止二十四人，未知孰是。先謙曰：官本作「三十四人」。史記與此同。

〔四〕【補注】先謙曰：廣國，詳外戚傳。

〔五〕師古曰：見，謂見在之人。【補注】周壽昌曰：史記作「而高帝時大臣又皆多死，餘見無可者」。餘者，未死之餘人也。删「又皆多死」四字，則「餘」字無根。

〔六〕【補注】齊召南曰：故安縣屬涿郡。漢初，丞相俱以功臣已封列侯者爲之。嘉本功臣，而由關内侯爲相，則破格之事也。後因丞相封侯，遂起於此。先謙曰：故邑，前所食之邑，在故安也，在今易州東南。

嘉爲人廉直，門不受私謁。〔一〕是時太中大夫鄧通方愛幸，賞賜累鉅萬。文帝常燕飲通家，其見寵如是。〔二〕是時嘉入朝，而通居上旁，有怠慢之禮。嘉奏事畢，因言曰：「陛下幸愛羣臣則富貴之，至於朝廷之禮，不可以不肅。」〔三〕上曰：「君勿言，吾私之。」〔四〕罷朝坐府中，嘉爲檄召通詣丞相府，〔五〕不來，且斬通。通恐，入言上。上曰：「汝弟往，〔六〕吾今使人召若。」〔七〕通至詣丞相府，〔八〕免冠，徒跣，頓首謝嘉。嘉坐自如，〔九〕弗爲禮，責曰：「夫朝廷者，高皇帝之朝廷也。通小臣，戲殿上，大不敬，當斬。史今行斬之！」〔一〇〕通頓首，首盡出血，不解。上度丞相已困通，〔一一〕使使持節召通，而謝丞相：「此吾弄臣，君釋之。」〔一二〕鄧通既

至，爲上泣曰：「丞相幾殺臣。」〔一三〕

〔一〕【補注】先謙曰：當與袁盎傳參觀。

〔二〕【補注】宋祁曰：越本無「見」字。王念孫曰：「見」字蓋後人所加。景祐本及羣書治要所引，皆無「見」字，史記亦無。

〔三〕師古曰：肅，敬。【補注】先謙曰：官本有「也」字。

〔四〕師古曰：言欲私戒教之。【補注】先謙曰：官本注「戒教」作「教戒」。案，私之，謂愛之也。呂覽去私篇「子，人之所私也」。注「私，愛也」。離騷「皇天無私阿兮」，注「竊愛爲私」。顔謂「私，教戒之」，非。

〔五〕師古曰：檄，木書也，長二尺。

〔六〕師古曰：弟，但也。

〔七〕師古曰：若亦汝也。

〔八〕【補注】先謙曰：至即詣也，言「至」不當更言「詣」，此「詣」字緣上文「詣丞相府」而誤衍。羣書治要引無「詣」字，史記亦無。

〔九〕師古曰：如其故。【補注】先謙曰：史記不重「嘉」字，是。

〔一〇〕如淳曰：嘉語其史曰「今便行斬之」。【補注】周壽昌曰：史記「史」作「吏」，集解引如注亦作「吏」。案，百官志，丞相所屬有兩長史。下文亦云「朝罷謂長史」，似「史」字爲是。王文彬曰：今猶即也。「史今行斬之」，史即行斬之也。如不達「今」字之義，於「今」下加「便」字爲訓，轉屬贅文。爾雅釋詁孫炎注「即猶今也」。故今、即轉相爲訓。上文「吾今使人召若」，亦謂吾即使人召若也。叔孫通傳「郡守尉今捕誅」，伍被傳「臣今見麋鹿游姑蘇之臺也」，周昌傳「今爲虜矣」，「今」字並與「即」同義。淮南厲王傳「今復之」，王念孫説，竝可參證。

〔一一〕師古曰：度音徒各反。

〔一二〕【補注】宋祁曰：浙本「此」字上有「曰」字，「君」字下有「其」字。先謙曰：羣書治要引有「曰」字，史記亦有。

〔一三〕師古曰：幾音巨依反。

嘉爲丞相五歲，文帝崩，孝景即位。二年，鼂錯爲内史，〔一〕貴幸用事，諸法令多所請變更，〔二〕議以適罰侵削諸侯。〔三〕而丞相嘉自絀，〔四〕所言不用，疾錯。錯爲内史，門東出，不便，更穿一門，南出。南出者，太上皇廟堧垣也。〔五〕嘉聞錯穿宗廟垣，爲奏請誅錯。客有語錯，錯恐，夜入宫上謁，自歸上。〔六〕至朝，嘉請誅内史錯。上曰：「錯所穿非真廟垣，乃外堧垣，故冗官居其中，〔七〕且又我使爲之，錯無罪。」罷朝，嘉謂長史曰：「吾悔不先斬錯乃請之，〔八〕爲錯所賣。」至舍，因歐血而死，謚曰節侯。傳子至孫臾，有罪，國除。

〔一〕【補注】先謙曰：據公卿表，景帝元年，錯爲内史。此云「即位二年」者，通即位時數之。

〔二〕【補注】先謙曰：更音工衡反。

〔三〕師古曰：適讀曰讁。

〔四〕師古曰：絀，退也。

〔五〕服虔曰：宫外垣餘地也。如淳曰：堧音畏儒之儒。師古曰：堧音如椽反，解在食貨志。

〔六〕師古曰：歸首於天子。

〔七〕師古曰：冗謂散輩也，如今之散官，音如勇反。【補注】先謙曰：史記「冗」誤「他」。

〔八〕師古曰：言先斬而後奏。

自嘉死後，開封侯陶青、桃侯劉舍及武帝時柏至侯許昌、平棘侯薛澤、武彊侯莊青翟、商陵侯趙周，〔一〕皆以列侯繼踵，齪齪廉謹，〔二〕爲丞相備員而已，無所能發明功名著於世者。

〔一〕【補注】周壽昌曰：青，高祖功臣陶舍子，謚夷侯。舍，史記作「含」，功臣表，含父襄本項氏親，賜姓劉，此書表傳俱作「舍」，史記作「含」者，誤也。舍謚懿侯。昌，許温孫，謚哀侯。澤，薛歐孫。青翟，莊不識孫。周父夷吾爲楚王戊太傅，諫爭而死。

〔二〕師古曰：齪齪，持整之貌也。齪音初角反。【補注】沈欽韓曰：荀子王霸篇「齺然上下相信」，注「齺，齒相迎也」。說文「齰，齒相值也」。齪即齰齺之別體。廣韻云「齪，廉謹也」，本此傳耳。先謙曰：齰、齺與廉謹義不相副，沈說非也。史記作「娖娖」，集解引徐廣曰「娖，一作『斷』，一作『齪』」。索隱「娖音側角反。漢書作『齪』。『齪』，一作『斷』，義如尚書『斷斷猗無他技』」。先謙案：說文無「齪」、「娖」二字。娖當爲娕。說文「娕，謹也，讀若謹敕數數」，大徐音測角切，「測角」與「側角」、「初角」同聲。側、初雙聲。側、測疊韻。是此文當爲「娕娕」，與下「廉謹」義相應。世俗以音同之字轉寫作「娖娖」，復轉爲「齪齪」。齪即齪字，形有移換耳。今人斥人爲齷齪，即此「齪齪」義也。鄺食其傳作「握齱」。其作「斷斷」者，又後人以「齪齪」爲誤而改之耳。

贊曰：張蒼文好律曆，爲漢名相，〔一〕而專遵用秦之顓頊曆，何哉？〔二〕周昌，木強人也。〔三〕任敖以舊德用。〔四〕申屠嘉可謂剛毅守節，然無術學，殆與蕭、曹、陳平異矣。〔五〕

〔一〕師古曰：文好律曆，猶言名爲好律曆也。【補注】先謙曰：史記作「文學律曆」。

〔二〕張晏曰：不考經典，專用顓頊曆，何哉？師古曰：何哉，何爲其然哉？

〔三〕師古曰：言其强直如木石然。强音其兩反。【補注】先謙曰：官本「直」作「質」。

〔四〕張晏曰：謂傷辱吕后吏。

〔五〕師古曰：殆，近也。言其識見不如蕭、曹等也。

酈陸朱劉叔孫傳第十三

酈食其，陳留高陽人也。〔一〕好讀書，家貧落魄，無衣食業。〔二〕爲里監門，然吏縣中賢豪不敢役，〔三〕皆謂之狂生。

〔一〕師古曰：食音異。其音基。【補注】錢大昕曰：地理志，陳留郡無高陽縣，蓋鄉名，非縣名。涿郡、琅邪郡皆有高陽縣，然非食其所居之高陽也。高紀「沛公西過高陽」，文穎云「聚邑名，屬陳留圉」。沈欽韓曰：金史地理志，杞縣有圉城鎮。明志，開封府杞縣西有故高陽城，南有廢圉縣。先謙曰：案，正義「酈音歷」。索隱引故耆舊傳「食其圉高陽鄉人」。圉，後漢陳留縣，前漢淮陽縣，今開封府杞縣南五十里。

〔二〕鄭氏曰：魄音薄。應劭曰：志行衰惡之貌也。師古曰：落魄，失業無次也。鄭音是。【補注】先謙曰：集解：「晉灼曰『落薄，落託，義同』」。案，「落託」亦作「落拓」。

〔三〕師古曰：吏及賢者、豪者皆不敢使役食其。【補注】齊召南曰：史記「吏」字在「然」字上。言食其爲監門小吏，而縣中賢豪不敢役使也。班氏當以監門賤役非吏，故倒「吏」字於下。王念孫曰：「吏縣中賢豪」，殊爲不辭。史記「吏」字在「然」字上，漢書寫本「吏」「然」二字誤倒，而師古遂曲爲之說，非是。劉辰翁反以漢書誤本爲是，謂縣吏中之賢豪者不敢役一監門，謬矣。如劉說，則當云「縣吏中賢豪」，不當云「吏縣中賢豪」也。

及陳勝、項梁等起，諸將徇地過高陽者數十人，〔一〕食其聞其將皆握齱好荷禮〔二〕自用，不能聽大度之言，食其乃自匿。後聞沛公略地陳留郊，沛公麾下騎士適食其里中子，〔三〕沛公時時問邑中賢豪。騎士歸，食其見，謂曰：「吾聞沛公嫚易人，〔四〕有大略，此真吾所願從游，莫爲我先。〔五〕若見沛公，〔六〕謂曰『臣里中有酈生，年六十餘，長八尺，人皆謂之狂生』，自謂我非狂。」騎士曰：「沛公不喜儒，〔七〕諸客冠儒冠來者，沛公輒解其冠，溺其中。〔八〕與人言，常大罵。未可以儒生説也。」食其曰：「第言之。」〔九〕騎士從容言食其所戒者。〔一〇〕

〔一〕師古曰：徇亦略也，音辭峻反。

〔二〕應劭曰：握齱，急促之貌。師古曰：荷與苛同。苛，細也。齱音初角反。【補注】先謙曰：史記「荷」作「苛」。

〔三〕服虔曰：食其里中子適會作沛公騎士。

〔四〕【補注】王文彬曰：史記作「慢而易人」，言簡率也，與「好荷禮」反對爲文。

〔五〕師古曰：先謂紹介也。

〔六〕師古曰：若，汝也。

〔七〕師古曰：喜，好也，音許吏反。

〔八〕師古曰：溺讀曰尿，音乃釣反。

〔九〕師古曰：第，但也。

〔一〇〕師古曰：從音千容反。【補注】周壽昌曰：士冠禮注「戒，告也」。先謙曰：史記「言」下有「如」字。官本注無「音」字，「千」作「子」。

沛公至高陽傳舍，〔一〕使人召食其。食其至，入謁，〔二〕沛公方踞牀令兩女子洗，〔三〕而見食其。食其入，即長揖不拜，曰：「足下欲助秦攻諸侯乎？欲率諸侯攻秦乎？」〔四〕沛公罵曰：「豎儒！〔五〕夫天下同苦秦久矣，故諸侯相率攻秦，何謂助秦？」食其曰：「必欲聚徒合義兵誅無道秦，不宜踞見長者。」〔六〕於是沛公輟洗，起衣，〔七〕延食其上坐，謝之。食其因言六國從衡時。〔八〕沛公喜，賜食其食，問曰：「計安出？」食其曰：「足下起瓦合之卒，〔九〕收散亂之兵，不滿萬人，欲以徑入彊秦，此所謂探虎口者也。夫陳留，天下之衝，四通五達之郊也，〔一〇〕今其城中又多積粟。臣知其令，〔一一〕今請使，令下足下。〔一二〕即不聽，足下舉兵攻之，臣爲内應。」於是遣食其往，沛公引隨之，〔一三〕遂下陳留。〔一四〕號食其爲廣野君。

〔一〕師古曰：傳舍者，人所止息，前人已去，後人復來，轉相傳也。一音張戀反，謂傳置之舍也，其義兩通。它皆類此。

【補注】先謙曰：一音是。

〔二〕【補注】沈（飲）〔欽〕韓曰：御覽三百四十一引楚漢春秋曰「上過陳留，酈生求見，使者入通，公方跣足，問：『何如人？』曰：『狀類大儒。』上曰：『吾方以天下爲事，未暇見大儒也。』使者出告，酈生瞋目按劍：『入言高陽酒徒，非儒者也。』」按此與史記食其傳末所附同。

〔三〕師古曰：洗足也，音先典反。【補注】先謙曰：官本注在「而見食其」下。

〔四〕【補注】錢大昭曰：下「攻」，閩本作「破」。先謙曰：官本作「破」。引宋祁云，浙本「破」作「攻」。按，史記作「破」，羣書治要引此亦作「破」。

〔五〕師古曰：言其賤劣如僮豎。【補注】王文彬曰：豎儒，猶言小儒，詳見高紀。既稱曰儒，不得復以賤劣僮豎斥之，顔說非。

〔六〕【補注】先謙曰：「踞」，史記作「倨」。

〔七〕師古曰：輟，止也。起衣，著衣也。【補注】王念孫曰：古無謂著衣爲起衣者，此文本作「輟洗起，句攝衣，句延食其上坐」。士冠禮鄭注「攝猶整也」，謂整衣而延之上坐也。史記管晏傳曰「晏子懼然，攝衣冠謝」。師古所見本脱「攝」字，遂以「起衣」連讀而訓爲著衣，誤矣。史記正作「攝衣」。文選王粲七哀詩注、傅玄雜詩注、班彪王命論注、御覽人事部一百四引漢書皆作「攝衣」，人事部一百十五無「攝」字，乃後人以顔本删之，與前所引不合。是所見本與師古不同也。高紀亦云「於是沛公起，攝衣，謝之」。

〔八〕師古曰：從音子容反。衡，横也。

〔九〕師古曰：瓦合，謂如破瓦之相合，雖曰聚合而不齊同。【補注】王文彬曰：瓦合，言不相附也。史記儒林傳「陳涉起匹夫，驅瓦合適戍」，本書陳湯傳「烏孫瓦合」，與此義同。禮儒行「毁方而瓦合」，正義引皇氏云「毁已之圭角，與瓦礫而相合」，亦謂以不相合者雜合之也。先謙曰：史記作「糾合」，集解云「一作『烏合』，一作『瓦合』」。

〔一〇〕如淳曰：四面往來通之，并數中央，凡五達也。臣瓚曰：四通五達，言無險阻也。

〔一一〕師古曰：素與其縣令相知。

〔一二〕師古曰：下，降也。

〔一三〕【補注】先謙曰：官本「引」下有「兵」字，史記同，此脱。

〔一四〕【補注】先謙曰：食其説令不從，夜斬令，踰城報沛公，遂下陳留。詳史記傳末。

食其言弟商，使將數千人從沛公西南略地。食其嘗爲説客，馳使諸侯。〔一〕

〔一〕【補注】先謙曰：「嘗」字誤。當從史記作「常」。

漢三年秋，項羽擊漢，拔滎陽，漢兵遁保鞏。〔一〕楚人聞韓信破趙，彭越數反梁地，則分兵救之。〔二〕韓信方東擊齊，漢王數困滎陽、成臯，計欲捐成臯以東，屯鞏、雒以距楚。食其因曰：「臣聞之，知天之天者，王事可成；不知天之天者，王事不可成。王者以民爲天，而民以食爲天。〔三〕夫敖倉，天下轉輸久矣，臣聞其下乃有藏粟甚多。〔四〕楚人拔滎陽，不堅守敖倉，乃引而東，令適卒分守成臯，〔五〕此乃天所以資漢。方今楚易取而漢反卻，自奪便，〔六〕臣竊以爲過矣。且兩雄不俱立，楚漢久相持不決，百姓騷動，海内摇蕩，農夫釋耒，紅女下機，〔七〕天下之心未有所定也。願足下急復進兵，收取滎陽，據敖庾之粟，〔八〕塞成臯之險，杜太行之道，〔九〕距飛狐之口，〔一〇〕守白馬之津，〔一一〕以示諸侯形制之勢，〔一二〕則天下知所歸矣。方今燕、趙已定，唯齊未下。〔一三〕今田廣據千里之齊，田間將二十萬之衆軍於歷城，〔一四〕諸田宗彊，負海岱，阻河、濟，〔一五〕南近楚，齊人多變詐，〔一六〕足下雖遣數十萬師，未可以歲月破也。臣請得奉明詔説齊王，使爲漢而稱東藩。」上曰：「善。」

〔一〕【補注】先謙曰：史記更有「洛」字，是與下「鞏、雒」同。

〔二〕師古曰：反趙及梁。【補注】先謙曰：官本注「反」作「救」，是。

〔三〕【補注】先謙曰：索隱：「管子云『王者以民爲天，民以食爲天，能知天之天者，斯可矣』。」

〔四〕【補注】沈欽韓曰：元和志，敖倉城在鄭州滎澤縣西十五里，北臨汴水，南帶三皇山，即廣武山。秦所置。呂氏春秋「穿竇窌」，高誘注「穿窌，所以盛穀也」。是古者穿地下臧粟也。

〔五〕師古曰：適讀曰讁。讁卒謂卒之有罪讁者，即所謂讁戍。【補注】先謙曰：楚引東定梁地，令曹咎守成臯。

〔六〕師古曰：不圖進取，是爲自奪便利也。卻音丘略反。

〔七〕師古曰：耒，手耕曲木也，音盧對反。紅讀曰工。

〔八〕師古曰：敖庾，即敖倉。

〔九〕師古曰：太行，山名，在河内野王之北，上黨之南。行音胡剛反。

〔一〇〕如淳曰：上黨壺關也。臣瓚曰：飛狐在代郡西南。師古曰：瓚説是。壺關無飛狐之名。【補注】何焯曰：此似後人依託之語。杜太行之道，乃秦人規取韓、趙舊意。當時漢已虜魏豹，禽趙歇，河東、河内、河北皆歸漢，何庸復杜太行之道，以示形勢乎？燕趙已定，即代郡飛狐亦非楚人所能北窺，何庸杜此兼距彼乎？與當時事實闊遠。

〔一一〕【補注】齊召南曰：按，白馬縣屬東郡，大河所經，其西岸即黎陽也。

〔一二〕師古曰：以地形而制服。

〔一三〕【補注】先謙曰：官本考證引司馬光云「史漢皆以食其勸取敖倉及請説齊爲一事，獨劉向新序分爲二，新序是」。先謙案：據高紀，三年九月，項羽使曹咎守成皋，自引兵東擊彭越。漢王使食其説齊連和。四年冬十月，韓信破齊，齊亨食其。漢破曹咎，就敖倉食。先後次第如此，是食其説漢王二事，並在三年九月，史漢合之，未爲非也。官本「已」作「以」。

〔一四〕【補注】劉攽曰：此時何緣更有田間。按田横傳，乃是田解。横傳云「齊使華毋傷、田解軍歷下，以距漢」。

〔一五〕師古曰：負，背也。岱，泰山也。

〔一六〕【補注】宋祁曰：「人」，疑作「民」。

乃從其畫，復守敖倉，〔一〕而使食其説齊王，曰：「王知天下之所歸乎？」曰：「不知也。」曰：「知天下之所歸，則齊國可得而有也；若不知天下之所歸，即齊國未可保也。」齊王曰：

「天下何歸？」食其曰：「天下歸漢。」齊王曰：「先生何以言之？」曰：「漢王與項王戮力西面擊秦，〔一〕約先入咸陽者王之，項王背約不與，而王之漢中。項王遷殺義帝，漢王起蜀、漢之兵擊三秦，出關而責義帝之負處，〔三〕收天下之兵，立諸侯之後。〔四〕降城即以侯其將，得賂則以分其士，與天下同其利，豪英賢材皆樂爲之用。諸侯之兵四面而至，蜀、漢之粟方船而下。〔五〕項王有背約之名，殺義帝之負；於人之功無所記，於人之罪無所忘；〔六〕戰勝而不得其賞，拔城而不得其封；非項氏莫得用事；〔七〕爲人刻印，玩而不能授；〔八〕攻城得賂，積財而不能賞。〔九〕天下畔之，賢材怨之，而莫爲之用。故天下之士歸於漢王，可坐而策也。夫漢王發蜀、漢，定三秦，涉西河之外，〔一〇〕援上黨之兵；〔一一〕下井陘，誅成安君；破北魏，〔一二〕舉三十二城：此黄帝之兵，〔一三〕非人之力，天之福也。今已據敖庾之粟，〔一四〕塞成皋之險，守白馬之津，杜太行之阪，距飛狐之口，天下後服者先亡矣。王疾下漢王，齊國社稷可得而保也；不下漢王，危亡可立而待也。」田廣以爲然，乃聽食其，罷歷下兵守戰備，與食其日縱酒。〔一五〕

〔一〕【補注】先謙曰：時尚未得敖倉，云「復守」者，究言之。

〔二〕【補注】先謙曰：面，向也。

〔三〕【補注】宋祁曰：或無「負」字。王念孫曰：無「負」字者，是。「責義帝之處」者，責，問也；處，所也。猶言問義帝安在也。「處」上安二「負」字，則義不可通，此涉下文「殺義帝之負」而衍。史記及新序善謀篇皆無「負」字。

〔四〕【補注】先謙曰：據高紀，食其勸立六國後，未行，此設辭耳。

〔五〕師古曰：方，併也。

〔六〕師古曰：言項羽吝爵賞而念舊惡。

〔七〕師古曰：言唯任同姓之親。

〔八〕孟康曰：刻斷無復廉鍔也。臣瓚曰：項羽吝於爵賞，玩惜侯印，不能以封人。師古曰：韓信傳作「刓」，此作「玩」，其義各通。孟説非也。【補注】錢大昭曰：「玩」，閩本作「刓」。先謙曰：史記作「刓」，集解引孟注「刻斷」作「刓斷」，索隱「案，郭象注莊子云『立法而刓斷無圭角』。漢書作『玩』，言玩惜不忍授人」。據此，是小司馬所見漢書本與顏同也。羣書治要引作「刓而不能授」，且引注曰「刓斷無復廉鍔也」，蓋別一漢書本。

〔九〕【補注】先謙曰：「爲人刻印，玩而不能授，攻城得賂，積而不能賞」，四句相對爲文。「財」字羨文，不當有。史記無。

〔一〇〕【補注】先謙曰：通鑑胡注「河自砥柱以上，龍門以下爲西河」。

〔一一〕師古曰：援，引也，音爰。

〔一二〕師古曰：謂魏豹也。梁地既有魏名，故謂此爲「北」。【補注】先謙曰：索隱「北，魏豹在河北故也。亦謂之西魏，以大梁於安邑爲東也」。

〔一三〕【補注】周壽昌曰：「黃帝」史記作「蚩尤」，黃帝、蚩尤皆古之主兵者，故高帝起兵祠黃帝，祭蚩尤於沛廷。此言黃帝，史記言蚩尤，初無區别。

〔一四〕【補注】先謙曰：「庾」，官本作「倉」。

〔一五〕師古曰：日日縱意而飲酒。

韓信聞食其馮軾下齊七十餘城，〔一〕乃夜度兵平原襲齊。齊王田廣聞漢兵至，以爲食其賣己，〔一〕乃亨食其，引兵走。

〔一〕師古曰：馮讀曰憑。憑，據也。軾，車前横板隆起者也。云憑軾者，言但安坐乘車而游說，不用兵衆。

〔二〕師古曰：言其與韓信通謀。【補注】先謙曰：史記此下有「乃曰：『汝能止漢軍，我活汝；不然，我將亨汝！』酈生曰：『舉大事不細謹，盛德不辭讓。而公不爲若更言。』」齊王乃亨之也。

漢十二年，曲周侯酈商以丞相將兵擊黥布，有功。高祖舉功臣，思食其。食其子疥〔一〕數將兵，上以其父故，封疥爲高梁侯。後更食武陽，卒，子遂嗣。三世，侯平有罪，國除。〔二〕

〔一〕師古曰：疥音介。

〔二〕【補注】齊召南曰：「武陽」，史記作「武遂」。而二表俱不言後更食邑，未知孰是。又「子遂嗣」亦與表異。據表，疥子勃，勃子平，疑「遂」字譌。錢大昭曰：史記稱「更食武遂」且稱「武遂侯平」，據此，則「武陽」當爲「武遂」矣。表，疥子勃，而此作「遂」，涉上「武遂」而譌耳。李慈銘曰：索隱「地理志『武遂屬河間』」。漢書作『武陽，子遂』，衍字誤也」。余按，索隱是也。漢表與史同，傳不應有異。且「子遂嗣，三世，侯平有罪」亦不辭，此「陽、卒、子」三字衍無疑。先謙曰：李說是。

陸賈，楚人也。以客從高祖定天下，名有口辯，〔一〕居左右，常使諸侯。

〔一〕師古曰：時人皆謂其口辯。

時中國初定，尉佗平南越，因王之。〔一〕高祖使賈賜佗印爲南越王。賈至，尉佗魋結箕踞見賈。〔二〕賈因説佗曰：「足下中國人，親戚昆弟墳墓在真定。〔三〕今足下反天性，棄冠帶，〔四〕欲以區區之越與天子伉衡爲敵國，〔五〕禍且及身矣。夫秦失其正，諸侯豪桀並起，〔六〕唯漢王先入關，據咸陽。項籍背約，自立爲西楚霸王，諸侯皆屬，可謂至彊矣。然漢王起巴蜀，鞭笞天下，劫諸侯，〔七〕遂誅項羽。五年之間，海内平定，此非人力，天之所建也。天子聞君王王南越，而不助天下誅暴逆，將相欲移兵而誅王，天子憐百姓新勞苦，且休之，遣臣授君王印，剖符通使。君王宜郊迎，北面稱臣，〔八〕乃欲以新造未集之越〔九〕屈强於此。〔一〇〕漢誠聞之，掘燒君王先人家墓，〔一一〕夷種宗族，〔一二〕使一偏將將十萬衆臨越，即越殺王降漢，如反覆手耳。」〔一三〕

〔一〕師古曰：佗音徒河反。【補注】先謙曰：史記「佗」作「他」，字同。索隱「趙他爲南越尉，故曰尉他」。

〔二〕服虔曰：魋音椎。今兵士椎頭髻也。師古曰：結讀曰髻。椎髻者，一撮之髻，其形如椎。箕踞，謂伸其兩腳而坐。亦曰箕踞其形似箕。

〔三〕【補注】先謙曰：索隱「趙地也。本名東垣，屬常山」。

〔四〕師古曰：偝父母之國，無骨肉之恩，是反天性也。

〔五〕師古曰：區區，小貌。【補注】先謙曰：官本「伉」作「抗」，史記同。索隱：「案，崔浩云『抗，對也。衡，車軛上横木。抗衡，言兩衡相對拒，率不相避下也』。」

〔六〕師古曰：正亦政也。【補注】先謙曰：官本注文在「其正」下。

〔七〕【補注】先謙曰：史記「劫」下有「略」字。

〔八〕師古曰：郊迎，謂出郊而迎。
〔九〕師古曰：集猶成也。
〔一〇〕師古曰：屈音其勿反。屈强，謂不柔服也。
〔一一〕【補注】先謙曰：官本「家」作「冢」，是。
〔一二〕師古曰：夷，平也。謂平除其種族。【補注】先謙曰：史記作「夷滅宗族」。此云「夷種宗族」，不辭，據顔注，疑「宗」字衍。
〔一三〕師古曰：言其易。

於是佗乃蹶然起坐，〔一〕謝賈曰：「居蠻夷中久，殊失禮義。」因問賈曰：「我孰與蕭何、曹參、韓信賢？」〔二〕賈曰：「王似賢也。」復問曰：「我孰與皇帝賢？」賈曰：「皇帝起豐沛，討暴秦，誅彊楚，爲天下興利除害，繼五帝三王之業，〔三〕統天下，理中國。中國之人以億計，地方萬里，居天下之膏腴，人衆車輿，萬物殷富，政由一家，自天地剖判未始有也。〔四〕今王衆不過數萬，〔五〕皆蠻夷，崎嶇山海間，〔六〕譬如漢一郡，王何乃比於漢！」佗大笑曰：「吾不起中國，故王此。使我居中國，何遽不若漢？」〔七〕乃大説賈，〔八〕留與飲數月。曰：「越中無足與語，至生來，令我日聞所不聞。」〔九〕賜賈橐中裝直千金，〔一〇〕它送亦千金。〔一一〕賈卒拜佗爲南越王，令稱臣奉漢約。歸報，高帝大説，〔一二〕拜賈爲太中大夫。

〔一〕師古曰：蹶然，驚起之貌也。音厥。
〔二〕師古曰：與，如也。

〔三〕【補注】先謙曰：史記「王」誤「皇」。

〔四〕師古曰：言自開闢以來未嘗有也。

〔五〕【補注】先謙曰：史記作「數十萬」。

〔六〕師古曰：崎音丘宜反。嶇音區。

〔七〕師古曰：言有何迫速而不如漢也。遽音其庶反。【補注】王念孫曰：顔訓遽爲迫促，非也。遽亦何也。連言何遽者，古人自有複語耳。「遽」字或作「詎」、「距」、「巨」，又作「渠」。墨子公孟篇曰「雖子不得福，吾言何遽不善而鬼神何遽不明」？淮南人間篇曰「此何遽不能爲福乎」？韓子難篇曰「衛奚距然哉」？秦策曰「君其試焉，奚遽叱也」？史記甘茂傳作「何遽叱乎」？荀子王制篇曰「豈渠得免夫累乎」？正論篇曰「是豈詎知見侮之爲不辱哉」？吕氏春秋具備篇曰「豈遽必哉」！莊子齊物論篇曰「庸詎知吾所謂知之非不知邪？庸詎知吾所謂不知之非知邪」？釋文曰：「詎，徐本作巨，李云『詎，何也』。」淮南齊俗篇曰「庸遽知世之所自窺我者乎」？史記張儀傳曰「且蘇君在，儀寧渠能乎」？索隱曰「渠音詎，古字少，假借耳」。或言「何遽」，或言「奚遽」，或言「豈遽」，或言「庸遽」，或言「寧渠」，其義一也。「何遽不若漢」，史記作「何渠不若漢」，則「遽」爲語詞而非急遽之遽，明矣。先謙曰：官本注「速」作「促」，是。

〔八〕師古曰：説讀曰悦，謂愛悦之。

〔九〕師古曰：言素所不聞者，日聞之。

〔一〇〕張晏曰：珠玉之寶也。裝，裹也。如淳曰：明月珠之屬也。師古曰：有底曰囊，無底曰橐。言其寶物質輕而價重，可入囊橐以齎行，故曰橐中裝也。【補注】周壽昌曰：有底曰囊，無底曰橐，索隱引作埤蒼語。案，左僖二十八年傳「甯子職納橐饘焉」，宣二年傳「趙盾見靈輒餓，爲之簞食與肉，寘諸橐以與之」，是橐可盛食，無底何以能盛？説文「橐，囊也」。殆與囊一物，而分大小耳。索隱引詩傳曰「大曰橐，小曰囊」，今毛傳作「小曰橐，大曰囊」，是傳寫異也。埤蒼語未然。

〔一一〕師古曰：非橐中物，故曰它送也。師古曰：它猶餘也。【補注】先謙曰：上「師古」，官本作「蘇林」，是。

〔一二〕師古曰：説讀曰悦。

賈時時前説稱詩書。高帝罵之曰：「乃公居馬上得之，安事詩書！」賈曰：「馬上得之，寧可以馬上治乎？〔一〕且湯武逆取而以順守之，文武並用，長久之術也。昔者吴王夫差、智伯極武而亡，〔二〕秦任刑法不變，卒滅趙氏。〔三〕鄉使秦以并天下，行仁義，法先聖，陛下安得而有之？」〔四〕高帝不懌，〔五〕有慙色，謂賈曰：「試爲我著秦所以失天下，吾所以得之者，〔六〕及古成敗之國。」賈凡著十二篇。〔七〕每奏一篇，高帝未嘗不稱善，左右呼萬歲，稱其書曰新語。〔八〕

〔一〕【補注】王念孫曰：「治」下亦當有「之」字，與上「得之」對文。御覽人事部一百七、治道部四引此竝作「治之」，史記、漢紀、通鑑同。

〔二〕師古曰：夫差，吴王闔閭子也，好用兵，卒爲越所滅。智伯，晉卿荀瑶也，貪而好勝，率韓、魏共攻趙襄子，襄子與韓、魏約，反而喪之。夫音扶。差音楚宜反。【補注】宋祁曰：浙本注文「宜」作「崖」。

〔三〕鄭氏曰：秦之先造父封於趙城，其後以爲信。張晏曰：莊襄王爲質於趙，還爲太子，遂稱趙氏。師古曰：據秦本紀，鄭説是。【補注】先謙曰：官本注「信」作「姓」，是。

〔四〕師古曰：鄉讀曰嚮。安，焉也。【補注】宋祁曰：「以」疑作「已」。先謙曰：「已」、「以」通作，不勞改字。

〔五〕師古曰：懌，和樂也。

〔六〕師古曰：著，明也，謂作書明言也。【補注】先謙曰：史記「者」下有「何」字，文意較足。官本注「言」下有「之」字。

〔七〕【補注】先謙曰：史記「凡」上作「陸生乃粗述存亡之徵」，無「賈」字。
〔八〕師古曰：其書今見存。

孝惠時，呂太后用事，欲王諸呂，畏大臣及有口者。〔一〕賈自度不能爭之，〔二〕乃病免。以好畤田地善，往家焉。〔三〕有五男，乃出所使越橐中裝，賣千金，〔四〕分其子，子二百金，令爲生產。賈常乘安車駟馬，從歌鼓瑟侍者十人，〔五〕寶劍直百金，謂其子曰：「與女約：過女，女給人馬酒食極飲，十日而更。〔六〕所死家，得寶劍車騎侍從者。一歲中以往來過它客，率不過再過，〔七〕數擊鮮，毋久溷女爲也。」〔八〕

〔一〕師古曰：有口，謂辯士。
〔二〕師古曰：度音徒各反。
〔三〕師古曰：好畤即今雍州好畤縣。【補注】先謙曰：漢扶風縣，今乾州西北三十五里。
〔四〕【補注】先謙曰：正義「漢制，一金直千貫」。
〔五〕【補注】先謙曰：史記作「從歌舞鼓琴瑟侍者」。
〔六〕師古曰：又改向一子處。【補注】錢大昭曰：閩本「飲」作「欲」。先謙曰：官本「飲」作「欲」，引宋祁曰「欲，疑作飲」。案史記作「極欲」，於義亦通。
〔七〕師古曰：非徒至諸子所，又往來經過它處爲賓客，率計一歲之中，每子不過再過至也。上「過」音工禾反。【補注】王文彬曰：客游於外也。顏專屬爲賓客言，非也。一歲之中，或訪問親舊，或留連道塗，其往來經過它處者爲日恒多，故於其子所率不過再過也。先謙曰：史記無「以」字，「再過」作「再三過」。

〔八〕服虔曰：溷，辱也。吾常行，數擊新美食，不久辱汝也。師古曰：鮮謂新殺之肉也。溷，亂也。言我至之時，汝宜數數擊殺牲牢，與我鮮食，我不久住亂累汝也。數音所角反。溷音下困反。【補注】劉攽曰：史記作「數見不鮮」，言人情頻見則不美，故毋久溷女也。馬宮傳「君有不鮮」，「不鮮」是漢人語也。宋祁曰：按宮傳自云「三公之位鼎足承君，不有鮮明固守，無以固位」，劉似誤引。沈欽韓曰：史記「無久慁公爲也」。「溷」作「慁」，是。秦策「昭王謂范雎曰『天以寡人慁先生』」。先謙曰：説文溷下云「亂也。一曰水濁皃」。慁下云「憂也。一曰擾也」。此借「溷」爲「慁」，當訓爲擾，於義乃順。服訓辱，顔訓亂，皆未合。禮記儒行注「慁猶辱也」，與服訓溷爲辱同。史記范雎傳「是天以寡人慁先生」，索隱「慁猶汩亂之意」，亦與顔訓溷爲亂同。足證「慁」、「溷」二字古多通假。沈云作「慁」是，要爲未達。又史記「慁」下「女」作「公」，上文「與女約」，集解引徐廣曰「女一作『公』」，則公是稱其子，「無久慁公爲」與「毋久溷女爲」義同。漢人稱公，無尊卑貴賤皆用之。鼂錯父亦稱子爲「公」是也，詳見錯傳。

呂太后時，王諸呂，諸呂擅權，欲劫少主，危劉氏。右丞相陳平患之，力不能爭，恐禍及己。平嘗燕居深念。〔一〕賈往，不請，直入坐，〔二〕陳平方念，不見賈。〔三〕賈曰：「何念深也？」平曰：「生揣我何念？」〔四〕賈曰：「足下位爲上相，食三萬户侯，可謂極富貴無欲矣。然有憂念，不過患諸呂、少主耳。」陳平曰：「然。爲之奈何？」賈曰：「天下安，注意相；天下危，注意將。將相和，則士豫附；〔五〕士豫附，天下雖有變，則權不分。權不分，爲社稷計，在兩君掌握耳。臣常欲謂太尉絳侯，〔六〕絳侯與我戲，易吾言。〔七〕君何不交驩太尉，深相結？」爲陳平畫呂氏數事。平用其計，乃以五百金爲絳侯壽，厚具樂飲太尉，〔八〕太尉亦報如之。兩人深相結，呂氏謀益壞。陳平乃以奴婢百人，車馬五十乘，錢五百萬，遺賈爲食飲費。賈以此游漢廷公卿間，〔九〕名聲籍甚。〔一〇〕及誅吕氏，立孝文，賈頗有力。

〔一〕師古曰：念，思也。以國家不安，故靜居獨慮，思其方策。【補注】先謙曰：官本「嘗」作「常」，是。史記亦作「常」。

〔二〕師古曰：言不因門人將命，而徑入自坐。【補注】王文彬曰：史記作「往請，直入坐」，無「不」字。是「請」以請謁言，下云「直入」，即不假將命意也。集解引漢書音義云「請謂問起居」，則音義所見漢書本亦但作「往請」，無「不」字。此文「請」上有「不」字，師古即訓「請」爲「將命」，語意與史記各别。坐者，坐所也。平方深念，故賈至坐前而不見，顏謂爲「自坐」，失之。

〔三〕師古曰：思慮之際，故不覺賈至。

〔四〕孟康曰：揣，度也。韋昭曰：揣音初委反。

〔五〕師古曰：豫，素也。【補注】王文彬曰：釋詁「豫，樂也」。言將相和，則士乃樂附也。訓爲素附，上下文義不屬矣。史記作「務附」。論語「君子務本」。皇疏「務猶向也，慕也」。「慕附」與「樂附」意同，益證此訓豫爲素之誤。

〔六〕師古曰：謂者，與之言。【補注】錢大昭曰：「謂」，閩本作「語」，注同。

〔七〕師古曰：言絳侯與我相戲狎，輕易其言耳。

〔八〕師古曰：厚爲其具，而與太尉樂飲。【補注】先謙曰：官本注「其」作「共」，是。

〔九〕師古曰：廷謂朝廷。

〔一〇〕孟康曰：言狼籍之甚。【補注】周壽昌曰：「籍甚」，史記作「籍盛」。蓋「籍」即「藉用白茅」之「藉」。言聲名得所藉而益盛也。「甚」與「盛」意同。孟言狼籍，失之。先謙曰：官本「之甚」作「甚盛」，是。集解引漢書音義同。籍、藉通作。

孝文即位，欲使人之南越，丞相平乃言賈爲太中大夫，往使尉佗，去黄屋稱制，〔一〕令比諸侯，〔二〕皆如意指。語在南越傳。陸生竟以壽終。

〔一〕師古曰：黄屋，謂車上之蓋也。黄屋及稱制，皆天子之儀，故令去之。

〔二〕【補注】沈欽韓曰：御覽一百九十四引裴淵明廣州記曰「尉佗築臺以朔望升拜，號爲朝拜臺。傍江構起華館，以送陸賈，因稱朝亭」。

朱建，楚人也。故嘗爲淮南王黥布相，有罪去，後復事布。布欲反時，問建，建諫止之，布不聽。聽梁父侯，遂反。〔一〕漢既誅布，聞建諫之，高祖賜建號平原君，〔二〕家徙長安。

〔一〕如淳曰：遂者，布臣也。臣瓚曰：布用梁甫侯之計而遂反。師古曰：瓚説是也。【補注】先謙曰：梁父，泰山縣。侯，姓。遂名。布臣何得有封梁父侯者，仍當以如説爲是。

〔二〕【補注】周壽昌曰：史記傳首直作「平原君朱建」。於「聞平原君諫不與謀」下云「得不誅」。語在黥布傳中。不言賜建號平原君。今案布傳，不載建事，史記誤也。

爲人辯有口，刻廉剛直，行不苟合，義不取容。辟陽侯行不正，得幸吕太后，〔一〕欲知建，〔二〕建不肯見。及建母死，貧未有以發喪，〔三〕方假貣服具。〔四〕陸賈素與建善，乃見辟陽侯，賀曰：「平原君母死。」〔五〕「何乃賀我？」陸生曰：「前日君侯欲知平原君，平原君義不知君，以其母故。〔六〕今其母死，君誠厚送喪，則彼爲君死矣。」辟陽侯乃奉百金税，〔七〕列侯貴人以辟陽侯故，往賻凡五百金。〔八〕

〔一〕師古曰：審食其。

〔二〕師古曰：欲與相知。

〔三〕【補注】先謙曰：索隱「案劉氏云『謂欲葬時，須啓發殯宮，故云「發喪」也』」。

〔四〕師古曰：貣音土得反。

〔五〕【補注】先謙曰：官本此下有「辟陽侯曰平原君母死」九字，史記同。此奪。

〔六〕張晏曰：相知當同恤災危，以母在，故義不知君也。

〔七〕師古曰：贈終者之衣被曰裞。言以百金爲衣被之具。裞音式芮反，其字從衣。【補注】先謙曰：史記作「稅」。韋昭云：「稅」當爲「襚」。

〔八〕師古曰：布帛曰賻。

久之，人或毁辟陽侯，惠帝大怒，下吏，欲誅之。太后慙，不可言。〔一〕大臣多害辟陽侯行，欲遂誅之。辟陽侯困急，使人欲見建。建辭曰：「獄急，不敢見君。」建乃求見孝惠幸臣閎籍孺，〔二〕説曰：「君所以得幸帝，天下莫不聞。〔三〕今辟陽侯幸太后而下吏，〔四〕道路皆言君讒，欲殺之。今日辟陽侯誅，旦日太后含怒，亦誅君。君何不肉袒爲辟陽侯言帝？〔五〕帝聽君出辟陽侯，太后大驩。兩主俱幸君，君富貴益倍矣。」於是閎籍孺大恐，從其計，言帝，帝果出辟陽侯。辟陽侯之囚，欲見建，建不見，辟陽侯以爲背之，大怒。及其成功出之，大驚。

〔一〕師古曰：不可自言之。

〔二〕師古曰：佞幸傳云高祖時則有籍孺，孝惠有閎孺，斯則二人皆名爲孺，而姓各別。今此云「閎籍孺」，誤剩「籍」字，後人所妄加耳。【補注】先謙曰：史記作「閎籍孺」，此班沿史誤。
〔三〕師古曰：言不以材德進。
〔四〕師古曰：下音胡嫁反。它皆類此。
〔五〕師古曰：肉袒，謂脱其衣袖而見肉。肉袒者，自挫辱之甚，冀見哀憐。

呂太后崩，大臣誅諸呂。辟陽侯與諸呂至深，〔一〕卒不誅。計畫所以全者，皆陸生、平原君之力也。

〔一〕如淳曰：辟陽侯與諸呂相親信，爲罪宜誅者至深也。師古曰：直言辟陽侯與諸呂相知，情義至深重耳。如説非也。【補注】先謙曰：官本「與」作「於」。

孝文時，淮南厲王殺辟陽侯，〔一〕以黨諸呂故。孝文聞其客朱建爲其策，使吏捕欲治。〔二〕聞吏至門，建欲自殺。諸子及吏皆曰：「事未可知，何自殺爲？」建曰：「我死禍絶，不及乃身矣。」〔三〕遂自剄。文帝聞而惜之，曰：「吾無殺建意也。」乃召其子，拜爲中大夫。使匈奴，單于無禮，罵單于，遂死匈奴中。〔四〕

〔一〕【補注】先謙曰：詳厲王傳。
〔二〕【補注】先謙曰：辟陽侯死後，其黨諸呂之事發覺，文帝窮治。聞建前爲畫策全之，故并捕治。
〔三〕師古曰：乃，汝也。
〔四〕【補注】先謙曰：史記贊云：「平原君子與余善，是以得具論之。」

婁敬，齊人也。漢五年，戍隴西，過雒陽，高帝在焉。敬脱輓輅，〔一〕見齊人虞將軍曰：「臣願見上言便宜。」虞將軍欲與鮮衣，敬曰：「臣衣帛，衣帛見；〔二〕衣褐，衣褐見。〔三〕不敢易衣。」虞將軍入言上，上召見，賜食。

〔一〕蘇林曰：輅音凍洛之洛。一木横遮車前，二人挽之，一人推之。孟康曰：輅音胡格反。師古曰：二音同聲也。

【補注】宋祁曰：注文「二音同聲也」，當删作「音同耳」。沈欽韓曰：「輓」，一作「挽」。淮南兵略訓「秦二世時，百姓隨逮肆刑，挽輅首路死者千萬數」。周壽昌曰：文選陸機漢高祖功臣頌李注引漢書作「婁敬脱輅」，無「輓」字。張衡西京賦云「婁敬委輅」。揚雄解嘲云「婁敬委輅脱輓」。史記此下有「衣其羊裘」四字，下文「欲與鮮衣」方有因。先謙曰：據集解引蘇林注，「遮」當作「鹿」。索隱「輅者，鹿車前横木」。案，輓者，繫於輅上之索，所以挽也。故子雲云「脱輓」矣。官本注「二人」作「三人」。

〔二〕師古曰：衣，著也。帛謂繒也。

〔三〕師古曰：此褐謂織毛布之衣。

已而問敬，敬説曰：「陛下都雒陽，豈欲與周室比隆哉？」上曰：「然。」敬曰：「陛下取天下與周異。〔一〕周之先自后稷，堯封之邰，〔二〕積德絫善十餘世。〔三〕公劉避桀居豳。大王以狄伐故，去豳，杖馬箠去居岐，〔四〕國人爭歸之。及文王爲西伯，斷虞、芮訟，〔五〕始受命。〔六〕吕望、伯夷自海濱來歸之。〔七〕武王伐紂，不期而會孟津上八百諸侯，遂滅殷。〔八〕成王即位，周公之屬傅相焉，乃營成周都雒，以爲此天下中，〔九〕諸侯四方納貢職，道里鈞矣。有德則易以王，無德則易以亡。凡居此者，欲令務以德致人，不欲阻險，令後世驕奢以虐民也。及周之衰，分而爲二，〔一〇〕天下莫朝周，周不能制。非德薄，形勢弱也。今陛下起豐沛，〔一一〕收卒三千人，以之徑往卷蜀漢，定三秦，與項籍戰滎陽，大戰七十，小戰四十，使天下之民肝腦塗地，父子暴骸中野，不可勝數，哭泣之聲不絕，傷夷者未起，〔一二〕而欲比隆成康之時，臣竊以爲不侔矣。〔一三〕且夫秦地被山帶河，四塞以爲固，卒然有急，百萬之衆可具，〔一四〕因秦之故，資甚美膏腴之地，此所謂天府。〔一五〕陛下入關而都之，山東雖亂，秦故地可全而有也。夫與人鬭，不搤其亢，拊其背，未能全勝。〔一六〕今陛下入關而都，按秦之故，此亦搤天下之亢而拊其背也。」

〔一〕【補注】先謙曰：官本「取」作「王」。

〔二〕師古曰：邰，邑名也，即今武功故城是其處，音吐材反。

〔三〕師古曰：絫，古累字。

〔四〕師古曰：箠，馬策也。杖謂柱之也。云杖馬箠者，以示無所攜持也。箠音止絫反。【補注】先謙曰：官本注「柱」作「拄」，「絫」作「𣝅」。案大雅緜之詩云「古公亶父，來朝走馬。率西水滸，至於岐下」。敬語本之，但言策馬往岐耳。顏謂「杖馬箠，以示無所攜持」，其義轉迂。

〔五〕文穎曰：二國爭田，見文王之德而自和也。師古曰：虞，今虞州是也。芮，今芮城縣是也。【補注】宋祁曰：「芮」字下，一有「之」字。

〔六〕【補注】齊召南曰：案「始受命」應屬上句，師古誤斷之。

〔七〕師古曰：濱，涯也，音賓，又音頻。

〔八〕【補注】宋祁曰：「津」字下，一有「之」字。

〔九〕師古曰：中音竹仲反。【補注】宋祁曰：「雒」字下，一有「陽」字。周壽昌曰：中，四方之中也。地理志「昔周公營雒邑，以爲在於土中」，讀如本字，顔音誤。

〔一〇〕師古曰：謂東周君、西周君。

〔一一〕【補注】宋祁曰：「豐」字下，當有「擊」字。先謙曰：史記有「擊」字，故宋云然。但「高祖起豐沛」，漢代恒言，上文陸賈傳即其證，不必定有擊字也。

〔一二〕師古曰：夷，創也，音痍。

〔一三〕師古曰：侔，等也。

〔一四〕師古曰：卒讀曰猝。

〔一五〕師古曰：府，聚也，萬物所聚。

〔一六〕張晏曰：亢，喉嚨也。師古曰：搤與扼同，謂捉持之也。亢音岡，又音下郎反。

高帝問羣臣，羣臣皆山東人，爭言周王數百年，秦二世則亡，不如都周。上疑未能決。及留侯明言入關便，即日駕西都關中。〔一〕

〔一〕【補注】先謙曰：索隱謂「即日西都之計定也」。

於是上曰：「本言都秦地者婁敬，婁者劉也。」〔一〕賜姓劉氏，拜爲郎中，號曰奉春君。〔二〕

〔一〕【補注】錢大昕曰：婁、劉聲近，今吴人呼婁江曰劉河，吾婁塘市土人亦呼爲劉。周壽昌曰：後漢禮儀志「貙劉之禮」，漢儀注作「貙婁」，古今注、風俗通竝作「貙膢」，足證古婁、劉二字一音。

〔二〕張晏曰：春歲之始。以其首勸都關中。

漢七年，韓王信反，高帝自往擊。至晉陽，聞信與匈奴欲擊漢，上大怒，使人使匈奴。匈奴匿其壯士肥牛馬，〔一〕徒見其老弱及羸畜。使者十輩來，皆言匈奴易擊。上使劉敬復往使匈奴，還報曰：「兩國相擊，此宜夸矜見所長。〔二〕今臣往，徒見羸胔老弱，〔三〕此必欲見短，伏奇兵以爭利。愚以爲匈奴不可擊也。」是時漢兵以踰句注三十餘萬衆，〔四〕兵已業行。上怒，罵敬曰：「齊虜以舌得官，〔五〕乃今妄言沮吾軍。」〔六〕械繫敬廣武。〔七〕遂往，至平城，匈奴果出奇兵圍高帝白登，七日然後得解。高帝至廣武，赦敬，曰：「吾不用公言，以困平城。吾已斬先使十輩言可擊者矣。」乃封敬二千户，爲關内侯，號建信侯。〔八〕

〔一〕師古曰：匿，藏也。

〔二〕師古曰：見，示也。

〔三〕師古曰：胔音漬，謂見者之肉也。一説胔讀曰瘠。瘠，瘦也。【補注】先謙曰：官本注「見」作「死」，是。史記「胔」作「瘠」。

〔四〕師古曰：句注山名，在雁門。【補注】齊召南曰：史記作二十餘萬。先謙曰：句注，地理志在廣武，顔注非。

〔五〕【補注】先謙曰：史記「舌」上有「口」字。

〔六〕師古曰：沮謂止壞也。音材汝反。

〔七〕師古曰：械謂桎梏也。廣武，縣名，屬雁門。【補注】先謙曰：廣武在今代州西十五里。志屬太原，顔據唐地理爲説，未晰。

〔八〕【補注】周壽昌曰：案敬無封國，止名號侯，故表不列。河水注「地理志『千乘郡』，漯水又東北逕建信縣故城北，漢高祖七年封婁敬爲侯國。應劭曰『臨濟縣西北五十里，有建信侯城，都尉治故城者也』」。則似本有國，非虚封也。但漢初名號侯食邑者多，不止敬一人。案地志千乘郡即高帝置，安知非高帝置郡，其縣名則自後加者乎？酈、應之言或紀其古蹟，未可據爲封國之證也。

高帝罷平城歸，韓王信亡入胡。當是時，冒頓單于兵彊，控弦四十萬騎，〔一〕數苦北邊。上患之，問敬。敬曰：「天下初定，士卒罷於兵革，〔二〕未可以武服也。冒頓殺父代立，妻羣母，以力爲威，未可以仁義説也。獨可以計久遠子孫爲臣耳，然陛下恐不能爲。」上曰：「誠可，何爲不能！顧爲奈何？」〔三〕敬曰：「陛下誠能以適長公主妻單于，〔四〕厚奉遺之，彼知漢女送厚，蠻夷必慕，以爲閼氏，生子必爲太子，代單于。何者？貪漢重幣。陛下以歲時漢所餘彼所鮮數問遺，〔五〕使辯士風諭以禮節。〔六〕冒頓在，固爲子壻；死，外孫爲單于。豈曾聞外孫敢與大父亢禮哉？〔七〕可毋戰以漸臣也。若陛下不能遣長公主，而令宗室及後宮詐稱公主，彼亦知，〔八〕不肯貴近，無益也。」〔九〕高帝曰：「善。」欲遣長公主。〔一〇〕吕后泣曰：「妾唯以一太子、一女，〔一一〕奈何棄之匈奴！」上竟不能遣長公主，而取家人子爲公主，妻單于。〔一二〕使敬往結和親約。〔一三〕

〔一〕師古曰：控，引也，謂皆引弓也，音口弄反。【補注】齊召南曰：史記作「三十萬」。

〔二〕師古曰：罷讀曰疲。

〔三〕師古曰：顧，思念也。

〔四〕師古曰：適讀曰嫡，謂皇后所生。
〔五〕師古曰：鮮，少也。問遺，謂餉饋之也。鮮音息善反。遺音弋季反。
〔六〕師古曰：風讀曰諷。
〔七〕【補注】宋祁曰：「聞」字下越本無「外」字。
〔八〕【補注】先謙曰：官本「今」作「令」，是。史記同。
〔九〕師古曰：近音其靳反。
〔一〇〕【補注】沈欽韓曰：張敖以五年尚公主，至高后六年薨，中閒不應奪之而與冒頓，此史家探意之失。
〔一一〕師古曰：言唯以此自慰。
〔一二〕師古曰：於外庶人之家取女而名之爲公主。【補注】周壽昌曰：漢制良家子入宫無職號者，謂爲家人子。有上家人子、中家人子之别。顏注誤。馮唐傳「士卒盡家人子」。則是庶人之家子，不能與此同解也」。先謙曰：據匈奴傳「使敬奉宗室女翁主爲單于閼氏」，是家人子乃宗室女也。
〔一三〕【補注】沈欽韓曰：御覽七百七十九引三輔舊事曰：「婁敬曰『臣願爲高車使者，持節往至匈奴庭，與其分土定界至。曰，汝本處北土之濱，秦亂，汝侵其界而居中國地。今婚姻已成，當還本牧，還我中國地。汝作丹書鐵券，自海以内冠蓋之士處焉，自海以北控弦之士處焉。割土盟子然後還』。」按，此乃縱横家，揣摩其説，非實事也。

敬從匈奴來，因言「匈奴河南白羊、樓煩王，〔一〕去長安近者七百里，輕騎一日一夕可以至。〔二〕秦中新破，〔三〕少民，地肥饒，可益實。夫諸侯初起時，非齊諸田，楚昭、屈、景莫與。〔四〕今陛下雖都關中，實少人。北近胡寇，東有六國彊族，一日有變，陛下亦未得安枕而臥也。臣願陛下徙齊諸田，楚昭、屈、景，燕、趙、韓、魏後，及豪傑名家，且實關中。無事，可以備胡；諸侯

有變，亦足率以東伐。此彊本弱末之術也。」上曰：「善。」乃使劉敬徙所言關中十餘萬口。〔五〕

〔一〕張晏曰：白羊，匈奴國名也。【補注】先謙曰：白羊、樓煩，匈奴二王名，衞青傳可證。

〔二〕師古曰：言匈奴欲來爲寇者。

〔三〕師古曰：秦中謂關中，故秦地也。新破，謂經兵革之後未殷實。

〔四〕師古曰：皆二國之王族。

〔五〕師古曰：今高陵、櫟陽諸田，華陰、好時諸景，及三輔諸屈、諸懷尚多，皆此時所徙。

叔孫通，薛人也。〔一〕秦時以文學徵，待詔博士。〔二〕數歲，陳勝起，二世召博士諸儒生問曰：「楚戍卒攻蘄入陳，於公何如？」〔三〕博士諸生三十餘人前曰：「人臣無將，將則反，罪死無赦。〔四〕願陛下急發兵擊之。」二世怒，作色。〔五〕通前曰：「諸生言皆非。夫天下爲一家，毁郡縣城，鑠其兵，視天下弗復用。〔六〕且明主在上，法令具於下，吏人人奉職，四方輻輳，〔七〕安有反者！此特羣盜鼠竊狗盜，〔八〕何足置齒牙間哉？郡守尉令捕誅，〔九〕何足憂？」二世喜，盡問諸生，諸生或言反，或言盜。於是二世令御史按諸生言反者下吏，非所宜言。諸生言盜者皆罷之。乃賜通帛二十疋，衣一襲，〔一〇〕拜爲博士。通已出，反舍，〔一一〕諸生曰：「生何言之諛也？」〔一二〕通曰：「公不知，我幾不免虎口！」〔一三〕乃亡去之薛，薛已降楚矣。

〔一〕晉灼曰：楚漢春秋「名何」。師古曰：薛，縣名，屬魯國。【補注】沈欽韓曰：據孔叢「通爲孔鮒弟子」。周壽昌曰：

此尚是秦之薛郡也。觀下「亡去之薛」，及「項梁之薛」，皆爲秦薛郡可知。先謙曰：通蓋字何。

〔二〕師古曰：於博士中待詔。

〔三〕【補注】先謙曰：史記作「於公如何」。

〔四〕臣瓚曰：將謂爲逆亂也。師古曰：將有其意。

〔五〕師古曰：不許其言陳勝爲反。作色，謂變動其色。

〔六〕師古曰：鑠，銷也。視讀曰示。

〔七〕師古曰：輳，聚也，言如車輻之聚於轂也。字或作湊，並音千豆反。

〔八〕師古曰：如鼠之竊，如狗之盜。

〔九〕【補注】先謙曰：官本「令」作「今」，是。史記亦作「今」。今，即也。今、令字史多相亂。淮南厲王傳「今復之」，史記作「令復之」，亦謂即復之也。後人不達今字之義，故改今爲令。

〔一〇〕師古曰：一襲，上下皆具也，今人呼爲一副也。【補注】先謙曰：索隱：「案，國語謂之『一稱』。賈逵案禮記『袍必有表不單，衣必有裳，謂之一稱』。杜預云『衣單複具云稱也』。」

〔一一〕師古曰：還其所居也。

〔一二〕【補注】周壽昌曰：「生」，史記作「先生」。漢時稱生即先生，如先師棘下生，即棘下先生也。此傳下呼叔孫生，亦諸生呼其師爲叔孫先生也。

〔一三〕師古曰：幾音鉅依反。

及項梁之薛，通從之。敗定陶，從懷王。懷王爲義帝，徙長沙，通留事項王。漢二年，漢王從五諸侯入彭城，通降漢王。

通儒服，漢王憎之，乃變其服，服短衣，楚製。〔一〕漢王喜。

〔一〕師古曰：製謂裁衣之形製。【補注】先謙曰：索隱「孔文祥云，短衣便事，非儒者衣服。高祖楚人，故從其俗裁製」。

通之降漢，從弟子百餘人，然無所進，剸言諸故羣盜壯士進之。〔一〕弟子皆曰：「事先生數年，幸得從降漢，今不進臣等，剸言大猾，何也？」〔二〕通乃謂曰：「漢王方蒙矢石爭天下，〔三〕諸生寧能鬭乎？故先言斬將搴旗之士。〔四〕諸生且待我，我不忘矣。」漢王拜通爲博士，號稷嗣君。〔五〕

〔一〕師古曰：剸與專同，又音之兗反。此則言專聲之急上者耳。
〔二〕師古曰：狡猾之人。
〔三〕師古曰：蒙猶被也，冒也。
〔四〕師古曰：搴，拔取，音騫。
〔五〕張晏曰：后稷佐唐，欲令復如之。【補注】沈欽韓曰：集解「徐廣曰：『蓋言其德業足以繼蹤齊稷下之風流也。』淄水注亦引之。張説非」。先謙曰：集解引漢書音義曰「稷嗣，邑名」，誤也，故顔不從之。

漢王已并天下，諸侯共尊爲皇帝於定陶，通就其儀號。〔一〕高帝悉去秦儀法，爲簡易。羣臣飲爭功，醉或妄呼，〔二〕拔劍擊柱，〔三〕上患之。通知上益饜之，〔四〕説上曰：「夫儒者難與進取，可與守成。臣願徵魯諸生，與臣弟子共起朝儀。」高帝曰：「得無難乎？」通曰：「五帝異樂，三王不同禮。禮者，因時世人情爲之節文者也。故夏、殷、周禮所因損益可知者，謂不相

復也。〔五〕臣願頗采古禮與秦儀雜就之。」上曰：「可試爲之，令易知，度吾所能行爲之。」〔六〕

〔一〕師古曰：就，成也。

〔二〕師古曰：呼音火故反。

〔三〕【補注】先謙曰：官本「拔」作「按」，引宋祁曰「按」當作「拔」。

〔四〕【補注】周壽昌曰：饜，史記作「厭」爲宜。

〔五〕師古曰：復，重也，因也，音扶目反。

〔六〕師古曰：度音徒各反。

於是通使徵魯諸生三十餘人。〔一〕魯有兩生不肯行，曰：「公所事者且十主，皆面諛親貴。〔二〕今天下初定，死者未葬，傷者未起，又欲起禮樂。禮樂所由起，百年積德而後可興也。〔三〕吾不忍爲公所爲。公所爲不合古。吾不行。公往矣，毋汚我！」通笑曰：「若真鄙儒，不知時變。」〔四〕

〔一〕師古曰：通爲使者而徵諸生。

〔二〕【補注】先謙曰：史記「面諛」下有「以得」二字。

〔三〕師古曰：言德行教百年，然後可定禮樂也。【補注】先謙曰：官本「德行」作「行德」，是。無「也」字。

〔四〕師古曰：若，汝也。鄙，言不通。

遂與所徵三十人西，〔一〕及上左右爲學者〔二〕與其弟子百餘人爲緜蕞野外。〔三〕習之月餘，通曰：「上可試觀。」上使行禮，曰：「吾能爲此。」乃令羣臣習肄，〔四〕會十月。

〔一〕師古曰：西入關。

〔二〕師古曰：左右，謂近臣也。爲學，謂素有學術。

〔三〕應劭曰：立竹及茅索營之，習禮儀其中也。如淳曰：謂以茅翦樹地，爲纂位尊卑之次也。春秋傳曰「置茅蕝」。師古曰：蕞與蕝同，並音子悦反。如説是。【補注】先謙曰：集解引如説，「謂」上有「置設緜索爲習肄處蕞」九字，無「尊卑之次也」五字。索隱引韋昭云「引繩爲緜，立表爲蕞」。賈逵云「束茅以表位爲蕝」。又纂文云「蕝，今之纂字」。先謙案，緜者，引繩營之使連綿也。應説與韋合，特未爲「蕞」立訓。如緜、蕞並釋，故顔是之。此注如説當如集解所引有「謂」上九字，今本誤脱也。注「春秋」下當有一「外」字，見晉語。

〔四〕師古曰：肄亦習也，音弋二反。【補注】先謙曰：史記作「習隸」。案肄、隸二字古通作也。

漢七年，長樂宫成，諸侯羣臣朝十月。〔一〕儀：〔二〕先平明，〔三〕謁者治禮，引以次入殿門，〔四〕廷中陳車騎戍卒衛官，〔五〕設兵，〔六〕張旗志。〔七〕傳曰「趨」。〔八〕殿下郎中俠陛，陛數百人。〔九〕功臣列侯諸將軍軍吏以次陳西方，東鄉；文官丞相以下陳東方，西鄉。〔一〇〕大行設九賓，臚句傳。〔一一〕於是皇帝輦出房，百官執戟傳警，〔一二〕引諸侯王以下至吏六百石以次奉賀。自諸侯王以下莫不震恐肅敬。至禮畢，盡伏，〔一三〕置法酒。〔一四〕諸侍坐殿上〔一五〕皆伏抑首，〔一六〕以尊卑次起上壽。觴九行，謁者言「罷酒」。御史執法舉不如儀者輒引去。竟朝置酒，無敢讙譁失禮者。於是高帝曰：「吾乃今日知爲皇帝之貴也。」拜通爲奉常，〔一七〕賜金五百斤。

〔一〕師古曰：適會七年十月，而長樂宮新成也。漢時尚以十月爲正月，故行朝歲之禮，史家追書十月。【補注】先謙曰：「會十月」連上爲文，謂令羣臣習肄以十月朝會也。顔誤斷屬下，而訓爲「適會」，誤。索隱諸書並云「十月爲歲首」，不言「以十月爲正月」。古今注亦云「羣臣始朝十月也」。

〔二〕師古曰：欲敘其下儀法，先言儀如此也。

〔三〕師古曰：未平明之前。

〔四〕【補注】沈欽韓曰：治禮郎屬大鴻臚。先謙曰：前漢無治禮郎，後漢大行令屬官有治禮郎，亦不屬大鴻臚。沈説誤。此謂謁者掌治贊引之禮耳。後書禮儀志「鍾鳴，謁者治禮，引客羣臣就位如儀」，亦其證也。

〔五〕【補注】先謙曰：史記作「步卒衛宮」，是也。宮廷不得稱「戍卒」，疑班改「步卒」爲「戍卒」，傳寫者誤「戎」爲「戍」。尋檢傳、志，無衞官之名，且官不當在戍卒下。宮、官亦因形近而譌也。

〔六〕【補注】先謙曰：兵謂兵器。

〔七〕師古曰：志與幟同，音式餌反。

〔八〕師古曰：傳聲教入者皆令趨，謂疾行爲敬也。

〔九〕師古曰：俠與挾同。挾其兩旁，每陛皆數百人也。

〔一〇〕師古曰：鄉皆讀曰嚮。

〔一一〕蘇林曰：上傳語告下爲臚，下告上爲句也。韋昭曰：大行掌賓客之禮，今之鴻臚也。九賓則周禮九儀也。謂公、侯、伯、子、男、孤、卿、大夫、士也。師古曰：臚音廬。【補注】劉攽曰：賓謂傳擯之擯。九賓，擯者九人掌臚句傳也。沈欽韓曰：司儀旅擯注「旅，讀爲鴻臚之臚，臚陳之也」。賓之介九人」。先謙曰：索隱引韋注，更有「漢依此以爲臚傳，以次傳令上也」十二字。

〔一二〕師古曰：傳聲而唱警。【補注】先謙曰：執戟，史記作「執職」。徐廣云「職」一作「幟」。李慈銘云：「幟」俗字，古止作「職」，此戟字蓋譌。漢惟郎執戟，上所云「俠陛」者也。

〔一三〕【補注】先謙曰：謂朝賀如禮也。史記作「至禮畢復置法酒」，連下爲文。

〔一四〕師古曰：法酒者，猶言禮酌，謂不飲之至醉。【補注】劉攽曰：謂朝畢，以法置酒也。上「禮畢盡伏」，謂朝禮也。下「皆伏抑首」，謂置酒上壽也。故下文又結云「竟朝罷，無敢讙譁失禮者」。若如顏說，則「置法酒」便是羣臣飲不至醉，而「上壽」乃在下文，又語重複不序矣。周壽昌曰：「法酒」言以法製酒，若宋之庫酒，世稱官醞也。食貨志「請法古令官作酒」，即法酒也。猶志所云「法錢」也。顏、劉說非。下云「觴九行」，即言罷酒，飲有限制，可無慮醉失禮也。

〔一五〕【補注】沈欽韓曰：御覽一百七十五引摯虞決疑要注曰「殿堂之上，惟天子居牀，其餘皆鋪幅席前設筵」。

〔一六〕師古曰：抑，屈也，謂依禮法不敢平坐而視。

〔一七〕師古曰：解在百官公卿表，後改爲太常也。【補注】齊召南曰：按此文訂史記稱「太常」之失也。下文「徙通爲奉常」亦然。漢初因秦官曰「奉常」，至景帝中六年，始更名太常。

通因進曰：「諸弟子儒生隨臣久矣，與共爲儀，願陛下官之。」高帝悉以爲郎。通出，皆以五百金賜諸生。諸生乃喜曰：「叔孫生聖人，知當世務。」九年，高帝徙通爲太子太傅。十二年，高帝欲以趙王如意易太子，通諫曰：「昔者晉獻公以驪姬故廢太子，立奚齊，晉國亂者數十年，爲天下笑。秦以不早定扶蘇，胡亥詐立，自使滅祀，此陛下所親見。今太子仁孝，天下皆聞之；吕后與陛下共苦食啖，〔一〕其可背哉！陛下必欲廢適而立少，〔二〕臣願先伏誅，以頸血汙地。」高帝曰：「公罷矣，吾特戲耳！」〔三〕通曰：「太子天下本，本壹搖，天下震動，奈何以天下戲！」高帝曰：「吾聽公。」及上置酒，見留侯所招客從太子入見，上遂無易太子志矣。

〔一〕如淳曰：食無菜茹爲啖。師古曰：「啖」當作「淡」，淡謂無味之食也。言共攻擊勤苦之事，而食無味之食也。淡音大敢反。【補注】先謙曰：「共」官本作「攻」，據注，「攻」字是，史記同。攻，治也，不當訓「擊」。官本注「敢」作「暾」。

〔二〕師古曰：適讀曰嫡。

〔三〕師古曰：特，但也。

高帝崩，孝惠即位，乃謂通曰：「先帝園陵寢廟，羣臣莫習。」徙通爲奉常，〔一〕定宗廟儀法。及稍定漢諸儀法，皆通所論著也。惠帝爲東朝長樂宮，〔二〕及間往，〔三〕數蹕煩民，〔四〕作復道，方築武庫南，〔五〕通奏事，因請間，〔六〕曰：「陛下何自築復道高帝寢，衣冠月出游高廟？〔七〕子孫奈何乘宗廟道以行哉！」〔八〕惠帝懼，曰：「急壞之。」通曰：「人主無過舉。〔九〕今已作，百姓皆知之矣。願陛下爲原廟〔一〇〕渭北，〔一一〕衣冠月出游之，〔一二〕益廣宗廟，大孝之本。」〔一三〕上乃詔有司立原廟。

〔一〕師古曰：又重爲之也。

〔二〕孟康曰：朝太后於長樂宮。【補注】先謙曰：官本「孟康」作「師古」。爲音于僞反。集解「關中記曰『長樂宮本秦之興樂宮也，漢太后常居之』」。

〔三〕師古曰：非大朝時，中間小謁見。

〔四〕師古曰：妨其往來也。【補注】先謙曰：官本「師古」作「孟康」。索隱「韋昭云『蹕，止人行也』。中間往來，清道煩人也」。

〔五〕如淳曰：作復道，方始築武庫南也。師古曰：復音方目反。【補注】先謙曰：黄圖「武庫在未央宮，蕭何造以藏兵器」。畢沅彙訂長安圖志載「漢故長安城圖自未央宮而東，越武庫南，過鼎路門，取道高帝廟南達長樂宮也」。

〔六〕師古曰：請空隙之時，不欲對衆言之。

〔七〕服虔曰：持高廟中衣，月旦以游於衆廟，已而復之。應劭曰：月旦出高帝衣冠，備法駕，名曰游衣冠。如淳曰：高祖之衣冠藏在宮中之寢，三月出游，其道正值今之所作復道下，故言「乘宗廟道上行」也。晉灼曰：黄圖「高廟在長安城門街東，寢在桂宮北」。服言「衣藏於廟中」，如言「宮中」，皆非也。師古曰：諸家之說皆未允也。謂從高帝陵寢出衣冠，游於高廟，每月一爲之，漢制則然。而後之學者不曉其意，謂以月出之時而夜游衣冠，失之遠也。【補注】沈欽韓曰：衣冠藏於陵寢，月朔則出游高廟。平紀「義陵寢神衣在柙中，旦，衣在外牀上，寢令以急變聞」者是也。先謙曰：集解引如說云：「三輔黄圖『高寢在高廟西，高祖衣冠藏在高寢，月出游於高廟』」，不云「宮中」、「三月」。與此不同。

〔八〕【補注】錢大昭曰：「以」，南監本、閩本作「上」。先謙曰：官本亦作「上」，是也。宗廟道謂神道也，即衣冠往來所由復道。行空，故云「乘其上行」。

〔九〕師古曰：舉事不當，有過失。【補注】周壽昌曰：此周公對成王語，見史記梁孝王傳。

〔一〇〕師古曰：原，重也。先以有廟，今更立之，故云重也。

〔一一〕【補注】劉攽曰：「渭北」字宜屬上句。先謙曰：劉說是。黄圖「孝惠更於渭北建高帝廟，謂之原廟」。

〔一二〕【補注】先謙曰：黄圖「高祖長陵在渭水北，去長安三十五里」。原廟既成，則陵寢衣冠但月游原廟，不至城中高帝廟，故復道無妨也。

〔一三〕【補注】先謙曰：史記有「也」字，句乃足。

惠帝常出游離宫，通曰：「古者有春嘗菓，方今櫻桃孰，可獻，〔一〕願陛下出，因取櫻桃獻宗廟。」上許之。諸菓獻由此興。

〔一〕師古曰：禮記曰「仲夏之月，羞以含桃，先薦寢廟」，即此櫻桃也。今所謂朱櫻者是也。櫻音於耕反。

贊曰：高祖以征伐定天下，而縉紳之徒騁其知辯，〔一〕並成大業。語曰「廊廟之材非一木之枝，帝王之功非一士之略」，〔二〕信哉！劉敬脱輓輅而建金城之安，叔孫通舍枹鼓而立一王之儀，〔三〕遇其時也。酈生自匿監門，待主然後出，猶不免鼎鑊。〔四〕朱建始名廉直，既距辟陽，不終其節，亦以喪身。陸賈位止大夫，致仕諸吕，〔五〕不受憂責，從容平、勃之間，〔六〕附會將相以彊社稷，身名俱榮，其最優乎！

〔一〕師古曰：縉紳，儒者之服也，解在郊祀志。

〔二〕師古曰：此語本出慎子。

〔三〕師古曰：枹者鼓椎，所以擊鼓也。「舍枹鼓」者，言新罷戰陣之事，别創漢代之禮，故云「一王之儀」也。枹音桴，其字從木。【補注】先謙曰：官本注末有「也」字。

〔四〕師古曰：鼎大而無足曰鑊，音胡郭反。

〔五〕師古曰：以諸吕僭差，託病歸家。

〔六〕師古曰：謂和輯陳平、周勃以安漢朝也。從音七容反。【補注】先謙曰：官本七作弋。

漢書四十四

淮南衡山濟北王傳第十四

淮南厲王長，〔一〕高帝少子也，其母故趙王張敖美人。高帝八年，從東垣過趙，〔二〕趙王獻美人，厲王母也，幸，有身。趙王不敢内宫，〔三〕爲築外宫舍之。〔四〕及貫高等謀反事覺，并逮治王，盡捕王母兄弟美人，繫之河内。厲王母亦繫，告吏曰：「日得幸上，有子。」〔五〕吏以聞，上方怒趙，未及理厲王母。厲王母弟趙兼因辟陽侯言吕后，吕后妒，不肯白，辟陽侯不强爭。厲王母已生厲王，恚，即自殺。吏奉厲王詣上，上悔，〔六〕令吕后母之，而葬其母真定。真定，厲王母家縣也。〔七〕

〔一〕【補注】周壽昌曰：顔氏家訓風操篇「厲王名長，琴有修短之目」。盧文弨云：「今淮南子凡『長』字皆作『修』。」

〔二〕【補注】先謙曰：時擊韓王信餘寇於東垣也。

〔三〕師古曰：不敢更内之於宫中。

〔四〕師古曰：舍，止也。

〔五〕師古曰：日謂往日。【補注】先謙曰：趙翼云「史記作『得幸上有身』，是時厲王尚未生，何得言『有子』？作『有身』爲是」。周壽昌云「上云有身，此云有子，蓋已生子也。下文云『厲王母已生厲王』，言既生厲王，非是甫生。高帝八年冬過趙，幸美人有身。九年十二月，貫高謀反，事始覺。計已逾年，豈有身而尚未生乎？趙氏考之未審也」。先謙案，史記作「有身」，周説蓋得其實。

〔六〕師古曰：以不理其母。【補注】先謙曰：官本注「以」作「悔」。

〔七〕【補注】先謙曰：史記作「真定，厲王母之家在焉，父世縣也」。謂父祖代居真定也。

十一年，淮南王布反，上自將擊滅布，即立子長爲淮南王。〔一〕王早失母，常附吕后，孝惠、吕后時以故得幸無患，然常心怨辟陽侯，不敢發。及孝文初即位，自以爲最親，〔二〕驕蹇，數不奉法。〔三〕上寬赦之。三年，入朝，甚横。〔四〕從上入苑獵，與上同輦，常謂上「大兄」。厲王有材力，力扛鼎，〔五〕乃往請辟陽侯。〔六〕辟陽侯出見之，即自褏金椎椎之，〔七〕命從者刑之。〔八〕厲王馳詣闕下，肉袒而謝曰：「臣母不當坐趙時事，〔九〕辟陽侯力能得之吕后，不爭，罪一也。趙王如意子母無罪，吕后殺之，辟陽侯不爭，罪二也。吕后王諸吕，欲以危劉氏，辟陽侯不爭，罪三也。臣謹爲天下誅賊，報母之仇，伏闕下請罪。」文帝傷其志爲親，故不治，赦之。

〔一〕【補注】先謙曰：史記云「王布故地，凡四郡」。徐廣注九江、廬江、衡山、豫章也。

〔二〕師古曰：時高帝子唯二人在。

〔三〕師古曰：蹇謂不順也。

〔四〕師古曰：横音胡孟反。

〔五〕師古曰：扛，舉也。音江。

〔六〕【補注】先謙曰：請，謁也。

〔七〕師古曰：裦，古袖字也，謂以金椎藏置裦中，出而椎之。

〔八〕如淳曰：刻其形體備五刑也。師古曰：直斷其首，非五刑也。事見史記。【補注】先謙曰：顧炎武云「史記作『剄之』，當從剄，音相近而譌。下文『太子自刑不殊』，又云『王自刑殺』，史記亦皆作『剄』也」。王念孫云「説文『刑，剄也』；廣雅同。案説文「荆，罰辠也。从刀、井，井亦聲」。「刑，剄也，从刀，幵聲」。是刑訓爲剄，與荆罰之荆不同。剄，刑也』。是刑與剄同義，不必改刑爲剄」。齊召南云「史記孝文紀及淮南傳並作『從者魏敬』」。

〔九〕【補注】宋祁曰：「時」字浙本添。先謙曰：史記作「趙事」。下云「其時辟陽侯力能得之」。浙本「時」字當在「事」下而誤倒。

當是時，自薄太后及太子諸大臣皆憚厲王。厲王以此歸國益恣，不用漢法，出入警蹕，稱制，自作法令，數上書不遜順。〔一〕文帝重自切責之。〔二〕時帝舅薄昭爲將軍，尊重，上令昭予厲王書諫數之，曰：〔三〕

〔一〕師古曰：數音所角反。【補注】齊召南曰：此文以下，「文帝令薄昭爲書責厲王」至「王得書不悦」，皆史記所無，而班氏增補之者也。

〔二〕如淳曰：重，難也。

〔三〕師古曰：數音所具反。

竊聞大王剛直而勇，慈惠而厚，貞信多斷，是天以聖人之資奉大王也甚盛，〔一〕不可不察。今大王所行，不稱天資。皇帝初即位，易侯邑在淮南者，〔二〕大王不肯，皇帝卒易之，〔三〕使大王得三縣之實，甚厚。〔四〕大王以未嘗與皇帝相見，求入朝見，未畢昆弟之歡，〔五〕而殺列侯以自爲名。〔六〕皇帝不使吏與其間，〔七〕赦大王，甚厚。〔八〕漢法，二千石缺，〔九〕輒言漢補，〔一〇〕大王逐漢所置，〔一一〕而請自置相、二千石。皇帝骫天下正法而許大王，甚厚。〔一二〕大王欲屬國爲布衣，守冢真定。〔一三〕皇帝不許，使大王毋失南面之尊，甚厚。〔一四〕大王宜日夜奉法度，修貢職，以稱皇帝之厚德，今乃輕言恣行，以負謗於天下，甚非計也。

〔一〕【補注】先謙曰：盛，美也。

〔二〕晉灼曰：侯邑在淮南者，更易以它郡地封之，不欲使錯在王國。

〔三〕師古曰：卒，終也。

〔四〕【補注】先謙曰：新書淮難篇云「侯邑之在其國者，畢徙之他所，陛下於淮南王不可謂薄矣」。

〔五〕師古曰：畢，盡也。

〔六〕【補注】先謙曰：自爲主名也。一曰「自居『爲親殺讎』之名也」。

〔七〕師古曰：與讀曰豫，謂不令吏干豫治其事。

〔八〕【補注】沈欽韓曰：新書淮難篇「淮南王來，入赴千乘之君，赴當爲仆，即辟陽侯事。陛下爲稽顙謝罪皇太后之前，淮南王曾不誰讓，敷留之罪無加身者。舍人横治等室之門，陛下追而赦之，吏曾不得捕。王人於天子國横行不辜而無譴，乃多賜美人，載金寶而歸」。

〔九〕【補注】先謙曰：官本無「漢」字。

〔一〇〕【補注】先謙曰：言於漢廷而補之。

〔一一〕【補注】沈欽韓曰：新書云「天子選功臣有識者爲之相吏，王僅不蹴踏而逐耳，無不稱病而走者」。

〔一二〕蘇林曰：不從正法，聽王自置二千石。師古曰：骫，古委字。骫謂曲也。

〔一三〕師古曰：屬謂委棄之也，音之欲反。【補注】何焯曰：屬國當謂傳國於子。洪亮吉曰：顔説是。一説「欲傳位於子」，今詳上下文，勢必不然。

〔一四〕師古曰：毋失，不失也。南面之尊謂王位也。

夫大王以千里爲宅居，以萬民爲臣妾，此高皇帝之厚德也。高帝蒙霜露，沫風雨，〔一〕赴矢石，野戰攻城，〔二〕身被創痍，〔三〕以爲子孫成萬世之業，艱難危苦甚矣。大王不思先帝之艱苦，日夜怵惕，修身正行，養犧牲，豐潔粢盛，奉祭祀，以無忘先帝之功德，而欲屬國爲布衣，甚過。且夫貪讓國土之名，輕廢先帝之業，不可以言孝。父爲之基，而不能守，不賢。不求守長陵，而求之真定，先母後父，不誼。數逆天子之令，不順。言節行以高兄，無禮。〔四〕幸臣有罪，大者立斷，小者肉刑，不仁。〔五〕貴布衣一劍之任，〔六〕賤王侯之位，不知。不好學問大道，觸情妄行，不詳。〔七〕此八者，危亡之路也，而大王行之。棄南面之位，奮諸、賁之勇，〔八〕常出入危亡之路，臣之所見，高皇帝之神必不廟食於大王之手，明白。〔九〕

〔一〕師古曰：沫亦頮字也。蒙，冒也。沫，洗面也，音胡内反。字從午未之未。【補注】先謙曰：官本「頮」作「類」。

〔二〕【補注】錢大昭曰：「次」當作「攻」。先謙曰：官本作「攻」。

〔三〕師古曰：痍音夷。

〔四〕鄭氏曰：淮南王呼帝爲大兄也。師古曰：鄭説非也，謂請守母冢，自爲名節而表異行，用此矜高於兄耳。

〔五〕師古曰：斷謂斬也。

〔六〕【補注】先謙曰：布衣任俠，惟以一劍自任，王乃貴尚其事也。

〔七〕師古曰：任情意所欲則行之妄行。行音下更反。【補注】先謙曰：觸，動也，動於情則不自制而妄行也。「詳」，官本作「祥」。詳、祥古通。

〔八〕應劭曰：吴專諸，衞孟賁也。師古曰：賁音奔。

〔九〕【補注】先謙曰：時漢諸王，得立高帝廟於其國，故昭云然。

昔者，周公誅管叔，放蔡叔，以安周；齊桓殺其弟，以反國；〔一〕秦始皇殺兩弟，遷其母，以安秦；〔二〕頃王亡代，高帝奪之國，以便事；〔三〕濟北舉兵，皇帝誅之，以安漢。〔四〕故周、齊行之於古，秦、漢用之於今，大王不察古今之所以安國便事，而欲以親戚之意望於太上，不可得也。〔五〕亡之諸侯，游宦事人，及舍匿者，論皆有法。〔六〕其在王所，吏主者坐。〔七〕今諸侯子爲吏者，御史主；〔八〕爲軍吏者，中尉主；客出入殿門者，衞尉大行主；諸從蠻夷來歸誼及以亡名數自古者，内史縣令主。〔九〕相欲委下吏，無與其禍，不可得也。〔一〇〕王若不改，漢繫大王邸，論相以下，爲之奈何？夫墮父大業，退爲布衣所哀，〔一一〕幸臣皆伏法而誅，爲天下笑，以羞先帝之德，〔一二〕甚爲大王不取也。

〔一〕韋昭曰：子糾，兄也，言弟者諱也。

〔二〕應劭曰：始皇母與嫪毐私通，生二子，事覺誅毐，并殺二弟，遷其母於咸陽宫也。

〔三〕應劭曰：頃王，高帝兄仲也。匈奴入代不能守，走歸京師。高帝奪其國，退爲郃陽侯，以便國法也。師古曰：便音頻面反。

〔四〕應劭曰：濟北王興居與大臣共誅諸吕，自以功大，怨其賞薄，故反。

〔五〕如淳曰：太上，天子也。【補注】何若瑶曰：按曲禮「太上貴德」。左氏傳「太上以德撫民」，又云「太上有立德」。春秋正義「太上者最上之稱」。經傳言太上，皆謂五帝以前上聖之人，言欲望於太古上聖，亦不可得，甚言其不可也。先謙曰：天子尊無二上，故稱太上。何引正義「太上者，最上之稱」，得之。詳文意，不當釋爲太古上聖也。仍依如説爲正。

〔六〕師古曰：舍匿，謂容止而藏隱也。【補注】錢大昭曰：舍匿，即季布傳「購求布千金，敢有舍匿，罪三族」是也。時長收聚漢諸侯人及有罪亡者匿與居，故有是言。先謙曰：之，往也，言有罪逃往諸侯國，游而爲客，宦而爲官，或爲奴僕以事人，及平人容匿之者，論其罪，皆有當坐之法也。下乃言匿於王所者。

〔七〕師古曰：言各有所主而坐其罪。【補注】先謙曰：罪人逃匿在王所，則吏主其事者坐罪也。言相不匡正舉奏，當坐之。

〔八〕如淳曰：主御史也。自此以下至縣令，主皆謂王官屬。【補注】先謙曰：諸侯王之子在其國爲吏者，雖貴，其國之御史主督察之。下中尉同。

〔九〕【補注】錢大昭曰：「古」，南監本、閩本作「占」。先謙曰：官本作「占」，是。歸誼，謂慕義來降。名數，户籍也。萬石君傳「關東流民二百萬口，無名數者四十萬」。此言蠻夷歸義及流民之無名數，自占籍爲民者。内史縣令主之也。

〔一〇〕師古曰：言諸侯王之相，欲委罪於在下小吏，而身不干豫之，不可得也。與讀曰豫。

〔一一〕師古曰：墮，毁也。布衣，貧賤之人。王既伏法，則貧賤之人反哀憐之。墮音火規反。

〔一二〕師古曰：羞，辱也。

宜急改操易行，上書謝罪，曰：「臣不幸早失先帝，少孤，呂氏之世，未嘗忘死。〔一〕陛下即位，臣怙恩德驕盈，行多不軌。〔二〕追念辠過，恐懼，伏地待誅不敢起。」皇帝聞之必喜。大王昆弟歡欣於上，羣臣皆得延壽於下；上下得宜，海内常安。願孰計而疾行之。行之有疑，禍如發矢，不可追已。〔三〕

〔一〕服虔曰：常恐畏死也。

〔二〕師古曰：軌，法也。

〔三〕師古曰：發矢，喻速也。已，語終辭。

王得書不説。〔一〕六年，令男子但等七十人與棘蒲侯柴武太子奇謀，以輦車四十乘反谷口，〔二〕令人使閩越、匈奴。事覺，治之，乃使使召淮南王。

〔一〕師古曰：説讀曰悦。

〔二〕孟康曰：谷口在長安北，故縣也，處多嶮阻。師古曰：輦車，人輓行以載兵器也。【補注】王念孫曰：案輦車爲人輓行之車，則不得言四十乘。乘車，四馬車也。「輦車」，當依史記作「輂車」。説文「輂，大車駕馬也」。周官「鄉師與其輂輦」，鄭注「輂，駕馬；輦，人輓行」。故曰「輂車四十乘」。世人多見輦，少見輂，故「輂」譌爲「輦」。管子海王篇「行服連軺輂者」。今本「輂」譌爲「輦」。先謙曰：谷口，馮翊縣，在今西安府醴泉縣東北七十里。

王至長安，丞相張蒼、典客馮敬行御史大夫事，〔一〕與宗正、廷尉雜奏：〔二〕「長廢先帝法，不聽天子詔，居處無度，爲黄屋蓋儗天子，〔三〕擅爲法令，不用漢法。及所置吏，以其郎中春爲丞相，收聚漢諸侯人及有罪亡者，匿與居，〔四〕爲治家室，賜與財物爵禄田宅，爵或至關内侯，奉以二千石所當得。〔五〕大夫但、〔六〕士伍開章等七十人〔七〕與棘蒲侯太子奇謀反，〔八〕欲以危宗廟社稷，謀使閩越及匈奴發其兵。事覺，長安尉奇等往捕開章，長匿不予，與故中尉蕑忌謀，殺以閉口，〔九〕爲棺槨衣衾，葬之肥陵，〔一〇〕謾吏曰『不知安在』。〔一一〕又陽聚土，樹表其上曰『開章死，葬此下』。〔一二〕及長身自賊殺無罪者一人；令吏論殺無罪者六人；爲亡命棄市詐捕命者以除罪；〔一三〕擅罪人，無告劾繫治城旦以上十四人；赦免罪人死罪十八人，城旦舂以下五十八人；〔一四〕賜人爵關内侯以下九十四人。前日長病，陛下心憂之，使使者賜棗脯，長不肯見拜使者。〔一五〕南海民處廬江界中者反，淮南吏卒擊之。〔一六〕陛下遣使者齎帛五十匹，以賜吏卒勞苦者。〔一七〕長不欲受賜，謾曰『無勞苦者』。南海王織上書獻璧帛皇帝，〔一八〕忌擅燔其書，不以聞。〔一九〕吏請召治忌，長不遣，謾曰『忌病』。〔二〇〕長所犯不軌，當棄市，臣請論如法。」

〔一〕【補注】宋祁曰：孝文三年，馮敬爲典客，七年爲御史大夫。先謙曰：長廢在六年，時敬尚未爲御史大夫，行事若今署任。

〔二〕【補注】先謙曰：史記作「宗正臣逸，廷尉臣賀，備盜賊中尉臣福」。

〔三〕師古曰：儗，比也。

〔四〕【補注】先謙曰：「漢諸侯人」，漢郡縣及諸侯國之人。

〔五〕如淳曰：賜亡畔來者，如賜其國二千石也。臣瓚曰：奉畔者以二千石之秩禄也。師古曰：瓚説是也。奉音扶用反。【補注】先謙曰：官本作「所不當得」。考證云「監本脱『不』字，從史記增」。先謙案，注文如、薛、顔三家所見漢書本，皆無「不」字。裴駰集解亦止引如、薛二説，未別加案語，似史記本無「不」字，後人增之也。史記下文又云「開章之淮南，見長，長數與坐語飲食，爲家室娶婦，以二千石俸奉之」，亦「奉以二千石所當得」之一證。

〔六〕張晏曰：大夫，姓也。上云「男子但」明其本姓大夫也。如淳曰：但，大夫名也。師古曰：既曰大夫但，又士伍開章，明其爲大夫也。上言男子但等者，總謂反人耳，不妨但爲大夫也。【補注】錢大昭曰：大夫，民爵第五級。

〔七〕如淳曰：律，有罪失官爵，稱士伍也。開章，名。

〔八〕【補注】先謙曰：新書五美篇云「機奇啓章之謀不生」，淮難篇云「通機奇之徒，啓章之等」，啓章即開章，避景帝諱改也。盧文弨云「漢書作『柴奇』。『柴』與『棧』音義兩通」。韓詩外傳載「齊景公遊牛山」事，有「柴車」。晏子春秋作「棧車」，此其證也。「機」，疑因「棧」形近而譌。

〔九〕師古曰：姓蕑名忌。蕑音姧。嚴助傳作「閒」字，音同耳。今流俗書本此「蕑」字或有作「簡」者，非也，蓋後人所改。既殺開章，所有口語皆無端緒，故云「閉口」。

〔一〇〕師古曰：肥陵地名，在肥水之上。【補注】沈欽韓曰：寰宇記廢小「肥陵縣在安豐縣東六十里，唐武德七年廢」。地理通釋「八公山一名肥陵，山下有小肥陵縣舊址，無考」。一統志「肥陵廢縣在鳳陽府壽州東南，淮南厲王殺開章，葬之肥陵」是也。按隋志，淮南郡無肥陵縣，則亦唐初旋置旋廢也。舊唐志亦不載。李兆洛鳳臺縣志云「淮南厲王都壽春，殺開章，似不當遠葬諸安豐東」。又「八公山有肥陵之稱，而安豐以東傍肥水者無山阜之迹」。先謙曰：如沈説，則以肥陵爲八公山者是也。然史記作「肥陵邑」，正義引括地志云「肥陵故縣在壽州安豐縣東六十里，在故六城東北百餘里」，與諸書合。蓋當時事覺，長令開章遠匿肥陵，後知不可掩，乃殺之，即葬其處耳。李氏獻疑未可據也。

〔一一〕師古曰：謾，誑也。實葬肥陵，誑云不知處。謾音慢，又音莫連反，次下亦同。【補注】王先慎曰：顔説非也，初言不知安在，謂告往捕之吏，不知開章所往，非謂不知葬處也。繼乃詐稱已死，陽表其墓，實未死也。迨吏窮知其詐，長知不可掩，乃令蕑忌殺之肥陵，即葬其地。情事如此，文特倒敘，遂致讀者難明耳。

〔一二〕師古曰：表者，豎木爲之，若柱形也。

〔一三〕晉灼曰：亡命者當棄市，而王藏之。詐捕不命者而言命，以脱命者之罪。師古曰：爲音于僞反。【補注】宋祁曰：舊本「棄」字下有「之」字。

〔一四〕【補注】先謙曰：死罪及城旦、舂以下不應赦者，長皆赦之。上「城旦」下，亦當有「舂」字。史記有。

〔一五〕【補注】沈欽韓曰：新書云「皇太后之餽賜，逆拒而不受；天子使者奉詔而弗得見，僵臥以發書」。

〔一六〕【補注】先謙曰：嚴助傳「淮南王安上書云『前時南海王反，陛下先臣使將軍間忌將兵擊之，以其軍降，處之上淦，後復反』」，即其事也。

〔一七〕【補注】先謙曰：官本考證按，「五十四」，史記作「五千四」，是也。此書刊本誤缺筆耳。

〔一八〕【補注】周壽昌曰：織，南海王名，見高紀。史記多二「民」字，緣上「南海民」而誤也。若是，民何以能上書獻璧帛乎？無「民」字是。先謙曰：史記無「帛」字。

〔一九〕文穎曰：忌，蕑忌也。

〔二〇〕【補注】先謙曰：史記此下有「春又請長願入見。長怒曰：『女欲離我自附漢』」十七字。春蓋其郎中。

制曰：「朕不忍置法於王，其與列侯吏二千石議。」〔一〕列侯吏二千石臣嬰等四十三人議，皆曰：「宜論如法。」〔二〕制曰：「其赦長死罪，廢勿王。」有司奏：「請處蜀嚴道邛郵，〔三〕遣其子、子母從居，〔四〕縣爲築蓋家室，皆日三食，給薪菜鹽〔五〕炊食器席蓐。」〔六〕制曰：「食長給肉日五斤，〔七〕酒二斗。令故美人材人得幸者十人從居。」〔八〕於是盡誅所與謀者，乃遣長，

載以輜車，〔九〕令縣次傳。〔一〇〕

〔一〕【補注】先謙曰：史記「置」作「致」。置、致字古通。吏，二千石郡守也。

〔二〕【補注】齊召南曰：按即汝陰侯夏侯嬰也。淮南王反事在孝文六年，嬰時尚爲太僕，至八年薨。錢大昭曰：時灌嬰、陳嬰皆前卒，故知是夏侯嬰也。

〔三〕張晏曰：嚴道蜀郡縣也。邛，郵置名也。師古曰：郵，行書之舍，音尤。【補注】先謙曰：嚴道，今雅州府榮經縣治，有邛來山，在縣西五十里。

〔四〕師古曰：子母者，所生子之姬妾。

〔五〕【補注】先謙曰：史記「鹽」下有「豉」字。

〔六〕師古曰：炊器，釜鬲之屬。食器，盃碗之屬。

〔七〕師古曰：食音飤。

〔八〕師古曰：上言子母，則有子者令從之。今此云美人材人，則無子者則亦令從之。【補注】先謙曰：官本「亦」上無「則」字，是。「材人」，當從史記作「才人」。

〔九〕師古曰：輜，衣車也，音甾。

〔一〇〕【補注】先謙曰：遞以郵傳致之也。

爰盎諫曰：「上素驕淮南王，不爲置嚴相傅，以故至此。且淮南王爲人剛，今暴摧折之，臣恐其逢霧露病死，陛下有殺弟之名，奈何！」上曰：「吾特苦之耳，令復之。」〔一〕淮南王謂侍者曰：「誰謂乃公勇者？〔二〕吾以驕不聞過，故至此。」〔三〕乃不食而死。〔四〕縣傳者不敢發車封。〔五〕至雍，〔六〕雍令發之，以死聞。上悲哭，謂爰盎曰：「吾不從公言，卒亡淮南王。」盎曰：「淮南王不可奈何，〔七〕願陛下自寬。」〔八〕上曰：「爲之奈何？」曰：「獨斬丞相、御史以謝天下乃可。」上即令丞相、御史逮諸縣傳淮南王不發封餽侍者，〔九〕皆棄市。乃以列侯葬淮南王于雍，置守家三十家。

〔一〕師古曰：暫困苦之，令其自悔，即追還也。復音扶目反。【補注】王念孫曰：「令」，當依史記作「今」。今復之，即復之也。師古注「暫困苦之，令其自悔，即追還也」，「即」字正釋「今」字。各本「今」作「令」，即涉注中「令」字而誤。史記汲黯傳「君薄淮陽邪？吾今召君矣」。索隱「今猶即今也」，餘見釋詞。

〔二〕【補注】先謙曰：史記有「吾安能勇」四字。

〔三〕【補注】周壽昌曰：宋書文帝弟彭城王義康爲孔熙先、范蔚宗所誘謀逆，被廢後讀此傳，歎曰：「自古有此，我乃不知，得罪爲宜。」蓋有感於斯語也。

〔四〕【補注】先謙曰：史記「乃」上有「人生一世間，安能邑邑如此」二句。

〔五〕孟康曰：檻車有封也。【補注】先謙曰：史記「縣傳淮南王者皆不敢發車封」下，乃接「淮南王謂侍者曰：誰謂乃公勇者」云云，是不敢發者，畏其勇也。

〔六〕師古曰：雍，扶風雍縣。

〔七〕【補注】先謙曰：不可奈何，猶言「無可奈何」也，謂王死不能復生。史記無「淮南王」三字。

〔八〕【補注】先謙曰：盎語當參觀本傳。

〔九〕師古曰：逮，追捕之也。餽亦饋字耳。【補注】先謙曰：侍，候問也。

孝文八年，憐淮南王，〔一〕王有子四人，年皆七八歲，〔二〕乃封子安爲阜陵侯，子勃爲安陽侯，子賜爲陽周侯，子良爲東城侯。

〔一〕【補注】先謙曰：史記「憐」上有「上」字，不可去。

〔二〕【補注】先謙曰：新書云「淮南子少壯，聞父辱狀，立咫泣洽衿，卧咫泣交項腸至腰肘，如繆維耳，豈能須臾忘哉」？

十二年，民有作歌歌淮南王曰：「一尺布，尚可縫；一斗粟，尚可舂。兄弟二人，不相容！」〔一〕上聞之曰：「昔堯舜放逐骨肉，周公殺管蔡，〔二〕天下稱聖，不以私害公。〔三〕天下豈以爲我貪淮南地邪？」乃徙城陽王王淮南故地，〔四〕而追尊謚淮南王爲厲王，〔五〕置園如諸侯儀。

〔一〕孟康曰：尺帛斗粟，猶尚不棄，況於兄弟而更相逐乎？臣瓚曰：一尺帛，可縫而共衣，一斗粟，可舂而共食，況以天下之廣而不相容也。師古曰：瓚說是。【補注】沈欽韓曰：高誘序淮南書云：「民歌之曰『一尺繒，好童童；一升粟，飽蓬蓬；兄弟二人不能相容』。」

〔二〕師古曰：鯀及共工皆堯舜之同姓，故云骨肉。【補注】先謙曰：顏說非也。書大禹謨言「丹朱用殄厥世」，蓋堯時實已逐之他方，舜在位乃封之。孟子言「舜封象有庳」，或曰「放焉」。史記鄒陽傳云「不合則骨肉放出不收，朱、象、管、蔡是矣」。是古有此語，特書文闕略，難可推究耳。官本注文在「骨肉」下。

〔三〕【補注】先謙曰：史記「聖」下有「何者」二字。

〔四〕【補注】周壽昌曰：城陽王喜，景王章之子。

〔五〕【補注】宋祁曰：越本無「謚」字。

十六年，上憐淮南王廢法不軌，自使失國早夭，乃徙淮南王喜復王故城陽，而立厲王三子王淮南故地，三分之：阜陵侯安爲淮南王，安陽侯勃爲衡山王，陽周侯賜爲廬江王。東城侯良前薨，無後。

孝景三年，吳楚七國反，吳使者至淮南，淮南王欲發兵應之。〔一〕其相曰：〔二〕「王必欲應吳，臣願爲將。」王乃屬之。〔三〕相已將兵，因城守，不聽王而爲漢。漢亦使曲城侯將兵救淮南，〔四〕淮南以故得完。吳使者至廬江，廬江王不應，而往來使越；至衡山，衡山王堅守無二心。孝景四年，吳楚已破，衡山王朝，上以爲貞信，乃勞苦之〔五〕曰：「南方卑濕。」徙王王於濟北以褒之。及薨，遂賜謚爲貞王。廬江王以邊越，數使使相交，〔六〕徙爲衡山王，王江北。〔七〕

〔一〕【補注】錢大昭曰：淮南二字，閩本不重。先謙曰：官本不重。

〔二〕【補注】周壽昌曰：張釋之傳云「事景帝歲餘，爲淮南相」。此景帝三年事，則將兵之相疑是釋之。

〔三〕師古曰：屬謂以兵委之也。屬音之欲反。

〔四〕晉灼曰：功臣表蟲達也。師古曰：晉説非，此蟲達之子耳，名捷，達已先薨也。【補注】宋祁曰：浙本注文作「晉説非也」。先謙曰：官本「蟲」作「蟲」，「捷」作「犍」，無「也」字。功臣表蟲達子捷，孝文元年嗣侯。不作「捷」。

〔五〕師古曰：勞音來到反。

〔六〕師古曰：邊越者，邊界與越相接。

〔七〕【補注】先謙曰：廬江王王江南，得豫章、廬江，徙江北，則漢收二郡，斷其通越。伍被傳略衡山數語可參證。

淮南王安爲人好書，鼓琴，不喜弋獵狗馬馳騁，〔一〕亦欲以行陰德拊循百姓，流名譽。招致賓客方術之士數千人，〔二〕作爲内書二十一篇，外書甚衆，〔三〕又有中篇八卷，言神仙黄白之術，〔四〕亦二十餘萬言。時武帝方好藝文，以安屬爲諸父，〔五〕辯博善爲文辭，甚尊重之。每爲報書及賜，〔六〕常召司馬相如等視草乃遣。〔七〕初，安入朝，獻所作内篇，新出，上愛祕之。使爲離騷傳，〔八〕旦受詔，日食時上。又獻頌德及長安都國頌。每宴見，談説得失及方技賦頌，昏莫然後罷。

〔一〕師古曰：喜音許吏反。

〔二〕【補注】齊召南曰：按此篇較史記有補有删。詳序招客、著書及入朝獻賦頌，此補史記之缺略也。下文「日夜與左吴等按輿地圖」以下，史記詳序伍被與王反覆議論，班氏以别立伍被傳，故此從略耳。周壽昌曰：淮南要略云「養士數千，高材者八人：蘇非、李尚、左吴、田由、雷被、伍被、毛被、晉昌，號曰八公」。高誘序「蘇非」作「蘇飛」。八人惟左吴、雷被、伍被見傳中。

〔三〕【補注】先謙曰：官本考證云「按藝文志雜家，淮南内二十一篇，外三十三篇。又詩賦有淮南王二十九篇，羣臣賦四十四篇，淮南歌詩四篇。天文有淮南雜子星十九卷」。

〔四〕張晏曰：黄，黄金。白，白銀也。

〔五〕師古曰：安於天子服屬爲從父叔父。

〔六〕師古曰：賜，賜書也。

〔七〕師古曰：草謂爲文之藁草。

〔八〕師古曰：傳謂解説之，若毛詩傳。【補注】王念孫曰：「傳」當爲「傅」，傅與賦古字通。皋陶謨「敷納以言」。文紀「敷」

作「傳」。僖二十七年左傳作「賦」。論語公冶長篇「可使治其賦也」，釋文「賦，梁武云，魯論作『傳』」。「使爲離騷傳」者，使約其大旨而爲之賦也。安辯博善爲文辭，故使作離騷賦。下文云「安又獻頌德及長安都國頌」，藝文志有淮南王賦八十二篇，事與此竝相類也。若謂使解釋離騷傳，則安才雖敏，豈能旦受詔而食時成書乎？漢紀孝武紀云「上使安作離騷賦，旦受詔，食時畢」，高誘淮南鴻烈解序云「詔使爲離騷賦，自旦受詔，日早食已」，此皆本於漢書。御覽皇親部十六引此作離騷賦，是所見本與師古不同。

安初入朝，雅善太尉武安侯，〔一〕武安侯迎之霸上，與語曰：「方今上無太子，王親高皇帝孫，行仁義，天下莫不聞。宫車一日晏駕，非王尚誰立者！」淮南王大喜，厚遺武安侯寶賂。〔二〕其羣臣賓客，江淮間多輕薄，以厲王遷死感激安。〔三〕建元六年，彗星見，淮南王心怪之。或說王曰：「先吳軍時，〔四〕彗星出，長數尺，然尚流血千里。今彗星竟天，天下兵當大起。」王心以爲上無太子，天下有變，諸侯並爭，愈益治攻戰具，積金錢賂遺郡國。〔五〕遊士妄作妖言阿諛王，王喜，多賜予之。

〔一〕師古曰：田蚡。

〔二〕【補注】王文彬曰：文選吴都賦劉注「賂，貨也」。先謙曰：史記言「王時時怨望厲王死，時欲畔逆，未有因。及聞武安侯言，大喜，陰結賓客，拊循百姓，爲畔逆事」。

〔三〕【補注】先謙曰：以安父廢徙道死事感動之，使爲畔逆。

〔四〕【補注】先謙曰：史記「時」上有「起」字，此無「起」字，不詞，蓋脱。

〔五〕【補注】先謙曰：郡守令，國諸侯。

王有女陵，慧有口。〔一〕王愛陵，多予金錢，爲中詗長安，〔二〕約結上左右。〔三〕元朔二年，上賜淮南王几杖，不朝。后荼愛幸，〔四〕生子遷爲太子，取皇太后外孫修成君女爲太子妃。〔五〕王謀爲反具，畏太子妃知而内泄事，乃與太子謀，令詐不愛，三月不同席。王陽怒太子，閉使與妃同内，〔六〕終不近妃。〔七〕妃求去，王乃上書謝歸之。〔八〕后荼、太子遷及女陵擅國權，奪民田宅，妄致繫人。〔九〕

〔一〕師古曰：性慧了而口辯。

〔二〕孟康曰：詗音偵，西方人以反間爲詗。王使其女爲偵於中也。如淳曰：詗音朽政反。師古曰：詗有所候伺也。如音是矣。偵者，義與詗同，然音則異。音丑政反。【補注】錢大昭曰：説文「詗，知處告言之」。

〔三〕【補注】周壽昌曰：功臣表安平侯鄂千秋玄孫但，與淮南王女陵通，又遺淮南王書稱臣盡力，故棄市。岸頭侯張次公，元狩元年坐與淮南王女陵姦，受財物，免。

〔四〕師古曰：荼者，后名也，音塗。

〔五〕服虔曰：武帝異姓姊之女也。應劭曰：修成君，王太后先適金氏女也。【補注】先謙曰：外戚傳「修成君男女各一人，女嫁諸侯」，即此太子妃也。

〔六〕【補注】周壽昌曰：内，房也。

〔七〕【補注】先謙曰：史記「終」上有「三月」二字。

〔八〕【補注】先謙曰：高五王傳「修成君女娥欲嫁齊王」，蓋在淮南謝歸後也。

〔九〕師古曰：致，至也，牽引而致之。【補注】先謙曰：集解徐廣曰：「致繫」，一作「毆擊」二字，皆形相近。

太子學用劍，自以爲人莫及，聞郎中雷被巧，〔一〕召與戲。被壹再辭讓，誤中太子。〔二〕太子怒，被恐。此時有欲從軍者輒詣長安，被即願奮擊匈奴。太子數惡被，〔三〕王使郎中令斥免，欲以禁後。〔四〕元朔五年，被遂亡之長安，上書自明。事下廷尉、河南。河南治，〔五〕逮淮南太子。〔六〕王、王后計欲毋遣太子，〔七〕遂發兵。計未定，猶與十餘日。〔八〕會有詔即訊太子，〔九〕淮南相怒壽春丞留太子逮不遣，〔一〇〕劾不敬。王請相，〔一一〕相不聽。王使人上書告相，事下廷尉治。從迹連王，〔一二〕王使人候司。〔一三〕漢公卿請逮捕治王，王恐，欲發兵。太子遷謀曰：「漢使即逮王，令人衣衞士衣，持戟居王旁，有非是者，即刺殺之，臣亦使人刺殺淮南中尉，乃舉兵，未晚也。」是時上不許公卿，而遣漢中尉宏即訊驗王。〔一四〕王視漢中尉顏色和，問斥雷被事耳，自度無何，〔一五〕不發。中尉還，以聞。公卿治者曰：「淮南王安雍閼求奮擊匈奴者雷被等，格明詔，〔一六〕當弃市。」詔不許。請廢勿王，上不許。請削五縣，可二縣。使中尉宏赦其罪，罰以削地。中尉入淮南界，宣言赦王。王初聞公卿請誅之，未知得削地，聞漢使來，恐其捕之，乃與太子謀如前計。〔一七〕中尉至，即賀王，王以故不發。其後自傷曰：「吾行仁義見削地，寡人甚恥之。」爲反謀益甚。諸使者道長安來，〔一八〕爲妄言，言上無男，即喜；〔一九〕言漢廷治，有男，即怒，〔二〇〕以爲妄言，非也。〔二一〕

〔一〕師古曰：被音皮義反。巧者，善用劍也。

〔二〕師古曰：中音竹仲反。

〔三〕師古曰：謂譖毁之於王也。
〔四〕師古曰：令後人更不敢效之。【補注】先謙曰：被爲郎中，乃郎中令屬官，故使郎中令斥免之。
〔五〕師古曰：章下廷尉及河南令，於河南雜治其事。【補注】錢大昭曰：案壽春嚴正上書言淮南事，亦以其事下廷尉、河南治。又衡山王告太子不道事，下沛郡治。趙太子丹事，繫魏郡詔獄，與廷尉雜治。廣川王去事，治鉅鹿詔獄。此重「河南」二字，疑衍文。先謙曰：據師古注，所見本已重河南二字，史記亦重，則二字非衍文也。正義以「詔下其事廷尉河南」爲句，注云「下廷尉及河南共治之」。「河南治逮淮南太子」爲句，注云「逮謂追赴河南也」。先謙案，下文「上以其事下廷尉河南治」，下復云「河南治建，辭引太子及黨與」，即兩河南上下分屬之明證。「河南治」三字，自應連下爲文。顔讀誤也。
〔六〕師古曰：追赴河南也。
〔七〕師古曰：王與王后共計也。
〔八〕師古曰：與讀曰豫。
〔九〕師古曰：即，就也。訊，問也。就淮南問之，不逮詣河南。
〔一〇〕如淳曰：承順王意，不遣太子應逮書。
〔一一〕【補注】先謙曰：爲丞乞請。
〔一二〕師古曰：從讀曰蹤。
〔一三〕師古曰：入京師候司其事。
〔一四〕師古曰：即亦就也。【補注】陳景雲曰：中尉當是段宏。考汲黯傳，宏以蓋侯王信任官，再至九卿。百官表亦偶逸其名也。先謙曰：索隱案「百官表云，宏姓殷也」。先謙案，今表作「中尉殷客」，即段宏。説詳汲黯傳。
〔一五〕師古曰：自計度更無罪。度音徒各反。

〔一六〕師古曰：雍讀曰壅。格音閣，謂竑閣不行之。【補注】宋祁曰：景德本無「求」字。先謙曰：史記「格」上有「廢」字。索隱引崔浩云「詔書募擊匈奴，而王壅遏應募者，漢律所謂廢格」。則「廢」字不可少。

〔一七〕【補注】先謙曰：謂刺殺漢使。

〔一八〕師古曰：道，從也。

〔一九〕【補注】先謙曰：史記作「言上無男，漢不治，即喜」，與下言「漢廷治，有男，即怒」對文。「漢不治」三字不可去，當是奪文。

〔二〇〕師古曰：漢廷治者，朝廷皆治理也。治音丈吏反。

〔二一〕師古曰：云治及有男皆妄言耳，非真實也。

日夜與左吴等按輿地圖，〔一〕部署兵所從入。王曰：「上無太子，宫車即晏駕，大臣必徵膠東王，不即常山王，〔二〕諸侯竝爭，吾可以無備乎？且吾高帝孫，親行仁義，〔三〕陛下遇我厚，吾能忍之；萬世之後，吾寧能北面事豎子乎！」

〔一〕蘇林曰：輿猶盡載之意。【補注】先謙曰：索隱「志林云，輿地圖漢家所畫，非出遠也」。

〔二〕【補注】先謙曰：膠東王寄、常山王舜皆景帝子。

〔三〕【補注】先謙曰：「行仁義」上無煩加「親」字，此「親」字當在「高帝孫」上，後人傳寫誤倒耳。上文「王親高皇帝孫，行仁義」，是其證。史記亦誤。

王有孽子不害，最長，〔一〕王不愛，后、太子皆不以爲子兄數。〔二〕不害子建，材高有氣，常怨望太子不省其父。〔三〕時諸侯皆得分子弟爲侯，〔四〕淮南王有兩子，一子爲太子，而建父不得爲侯。陰結交，〔五〕欲害太子，以其父代之。太子知之，數捕繫笞建。建具知太子之欲謀殺漢中尉，即使所善壽春嚴正上書天子曰：〔六〕「毒藥苦口利病，忠言逆耳利行。今淮南王孫建材能高，淮南王后荼、荼子遷常疾害建。建父不害無罪，擅數繫，欲殺之。今建在，可徵問，具知淮南王陰事。」書既聞，上以其事下廷尉、河南治。〔七〕是歲元朔六年也。故辟陽侯孫審卿〔八〕善丞相公孫弘，怨淮南厲王殺其大父，陰求淮南事而搆之於弘。弘乃疑淮南有畔逆計，深探其獄。〔九〕河南治建，辭引太子及黨與。

〔一〕師古曰：孽，庶也。

〔二〕如淳曰：后不以爲子，太子不以爲兄秩數。

〔三〕服虔曰：不省録著兄弟數中也。

〔四〕師古曰：分國邑以封之。

〔五〕師古曰：與外人交通爲援。

〔六〕【補注】周壽昌曰：「嚴正」，史記作「莊芷」，班氏以明帝諱改「莊」爲「嚴」，正、芷則字近而譌也。

〔七〕【補注】先謙曰：史記作「上以其事下廷尉，廷尉下河南治」。

〔八〕【補注】先謙曰：辟陽侯子平嗣，於孝景二年坐謀反自殺，國除。審卿蓋平子。

〔九〕張晏曰：探窮其根原。

初，王數以舉兵謀問伍被，被常諫之，以吴楚七國爲效。〔一〕王引陳勝、吴廣，被復言形勢不同，必敗亡。及建見治，王恐國陰事泄，欲發，復問被，被爲言發兵權變。語在被傳。於是王鋭欲發，〔二〕乃令官奴入宮中，作皇帝璽，丞相、御史大夫、將軍、吏中二千石、都官令、丞印，及旁近郡太守、都尉印，漢使節法冠。〔三〕欲如伍被計，使人爲得罪而西，〔四〕事大將軍、丞相；一日發兵，即刺大將軍衛青，〔五〕而説丞相弘下之，如發蒙耳。〔六〕欲發國中兵，恐相、二千石不聽，王乃與伍被謀，爲失火宮中，〔七〕相、二千石救火，因殺之。又欲令人衣求盜衣，〔八〕持羽檄從南方來，〔九〕呼言曰「南越兵入」，〔一〇〕欲因以發兵。乃使人之廬江、會稽爲求盜，未決。

〔一〕師古曰：言反事不成。

〔二〕師古曰：王意欲發兵如鋒刃之鋭利，故云鋭也。

〔三〕師古曰：法冠，御史冠也。本楚王冠，秦滅楚，以其君冠賜御史。

〔四〕蘇林曰：詐作得罪人而西也。師古曰：爲得罪之狀而去也。西謂如京師也。【補注】先謙曰：「爲」，史記作「僞」，古爲、僞字通，故「僞」亦作「爲」。左成九年傳「爲將改立君者」，定十二年傳「子爲不知」，釋文並云「爲」本作「僞」。詩采苓「人之爲言」，疏引定本作「僞言」。白帖九十二引亦作「僞言」，是其證也。「爲得罪」，猶言「詐得罪」，不煩增文以成義。蘇以「詐作」二字釋「爲」字之義，顏云「爲得罪之狀」，並如字讀，失之。

〔五〕師古曰：發兵謂王發兵反。【補注】先謙曰：索隱崔浩曰：一日猶一朝，卒然無定時也。

〔六〕如淳曰：以物蒙覆其頭而爲發去之，則其人欲之耳。晉灼曰：如發去物上之蒙，直取其易也。師古曰：晉説是。【補注】先謙曰：易序卦傳「蒙者，蒙也，物之穉也」。

〔七〕【補注】先謙曰：爲亦讀曰僞。史記作「僞失火宮中」。

〔八〕師古曰：求盜，卒之掌逐捕賊盜者。【補注】沈欽韓曰：求盜，亭長所部卒也。田仁代人爲求盜亭父。方言『亭父，或謂之褚』。郭璞曰『言衣赤也』。是亭吏皆絳幘、絳衣也。先謙曰：集解引漢書音義曰「卒衣也」。説文「卒」下云

「隸人給事者衣爲卒。卒衣有題識者」。「(微)〔徵〕下云「以絳帛著於背(上)」，即此所謂「求盜衣」也。沈云「絳幘、絳衣」，蓋誤。

〔九〕師古曰：羽檄，徵兵之書也。解在高紀。【補注】先謙曰：史記作「東方」。按下言「南越兵入」，則「南方」是也。

〔一〇〕師古曰：呼音火故反。【補注】先謙曰：史記無「言」字。

廷尉以建辭連太子遷聞，上遣廷尉監與淮南中尉逮捕太子。至，淮南王聞，與太子謀召相、二千石，欲殺而發兵。召相，相至；內史以出爲解。〔一〕中尉曰：「臣受詔使，不得見王。」王念獨殺相而內史、中尉不來，無益也，即罷相。〔二〕計猶與未決。〔三〕太子念所坐者謀殺漢中尉，所與謀殺者已死，以爲口絕，〔四〕乃謂王曰：「羣臣可用者皆前繫，今無足與舉事者。王以非時發，恐無功，臣願會逮。」〔五〕王亦愈欲休，〔六〕即許太子。太子自刑，不殊。〔七〕伍被自詣吏，具告與淮南王謀反。吏因捕太子、王后，圍王宮，盡捕王賓客在國中者，索得反具以聞。〔八〕上下公卿治，所連引與淮南王謀反列侯、二千石、豪桀數千人，皆以罪輕重受誅。

〔一〕師古曰：不應召而云已出也。解者，解說也，若今言分疏矣。

〔二〕師古曰：遣出去。

〔三〕師古曰：與讀曰豫。

〔四〕【補注】先謙曰：謂無證其事者。

〔五〕師古曰：會謂應逮書而往也。

〔六〕【補注】王念孫曰：愈讀爲偷，故史記作「王亦偷欲休」，言偷安而不欲發兵也。上文云「王鋭欲發」，此云「王偷欲休」，二語正相反。齊世家「桓公欲無與魯地而殺曹沫。管仲曰：夫劫許之，而倍信殺之，愈一小快耳，而棄信於諸侯」，謂「偷一小快」也。燕策「人之饑所以不食烏喙者，以爲雖偷充腹，而與死同患也」。史記蘇秦傳作「愈」，韓子難一「偷取多獸」，淮南人間篇「偷」作「愈」，是偷與愈通也。而「愈」字師古無音，則已不知其爲「偷」字矣。

〔七〕晉灼曰：不殊，不死也。師古曰：殊，絶也，雖自刑殺而身首不絶也。【補注】先謙曰：此「自刑」，及下「安自刑殺」，「以刀刑傷之」，竝訓爲「剄」，與上文「刑之」同義。

〔八〕師古曰：索，搜也，音山客反。

衡山王賜，淮南王弟，當坐收。有司請逮捕衡山王，上曰：「諸侯各以其國爲本，不當相坐。〔一〕與諸侯王列侯議。」趙王彭祖、列侯讓等四十三人〔二〕皆曰：「淮南王安大逆無道，謀反明白，當伏誅。」膠西王端議曰：「安廢法度，行邪辟，〔三〕有詐僞心，以亂天下，營惑百姓，〔四〕背畔宗廟，妄作妖言。春秋曰『臣毋將，將而誅』。〔五〕安罪重於將，謀反形已定。臣端所見，其書印圖及它逆亡道事驗明白，當伏法。〔六〕論國吏二百石以上及比者，〔七〕宗室近幸臣不在法中者，不能相教，皆當免，〔八〕削爵爲士伍，毋得官爲吏。〔九〕其非吏，它贖死金二斤八兩。〔一〇〕以章安之罪，〔一一〕使天下明知臣子之道，毋敢復有邪僻背畔之意。」〔一二〕丞相弘、廷尉湯等以聞，上使宗正以符節治王。〔一三〕未至，安自刑殺。后、太子諸所與謀皆收夷。國除爲九江郡。〔一四〕

〔一〕【補注】先謙曰：據武紀「安、賜謀反誅」，並在元狩元年十一月。衡山反謀發覺稍後，故上特原之。

〔二〕【補注】王先慎曰：按功臣恩澤侯表，元朔間，列侯無以讓名者，「讓」疑作「襄」。襄，平陽侯曹參玄孫，元光五年嗣，十六年薨。元朔六年正當嗣侯時，且據史、漢表，功臣位次，平陽第二，蕭何第一，何曾孫勝元朔元年坐不齋，耐爲隸臣。至元狩三年，慶始紹封。故此時列侯與議，襄宜居首也。讓、襄二字古多相亂。周禮保氏注「襄，尺井儀也」。釋文「襄」本作「讓」。本書文三王傳「梁平王襄」，索隱云「漢書作『讓』，今各本仍作『襄』」，是其證。

〔三〕師古曰：辟讀曰僻。下皆類此。

〔四〕師古曰：營謂回繞之。

〔五〕【補注】蘇輿曰：此春秋義説也。公羊莊三十一年、昭元年傳竝云「君親無將，將而誅焉」，義同而文小異。本書叔孫通傳，博士諸生亦引「人臣無將」語，王莽傳「春秋之義，君親無將，將而誅焉」，文同公羊而不言「傳」。越絶書敘外傳記「易之卜將，春秋無將」，蓋漢時義説如此。或以爲春秋下脱「傳」字，非也。史記亦無「傳」字。

〔六〕【補注】先謙曰：史記「書」下有「節」字。

〔七〕師古曰：謂真二百石及秩比二百石以上。

〔八〕師古曰：若本有重罪，自從其法，縱無反狀者，亦皆免。

〔九〕【補注】先謙曰：官本「官」作「宦」，史記同。

〔一〇〕蘇林曰：非吏故曰它。師古曰：爲近幸之人，非吏人者。【補注】宋祁曰：姚本正文「非吏它」字下有「者」字。

〔一一〕師古曰：章，明也。

〔一二〕【補注】先謙曰：據上文「行邪僻」，顔注「此『僻』字當爲『辟』」，贊中「邪辟」字亦不作「僻」也」。

〔一三〕【補注】先謙曰：據公卿表，宗正劉棄也，汲黯傳作「棄疾」。

〔一四〕師古曰：夷謂誅滅之。【補注】先謙曰：集解徐廣曰：又爲六安國，以陳縣爲都。

衡山王賜，后乘舒生子三人，長男爽爲太子，次女無采，少男孝。〔一〕姬徐來生子男女四

人，美人厥姬生子二人。淮南衡山相責望禮節，間不相能。〔二〕衡山王聞淮南王作爲畔逆具，亦心結賓客以應之，恐爲所并。〔三〕

〔一〕【補注】先謙曰：史記作「次男孝，次女無采」。

〔二〕師古曰：兄弟相責，故有嫌。

〔三〕【補注】先謙曰：伍被傳載淮南王言「我舉兵西鄉，必有應者，無應即還略衡山」，王蓋具知淮南本謀矣。

元光六年入朝，謁者衛慶有方術，欲上書事天子，王怒，故劾慶死罪，强榜服之。〔一〕內史以爲非是，卻其獄。〔二〕王使人上書告內史，內史治，言王不直。〔三〕又數侵奪人田，壞人冢以爲田。有司請逮治衡山王，上不許，爲置吏二百石以上。〔四〕衡山王以此恚，與奚慈、張廣昌謀，求能爲兵法候星氣者，日夜縱臾王謀反事。〔五〕

〔一〕師古曰：榜，擊也，擊笞之令其自服死罪也。榜音彭。

〔二〕師古曰：卻，退也。【補注】先謙曰：衡山內史也。

〔三〕師古曰：內史被治而具言王之意狀。

〔四〕如淳曰：漢儀注「吏四百石已下自除國中」。今以王之惡，天子皆爲置。

〔五〕如淳曰：臾讀曰勇。縱臾，猶言勉强也。師古曰：縱音子勇反。縱臾謂奬勸也。【補注】沈欽韓曰：縱臾即慫慂。廣雅「慫慂，勸也」。

后乘舒死，〔一〕立徐來爲后，厥姬俱幸，兩人相妒，厥姬乃惡徐來於太子，〔二〕曰「徐來使婢蠱殺太子母」。太子心怨徐來，徐來兄至衡山，太子與飲，以刃刑傷之。后以此怨太子，數惡之於王。女弟無采嫁，弃歸，〔三〕與客姦。〔四〕太子數以數讓之，〔五〕無采怒，不與太子通。后聞之，即善遇無采及孝。孝少失母，附后，后以計愛之，〔六〕與共毁太子，王以故數繫笞太子。〔七〕元朔四年中，人有賊傷后假母者，〔八〕王疑太子使人傷之，笞太子。後王病，太子時稱病不侍。孝、無采惡太子：「實不病，自言，有喜色。」〔九〕王於是大怒，欲廢太子而立弟孝。后知王決廢太子，又欲并廢孝。后有侍者善舞，王幸之，后欲令與孝亂以污之，欲并廢二子而以己子廣代之。太子知之，念后數惡己無已時，〔一〇〕欲與亂以止其口。后飲太子，太子前爲壽，因據后股求與臥。后怒，以告王。王乃召，欲縛笞之。太子知王常欲廢己而立孝，乃謂王曰：「孝與王御者姦，無采與奴姦，王强食，請上書。」〔一一〕即背王去。王使人止之，莫能禁，王乃自追捕太子，太子妄惡言，王械繫宫中。

〔一〕【補注】錢大昭曰：閩本無「乘舒」二字。
〔二〕師古曰：惡謂讒毁之也。下皆類此。
〔三〕師古曰：爲夫所弃而歸也。
〔四〕【補注】先謙曰：史記作「與奴姦，又與客姦」。案下言「無采與奴姦」，删之則彼文無根。
〔五〕師古曰：上數音所角反，下數音所具反。
〔六〕師古曰：非心實慈念，但以事計須撫之。
〔七〕【補注】先謙曰：史記「繫」作「擊」，是。

〔八〕師古曰：繼母也。一曰父之旁妻。【補注】先謙曰：集解引漢書音義曰「傅母屬」。

〔九〕【補注】先謙曰：史記「自言」下有「病」字，是也，謂太子實不病，雖自言病而面有喜色，幸王死已得立也。「有喜色」，是孝、無采見之，無太子自言有喜色之理，明此奪一「病」字。

〔一〇〕師古曰：已，止也，數見讒譖無休止。

〔一一〕【補注】先謙曰：官本「强」作「始」。引宋祁曰：「始」或作「强」。先謙曰案，强食，猶言努力加餐，此爲惡言以對王也。上書者，上書於天子，發孝、無采姦亂事。

孝日益以親幸。王奇孝材能，乃佩之王印，號曰將軍，令居外家，〔一〕多給金錢，招致賓客。賓客來者，微知淮南、衡山有逆計，皆將養勸之。〔二〕王乃使孝客江都人枚赫、陳喜〔三〕作輣車鍛矢，〔四〕刻天子璽，將、相、軍吏印。王日夜求壯士如周丘等，〔五〕數稱引吳楚反時計畫約束。〔六〕衡山王非敢效淮南王求即天子位，畏淮南起并其國，以爲淮南已西，發兵定江淮間而有之，望如是。〔七〕

〔一〕【補注】錢大昭曰：「令」，南監本、閩本作「令」。先謙曰：官本作「令」，史記同。「外家」，史記作「外宅」，皆是也。

〔二〕師古曰：將讀曰獎。【補注】先謙曰：史記作「日夜從容勸之」。按上文「日夜縱臾王謀反事」，「縱臾」，史記亦作「從容」。從容、縱臾，音轉而義通也。班氏易此文從容爲將養，是將養亦當與縱臾同義，將謂扶進之，養謂長育之，總謂導成其反謀耳。顔讀將爲獎，獎、養二字文義不屬，其說非也。

〔三〕【補注】先謙曰：史記作救赫，下同。

〔四〕【補注】錢大昭曰：說文「輣，兵車也」。先謙曰：官本考證云「史記作『鏃矢』，是也」。本書膠東王傳亦作「鏃矢」。

王念孫云：案，矢必有鏃，無庸更言「鏃矢」。膠東王傳作「兵車鏃矢」。師古曰「鏃矢，大鏃之矢」，加大字以釋之，其失也迂矣。此作「鍛矢」，亦無義。鏃與鍛皆當爲鍭字，形相近而誤也。說見淮南兵略篇。案王氏讀書雜志云淮南子「疾如錐矢」，王引之云「錐」當爲「鍭」。「下文云『疾如鏃矢』，鏃亦鍭之誤。『侯』字隸書作『矦』，『隹』字隸書作『隹』，二形相似。『族』字隸書或作『㬱』，形與侯亦相似，故『鍭矢』之字非誤爲『錐』，即誤爲『鏃』。齊策『疾如錐矢』，亦是『鍭矢』之誤。高注以錐矢爲小矢，非也。史記蘇秦傳又誤作『鋒矢』，索隱引呂覽貴卒篇『所爲貴錐矢者』，今本呂覽亦誤作『鏃矢』。莊子天下篇『鏃矢之疾』，『鏃』亦『鍭』之誤。郭象音族，非也。鶡冠子世兵篇『發如鏃矢』，『鏃』本或作『鍭』，亦當以作『鍭』者爲是」。爾雅說矢云「金鏃翦羽謂鍭」。大雅行葦篇云「四鍭既鈞」。周官司弓矢云「殺矢鍭矢，用諸近射田獵」。考工記矢人云「鍭矢參分，一在前，二在後」。士喪禮記作「猴矢」。

〔五〕師古曰：下邳人，吳王反時請得漢節下下邳者。【補注】先謙曰：詳吳王濞傳。

〔六〕【補注】先謙曰：史記「約束」上有「以」字。

〔七〕【補注】先謙曰：衡山王云云，賜與其下言如此也。

元朔五年秋，當朝，六年，過淮南。淮南王乃昆弟語，〔一〕除前隙，約束反具。〔二〕衡山王即上書謝病，上賜不朝。〔三〕乃使人上書請廢太子爽，立孝爲太子。爽聞，即使所善白嬴之長安上書，言衡山王與子謀逆，言孝作兵車鍛矢，與王御者姦。至長安未及上書，即吏捕嬴，以淮南事繫。〔四〕王聞之，恐其言國陰事，即上書告太子，以爲不道。〔五〕事下沛郡治。元狩元年冬，有司求捕與淮南王謀反者，得陳喜於孝家。吏劾孝首匿喜。〔六〕孝以爲陳喜雅數與王計反，〔七〕恐其發之，聞律先自告除其罪，又疑太子使白嬴上書發其事，即先自告所與謀反者枚赫、陳喜等。廷尉治，事驗，請逮捕衡山王治。上曰：「勿捕。」遣中尉安、大行息即問王，〔八〕

王具以情實對。吏皆圍王宮守之。中尉、大行還，以聞。公卿請遣宗正、大行與沛郡雜治王。王聞，即自殺。孝先自告反，告除其罪。〔九〕孝坐與王御婢姦，及后徐來坐蠱前后乘舒，及太子爽坐告王父不孝，皆棄市。諸坐與王謀反者皆誅。國除爲郡。〔一〇〕

〔一〕師古曰：爲相親愛之言。

〔二〕師古曰：芙契約爲反具。【補注】先謙曰：「芙」官本作「共」，是。

〔三〕【補注】先謙曰：史記賜下有「書」字。

〔四〕師古曰：漢有司捕繫之。【補注】先謙曰：史記無「即」字，此「即」與「則」同字，時淮南事覺，連引及嬴，吏捕繫之也。

〔五〕【補注】先謙曰：史記「以」作「所」，是。

〔六〕師古曰：爲頭首而藏匿之。

〔七〕師古曰：數音所角反。【補注】先謙曰：雅，常也。

〔八〕師古曰：就問之。【補注】周壽昌曰：案公卿表，中尉司馬安，大行李息。

〔九〕師古曰：先告有反謀，又告人與已反，而自得除反罪。【補注】先謙曰：顧炎武云「按史記無下『告』字，是衍文，師古曲爲之説」。

〔一〇〕【補注】先謙曰：史記「爲衡山郡」。

濟北貞王勃者，景帝四年徙。徙二年，因前王衡山，凡十四年薨。〔一〕子式王胡嗣，五十四年薨。〔二〕子寬嗣，十二年，〔三〕寬坐與父式王后光、姬孝兒姦，誖人倫，〔四〕又祠祭祝詛上，有

司請誅。上遣大鴻臚利召王，〔五〕王以刃自剄死。國除爲北安縣，屬泰山郡。〔六〕

〔一〕【補注】先謙曰：據表爲衡山王十二年，徙濟北，一年薨。史記漢興以來諸侯年表云，衡山王十二年徙濟北，十三年薨，當孝景五年。與漢表合。是「徙二年」當作「徙一年」，「十四年」當作「十三年」。

〔二〕【補注】先謙曰：官本「四」作「三」。引宋祁曰：「三」或作「四」。案表，王寬天漢四年嗣，是式王三年薨。自孝景六年嗣位，至天漢三年，正五十四年，作「三」者誤也。「式」，本表作「成」，史表作「武」，形近致誤。未知孰是。

〔三〕【補注】先謙曰：表云「十一年，後二年後元二年也。脱元字。謀反自殺」。此十二當爲十一之誤。

〔四〕師古曰：詩，亂也，音布内反。

〔五〕【補注】先謙曰：公卿表征和四年書「淮陽太守田廣明爲鴻臚，五年遷」；孝昭始元四年書「大鴻臚田廣明爲衛尉」。此後元二年事，正當廣明爲鴻臚時，不容别有大鴻臚利其人，疑「利」爲「明」字之誤，又奪去「廣」字耳。

〔六〕【補注】錢大昕曰：地理志泰山郡無北安縣，惟盧縣注云「濟北王都」。疑「北安」爲「盧」之誤，或初名北安，而後改盧也。

贊曰：詩云「戎狄是膺，荆舒是懲」，〔一〕信哉是言也！淮南、衡山親爲骨肉，疆土千里，列在諸侯，不務遵蕃臣職，以丞輔天子，〔二〕而剸懷邪辟之計，〔三〕謀爲畔逆，仍父子再亡國，〔四〕各不終其身。此非獨王也，〔五〕亦其俗薄，臣下漸靡使然。〔六〕夫荆楚剽輕，好作亂，乃自古記之矣。〔七〕

〔一〕師古曰：此魯頌閟宫之章也。膺，當也。懲，艾也。荆，楚也。舒，羣舒也。言北有戎狄，南有荆舒，土俗彊獷，好爲寇亂，常須以兵膺當而懲艾之。【補注】先謙曰：官本注末「之」作「也」。

〔二〕【補注】先謙曰：史記「丞」作「承」。按説文「丞」作「㞼」，下云「翊也，從廾、從卩、從山，山高奉㞼之意」。承下云「奉也，從手、從卩、從廾」，音義竝同。故經典「丞」、「承」字通用。

〔三〕師古曰：剸與專同，音之兖反。【補注】先謙曰：「音」上當有「又」字。

〔四〕師古曰：仍，頻也。

〔五〕【補注】先謙曰：史記「王」下有「過」字。

〔六〕師古曰：靡謂相隨從。【補注】王念孫曰：枚乘傳亦云「漸靡使之然也」。案漸讀漸漬之漸，靡與摩同。學記「相觀而善謂之摩」，鄭注「摩，相切磋也」。荀子性惡篇「擇良友而友之，得賢師而事之，身日進於仁義而不自知也者，靡使然也」。靡即摩字。莊子馬蹄篇「馬喜則交頸相靡」。李頤曰「靡，摩也，靡字古讀若摩，故與摩通」。説見唐韻正。漸靡即漸摩。董仲舒傳云「漸民以仁，摩民以誼」是也。師古於漸字無音，於靡字則前訓爲「相隨從」，後訓爲「盡」，皆失之。

〔七〕師古曰：剽音匹妙反。

蒯伍江息夫傳第十五

蒯通，范陽人也，〔一〕本與武帝同諱。〔二〕楚漢初起，武臣略定趙地，〔三〕號武信君。通說范陽令徐公曰：「臣，范陽百姓蒯通也，竊閔公之將死，故弔之。雖然，賀公得通而生也。」徐公再拜曰：「何以弔之？」通曰：「足下爲令十餘年矣，〔四〕殺人之父，孤人之子，斷人之足，黥人之首，甚衆。慈父孝子所以不敢事刃於公之腹者，畏秦法也。〔五〕今天下大亂，秦政不施，〔六〕然則慈父孝子將爭接刃於公之腹，〔七〕以復其怨而成其功名。〔八〕此通之所以弔者也。」曰：「何以賀得子而生也？」曰：「趙武信君不知通不肖，使人候問其死生，通且見武信君而說之，〔九〕曰：『必將戰勝而後略地，攻得而後下城，臣竊以爲殆矣。〔一〇〕用臣之計，毋戰而略地，不攻而下城，傳檄而千里定，可乎？』彼將曰：『何謂也？』〔一一〕臣因對曰：『范陽令宜整頓其士卒以守戰者也，怯而畏死，貪而好富貴，故欲以其城先下君。先下君而君不利，〔一二〕則邊地之城皆將相告曰「范陽令先降而身死」，必將嬰城固守，〔一三〕皆爲金城湯池，不可攻也。〔一四〕爲君計者，莫若以黃屋朱輪迎范陽令，使馳騖於燕趙之郊，〔一五〕則邊城皆將相告曰

「范陽令先下而身富貴」，必相率而降，猶如阪上走丸也。〔一六〕此臣所謂傳檄而千里定者也。』」徐公再拜，具車馬遣通。通遂以此説武臣。武臣以車百乘，騎二百，侯印迎徐公。燕趙聞之，降者三十餘城，如通策焉。〔一七〕

〔一〕師古曰：涿郡之縣也，舊屬燕。通本燕人，後游於齊，故高祖云「齊辯士蒯通」。【補注】沈欽韓曰：韓詩外傳七「客謂蒯生」，即蒯生也，聲之輕重。先謙曰：范陽在今保定府定興縣南四十里。

〔二〕師古曰：本名爲徹，其後史家追書爲通。

〔三〕【補注】宋祁曰：一本「定」作「燕」。先謙曰：據張耳傳，武臣方下趙十城，引兵擊范陽時，未略燕地也。一本非。

〔四〕【補注】先謙曰：通説范陽令，史記入之張耳傳。「足下」上有「秦法重」三字，似不可省。

〔五〕李奇曰：東方人以物臿地中爲事。師古曰：事音側吏反。字本作傳，周官考工記又作菑，音皆同耳。【補注】先謙曰：史記作「傳」。

〔六〕師古曰：施，設也，立也。【補注】先謙曰：施，行也。

〔七〕【補注】王念孫曰：接讀爲插。説文「插，刺内也」。「内」與「入」同。大徐本譌作「刺肉也」。據小徐本改。玉篇、廣韻竝作「刺入也」。謂以刃刺入公腹，作「接」者，借字耳。周官廩人「共其接盛」。鄭注「接讀爲『一（報）〔扱〕再祭』之『（報）〔扱〕』」。釋文「初洽反」，是接有插音，故與插通也。上文李注「東方人以物插地中爲事」。臿與插同。此云「接刃於公之腹」，是事與插同義，插與接同字。史記「接刃」作「傳刃」，是其明證也。而接字，師古無音，則是誤讀爲交接之接矣。

〔八〕師古曰：復猶報也，音扶目反。【補注】先謙曰：官本無「功」字。引宋祁曰：越本「名」上有「功」字。史記無「功」字。

〔九〕師古曰：今將欲見之。
〔一〇〕師古曰：殆，危也。
〔一一〕師古曰：彼謂武信君也。
〔一二〕【補注】宋祁曰：一本「利」下有「之」字。錢大昭曰：南監本、閩本有「之」字。
〔一三〕孟康曰：嬰，以城自繞。【補注】先謙曰：文選曹植責躬詩李注引説文「嬰，繞也」。「嬰城固守」，謂繞城守禦耳。陳湯傳「時康居兵萬餘騎，分爲十餘處，四面環城，亦與相應」。環城猶繞城也，訓爲「以城自繞」則非。它皆類此。
〔一四〕師古曰：金以喻堅，湯喻沸熱不可近。
〔一五〕師古曰：令衆皆見。
〔一六〕師古曰：言乘勢便易。
〔一七〕【補注】先謙曰：史記云「趙地以城下者三十餘城」，張耳傳同。本書「燕」字駁文。

後漢將韓信虜魏王，破趙、代，降燕，定三國，引兵將東擊齊。未度平原，聞漢王使酈食其説下齊，信欲止。通説信曰：「將軍受詔擊齊，而漢獨發間使下齊，寧有詔止將軍乎？〔一〕何以得無行！且酈生一士，伏軾〔二〕掉三寸舌，下齊七十餘城，〔三〕將軍將數萬之衆，乃下趙五十餘城。爲將數歲，反不如一豎儒之功乎！」於是信然之，從其計，遂度河。齊已聽酈生，即留之縱酒，罷備漢守禦。信因襲歷下軍，遂至臨菑。齊王以酈生爲欺己而亨之，因敗走。信遂定齊地，自立爲齊假王。漢方困於滎陽，遣張良即立信爲齊王，以安固之。項王亦遣武涉説信，欲與連和。

〔一〕師古曰：閒使，謂使人伺閒隙而單行。

〔二〕【補注】先謙曰：集解引韋昭云「軾，今小車中隆起者」。

〔三〕師古曰：掉，摇也，音徒釣反。

蒯通知天下權在信，欲説信令背漢，乃先微感信曰：「僕嘗受相人之術，相君之面，不過封侯，又危而不安；相君之背，貴而不可言。」〔一〕信曰：「何謂也？」通因請閒，〔二〕曰：「天下初作難也，俊雄豪桀建號壹呼，〔三〕天下之士雲合霧集，魚鱗雜襲，〔四〕飄至風起。〔五〕當此之時，憂在亡秦而已。〔六〕今劉、項分爭，使人肝腦塗地，流離中野，不可勝數。漢王將數十萬衆，距鞏、雒，岨山河，〔七〕一日數戰，無尺寸之功，折北不救，〔八〕敗滎陽，傷成皋，〔九〕還走宛、葉之閒，此所謂智勇俱困者也。楚人起彭城，轉鬭逐北，至滎陽，乘利席勝，威震天下，〔一〇〕然兵困於京、索之閒，〔一一〕迫西山而不能進，三年於此矣。〔一二〕鋭氣挫於嶮塞，糧食盡於內藏，百姓罷極，無所歸命。〔一三〕以臣料之，〔一四〕非天下賢聖，其執固不能息天下之禍。當今之時，兩主縣命足下，足下爲漢則漢勝，爲楚則楚勝。臣願披心腹，墮肝膽，〔一五〕效愚忠，恐足下不能用也。方今爲足下計，莫若兩利而俱存之，參分天下，鼎足而立，其執莫敢先動。夫以足下之賢聖，有甲兵之衆，據彊齊，從燕、趙，出空虚之地以制其後，因民之欲，西鄉爲百姓請命，〔一六〕天下孰敢不聽！足下按齊國之故，有淮、泗之地，〔一七〕懷諸侯以德，深拱揖讓，〔一八〕則天下君王相率而朝齊矣。蓋聞『天與弗取，反受其咎；時至弗行，反受其殃』。願足下孰圖之。」

〔一〕張晏曰：言背者，云背畔則大貴。

〔二〕師古曰：不欲顯言，故請間隙而私説。

〔三〕師古曰：建號者，自立爲侯王。呼音火故反。

〔四〕師古曰：雜襲猶雜沓，言相雜而累積。【補注】沈欽韓曰：魚鱗，謂若鱗之相比次。

〔五〕師古曰：飄讀曰猋，謂疾風，音必遥反。【補注】先謙曰：飄，史記作「熛」，是也。説文「熛，火飛也」。今楚人猶謂火之飛起者曰熛，音補遥反。敘傳「勝、廣熛起」，熛起猶熛至也。此言士之趨赴，如火之怒飛，風之疾起也。下言「風起」，上不得復言「飄至」。熛飄音相近，故「熛」譌爲「飄」。師古讀飄爲猋者，説文「猋，火華也」，音豔，與飄音不類。蓋誤「猋」爲「猋」，猋乃飆字俗省。又以飄爲飆也。説詳司馬相如傳。

〔六〕師古曰：志滅秦，所憂者唯此。

〔七〕【補注】先謙曰：史記作「阻山河之險」。説文「岨，石戴土也」。阻險也，此借字。

〔八〕師古曰：折，挫也。北，奔也。不救，謂無援助也。

〔九〕張晏曰：於成皋戰傷胸也。

〔一〇〕師古曰：席，因也，若人之在席上。【補注】先謙曰：史記作「乘勝席卷」，與此義異。

〔一一〕師古曰：索音山客反。

〔一二〕師古曰：至今已三年。

〔一三〕師古曰：罷讀曰疲。

〔一四〕師古曰：料，量也。

〔一五〕師古曰：隳，毁也，音火規反。【補注】王念孫曰：隳者輸也，謂輸肝膽以相告也。左昭四年傳「屬有宗祧之事於武城，寡人將墮幣焉」，服虔注「墮，輸也，言將輸受宋之幣於宗廟」。是古謂輸爲墮也。淮陰侯傳作「披腹心，輸肝膽」，尤其明證矣。又鄒陽傳「披心腹，見情素，墮肝膽」。義與此同。師古亦誤訓爲毁。

〔一六〕師古曰：鄉讀曰嚮。齊國在東，故曰「西嚮」。止楚漢之戰鬭，士卒不死亡，故云「請命」。

〔一七〕【補注】先謙曰：史記「淮」作「膠」。

〔一八〕師古曰：深拱猶高拱。

信曰：「漢遇我厚，吾豈可見利而背恩乎！」通曰：「始常山王、成安君故相與爲刎頸之交，〔一〕及爭張黶、陳釋之事，〔二〕常山王奉頭鼠竄，以歸漢王。〔三〕借兵東下，戰於鄗北，成安君死於泜水之南，〔四〕頭足異處。此二人相與，天下之至驩也，而卒相滅亡者，何也？患生於多欲，〔五〕而人心難測也。今足下行忠信以交於漢王，必不能固於二君之相與也，而事多大於張黶、陳釋之事者，故臣以爲足下必漢王之不危足下，過矣。〔六〕大夫種存亡越，伯句踐，〔七〕立功名而身死。語曰：『野禽殫，走犬亨；〔八〕敵國破，謀臣亡。』故以交友言之，則不過張王與成安君；以忠臣言之，則不過大夫種。此二者，宜足以觀矣。願足下深慮之。且臣聞之，勇略震主者身危，功蓋天下者不賞。足下涉西河，虜魏王，禽夏説，〔九〕下井陘，誅成安君之罪，以令於趙，脅燕定齊，南摧楚人之兵數十萬衆，遂斬龍且，西鄉以報，〔一〇〕此所謂功無二於天下，略不世出者也。〔一一〕今足下挾不賞之功，戴震主之威，歸楚，楚人不信；歸漢，漢人震恐。足下欲持是安歸乎？〔一二〕夫執在人臣之位，而有高天下之名，切爲足下危之。」信曰：「生且

休矣，吾將念之。」〔一三〕

〔一〕【補注】宋祁曰：一本無「之」字。

〔二〕師古曰：𪊨音一點反。【補注】先謙曰：史記作「陳澤」。澤、釋古通。

〔三〕師古曰：言其迫窘逃亡，如鼠之藏竄。【補注】宋祁曰：史記韓信傳作「奉項嬰頭而竄逃，歸於漢」。

〔四〕師古曰：鄗音呼各反。泜音祇，又音丁計反。

〔五〕【補注】沈欽韓曰：韓詩外傳「五福生於無爲，而患生於多欲」。

〔六〕師古曰：過猶誤也。【補注】宋祁曰：楊本用諸名公本校，郭去「必漢王之不危足下」八字。

〔七〕師古曰：令句踐致霸功也。伯讀曰霸。

〔八〕師古曰：殫，盡也，音單。

〔九〕師古曰：説讀曰悦。

〔一〇〕師古曰：且音子餘反。鄉讀曰嚮。

〔一一〕師古曰：言其計略奇異，世所希有。

〔一二〕師古曰：安，焉也。此下亦同。

〔一三〕師古曰：念猶思也。

數日，通復説曰：「聽者，事之候也；〔一〕計者，存亡之機也。〔二〕夫隨廝養之役者，失萬乘之權；守儋石之禄者，闕卿相之位。〔三〕計誠知之，而決弗敢行者，百事之禍也。〔四〕故猛虎之猶與，不如蠭蠆之致蠚；〔五〕孟賁之狐疑，不如童子之必至。〔六〕此言貴能行之也。夫功者難成而易敗，時者難值而易失。『時乎時，不再來。』〔七〕願足下無疑臣之計。」信猶與不忍背漢，又自以功多，漢不奪我齊，遂謝通。〔八〕通説不聽，惶恐，乃陽狂爲巫。

〔一〕師古曰：謂能聽善謀也。

〔二〕【補注】沈欽韓曰：秦策「陳軫曰『計者事之本也，聽者存亡之機』」。

〔三〕應劭曰：齊人名小甖爲儋，受二斛。晉灼曰：石，斗石也。師古曰：儋音都濫反。或曰儋者，一人之所負擔也。

〔四〕【補注】先謙曰：謂計慮所及，不能致其決。

〔五〕師古曰：與讀曰預。蠆，蝎也。蠚，毒也。蠆音丑界反。蠚音呼各反。

〔六〕師古曰：孟賁，古之勇力士。賁音奔。【補注】先謙曰：史記「童子」作「庸夫」。又「孟賁」句上有「騏驥之跼躅，不如駑馬之安步」二句。下有「雖有舜禹之智，吟而不言，不如瘖聾之指麾也」三句。

〔七〕師古曰：此古語，歎時之不可失。【補注】沈欽韓曰：越語「范蠡曰『臣聞之，得時無怠，時不再來』」。

〔八〕師古曰：告令罷去。

天下既定，後信以罪廢爲淮陰侯，謀反被誅，臨死歎曰：「悔不用蒯通之言，死於女子之手！」高帝曰：「是齊辯士蒯通。」乃詔齊召蒯通。〔一〕通至，上欲亨之，曰：「若教韓信反，何也？」〔二〕通曰：「狗各吠非其主。〔三〕當彼時，臣獨知齊王韓信，非知陛下也。且秦失其鹿，〔四〕天下共逐之，高材者先得。天下匈匈，爭欲爲陛下所爲，顧力不能，〔五〕可殫誅邪！」〔六〕上乃赦之。

〔一〕【補注】先謙曰：詔齊王肥捕之也。史記「召」作「捕」。

〔二〕師古曰：若，汝也。

〔三〕【補注】先謙曰：史記作「跖之狗吠堯，堯非不仁，狗固吠非其主」。

〔四〕張晏曰：以鹿喻帝位。

〔五〕師古曰：顧，念也。

〔六〕師古曰：殫，盡也。

至齊悼惠王時，曹參爲相，禮下賢人，請通爲客。

初，齊王田榮怨項羽，謀舉兵畔之，劫齊士，不與者死。〔一〕齊處士東郭先生、梁石君在劫中，强從。及田榮敗，二人醜之，〔二〕相與入深山隱居。客謂通曰：「先生之於曹相國，拾遺舉過，顯賢進能，齊國莫若先生者。先生知梁石君、東郭先生世俗所不及，何不進之於相國乎？」通曰：「諾。臣之里婦，與里之諸母相善也。里婦夜亡肉，姑以爲盜，怒而逐之。婦晨去，過所善諸母，語以事而謝之。〔三〕里母曰：『女安行，〔四〕我今令而家追女矣。』〔五〕即束緼請火於亡肉家，〔六〕曰：『昨暮夜，犬得肉，爭鬬相殺，請火治之。』〔七〕亡肉家遽追呼其婦。〔八〕故里母非談説之士也，束緼乞火非還婦之道也，然物有相感，事有適可。臣請乞火於曹相國。」乃見相國曰：「婦人有夫死三日而嫁者，有幽居守寡不出門者，足下即欲求婦，何取？」曰：「取不嫁者。」通曰：「然則求臣亦猶是也，彼東郭先生、梁石君，齊之俊士也，隱居不嫁，〔九〕未嘗卑節下意以求仕也。願足下使人禮之。」曹相國曰：「敬受命。」皆以爲上賓。

〔一〕師古曰：劫而取之，不從則殺也。

〔二〕師古曰：自恥從亂，以爲醜惡也。

〔三〕師古曰：謝謂告辭也。

〔四〕師古曰：安，徐也。【補注】先謙曰：詩云「爾之安行」。

〔五〕師古曰：而亦汝。

〔六〕師古曰：緼，亂麻，音於粉反。【補注】先謙曰：緼與蘊通。文選西京賦「既蘊崇之，又行火焉」是也。

〔七〕師古曰：治謂燖治死犬。燖音似廉反。

〔八〕師古曰：遽，速也。

〔九〕【補注】洪亮吉曰：案列子言「嫁于衞」，意同。爾雅「嫁，往也」。方言「自家而出謂之嫁」。

通論戰國時說士權變，亦自序其說，凡八十一首，號曰雋永。〔一〕

〔一〕師古曰：雋音字兗反。雋，肥肉也。永，長也。言其所論甘美而義深長也。

初，通善齊人安其生，〔一〕安其生嘗干項羽，羽不能用其策。而項羽欲封此兩人，〔二〕兩人卒不肯受。

〔一〕【補注】先謙曰：史記、漢紀作「安期生」。

〔二〕【補注】先謙曰：通及安其生。

伍被，楚人也。〔一〕或言其先伍子胥後也。被以材能稱，爲淮南中郎。是時淮南王安好

術學，折節下士，招致英雋以百數，被爲冠首。〔二〕

〔一〕師古曰：被音皮義反。

〔二〕師古曰：最居其上也。

久之，淮南王陰有邪謀，被數微諫。〔一〕後王坐東宮，召被欲與計事，呼之曰：「將軍上。」〔二〕被曰：「王安得亡國之言乎？〔三〕昔子胥諫吳王，吳王不用，乃曰『臣今見麋鹿游姑蘇之臺也』。〔四〕今臣亦將見宮中生荊棘，露霑衣也。」於是王怒，繫被父母，囚之三月。

〔一〕師古曰：私諫之。【補注】先謙曰：微，密也。

〔二〕【補注】周壽昌曰：漢制，諸侯王國止有中尉掌武職，無將軍。將軍天子之官也。淮南王僭呼伍被，故被以亡國爲言。衡山王傳「號其子孝曰將軍」，時王有逆計也。

〔三〕【補注】先謙曰：據史記淮南王傳，王以謀反斥雷被事削邑，復召被與謀。被曰「上寬赦大王，王復安得此亡國之語乎」？

〔四〕張晏曰：吳臺名也。師古曰：吳地記云「因山爲名，西南去國三十五里」。

王復召被曰：「將軍許寡人乎？」（對）〔被〕曰：「不，臣將爲大王畫計耳。〔一〕臣聞聰者聽於無聲，明者見於未形，〔二〕故聖人萬舉而萬全。文王壹動而功顯萬世，列爲三王，所謂因天心以動作者也。」王曰：「方今漢庭治乎？亂乎？」〔三〕被曰：「天下治。」王不說〔四〕曰：「公何以言治也？」被對曰：「被竊觀朝廷，君臣父子夫婦長幼之序〔五〕皆得其理，上之舉錯遵古之道，〔六〕風俗紀綱未有所缺。重裝富賈周流天下，道無不通，交易之道行。南越賓服，羌、僰貢獻，東甌入朝，〔七〕廣長榆，〔八〕開朔方，匈奴折傷。雖未及古太平時，然猶爲治。」〔九〕王怒，被謝死罪。

〔一〕【補注】先謙曰：官本「不臣」作「小臣」。引宋祁曰：「越本作『下臣』」。先謙案，作「不」是。不即否字，王問被「許寡人乎」？而被答以否也。史記作「被曰：不直來，爲大王畫耳」，是其明證。下文亦止稱臣，不云小臣、下臣也。小、下二字皆後人以「不」字爲誤而改之耳。

〔二〕師古曰：言智慮通達，事未形兆，皆預見之。【補注】先謙曰：官本「預」作「豫」，是。無「之」字。

〔三〕【補注】先謙曰：史記「庭」作「廷」，是。下「漢廷」不誤。又此文與史記序次不同，皆班氏刪改，不備載。

〔四〕師古曰：説讀曰悦。

〔五〕【補注】先謙曰：官本有「也」字。引宋祁曰：新本去「也」字。

〔六〕師古曰：錯音千故反。

〔七〕師古曰：僰，西南夷也，音蒲北反。

〔八〕如淳曰：廣謂斥大之也。長榆，塞名。王恢所謂樹榆以爲塞者也。師古曰：長榆在朔方，即衞青傳所云榆谿舊塞是也。或謂之榆中。

〔九〕【補注】宋祁曰：浙本句末有「也」字。

王又曰：「山東即有變，漢必使大將軍將而制山東，公以爲大將軍何如人也？」被曰：「臣所善黄義，從大將軍擊匈奴，言大將軍遇士大夫以禮，與士卒有恩，衆皆樂爲用。騎上下山如飛，材力絶人如此，〔一〕數將習兵，未易當也。及謁者曹梁使長安來，言大將軍號令明，當敵勇，常爲士卒先；須士卒休，乃舍；穿井得水，乃敢飲；軍罷，士卒已踰河，乃度。皇太后所賜金錢，盡以賞賜。雖古名將不過也。」王曰：「夫蓼太子〔二〕知略不世出，非常人也，以爲漢廷公卿列侯皆如沐猴而冠耳。」被曰：「獨先刺大將軍，乃可舉事。」

〔一〕【補注】先謙曰：官本作「神力」。引宋祁曰：一本作「材力絶人」，一本作「人材如此」，浙本作「身材如此」。先謙案，史記作「材幹絶人，被以爲材能如此」。

〔二〕服虔曰：「淮南太子也。」文穎曰：食采於此，或言外家姓也。師古曰：蓼自地名，而王之太子豈以食地爲號？文言外家姓，近爲得之，亦猶漢之栗太子也。

王復問被曰：「公以爲吴舉兵非邪？」被曰：「非也。夫吴王賜號爲劉氏祭酒，〔一〕受几杖而不朝，王四郡之衆，地方數千里，采山銅以爲錢，煮海水以爲鹽，伐江陵之木以爲船，國富民衆，行珍寶，賂諸侯，與七國合從，〔二〕舉兵而西，破大梁，敗狐父，〔三〕奔走而還，爲越所禽，死於丹徒，〔四〕頭足異處，身滅祀絶，爲天下戮。〔五〕夫以吴衆不能成功者，何也？誠逆天違衆而不見時也。」〔六〕王曰：「男子之所死者，一言耳。〔七〕且吴何知反？漢將一日過成皋者四十餘人。〔八〕今我令緩先要成皋之口，〔九〕周被下潁川兵塞轘轅、伊闕之道，陳定發南陽兵守武關。河南太守獨有雒陽耳，〔一〇〕何足憂？然此北尚有臨晉關、河東、上黨與河内、趙國界者通谷數行。〔一一〕人言『絶成皋之道，天下不通』。據三川之險，招天下之兵，公以爲何如？」對曰：「臣見其禍，未見其福也。」

〔一〕應劭曰：禮，飲酒必祭，示有先也，故稱祭酒，尊之也。如淳曰：祭祠時唯尊長者以酒沃酹。師古曰：如説是也。

〔二〕【補注】先謙曰：去吴則爲六國，「七」當爲「六」字之誤也。鄒陽傳亦誤，可互證。

〔三〕師古曰：在梁、碭之閒也。父音甫。

〔四〕師古曰：即今潤州丹徒縣也。

〔五〕師古曰：天下之人皆共戮之。一曰天下之大戮也。

〔六〕【補注】先謙曰：不見時，猶言不知時。史記作「不知」。

〔七〕張晏曰：不成即死，一言耳。臣瓚曰：或有一言，云以死報也。師古曰：二説死，竝非也。言男子感氣，相許一言，不顧其死。或曰，一言之恨，不顧危亡，以此致死也。【補注】劉攽曰：此言所死雖不同，等是死耳。王文彬曰：言男子所甘心赴死者，即決於反之一言耳。諸説皆未晰。先謙曰：集解引瓚注作「或有一言之交，以死報之矣」。

〔八〕師古曰：言不知塞成皋口，而令漢將得出之，是不知反計也。

〔九〕韋昭曰：淮南臣名也。師古曰：緩者，名也，不言其姓。今流俗書本於「緩」上妄加「樓」字，非也。【補注】先謙曰：史記作「樓緩」。集解「駰案，漢書直云『緩』，無『樓』字。樓緩乃六國時人，疑此後人所益也」。先謙案，裴在顔前，所見漢書如此，則本書無「樓」字明矣。據下周被、陳定，此不應獨稱名，或班書偶佚之。史記所稱容與六國時人先後同名，必併史記疑爲後人所益，亦未必然也。

〔一〇〕師古曰：如此計則漢河南郡唯有雒陽在耳，餘皆不屬。

〔一一〕如淳曰：言此北尚嶮阻，其谿谷可得通行者有數處。【補注】王念孫曰：案如以行爲可得通行，則數行二字義不相屬，故增字以釋之曰「可得通行者有數處」，殆失之迂矣。余謂爾雅、毛傳竝云「行道也，通谷」。數行，言谿谷之可通者有數道也。

後漢逮淮南王孫建，繫治之。王恐陰事泄，謂被曰：「事至，吾欲遂發。天下勞苦有閒矣，〔一〕諸侯頗有失行，皆自疑，我舉兵西鄉，必有應者；〔二〕無應，即還略衡山。勢不得不發。」〔三〕被曰：「略衡山以擊廬江，〔四〕有尋陽之船，〔五〕守下雉之城，〔六〕結九江之浦，〔七〕絶豫章之口，〔八〕强弩臨江而守，以禁南郡之下，東保會稽，南通勁越，屈强江淮閒，〔九〕可以延歲月之壽耳，未見其福也。」王曰：「左吴、趙賢、朱驕如皆以爲什八九成，〔一〇〕公獨以爲無福，何？」被曰：「大王之羣臣近幸素能使衆者，皆前繫詔獄，餘無可用者。」王曰：「陳勝、吴廣無立錐之地，百人之聚，起於大澤，奮臂大呼，天下響應，〔一一〕西至於戲而兵百二十萬。今吾國雖小，勝兵可得二十萬，公何以言有禍無福？」被曰：「臣不敢避子胥之誅，願大王無爲吴王之聽。往者秦爲無道，殘賊天下，殺術士，〔一二〕燔詩書，滅聖迹，棄禮義，任刑法，轉海濱之粟，致于西河。〔一三〕當是之時，男子疾耕不足於糧餽，〔一四〕女子紡績不足於蓋形。遣蒙恬築長城，東西數千里。暴兵露師，常數十萬，死者不可勝數，僵尸滿野，流血千里。於是百姓力屈，〔一五〕欲爲亂者十室而五。又使徐福入海求仙藥，多齎珍寶，童男女三千人，五種百工而行。〔一六〕徐福得平原大澤，止王不來。〔一七〕於是百姓悲痛愁思，欲爲亂者十室而六。又使尉佗踰五嶺，攻百越，〔一八〕尉佗知中國勞極，止王南越。〔一九〕行者不還，往者莫返，於是百姓離心瓦解，欲爲亂者十室而七。興萬乘之駕，作阿房之宮，收太半之賦，發閭左之戍。〔二〇〕父不寧子，兄不安弟，〔二一〕政苛刑慘，民皆引領而望，傾耳而聽，悲號仰天，叩心怨上，〔二二〕欲爲亂者，十室而八。客謂高皇帝曰：『時可矣。』高帝曰：『待之，聖人當起東南。』〔二三〕閒不一歲，陳、吳大呼，〔二四〕劉、項並和，天下嚮應，〔二五〕所謂蹈瑕釁，〔二六〕因秦之亡時而動，百姓願之，若枯旱之望雨，故起於行陳之閒，以成帝王之功。今大王見高祖得天下之易也，獨不觀近世之吳楚乎！當今陛下臨制天下，壹齊海内，汎愛蒸庶，〔二七〕布德施惠。口雖未言，聲疾雷震；令雖未出，化馳如神。心有所懷，威動千里；下之應上，猶景嚮也。〔二八〕而大將軍材能非直章邯、楊熊也。〔二九〕王以陳勝、吳廣論之，被以爲過矣。〔三〇〕且大王之兵衆不能什分吳楚之一，天下安寧又萬倍於秦時。願王用臣之計。臣聞箕子過故國而悲，作麥秀之歌，〔三一〕痛紂之不用王子比干之言也。故孟子曰，紂貴爲天子，死曾不如匹夫。〔三二〕是紂先自絶久矣，非死之日天去之也。今臣亦竊悲大王棄千乘之君，將賜絶命之書，〔三三〕爲羣臣先，〔三四〕身死于東宮也。」〔三五〕被因流涕而起。〔三六〕

〔一〕如淳曰：言天下勞苦，人心有閒隙，易動亂。師古曰：此説非也。有閒，猶言中間已有也。故謂此者乃爲閒也。【補注】宋祁曰：浙本注文「此者」作「比者」。先謙曰：顔注「中閒已有」當爲「中已有閒」，有閒即謂有隙可乘。

〔二〕師古曰：鄉讀曰嚮。

〔三〕【補注】先謙曰：史記作「即無應柰何」。衡山傳云衡山王賜恐爲所并，以知淮南本謀也。

〔四〕【補注】先謙曰：「盧」誤，官本及史記作「廬」。

〔五〕【補注】沈欽韓曰：通典「漢尋陽故縣在江北，今蘄春郡界。晉温嶠移於江南」。先謙曰：尋陽，廬江縣，今黄州府黄梅縣北。
〔六〕孟康曰：下雉，江夏縣名。師古曰：雉音羊氏反。【補注】先謙曰：下雉，江夏縣，今武昌府興國州東南。
〔七〕【補注】先謙曰：九江詳地理志。
〔八〕【補注】先謙曰：正義「即彭蠡湖口，北流出大江者」。
〔九〕師古曰：屈音具勿反。
〔一〇〕師古曰：吴、賢、驕如，王之三臣也。【補注】先謙曰：史記作「皆以爲有福，什事九成」。
〔一一〕師古曰：呼音火故反。 鄉讀曰嚮。
〔一二〕【補注】先謙曰：有道術之士，謂儒生也。
〔一三〕師古曰：瀕，涯也。海濱謂緣海涯之地。瀕音頻，又音賓。
〔一四〕師古曰：餽亦饋字也。
〔一五〕師古曰：屈，盡也，音其勿反。【補注】先謙曰：屈字雙聲，不當爲「其」，上注文「音具勿反」，「其」乃「具」字之誤。廣韻「區勿切」，集韻「渠勿切」，區、渠、具，音一也。
〔一六〕師古曰：五種，五穀之種也。
〔一七〕【補注】先謙曰：正義引括地志云「亶州在東海中，秦始皇遣徐福將童男女，遂止此州。其後復有數洲，萬家其上，人有至會稽市易者」。
〔一八〕師古曰：五嶺解在張耳傳。
〔一九〕師古曰：南越傳云「南海尉任囂謂趙佗曰『聞陳勝等作亂，豪桀叛秦相立』，即被佗書行南海尉事。囂死後，佗始自爲王」。今此乃言尉佗先王，陳勝乃反，此蓋伍被一時對辭，不究其實也。【補注】沈欽韓曰：據淮南人閒訓「秦皇使尉屠睢伐越，三年不解甲弛弩。越人攻秦，大破之，殺尉屠睢」，與尉佗事不相涉。嚴助傳「淮南王諫伐閩越」，亦言之。淮南書即伍被等所撰。然則被令陳辭，無容不知而妄說趙佗也。先謙曰：史記此下「使人上書求女無夫家者三萬人，以爲士卒衣補，秦皇帝可其萬五千人」三句。安踰嶺攻越，佗亦從役，惟止王在後耳。此文不言王越，即爲無累。辨士之言，難可徵實也。

〔二〇〕師古曰：閭左解在食貨志。

〔二一〕師古曰：言不能相保。

〔二二〕師古曰：叩，擊也。

〔二三〕【補注】沈欽韓曰：易緯通卦驗云「亡行之名合胡誰，代者起東南」。周壽昌曰：高帝先幾後發，可補本紀所未及。

〔二四〕師古曰：中閒不經一歲也。呼音火故反。

〔二五〕師古曰：和音胡計反。嚮讀曰響。【補注】先謙曰：「計」，官本作「卧」，是。

〔二六〕【補注】先謙曰：史記作「蹈瑕候閒」。

〔二七〕師古曰：氾，普也。蒸亦衆也。氾音敷劒反。

〔二八〕師古曰：言如影之隨形，響之應聲，嚮讀曰響。

〔二九〕【補注】先謙曰：官本「楊」作「揚」。考證云「揚」應作「楊」。楊熊秦將，見高紀。先謙案，漢書從木、從手之字多通作，非誤字。樊噲夏侯嬰傳亦作揚熊。其作「楊」者，後人所改。獨楊雄作揚雄不改，後遂以爲與楊異姓矣。

〔三〇〕師古曰：過，誤也。

〔三一〕張晏曰：箕子將朝周，過殷故都，見麥及禾黍，心悲，乃作歌曰：「麥秀之漸漸兮，黍苗之繩繩兮，彼狡童兮，不與我好兮。」狡童謂紂也。【補注】沈欽韓曰：書大傳以爲微子作。先謙曰：史記正作「微子」。

〔三二〕【補注】錢大昭曰：今孟子無此文，或曰孟子外篇文。止此二句，下是伍被引伸之詞。王氏藝文志攷證合下二句，皆爲孟子，非是。

〔三三〕【補注】先謙曰：言上賜之。

〔三四〕師古曰：在羣臣先死。【補注】宋祁曰：浙本注文「先死」作「前死」。

〔三五〕如淳曰：王時所居也。

〔三六〕【補注】先謙曰：史記云「於是王氣怨結而不揚，涕滿匡而橫流，即起歷階而去」。與此不同。

後王復召問被：「苟如公言，不可以徼幸邪？」〔一〕被曰：「必不得已，被有愚計。」王曰：「柰何？」被曰：「當今諸侯無異心，百姓無怨氣。朔方之郡土地廣美，民徙者不足以實其地。可爲丞相、御史請書，〔二〕徙郡國豪桀及耐罪以上，〔三〕以赦令除，家產五十萬以上者，皆徙其家屬朔方之郡，〔四〕益發甲卒，急其會日。〔五〕又僞爲左右都司空上林中都官詔獄書，〔六〕逮諸侯太子及幸臣。〔七〕如此，則民怨，諸侯懼，即使辯士隨而說之，〔八〕黨可以徼幸。」〔九〕王曰：「此可也。雖然，吾以不至若此，專發而已。」〔一〇〕後事發覺，被詣吏自告與淮南王謀反蹤跡如此。〔一一〕天子以伍被雅辭多引漢美，欲勿誅。張湯進曰：「被首爲王畫反計，罪無赦。」遂誅被。

〔一〕師古曰：徼，要也。幸，非望之福也。

〔二〕師古曰：謂詐爲此文書令徙人也。【補注】先謙曰：請，奏請也。詐爲丞相、御史奏請徙人之書。

〔三〕【補注】先謙曰：官本引宋祁曰「耐，解在高紀解」。先謙案，下「解」字衍。

〔四〕師古曰：以赦令除，謂遇赦免罪者。【補注】先謙曰：史記作「赦令除其罪」。

〔五〕師古曰：促其期日。

〔六〕晉灼曰：百官表，宗正有左右都司空，上林有水司空，皆主囚徒官也。師古曰：中都官，京師諸官府。【補注】宋祁曰：趙本無「僞」字，今謝本、郭本亦無。先謙曰：左右都司空者，左右司空及都司空也。百官表宗正屬官都司空，無左右二字。少府乃有左右司空，晉説非也。又表云「(護軍都尉)〔司隸校尉〕，武帝征和四年初置，持節，從中都官徒千二百人，捕巫蠱，督大姦猾」。顔注亦云「中都官，京師諸官府也」。先謙案，文云「上林中都官」，疑「上林」二字不當如晉注連上爲文。「中都官」亦不當訓「京師諸官府」，或中都官自屬上林，後隸護軍都尉也。若如顔説，則但稱中都官，即可以該諸官府，何必更言左右都司空乎？

〔七〕師古曰：追對獄。【補注】先謙曰：幸臣，親近用事之臣。

〔八〕【補注】先謙曰：史記作「辯武」。徐廣注：「淮南人名士曰『武』。」

〔九〕師古曰：黨讀曰儻。

〔一〇〕師古曰：言不須爲此詐，直自發兵而已。

〔一一〕【補注】先謙曰：「縱」誤，官本作「蹤」。

江充字次倩，趙國邯鄲人也。〔一〕充本名齊，有女弟善鼓琴歌舞，嫁之趙太子丹。齊得幸於敬肅王，爲上客。〔二〕久之，太子疑齊以己陰私告王，與齊忤，〔三〕使吏逐捕齊，不得，收繫其父兄，按驗，皆棄市。齊遂絶迹亡，西入關，更名充。詣闕告太子丹與同産姊及王後宮姦亂，交通郡國豪猾，攻剽爲姦，〔四〕吏不能禁。書奏，天子怒，遣使者詔郡發吏卒圍趙王宮，收捕太子丹，移繫魏郡詔獄，與廷尉雜治，法至死。

〔一〕師古曰：倩音千見反。

〔二〕【補注】先謙曰：彭祖謚敬肅。

〔三〕師古曰：言相乖。【補注】宋祁曰：「言」當作「意」。

〔四〕師古曰：剽，劫也，音頻妙反。【補注】先謙曰：官本「王」作「至」。引宋祁曰「至後宮」，姚本「至」作「王」。

趙王彭祖，帝異母兄也，〔一〕上書訟太子丹，言「充逋逃小臣，苟爲姦譎，激怒聖朝，〔二〕欲取必於萬乘以復私怨。〔三〕後雖亨醢，計猶不悔。臣願選從趙國勇敢士，〔四〕從軍擊匈奴，極盡死力，以贖丹罪。」上不許，竟敗趙太子。〔五〕

〔一〕【補注】宋祁曰：別本「也」作「弟」。

〔二〕師古曰：譎，古詐字也。

〔三〕師古曰：取必，謂必取勝也。復，報也，音扶目反。

〔四〕師古曰：選取勇敢之士已自隨。【補注】先謙曰：已、目字同。官本作「以」。

〔五〕張晏曰：雖遇赦，終見廢也。【補注】先謙曰：詳景十三王傳。

初，充召見犬臺宮，〔一〕自請願以所常被服冠見上。〔二〕上許之。充衣紗縠襌衣，〔三〕曲裾後垂交輸，〔四〕冠襌纚步摇冠，飛翮之纓。〔五〕充爲人魁岸，容貌甚壯。〔六〕帝望見而異之，謂左右曰：「燕趙固多奇士。」既至前，問以當世政事，上説之。

〔一〕晉灼曰：黄圖「上林有犬臺宮，外有走狗觀也」。師古曰：今書本「犬臺」有作「太壹」字者，誤也。漢無太壹宮也。

【補注】周壽昌曰：黄圖「犬臺宮在長安西二十八里」。

〔二〕師古曰：被音皮義反。【補注】宋祁曰：「冠」字上當有「衣」字。王念孫曰：宋説是也。既言被服，則當有衣字。下文「衣紗縠襌衣」，即承此衣字言之。脱去衣字，則上與被服不相屬，下與襌衣不相應矣。御覽居處部一引此，無衣字，亦後人以誤本漢書删之。其人事部二十、布帛部三引此，皆有衣字。

〔三〕師古曰：紗縠，紡絲而織之也。輕者爲紗，縐者爲縠。襌衣，制若今之朝服中襌也。漢官儀曰「武賁中郎將衣紗縠襌衣」。襌音單，字從衣。次下亦同。

〔四〕張晏曰：曲裾者，如婦人衣也。如淳曰：交輸，割正幅，使一頭狹若燕尾，垂之兩旁，見於後，是禮深衣「績衽鉤邊」。賈逵謂之「衣圭」。蘇林曰：交輸，如今新婦袍上挂全幅繒角割，名曰交輸裁也。師古曰：如、蘇二説皆是也。【補注】沈欽韓曰：晏子問篇「衣不務於隅肶之削」。淮南本經訓「衣無隅差之削」。釋名「裾，倨倨然直」，則裾本直也。曲裾者，深衣注云「鉤邊若今曲裾也」。正義云「是今朝服之曲裾，蓋古制本直裾，元端服是也。曲裾則深衣之制，而漢明帝以爲朱衣朝服後垂直」。釋名云「婦人上服曰袿，其下垂者，上廣下狹如刀圭也」。交輸者，玉藻「衽當旁」注「衽謂裳幅所交裂也。凡衽者，或殺而下，或殺而上，是以小要取名焉」。正義云「幅廣二尺二寸，一幅破爲二，四邊各去一寸，餘有一尺八寸，每幅交解之，闊頭尺二寸，狹頭廣六寸，裳幅下廣尺二寸，上闊六寸，狹頭嚮上交裂一幅而爲之」。按此則一幅斜翦若燕尾，喪服注所云「燕尾二尺五寸」，即交輸裁者也。先謙曰：官本注「績」作「續」，是。

〔五〕服虔曰：冠襌纚，故行步則摇，以鳥羽作纓也。蘇林曰：析翠鳥羽以作蕤也。臣瓚曰：飛翮之纓，謂如蟬翼者也。師古曰：服説是也。纚，織絲爲之，即今方目紗是也。纚音山爾反。摇音戈招反。【補注】沈欽韓曰：士冠禮注「纚一幅長六尺，足以韜髮而結之」。按以襌纚束髮訖，然後加冠笄，充復以首飾，若步摇之冠也。服以襌纚即是冠，非也。先謙曰：上「冠」古玩反，下「冠」如字。步摇，冠名。晉書載記慕容廆傳「時燕、代多冠步摇冠，莫護跋見而好之，乃斂髮襲冠，諸部因呼之爲步摇，其後音訛，遂爲慕容焉」。充，趙人，與燕、代密邇，則步摇冠乃其鄉俗，故是充所常被服也。官本注「戈」作「弋」，是。

〔六〕師古曰：魁，大也。岸者，有廉棱如崖岸之形。

充因自請，願使匈奴。詔問其狀，充對曰：「因變制宜，以敵爲師，事不可豫圖。」上以充爲謁者，使匈奴還，拜爲直指繡衣使者，督三輔盜賊，禁察踰侈。貴戚近臣多奢僭，充皆舉劾，奏請没入車馬，令身待北軍擊匈奴。〔一〕奏可。充即移書光禄勳中黄門，逮名近臣侍中諸當詣北軍者，〔二〕移劾門衛，〔三〕禁止無令得出入宫殿。於是貴戚子弟惶恐，皆見上叩頭求哀，願得入錢贖罪。上許之，令各以秩次輸錢北軍，凡數千萬。上以充忠直，奉法不阿，所言中意。〔四〕

〔一〕文穎曰：令貴戚身待於北軍也。

〔二〕【補注】宋祁曰：浙本「名」作「召」。

〔三〕【補注】先謙曰：以所奏劾移文於門衛也。

〔四〕師古曰：中，當也。

充出，逢館陶長公主行馳道中。〔一〕充呵問之，公主曰：「有太后詔。」〔二〕充曰：「獨公主得行，車騎皆不得。」〔三〕盡劾没入官。〔四〕

〔一〕師古曰：武帝之姑，即陳皇后母也。【補注】陳景雲曰：案功臣表，館陶公主子堂邑侯陳季須，元鼎元年坐母公主卒，服未除云云，即主卒於元狩之末，及江充貴幸，主没已十餘年。「館陶」字誤無疑。
〔二〕【補注】劉攽曰：是時太后已崩，言太后詔者，素得此詔許其行馳道中也。
〔三〕師古曰：從公主之車騎也。
〔四〕如淳曰：令乙，騎乘車馬行馳道中，已論者没入車馬被具。

後充從上甘泉，〔一〕逢太子家使〔二〕乘車馬行馳道中，充以屬吏。〔三〕太子聞之，使人謝充曰：「非愛車馬，誠不欲令上聞之，以教敕亡素者。〔四〕唯江君寬之！」充不聽，遂白奏。上曰：「人臣當如是矣。」大見信用，威震京師。

〔一〕師古曰：甘泉在北山，故言上也。他皆類此。【補注】錢大昕曰：「後」，閩本作「先」。周壽昌曰：從上，從帝也。充時在上側，得行其讒搆也。顔説誤。
〔二〕師古曰：太子遣人之甘泉請問者也。使音山吏反。
〔三〕師古曰：屬音之欲反。
〔四〕師古曰：言素不教敕左右。

遷爲水衡都尉，宗族知友多得其力者。久之，坐法免。〔一〕

〔一〕【補注】先謙曰：公卿表「太始三年，直指使者江充爲水衡都尉，五年爲太子所斬」。不云「前坐法免」。與傳異。

會陽陵朱安世告丞相公孫賀子太僕敬聲爲巫蠱事，連及陽石、諸邑公主，賀父子皆坐誅。語在賀傳。後上幸甘泉，疾病，充見上年老，恐晏駕後爲太子所誅，因是爲姦，奏言上疾祟在巫蠱。〔一〕於是上以充爲使者治巫蠱。充將胡巫掘地求偶人，〔二〕捕蠱及夜祠，視鬼，染汙令有處，〔三〕輒收捕驗治，燒鐵鉗灼，强服之。〔四〕民轉相誣以巫蠱，吏輒劾以大逆亡道，坐而死者前後數萬人。

〔一〕師古曰：祟謂禍咎之徵也。音息遂反，故其字從出、從示。示者，鬼神所以示人也。

〔二〕張晏曰：胡者，言不與華同，故充任使之。【補注】先謙曰：官本注末有「也」字。

〔三〕張晏曰：充捕巫蠱及夜祭祠祝詛者，令胡巫視鬼，詐以酒醊地，令有處也。師古曰：捕夜祠及視鬼之人，而充遣巫汙染地上，爲祠祭之處，以誣其人也。【補注】先謙曰：二説皆非也。巫能視鬼，故田蚡傳「蚡疾，一身盡痛，上使視鬼者瞻之」是也。夜祠者，夜祠禱而祝詛者也。下息夫躬傳即其證。言捕蠱及夜祠之人，豫埋偶人於其居，又以他物染汙其處，託爲鬼魅之迹，乃使胡巫視鬼所染汙，令共知有埋蠱處，從而掘之。

〔四〕師古曰：以燒鐵或鉗之，或灼之。鉗，鑷也。灼，炙也。鉗音其炎反。

是時，上春秋高，疑左右皆爲蠱祝詛，有與亡，莫敢訟其冤者。充既知上意，因言宮中有蠱氣，先治後宮希幸夫人，以次及皇后，遂掘蠱於太子宮，得桐木人。〔一〕太子懼，不能自明，收充，自臨斬之。罵曰：「趙虜！〔二〕亂乃國王父子不足邪！〔三〕乃復亂吾父子也！」太子繇是遂敗。〔四〕語在戾園傳。〔五〕後武帝知充有詐，夷充三族。

〔一〕師古曰：三輔舊事云「充使胡巫作而薶之」。

〔二〕【補注】周壽昌曰：漢世斥人曰虜。充趙人，呼爲趙虜，猶婁敬齊人，高帝斥之曰齊虜也。

〔三〕師古曰：乃，汝也。

〔四〕師古曰：繇讀與由同。

〔五〕師古曰：即武五子傳也。其中敘戾太子後加謚置園邑，故云戾園。

息夫躬字子微，河内河陽人也。少爲博士弟子，受春秋，通覽記書。〔一〕容貌壯麗，爲衆所異。

〔一〕師古曰：傳記及諸家之書。

哀帝初即位，皇后父特進孔鄉侯傅晏與躬同郡，相友善，躬繇是以爲援，交游日廣。〔一〕先是，長安孫寵亦以游説顯名，免汝南太守，〔二〕與躬相結，俱上書，召待詔。是時哀帝被疾，始即位，而人有告中山孝王太后祝詛上，太后及弟宜鄉侯馮參皆自殺，其罪不明。〔三〕是後無鹽危山有石自立，開道。〔四〕躬與寵謀曰：「上亡繼嗣，體久不平，關東諸侯，心爭陰謀。今無鹽有大石自立，聞邪臣託往事，以爲大山石立而先帝龍興。〔五〕東平王雲以故與其后日夜祠祭祝詛上，〔六〕欲求非望。〔七〕而后舅伍宏反因方術以醫技得幸，出入禁門。霍顯之謀將行於杯杓，〔八〕荆軻之變必起於帷幄。事勢若此，告之必成；發國姦，誅主讎，取封侯之計也。」〔九〕躬、寵乃與中郎右師譚，〔一〇〕共因中常侍宋弘上變事告焉。上惡之，下有司案驗，東平王雲、雲后謁及伍宏等皆坐誅。〔一一〕上擢寵爲南陽太守，譚潁川都尉，弘、躬皆光禄大夫左曹給事中。是時侍中董賢愛幸，上欲侯之，遂下詔云：「躬、寵因賢以聞，封賢爲高安侯，寵爲方陽侯，躬爲宜陵侯，食邑各千户。賜譚爵關内侯，食邑。」丞相王嘉内疑東平獄事，〔一二〕爭不欲侯賢等，語在嘉傳。嘉固言董賢泰盛，寵、躬皆傾覆有佞邪材，〔一三〕恐必撓亂國家，〔一四〕不可任用。嘉以此得罪矣。

〔一〕師古曰：繇讀與由同。
〔二〕師古曰：爲太守免而歸也。
〔三〕【補注】周壽昌曰：中山孝王興，元帝子。馮太后媛本元帝昭儀，馮奉世女。外戚傳云「爲哀帝祖母。傅太后陷以祝詛罪，令自殺」，所謂「其罪不明」也。
〔四〕服虔曰：山開自成道也。張晏曰：從石立之下道徑自通也。【補注】先謙曰：官本「道徑」作「徑道」。
〔五〕師古曰：言邪人有此私議。【補注】周壽昌曰：「先」當作「宣」。
〔六〕【補注】先謙曰：雲，思王宇子，宣帝孫。
〔七〕師古曰：言求帝位也。
〔八〕師古曰：杓，所以抒挹也，字與勺同，音上灼反。
〔九〕【補注】先謙曰：「發」，官本作「祭」。引宋祁曰：「祭」當作「發」。
〔一〇〕張晏曰：右師，姓。譚，名也。
〔一一〕師古曰：謁者，后之名也。
〔一二〕師古曰：疑不實也。
〔一三〕【補注】先謙曰：傾覆，言傾險反覆也。
〔一四〕師古曰：撓，攪也。撓音呼高反。

躬既親近，數進見言事，論議亡所避。衆畏其口，見之仄目。〔一〕躬上疏歷詆公卿大臣，〔二〕曰：「方今丞相王嘉健而蓄縮，不可用。〔三〕御史大夫賈延墯弱不任職。左將軍公孫祿、司隸鮑宣皆外有直項之名，内實騃不曉政事。〔四〕諸曹以下僕遬不足數。〔五〕卒有彊弩圍城，長戟指闕，〔六〕陛下誰與備之？如使狂夫嘄謼於東崖，〔七〕匈奴飲馬於渭水，邊竟雷動，四野風起，〔八〕京師雖有武蠭精兵，〔九〕未有能窺左足而先應者也。〔一〇〕軍書交馳而輻湊，羽檄重迹而押至，〔一一〕小夫懦臣之徒憒眊不知所爲。〔一二〕其有犬馬之決者，仰藥而伏刃，〔一三〕雖加夷滅之誅，何益禍敗之至哉！」

〔一〕師古曰：仄，古側字也。
〔二〕師古曰：詆謂毀呰也，音丁禮反。
〔三〕師古曰：蓄縮，謂恚於事也。
〔四〕師古曰：騃，愚也，音五駭反。
〔五〕師古曰：僕遬，凡短之貌也。僕音步木反。遬，古速字。【補注】錢大昭曰：詩林有「樸樕」。毛傳，「樕，小木也」。「僕遬」與「樸樕」字異而義同，謂其材小弱不任用。沈欽韓曰：「僕遬」字當爲「樸樕」，杜牧集上吏部高尚書狀「人惟樸樕」，又賀平党項表「臣僻在小郡，樸樕散材」，皆用此。尉繚子「吴起與秦人戰，僕樕之蓋，足以蔽霜露」，亦謂以小材作蓋。
〔六〕師古曰：卒讀曰猝。
〔七〕師古曰：東崖謂東海之邊也。嘄，古叫字。謼音火故反。【補注】錢大昭曰：説文「嘄，聲嘄嘄也」。王念孫曰：東崖猶東方耳，非必東海之邊也。廣雅「厓，方也」，是厓與方同義。故文選蘇武詩曰「各在天一方」。古詩曰「各在天一涯」。李善注引廣雅「涯方曰厓，並與崖通」。先謙曰：「東崖」，王說是，謂關東郡國也。

〔八〕師古曰：竟讀曰境。

〔九〕【補注】沈欽韓曰：蠭是鋒之借字。後漢竇融傳「竺曾爲武鋒將軍」。

〔一〇〕蘇林曰：窺音跬。師古曰：跬，半步也，言一舉足也，音口婢反。【補注】沈欽韓曰：方言「半步爲跬」。說文「䞨」，同。凡舉足先右，左足未窺，是爲半步。荀子勸學篇「不積蹞步，無以致千里」。蹞同跬。

〔一一〕文穎曰：押音狎習之狎。師古曰：押至，言相因而至也。羽檄，檄之插羽者也。解在高紀。

〔一二〕師古曰：憒，心亂也。眊，目闇也。憒音工內反。眊音莫報反。

〔一三〕師古曰：仰藥，仰首而飲藥。

躬又言：「秦開鄭國渠以富國彊兵，今爲京師，土地肥饒，〔一〕可度地埶水泉，廣溉灌之利。」〔二〕天子使躬持節領護三輔都水。躬立表，欲穿長安城，引漕注太倉下以省轉輸。議不可成，乃止。

〔一〕【補注】先謙曰：官本無「爲」字。

〔二〕師古曰：度音徒各反。

董賢貴幸日盛，丁、傅害其寵，〔一〕孔鄉侯晏與躬謀，欲求居位輔政。會單于當來朝，遣使言病，願朝明年。躬因是而上奏，以爲「單于當以十一月入塞，後以病爲解，〔二〕疑有他變。烏孫兩昆彌弱，卑爰疐强盛，〔三〕居彊煌之地，〔四〕擁十萬之衆，東結單于，遣子往侍。如因素彊之威，循烏孫就屠之迹，〔五〕舉兵南伐，并烏孫之埶也。烏孫并，則匈奴盛，而西域危矣。可令降胡詐爲卑爰疐使者來上書曰：『所以遣子侍單于者，非親信之也，實畏之耳。唯天子哀，〔六〕告單于歸臣侍子。願助戊己校尉保惡都奴之界。』〔七〕因下其章諸將軍，令匈奴客聞焉。則是所謂『上兵伐謀，〔八〕其次伐交』者也」。〔九〕

〔一〕【補注】先謙曰：丁，哀帝母家，傅，祖母家也。詳外戚傳。
〔二〕師古曰：自解説云病。
〔三〕蘇林曰：疐音献嚏之疐。晉灼曰：音詩「載疐其尾」之疐。師古曰：以字言之，晉音是，音竹二反。而匈奴傳服虔乃音獻捷之捷，既已失之。末俗學者又改疐字爲㢑，以應服氏之音，尤離真矣。【補注】宋祁曰：正文「弱」字上當有「微」字。錢大昭曰：「爰」，匈奴傳作「援」。先謙曰：官本「献嚏之疐」作「之嚏」，是。無「詩」字及「獻捷之」三字。
〔四〕臣瓚曰：是其國所都地名。
〔五〕孟康曰：烏孫先王也。【補注】錢大昕曰：孫字衍。
〔六〕師古曰：謂閔念之。
〔七〕【補注】沈欽韓曰：車師前王庭也。後漢爲「伊吾盧」，聲之變。
〔八〕服虔曰：謀者，舉兵伐解之也。師古曰：此説非也。言知敵有謀者，則以事而應之，沮其所爲，不用兵革，所以爲貴耳。
〔九〕師古曰：知敵有外交連結相援者，則閒誤之，令其解散也。【補注】沈欽韓曰：語見孫子謀攻篇。

書奏，上引見躬，召公卿將軍大議。左將軍公孫禄以爲「中國常以威信懷伏夷狄，躬欲逆詐造不信之謀，不可許。且匈奴賴先帝之德，保塞稱蕃。〔一〕今單于以疾病不任奉朝賀，遣使自陳，不失臣子之禮。臣禄自保没身不見匈奴爲邊竟憂也」。〔二〕躬掎禄曰：〔三〕「臣爲國家計幾先，謀將然，〔四〕豫圖未形，〔五〕爲萬世慮。而左將軍公孫禄欲以其犬馬齒保目所見。臣與禄異議，未可同日語也。」上曰：「善。」乃罷羣臣，獨與躬議。

〔一〕【補注】先謙曰：蕃與藩同。

〔二〕師古曰：竟讀曰境。

〔三〕師古曰：掎，從後引之也，謂引躡其言也，音居綺反。

〔四〕張晏曰：幾音冀。師古曰：先謀將然者，謂彼欲有其事，則爲謀策以壞之。【補注】先謙曰：幾如字讀。幾先，謂幾之先見也。躬言「爲國家計於幾先」，謀於將然也。張、顔句讀未明，因而誤解。

〔五〕師古曰：圖，謀也，未有形兆而謀之。

因建言：「往年熒惑守心，太白高而芒光，又角星茀於河鼓，〔一〕其法爲有兵亂。〔二〕是後訛言行詔籌，經歷郡國，〔三〕天下騷動，恐必有非常之變。可遣大將軍行邊兵，敕武備，〔四〕斬一郡守以立威，震四夷，〔五〕因以厭應變異。」〔六〕上然之，以問丞相。丞相嘉對曰：「臣聞動民以行不以言，應天以實不以文。下民微細，猶不可詐，況於上天神明而可欺哉！天之見異，所以敕戒人君，〔七〕欲令覺悟反正，推誠行善。民心説而天意得矣。〔八〕辨士見一端，或妄以意傅著星曆，〔九〕虛造匈奴、烏孫、西羌之難，謀動干戈，設爲權變，非應天之道也。守相有辠，〔一〇〕車馳詣闕，交臂就死，恐懼如此，而談説者云，動安之危，〔一一〕辯口快耳，〔一二〕其實未可從。夫議政者，苦其諂諛傾險辯慧深刻也。〔一三〕諂諛則主德毀，傾險則下怨恨，辯慧則破正道，深刻則傷恩惠。昔秦繆公不從百里奚、蹇叔之言，〔一四〕以敗其師，〔一五〕悔過自責，疾詿誤之臣，思黄髮之言，〔一六〕名垂於後世。唯陛下觀覽古戒，反覆參考，無以先入之語爲主。」〔一七〕

〔一〕師古曰：茀讀與孛同。【補注】先謙曰：哀紀在建平三年。
〔二〕【補注】先謙曰：占驗之法也。
〔三〕【補注】先謙曰：哀紀在四年。
〔四〕師古曰：敕，整也。行音下更反。
〔五〕【補注】先謙曰：震謂警動之。
〔六〕師古曰：厭音一涉反。
〔七〕師古曰：見謂顯示也。
〔八〕師古曰：説讀曰悦。
〔九〕師古曰：傅讀曰附。著音治略反。
〔一〇〕鄧展曰：郡守，諸侯相。
〔一一〕師古曰：之，往也，言搖動安全之計，往就危殆也。【補注】劉攽曰：「云」當疊，「云云」二字即上所説也。
〔一二〕師古曰：苟快聽者之耳。

〔一三〕師古曰：𧬈，古詔字。
〔一四〕師古曰：繆讀曰穆。
〔一五〕師古曰：謂敗於殽。
〔一六〕師古曰：語在秦誓。
〔一七〕師古曰：先入，謂躬先爲此計入於帝耳。

上不聽，遂下詔曰：「閒者災變不息，盜賊衆多，兵革之徵，或頗著見。〔一〕未聞將軍惻然深以爲意，簡練戎士，繕修干戈。〔二〕器用鹽惡，〔三〕孰當督之！〔四〕天下雖安，忘戰必危。將軍與中二千石舉明習兵法有大慮者各一人，將軍二人，詣公車。」〔五〕就拜孔鄉侯傅晏爲大司馬衞將軍，陽安侯丁明又爲大司馬票騎將軍。

〔一〕師古曰：謂玄象。
〔二〕師古曰：繕，補也。
〔三〕鄧展曰：鹽，不堅牢也。師古曰：音公户反。
〔四〕師古曰：督，視察也。
〔五〕師古曰：堪爲將軍者，凡舉二人。【補注】劉攽曰：將軍二人，但謂令將軍舉二人，中二千石一人耳。顔失之。周壽昌曰：既云舉明習兵法有大慮者，尚不足爲將軍耶？此明云「中二千石各舉一人，將軍舉二人」。先謙曰：劉、周説是。哀紀「建平四年冬，詔將軍中二千石舉明兵法有大慮者」，不云舉將軍也。

是日，日有食之，〔一〕董賢因此沮躬、晏之策。後數日，收晏衞將軍印綬，〔二〕而丞相御史奏躬辠過。上繇是惡躬等，〔三〕下詔曰：「南陽太守方陽侯寵，素亡廉聲，有酷惡之資，毒流百姓。左曹光禄大夫宜陵侯躬，虚造詐諼之策，〔四〕欲以詿誤朝廷。皆交遊貴戚，趨權門，爲名。〔五〕其免躬、寵官，遣就國。」

〔一〕【補注】先謙曰：明本爲衞將軍，因以晏爲衞將軍，更明爲票騎將軍，而兩人並大司馬，故云「又」也。據公卿表，在元壽元年正月辛丑。哀紀云「正月辛丑朔，日有蝕之」。

〔二〕【補注】先謙曰：公卿表云，辛亥賜金安車駟馬，免。距辛丑十日。

〔三〕師古曰：繇讀與由同。

〔四〕師古曰：諼，詐辭也，音虚遠反。

〔五〕【補注】先謙曰：交遊，交結奔走之也。爲名，以求名也。

躬歸國，未有第宅，寄居丘亭。〔一〕姦人以爲侯家富，常夜守之。〔二〕躬邑人河内掾賈惠往過躬，教以祝盜方，以桑東南指枝爲匕，〔三〕畫北斗七星其上，躬夜自被髮，立中庭，向北斗，〔四〕持匕招指祝盜。〔五〕人有上書言躬懷怨恨，非笑朝廷所進，〔六〕候星宿，視天子吉凶，〔七〕與巫同祝詛。上遣侍御史、廷尉監逮躬，〔八〕繫雒陽詔獄。欲掠問，躬仰天大謼，〔九〕因僵仆。吏就問，云咽已絶，〔一〇〕血從鼻耳出。食頃，死。〔一一〕黨友謀議相連下獄百餘人。〔一二〕躬母聖，坐祠竈祝詛上，大逆不道。聖弃市，妻充漢與家屬徙合浦。〔一三〕躬同族親屬素所厚者，皆免，廢錮。〔一四〕哀帝崩，有司奏：「方陽侯寵及右師譚等，皆造作姦謀，罪及王者骨肉，雖蒙赦令，不宜處爵位，在中土。」皆免寵等，徙合浦郡。

〔一〕張晏曰：丘亭，野亭名。師古曰：此説非也。丘，空也。
〔二〕師古曰：謂欲盜之，伺其便。
〔三〕師古曰：桑東南出之枝。
〔四〕師古曰：被音皮義反。
〔五〕師古曰：或招或指，所以求福排禍也。
〔六〕【補注】先謙曰：進謂進用之人。
〔七〕【補注】先謙曰：官本「侯」作「候」，是。
〔八〕【補注】先謙曰：百官表「廷尉，有左右監」。
〔九〕師古曰：謼古呼字，音火故反。【補注】宋祁曰：浙本「躬」字下更有「躬」字。
〔一〇〕師古曰：咽，喉嚨，音一千反。
〔一一〕【補注】先謙曰：表云，元壽二年下獄死。
〔一二〕師古曰：親黨及朋友。
〔一三〕【補注】周壽昌曰：充漢，躬妻名。
〔一四〕師古曰：終身不得仕。

初，躬待詔，數危言高論，自恐遭害，著絶命辭曰：〔一〕「玄雲泱鬱，將安歸兮！〔二〕鷹隼横厲，鸞俳佪兮！〔三〕矰若浮猋，動則機兮！〔四〕藂棘棧棧，曷可棲兮！〔五〕發忠忘身，自繞罔兮！冤頸折翼，庸得往兮！〔六〕涕泣流兮萑蘭，〔七〕心結愲兮傷肝。〔八〕虹蜺曜兮日微，〔九〕孽杳冥兮未開。〔一〇〕痛入天兮嗚謼，冤際絶兮誰語！〔一一〕仰天光兮自列，招上帝兮我察。〔一二〕秋風爲我唫，浮雲爲我陰。〔一三〕嗟若是兮欲何留，〔一四〕撫神龍兮攬其須。〔一五〕游曠迥兮反亡期，〔一六〕雄失據兮世我思。」〔一七〕後數年乃死，如其文。

〔一〕【補注】先謙曰：官本下不提行。

〔二〕師古曰：泱鬱，盛貌。泱音焉朗反。【補注】先謙曰：官本「雲」作「靈」。注「焉」作「烏」。

〔三〕師古曰：厲，疾飛也。鸞，神鳥也，赤靈之精，赤色，五采，雞形，鳴中五音。俳佪，謂不得其所也。

〔四〕師古曰：矰，弋射矢也。猋，疾風也。言矰弋張設，其疾若風，動則機發。猋音必遥反。【補注】先謙曰：「猋」當正作「飆」。説文「猋」下云「犬走皃」。「飆」下云「扶摇風也」。初學記引作「疾風也」。一切經音義十六「颷，暴風也」。

〔五〕師古曰：㨨㨨，衆盛貌，音仕巾反。【補注】宋祁曰：「㨨」當作「棧」。王先慎曰：字書無㨨字，宋説是也。列子力命篇張湛注「棧車，謂編木爲之」。此言蓁棘衆盛，如木之編列也。先謙曰：官本「巾」作「山」，是。

〔六〕應劭曰：雖冤頸折翼，庸得不往也。張晏曰：陷於讒人之網，何用得去也。師古曰：冤，屈也。張説是。【補注】沈欽韓曰：列女傳：「陶嬰寡，作歌曰『黄鵠早寡兮，七年不雙；宛頸獨宿兮，不與衆同』。」冤讀同宛。

〔七〕張晏曰：萑蘭，草名也，曼延於地，有所依憑則起。躬怨哀帝不用己爲大臣以置治也。臣瓚曰：萑蘭，泣涕闌干也。師古曰：瓚説是。萑音完。【補注】先謙曰：萑蘭，即汍瀾之異文。李白詩「曲終涕汍瀾」。韓愈詩「念時涕汍瀾」。後人皆作「汍瀾」，無作「萑蘭」者矣。蓋涕泣漫滿，故云汍瀾。楊子法言「陽氣親天，萬物丸蘭」，言萬物盛滿也。「丸蘭」亦「萑蘭」之異文。官本「置」作「致」，是此通作字。

〔八〕師古曰：結愲，亂也。孟康曰：愲音骨。【補注】沈欽韓曰：廣雅「結緭，不解也」。愲同緭。

〔九〕張晏曰：虹蜺，邪陰之氣，而有照曜以蔽日月。云讒言流行，忠良浸微也。【補注】先謙曰：日喻主上，非謂忠良。

〔一〇〕如淳曰：虹蜺覆日光明謂之孽。師古曰：孽，邪氣也，音牛列反。

〔一一〕張晏曰：躬自以被讒枉而與君絶也。師古曰：嗚謼者，以鳥自喻也。誰語，言無所告語也。謼音火故反。語音牛助反。

〔一二〕張晏曰：上帝，天也。招，呼也。師古曰：列謂陳列其本心。

〔一三〕師古曰：唫，古吟字。

〔一四〕師古曰：言變故如是，何用久留而生。

〔一五〕師古曰：擥與擥同，謂執持之。

〔一六〕師古曰：言一死不可復生。【補注】何焯曰：顔説非也。乃高舉遠遊不復反顧之意。觀上「撫神龍」之文，可見班史所謂如其文者，指上「冤頸折翼」，若爲其萌兆耳。先謙曰：官本「迴」作「迴」。引宋祁曰：姚本「迴」作「迴」。

〔一七〕師古曰：雄謂君上也。據謂尊位也。言上失所據，乃思我耳。

贊曰：仲尼「惡利口之覆邦家」，〔一〕蒯通一説而喪三儁，〔二〕其得不亨者，幸也。伍被安於危國，身爲謀主，忠不終而詐讎，〔三〕誅夷不亦宜乎！書放四罪，〔四〕詩歌青蠅，〔五〕春秋以來，禍敗多矣。昔子翬謀桓而魯隱危，〔六〕欒書搆郤而晉厲弒。〔七〕豎牛奔仲，叔孫卒；〔八〕郈伯毀季，昭公逐；〔九〕費忌納女，楚建走；〔一〇〕宰嚭讒胥，夫差喪；〔一一〕李園進妹，春申斃；〔一二〕上官訴屈，懷王執；〔一三〕趙高敗斯，二世縊；〔一四〕伊戾坎盟，宋痤死；〔一五〕江充造蠱，太子殺；息夫作姦，東平誅：皆自小覆大，繇疏陷親，可不懼哉！可不懼哉！〔一六〕

〔一〕應劭曰：事具論語。

〔二〕應劭曰：亨酈食其，敗田横，驕韓信也。【補注】先謙曰：「横」當作「廣」。

〔三〕李奇曰：詐爲王畫策，而讎見納也。師古曰：讎讀曰集。謂被初忠於漢，而不能終，爲王畫詐僞之策，而見納用也。【補注】先謙曰：「集」，官本作「售」，是也。引宋祁曰「注云『售』，姚本作『隻』」。先謙案，「集」又「隻」之譌。

〔四〕師古曰：謂流共工、放驩兜、竄三苗、殛鯀也。事見虞書。【補注】先謙曰：官本「鯀」作「鮌」，是。

〔五〕師古曰：小雅青蠅之詩也。其首章曰「營營青蠅，止於樊。愷悌君子，無信讒言」。蓋蠅之爲蟲，毁汙白黑，以喻佞人變亂善惡。

〔六〕應劭曰：公子翬謂隱公曰：「吾將爲君殺威公，以我爲太宰。」公曰：「爲其少故，今將授之矣。」翬懼，反譖隱公而殺之。【補注】先謙曰：注「桓」作「威」，避宋諱。官本仍作「桓」，後人所改。

〔七〕應劭曰：欒書使楚公子茂語厲公曰：「鄢陵之戰，郤至以爲必敗，欲奉孫周以代君也。」公信之而滅三郤。欒書因是反，弑厲公。【補注】宋祁曰：注文「孫周」，姚本作「孫同」。先謙曰：官本考證云「楚公子茂」，晉語作「楚王子發鉤」。先謙案，「茂」當作「茷」。

〔八〕張晏曰：牛，叔孫穆子之孽子也。仲，正妻子也。牛讒仲，叔孫怒而逐之，奔齊。叔孫病，牛餓殺之。

〔九〕張晏曰：郈昭伯毁季平子於昭公，昭公伐平子不勝，因出奔齊。

〔一〇〕應劭曰：楚平王爲太子建娶於秦，無忌曰「秦女美甚」，勸王自納之，因而構焉，云其怨望，今將畔，令王殺之。【補注】先謙曰：案此注語未了，疑有脱文。

〔一一〕應劭曰：吴將伐齊，子胥諫之。宰嚭曰「伍員自以先王謀臣，心常鞅鞅，臨事沮大衆，冀國之敗」。夫差大怒，賜之屬鏤之劍。其明年越滅吴。

〔一二〕張晏曰：李園，春申君之舍人也，進其妹於春申君。已有身，使妹謂春申君曰：「楚王無子，百年之後，將立兄弟。」

君用事日久，多失禮於王之兄弟，兄弟誠立，禍將及身。今妾有子，人莫知。若進妾於王，後若生男，則君之子爲王也。」春申君乃言之王，召入之，遂生男，立爲太子。後孝烈王薨，李園害春申君之寵，乃刺殺之。【補注】先謙曰：「孝」當爲「考」。

〔一三〕張晏曰：屈平忠而有謀，爲上官子蘭所譖，見放逐。後秦昭誘懷王會於武關，遂執以歸，卒死於秦。

〔一四〕張晏曰：趙高譖殺李斯而代其位，乃使其壻閻樂攻二世於望夷宮，乞爲黔首，不聽，乃縊而死。

〔一五〕李奇曰：伊戾爲太子傅，無寵，欲敗太子，言與楚客盟謀宋，詐歃血加盟書以證之，公以故殺痤。師古曰：痤音在戈反。

〔一六〕師古曰：覆音芳福反。繇與由同。

萬石衛直周張傳第十六

萬石君石奮，〔一〕其父趙人也。趙亡，徙温。〔二〕高祖東擊項籍，過河内，時奮年十五，爲小吏，侍高祖。高祖與語，愛其恭敬，問曰：「若何有？」〔三〕對曰：「有母，不幸失明。家貧。有姊，能鼓瑟。」〔四〕高祖曰：「若能從我乎？」曰：「願盡力。」於是高祖召其姊爲美人，以奮爲中涓，受書謁。〔五〕徙其家長安中戚里，〔六〕以姊爲美人故也。

〔一〕【補注】沈欽韓曰：萬石，非史例也。史公之誤，班當改正。案，嚴延年、馮勤、秦彭家世，並有「萬石」之號。

〔二〕師古曰：温，河内之縣。【補注】先謙曰：今懷慶府温縣西南三十里。

〔三〕師古曰：若，汝也。有何戚屬。

〔四〕【補注】先謙曰：史記作「鼓琴」。

〔五〕師古曰：中涓，官名，主居中而涓潔者也。外有書謁，令奮受之也。涓音蠲。【補注】錢大昭曰：陳平世家云「是時萬石君奮爲漢王中涓，受平謁」，即其事也。

〔六〕師古曰：於上有姻戚者則皆居之，故名其里爲戚里。【補注】劉攽曰：此里偶名戚里爾，高祖以奮姊爲美人，故使居戚里，示有親戚之義。猶武帝時封小史遺鄉，因曰遺汝。周壽昌曰：索隱：「長安記『戚里在城内』。」長安志注云「高祖娶石奮姊爲美人，移家於長安城中，號之曰戚里，帝王之姻戚也」。據此，戚里因石奮家而名。

奮積功勞，孝文時官至太中大夫。無文學，恭謹，舉無與比。〔一〕東陽侯張相如爲太子太傅，免。選可爲傅者，皆推奮爲太子太傅。及孝景即位，以奮爲九卿。迫近，憚之，〔二〕徙奮爲諸侯相。奮長子建，次甲，次乙，次慶，〔三〕皆以馴行孝謹，〔四〕官至二千石。於是景帝曰：「石君及四子皆二千石，人臣尊寵乃舉集其門。」凡號奮爲萬石君。〔五〕

〔一〕張晏曰：舉朝無比也。師古曰：舉，皆也。

〔二〕張晏曰：以其恭敬履度，故難之。【補注】周壽昌曰：以九卿迫近上前，憚其拘謹也。

〔三〕師古曰：史失其名，故云甲乙耳，非其名。【補注】先謙曰：集解引徐廣曰「乙」一作「仁」。

〔四〕師古曰：馴，順也，音巡。【補注】先謙曰：官本注在「二千石」下。

〔五〕師古曰：集，合也。凡，最計也。總合其一門之計，五人爲二千石，故號萬石君。【補注】王文彬曰：集，聚也，「人臣尊寵乃舉聚其門」，即謂一門貴寵耳。不煩曲説。先謙曰：王説是也。「乃舉集其門」句屬下讀，則「人臣尊寵」四字語意不完。且「凡」訓最計，是奮號萬石之義已顯，何必云「總合其一門」乎？

孝景季年，萬石君以上大夫祿歸老于家，以歲時爲朝臣。〔一〕過宮門闕必下車趨，見路馬必軾焉。〔二〕子孫謂小吏，來歸謁，〔三〕萬石君必朝服見之，不名。子孫有過失，不譙讓，爲便坐，〔四〕對案不食。然後諸子相責，因長老肉袒固謝罪，改之，乃許。子孫勝冠者在側，雖燕必冠，申申如也。〔五〕僮僕訢訢如也，〔六〕唯謹。〔七〕上時賜食於家，必稽首俯伏而食，如在上前。

其執喪，哀戚甚。〔八〕子孫遵教，亦如之。萬石君家以孝謹聞乎郡國，雖齊魯諸儒質行，皆自以爲不及也。〔九〕

〔一〕師古曰：豫朝請。【補注】沈欽韓曰：尹文子天道篇「魏王立，賜獻玉者千金，食上大夫祿」。漢無上大夫，通以中大夫二千石者當之。

〔二〕師古曰：路馬，天子路車之馬。軾謂撫軾，蓋爲敬也。【補注】先謙曰：「軾」，史記作「式」，是。

〔三〕【補注】先謙曰：「謂」，官本作「爲」。古謂、爲通用。史記作「爲」。

〔四〕師古曰：便坐，於便側之處，非正室也。

〔五〕師古曰：申申，整勑之貌。【補注】王先惠曰：顏説誤。論語「申申如也」，皇疏「申申，心和也」，集解引馬注「申申，和舒之貌也」，不訓謹敕。此與下文「訢訢」同意，而與「唯謹」反對，言和而有節也。史記「燕」下有「居」字。

〔六〕晉灼曰：許慎云「古欣字也」。師古曰：晉説非也。此訢讀與誾誾同，謹敬之貌也，音牛巾反。【補注】周壽昌曰：顏説非也，宜如晉訓作「欣」，言僮僕皆有欣欣自得之色，乃形容其善化人也。若如顏訓作「謹敬」，則下何必加「唯謹」二字乎？先謙曰：周説是。

〔七〕師古曰：唯以謹敬爲先。

〔八〕師古曰：執喪，猶言持喪服也。禮記曰「執親之喪」。

〔九〕師古曰：質，重也。【補注】王文彬曰：論語「文勝質則野」，皇疏「質，實也」，言齊魯尚實行，猶自以爲不及萬石君家。下文言「儒者文多質少」，兩質字義同。顏説未安。

建元二年，郎中令王臧以文學獲罪皇太后。〔一〕太后以爲儒者文多質少，今萬石君家不言而躬行，乃以長子建爲郎中令，少子慶爲內史。

建老白首，萬石君尚無恙。〔二〕每五日洗沐歸謁親，〔三〕入子舍，〔四〕竊問侍者，取親中帬廁腧，身自澣洒，〔五〕復與侍者，不敢令萬石君知之，以爲常。建奏事於上前，即有可言，屏人乃言極切；〔六〕至廷見，如不能言者。〔七〕上以是親而禮之。

〔一〕張晏曰：竇太后。

〔二〕師古曰：恙，憂病。

〔三〕文穎曰：郎官五日一下。【補注】劉奉世曰：建爲郎中令，慶爲内史，非郎官也。按霍光秉政，亦休沐，然則漢公卿以下皆有休沐也。

〔四〕師古曰：入諸子舍，自其所居也，若今言諸房矣。【補注】沈欽韓曰：禮，命士以上父子異宮，子侍親有退坐之處。太子坐東廂視膳，即子舍也。上文云「謁親」，則在親所，非私室矣。顏説非。先謙曰：官本注「舍」上有「之」字。

〔五〕服虔曰：親身之衣也。蘇林曰：腧音投。賈逵解周官云「腧，行清也」。孟康曰：廁，行清；腧，中受糞函者也。東南人謂鑿木空中如曹謂之腧。晉灼曰：今世謂反門小袖衫爲侯腧。師古曰：親謂父也。中帬，若今言中衣也。廁腧者，近身之小衫，若今汗衫也。蘇音、晉説是矣。洒音先禮反。【補注】沈欽韓曰：孟康謂腧爲受糞函，是也。説文「腧，築牆短版」，蓋糞函以短版爲之。若云腧爲小衫，何故言廁？晉謂反閉小袖衫爲侯腧，按釋名「反閉，襦之小者也，卻向著之，領含於項，反於背後閉其襟也。此今小兒著之，以禦垢汙。又云「齊人謂如衫而小袖曰侯頭」。廣韻「⿰衤侯褕，小衫」，則「侯頭」乃「⿰衤侯褕」之譌，「腧」當爲「褕」矣。是反閉、侯頭，本是二物。又不作腧，聲同而義別。晉説非。李慈銘曰：「清」即今「圊」字，「曹」當作「槽」，「腧」當作「窬」。淮南注「窬，空也」。先謙曰：集解引「腧中受糞函者也」，作「窬行中受糞者也」。下「腧」亦作「窬」。「反門」作「反閉」，是。「侯腧」作「侯窬」，下有「廁此最廁近身之衣也」九字。先謙案，説文「帬，下裳也」。古者裳亦得通稱衣，曲禮「摳衣趨隅，兩手摳衣」，疏竝云「衣謂裳也」。故顏釋中帬爲中衣。釋名「中衣，言在小衣之外，大衣之中也」。是中衣非近身褻服矣。疑釋名誤也。古書中、衷通作。説文「衷，裏褻衣。從衣，中聲」。春秋傳「皆衷其衵服」，蕭該漢書音義引字林「褻，衷衣也」。是近身服之，乃謂之中衣，非在大衣之中小衣之外也。中帬者，近身下裳，今有襠之袴，俗謂之小衣者是矣。廁牏，集解引徐廣曰「牏，築牆短版也」。廁牏，謂廁溷垣牆，建隱於其側。浣，滌也。一讀牏爲竇，言建又自洗蕩廁竇。廁竇，瀉除穢惡之穴也」。先謙案，沈欽韓説是矣。據説文云「牏爲築牆短版」。長板爲栽，築牆兩面；短版爲牏，築牆兩頭。無行清及受糞函之義，即以版爲糞函，亦何取於築牆之版。徐謂隱於廁溷垣牆，既非牏字本訓，且廁牏上更須加文以成義。若廁竇之説，尤不可通。班氏贊云「石建澣衣」，初未旁及他穢褻之物，則諸家之説皆非也。廁訓爲側。本書汲黯傳注「廁，牀邊側也」。張釋之傳注「廁，岸之邊側也」。史記張耳傳索隱「廁者，隱側之處」，徐注云「隱於其側」，正與索隱合，特不當又言廁溷耳。「牏」當作「窬」。徐讀爲「竇」。史漢作「牏」，諸家皆用「窬」義，是古本有作「窬」者。説文「窬，穿木户也，一曰空中也」，此徐讀「牏」爲「竇」所本。一切經音義九引三蒼云「窬，門邊小竇也」。禮儒行注「圭窬，門旁窬也，穿牆爲之如圭矣」。禮月令「穿竇窖」注：「入地隋曰竇，方曰窖。」廣韻：「竇水竇也。」然則「窬」當是傍室中門牆穿穴入地，空中以出水。今楚俗尚有之。建取親中帬，隱身側近窬邊，自澣洒之耳。故下文云「不敢令萬石君知」也。

〔六〕師古曰：有可言，謂有事當奏諫。【補注】先謙曰：史記「乃言」作「恣言」。灌夫傳「分別言田、竇事」，蓋其一端。

〔七〕師古曰：廷見謂當朝而見時。

萬石君徙居陵里。〔一〕內史慶醉歸，入外門不下車。萬石君聞之，不食。慶恐，肉袒謝請罪，不許。〔二〕舉宗及兄建肉袒，萬石君讓曰：〔三〕「內史貴人，入閭里，里中長老皆走匿，而內史坐車中自如，固當！」〔四〕乃謝罷慶。〔五〕慶及諸子入里門，趨至家。

〔一〕師古曰：茂陵邑中之里。【補注】劉攽曰：長安中自有里名陵，非茂陵里也。

〔三〕【補注】先謙曰：史記無「謝」字。

〔三〕師古曰：讓，責也。

〔四〕師古曰：此深責之也。言内史貴人，正固當尒。【補注】先謙曰：顧炎武云「反言之也，言貴而驕人，當如此乎？」顔注未是」。先謙案，「反言之」，是也。而云：「當如此乎？」則非「固當」語意。顔注未嘗不是。

〔五〕師古曰：告令去。

萬石君元朔五年卒，〔一〕建哭泣哀思，杖乃能行。歲餘，建亦死。諸子孫咸孝，然建最甚，甚於萬石君。

〔一〕【補注】齊召南曰：按前文云「高祖東擊項籍，過河内時，奮年十五，爲小吏」，則漢之二年也。至元朔五年凡八十五載，萬石君蓋一百歲。建以哀毁歲餘卒，蓋亦八十歲矣。洪亮吉曰：奮卒時年九十六。先謙曰：洪説是。

建爲郎中令，奏事下，〔一〕建讀之，驚恐曰：「書『馬』者與尾而五，〔二〕今乃四，不足一，獲譴死矣！」〔三〕其爲謹慎，雖他皆如是。

〔一〕師古曰：建有所奏上而被報下也。下音胡亞反。

〔二〕服虔曰：作馬字，下曲者而五。建時上書，誤作四。師古曰：馬字下曲者爲尾，并四點爲四足，凡五。

〔三〕【補注】先謙曰：「獲譴」，史記作「上譴」，下有「甚惶恐」三字。

慶爲太僕，〔一〕御出，〔二〕上問車中幾馬，慶以策數馬畢，舉手曰：「六馬。」慶於兄弟最爲簡易矣，然猶如此。出爲齊相，齊國慕其家行，不治而齊國大治，〔三〕爲立石相祠。

〔一〕【補注】周壽昌曰：公卿表不載。

〔二〕師古曰：爲上御車而出。

〔三〕師古曰：不治，言無所治罰。【補注】王文彬曰：不治猶言無爲。先謙曰：史記作「不言」。

〔四〕【補注】周壽昌曰：後世生祠之始。

元狩元年，上立太子，選羣臣可傅者，慶自沛守爲太子太傅，七歲遷御史大夫。〔一〕元鼎五年，丞相趙周坐酎金免，制詔御史：「萬石君先帝尊之，子孫至孝，其以御史大夫慶爲丞相，封牧丘侯。」是時漢方南誅兩越，東擊朝鮮，北逐匈奴，西伐大宛，中國多事。天子巡狩海內，修古神祠，封禪，興禮樂。公家用少，桑弘羊等致利，王溫舒之屬峻法，兒寬等推文學，九卿更進用事，〔二〕事不關決於慶，〔三〕慶醇謹而已。〔四〕在位九歲，無能有所匡言。嘗欲請治上近臣所忠、九卿咸宣，〔五〕不能服，反受其過，贖罪。

〔一〕【補注】先謙曰：官本引宋本「七」作「十」。案，慶元鼎二年爲御史大夫，通七歲，作「十」者誤也。

〔二〕師古曰：更，互也，音工衡反。【補注】齊召南曰：案史記作「兒寬等推文學至九卿」，則「九卿」屬上句讀。漢書既刪去「至」字，則九卿屬下句讀，言當時九卿更互用事，不倚丞相也。

〔三〕【補注】先謙曰：關，通白也。

〔四〕師古曰：醇，專厚也，音純。

〔五〕服虔曰：咸音減損之減。師古曰：治所忠及咸宣三人。【補注】先謙曰：官本「三」作「二」，是。忠見郊祀志、司馬相如諸傳。宣見酷吏傳。

元封四年，關東流民二百萬口，無名數者四十萬，〔一〕公卿議欲請徙流民於邊以適之。〔二〕上以爲慶老謹，不能與其議，〔三〕乃賜丞相告歸，而案御史大夫以下議爲請者。慶慙不任職，上書曰：「臣幸得待罪丞相，疲駑無以輔治。城郭倉廩空虛，民多流亡，罪當伏斧質，上不忍致法。願歸丞相侯印，乞骸骨歸，避賢者路。」

〔一〕師古曰：名數，若今戶籍。

〔二〕師古曰：適讀曰讁。

〔三〕師古曰：與讀曰豫。【補注】先謙曰：特原之，以其議不合事理，非慶所能爲也。

上報曰：「間者，河水滔陸，〔一〕泛濫十餘郡，隄防勤勞，弗能陻塞，〔二〕朕甚憂之。是故巡方州，〔三〕禮嵩嶽，通八神，以合宣房。〔四〕濟淮江，歷山濱海，〔五〕問百年民所疾苦。惟吏多私，徵求無已，〔六〕去者便，居者擾，故爲流民法，以禁重賦。〔七〕乃者封泰山，皇天嘉況，神物竝見。〔八〕朕方答氣應，未能承意，〔九〕是以切比閭里，知吏姦邪。〔一〇〕委任有司，然則官曠民愁，盜賊公行。〔一一〕往年覲明堂，赦殊死，無禁錮，咸自新，與更始。今流民愈多，計文不改，〔一二〕君不繩責長吏，而請以興徙四十萬口，〔一三〕搖蕩百姓，〔一四〕孤兒幼年未滿十歲，無罪而坐率，〔一五〕朕失望焉。今君上書言倉庫城郭不充實，民多貧，盜賊衆，請入粟爲庶人。〔一六〕夫懷知民貧而請益賦，〔一七〕動危之而辭位，〔一八〕欲安歸難乎？〔一九〕君其反室！」〔二〇〕

〔一〕晉灼曰：滔，漫也。師古曰：高平曰陸。漫音莫干反。

〔二〕師古曰：陻，填也，音因。
〔三〕張晏曰：四方之州也。師古曰：東方諸州。【補注】劉奉世曰：後有濟、淮、江，則不特東方州也。宋祁曰：注「諸州」，「州」字當作「侯」。
〔四〕孟康曰：八神，郊祀志八神也，於宣房宮合祀之。師古曰：此説非也。自言致禮中嶽，通敬八神耳。合宣房者，於宣房塞決河也，事見溝洫志。
〔五〕師古曰：濱海者，循海涯而行也。濱音賓，又音頻。
〔六〕師古曰：惟，思也。已，止也。
〔七〕師古曰：言百姓去其本土者，則免於吏徵求。在舊居者，則見煩擾。故朝廷特爲流人設法，又禁吏之重賦也。一曰去者，謂吏出使而侵擾居人以自便也。【補注】劉攽曰：是時設此法，流民若干，吏坐其罪，所以禁重賦也。劉敞曰：此言以流民多少課吏殿最，所以禁吏重賦。
〔八〕師古曰：況，賜也。見，顯示也。
〔九〕師古曰：言自修整以報瑞應，恐未承順上天之意。【補注】錢大昭曰：「氣」，閩本作「瑞」。先謙曰：天見神物，是以瑞氣相應，故曰「氣應」。地理志「風雨時節有和氣之應」。
〔一〇〕師古曰：比，校考也，音頻寐反。【補注】劉奉世曰：比，近也，此言因巡守經過閭里，與民切近，始得知吏素爲姦。故下又言因己「委任有司」之過，故「官曠民愁，盜賊公行」也。
〔一一〕師古曰：曠，空也。人不舉職，是空其官。【補注】先謙曰：「然則」猶「然而」，言朕意委任有司，然而官曠民愁，至於盜賊公行也。古者，「則」與「而」同義，説見王引之經傳釋詞。文選鄒陽上吳王書「然則計議不得，雖諸、賁不能安其位亦明矣」。本書鄒陽傳「然則」作「然而」。燕策「然而王何不使布衣之人，以窮齊之説説秦」？史記蘇秦傳「然而」作「然則」，是「然而」與「然則」同義也。

〔一二〕蘇林曰：校戶口文書不改減也。如淳曰：郡上計文書，自文飾不改正也。師古曰：如說是。
〔一三〕【補注】劉奉世曰：「興」讀如「軍興」。
〔一四〕師古曰：蕩，動也。
〔一五〕服虔曰：率，坐刑法也。如淳曰：率，家長也。師古曰：幼年無罪，坐爲父兄所率而并徙，如說近之。【補注】王文彬曰：孟子「變其彀率」，陸注「率，法也」，言無罪而坐以適徙之法，服說近之。特不當言刑耳。先謙曰：注文「率」上當有「坐」字。
〔一六〕服虔曰：慶自以居相位不能理，請入粟贖己罪，退爲庶人。
〔一七〕師古曰：懷此志。【補注】先謙曰：「志」，官本作「心」。引宋祁云「浙本注，此『心』字下有『也』字」。
〔一八〕師古曰：搖動百姓，使其危急，而自欲去位。
〔一九〕師古曰：以此危難之事，欲歸之何人？
〔二〇〕師古曰：若此自謂理當然者，可還家。【補注】王先慎曰：猶言「歸休矣」。顏說贅。

慶素質，見詔報反室，自以爲得許，欲上印綬。掾史以爲見責甚深，而終以反室者，醜惡之辭也。或勸慶宜引決。〔一〕慶甚懼，不知所出，遂復起視事。

〔一〕師古曰：令自殺。

慶爲丞相，文深審謹，無他大略。後三歲餘薨，謚曰恬侯。中子德，慶愛之。上以德嗣，後爲太常，坐法免，國除。〔一〕慶方爲丞相時，諸子孫爲小吏至二千石者十三人。〔二〕及慶死後，稍以罪去，孝謹衰矣。

〔一〕【補注】先謙曰：公卿表「坐廟牲瘦，入穀贖論」。恩澤侯表「坐失法罔上，祠不如令，完爲城旦」。

〔二〕【補注】先謙曰：「至」上史記有「更」字。

衛綰，代大陵人也，〔一〕以戲車爲郎，事文帝，〔二〕功次遷中郎將，醇謹無它。〔三〕孝景爲太子時，召上左右飲，而綰稱病不行。〔四〕文帝且崩時，屬孝景曰：「綰長者，善遇之。」及景帝立，歲餘，不孰何綰，〔五〕綰日以謹力。〔六〕

〔一〕【補注】錢大昕曰：地理志大陵縣屬太原，不屬代郡。漢初以山南太原之地屬代國，故繫大陵於代。先謙曰：文三王傳「太原王參徙爲代王，復并得太原」，即其時也。

〔二〕服虔曰：力士能扶戲車也。應劭曰：能左右超乘。師古曰：二説皆非也。戲車，若今之弄車之技。【補注】沈欽韓曰：鹽鐵論除狹篇「賢良曰：『今吏道壅而不選，戲車鼎躍，咸出補吏。』」西京賦「建戲車，樹修旃」。御覽五百六十〔六〕〔九〕「梁元帝纂要『百戲起於秦漢』」。戲車見李尤平樂觀賦、通典樂六舞輪伎。蓋今之戲車輪者。

〔三〕師古曰：無它餘志念也。【補注】王先慎曰：謂無它材能也。與下文「無它腸」義別，顔説非。

〔四〕張晏曰：恐文帝謂豫有二心事太子。

〔五〕服虔曰：不問也。李奇曰：孰，誰也。何，呵也。師古曰：何即問也。不誰何者，猶言不借問耳。【補注】劉奉世曰：誰何，漢之通語，不須解爲借問。先謙曰：官本考證云，史記作「不譙呵綰」。疑「譙呵」是「誰何」之譌。

〔六〕師古曰：自勉力爲謹慎，日日益甚。【補注】先謙曰：詩烝民「威儀是力」。鄭箋「力猶勤也」。本書司馬遷、王莽傳注竝同。謹力，猶言勤謹。顔説非。

景帝幸上林，詔中郎將參乘，還而問曰：「君知所以得驂乘乎？」〔一〕綰曰：「臣代戲車士，〔二〕幸得功次遷，待罪中郎將，不知也。」上問曰：「吾爲太子時召君，君不肯來，何也？」〔三〕對曰：「死罪，病。」〔四〕上賜之劍，綰曰：「先帝賜臣劍凡六，不敢奉詔。」上曰：「劍，人之所施易，獨至今乎？」〔五〕綰曰：「具在。」上使取六劍，劍常盛，未嘗服也。〔六〕

〔一〕師古曰：言何以得參乘。【補注】先謙曰：「驂」官本作「參」，是。史記同。

〔二〕【補注】先謙曰：史記作「臣從車士」，從字貫下爲句。

〔三〕師古曰：言以此特識之。

〔四〕【補注】周壽昌曰：史記作「死罪，實病」。言當日不來固死罪，實亦病耳。「實」字似不可去。

〔五〕如淳曰：施讀曰移，言劍者人所好，故多數移易貿換之也。師古曰：施讀曰貤，貤，延也，音弋豉反。【補注】沈欽韓曰：施讀如字。言劍服用所施，故常易也。先謙曰：古人佩劍，乃常施而常易者。施讀如字，於義爲備，不勞改讀。沈說是也。

〔六〕師古曰：盛謂在削室之中也。盛音成。削音先召反。【補注】周壽昌曰：劍在削室，不待言盛，謂什襲藏之，以敬君賜也。先謙曰：周說是。此「常盛」涉下「常」字而誤。史記作「尚盛」，是也。

郎官有譴，常蒙其罪，〔一〕不與它將爭；有功，常讓它將。上以爲廉，忠實無它腸，〔二〕乃拜綰爲河間王太傅。〔三〕吳楚反，詔綰爲將，將河間兵擊吳楚有功，拜爲中尉。〔四〕三歲，以軍功封綰爲建陵侯。

〔一〕師古曰：蒙謂覆蔽之。

〔二〕師古曰：心腸之內無他惡。【補注】宋祁云：一本「它」作「心」。先謙曰：有功能讓，是其廉也。召飲不行，賜劒不服，是忠實也。無它腸，言一心事主耳。
〔三〕【補注】先謙曰：傳景帝子德。
〔四〕【補注】先謙曰：公卿表在孝景三年。

明年，〔一〕上廢太子，誅栗卿之屬。〔二〕上以綰爲長者，不忍，〔三〕乃賜綰告歸，而使郅都治捕栗氏。既已，上立膠東王爲太子，召綰拜爲太子太傅，遷爲御史大夫。五歲，代桃侯舍爲丞相，〔四〕朝奏事如職所奏。〔五〕然自初宦以至相，終無可言。〔六〕上以爲敦厚可相少主，尊寵之，賞賜甚多。

〔一〕【補注】先謙曰：按表綰以六年四月封，距擊吳楚三歲，而廢太子在四年，則明年者，擊吳楚之明年也。
〔二〕師古曰：太子廢爲臨江王，故誅其外家親屬。【補注】先謙曰：集解引蘇林曰「栗，太子舅也」。如淳曰「栗氏親屬也，卿其名也」。
〔三〕【補注】周壽昌曰：中尉掌徼循京師，綰任此官，帝恐其長者，不忍盡力治捕也。
〔四〕師古曰：劉舍。【補注】先謙曰：公卿表「中三年」下書「綰爲御史大夫，四年遷」。後元年下書「綰爲丞相實四歲」。「五」字當正作「四」。
〔五〕師古曰：言守職分而已。【補注】先謙曰：謂但舉例行事奏之。
〔六〕師古曰：不能有所興建及廢罷。【補注】周壽昌曰：武紀建元元年，丞相綰奏，所舉賢良或治申、商、韓非、蘇秦、張儀之言，亂國政，請皆罷。奏可。武帝承文景尚黄老之後，獨能尊儒向學，得董仲舒諸人，皆綰言導之。僅附見於紀而傳不載。先謙曰：「無可言」謂無可訾議也。

爲丞相三歲，景帝崩，武帝立。建元中，〔一〕丞相以景帝病時諸官囚多坐不辜者，而君不任職，〔二〕免之。〔三〕後薨，〔四〕謚曰哀侯。子信嗣，坐酎金，國除。

〔一〕【補注】周壽昌曰：據武紀、公卿表、竇嬰傳，「中」字當正作「初」。
〔二〕師古曰：天子不親政，則丞相當理之，而綰不申其冤。【補注】先謙曰：「君」字蓋詔書稱之，史駮文。
〔三〕【補注】先謙曰：據竇嬰傳「稱病以免也」。
〔四〕【補注】先謙曰：據表推之，薨在元光四年。

直不疑，南陽人也。爲郎，事文帝。其同舍有告歸，誤持其同舍郎金去。〔一〕已而同舍郎覺，亡意不疑，〔二〕不疑謝有之，〔三〕買金償。後告歸者至而歸金，亡金郎大慙，以此稱爲長者。稍遷至中大夫。〔四〕朝廷見人或毀不疑〔五〕曰：「不疑狀貌甚美，然特毋柰其善盜嫂何也！」〔六〕不疑聞，曰：「我乃無兄。」然終不自明也。

〔一〕【補注】先謙曰：官本「持」上有「將」字。
〔二〕師古曰：謚其盜取。【補注】先謙曰：官本注「謚」作「疑」，是。史記「同舍郎」作「金主」。「亡」作「妄」，屬下文讀，是也。言「覺」義已備。言「覺亡」，轉不成義。疑本作「妄」，轉寫誤脱其半耳。
〔三〕師古曰：告云實取。【補注】宋祁曰：别本無「謝」字。
〔四〕【補注】錢大昕曰：公卿表「景帝中六年，中大夫令直不疑更爲衛尉」。此傳脱「令」字。中大夫令本衛尉也，景帝初改，後復。先謙曰：錢説非也。據史記「稍遷」上有「文帝稱舉」四字。是文帝時遷官，不得據景帝中六年之中大夫令實之。郎比三百石、四百石至六百石，中大夫比二千石，皆無員。由郎稍遷，合是中大夫，不應遽躐九卿也。

〔五〕師古曰：當於闕廷大朝見之時而人毁之。【補注】劉敞曰：「朝廷見人」謂達官也。先謙曰：見，顯也。見人猶言顯者，劉説是也。

〔六〕師古曰：盗謂私之。

吴楚反時，不疑以二千石將擊之。景帝後元年，拜爲御史大夫。〔一〕天子修吴楚時功，封不疑爲塞侯。〔二〕武帝即位，與丞相綰俱以過免。

〔一〕【補注】錢大昭曰：據表由衛尉遷。

〔二〕師古曰：塞音先代反。【補注】先謙曰：正義「古塞國，今陝州桃林縣以西至潼關，皆桃林塞地也」。

不疑學老子言。其所臨，爲官如故，〔一〕唯恐人之知其爲吏迹也。不好立名，稱爲長者。薨，謚曰信侯。傳子至孫彭祖，坐酎金，國除。〔二〕

〔一〕【補注】先謙曰：如前任者所爲，非有大利害，不輕改變也。

〔二〕【補注】齊召南曰：史記「不疑子相如，相如子望坐酎金失侯」。而本書功臣表作「侯堅坐酎金免」。望、堅兩字相似，未知孰正。但俱不云名彭祖也。

周仁，〔一〕其先任城人也。以醫見。〔二〕景帝爲太子時，爲舍人，積功遷至太中大夫。景帝初立，拜仁爲郎中令。

〔一〕【補注】先謙曰：史記作「周文」，其字也。

〔二〕師古曰：見於天子。

仁爲人陰重不泄。〔一〕常衣弊補衣溺袴，期爲不潔清，〔二〕以是得幸，入臥内。〔三〕於後宮祕戲，〔四〕仁常在旁，終無所言。〔五〕上時問人，〔六〕仁曰：「上自察之。」然亦無所毁，如此。〔七〕景帝再自幸其家。家徙陽陵。上所賜甚多，然終常讓，不敢受也。〔八〕諸侯羣臣賂遺，終無所受。武帝立，爲先帝臣重之。〔九〕仁乃病免，以二千石禄歸老，子孫咸至大官。

〔一〕服虔曰：質重不泄人之陰謀也。張晏曰：陰重不泄，下溼，故溺袴，是以得比宦者，得入後宮也。仁有子孫，先未得此疾時所生也。師古曰：服、張二説皆非也。陰，密也。爲性密重，不泄人言也。霍去病少言不泄，亦其類也。

〔二〕師古曰：故爲不絜清之事而弊敗其衣服也。溺讀曰尿，尿袴者，爲小袴以藉其尿。【補注】劉奉世曰：袴非小袴，能藉則近絜矣。此常袴溺瀝其上，不洗濯之。以其不潔之故，人惡遠之，乃得至後宮也。何焯曰：爲郎中令，侍中不敢溺，乃爲小袴以藉，慎之至也。王文彬曰：急就篇「襜褕袷複褶袴褌」，顔注「袴合襠謂之褌」。廣雅「褌無襠者謂之裌」。據此，則袴必有襠，此溺袴蓋於大袴之中别爲小袴以承溺者，顔説是也。方言「大袴謂之倒頓，小袴謂之䘳衧」。御覽六百九十五引魏舊事「楊平善裁絝，以官絹百匹作小絝百枚」，蓋以形製小故曰枚。仁爲人懶惰不檢，故常如此，非至帝所始然。何謂爲「慎之至」，失之。李慈銘曰：溺本禹貢「溺水既西」之「溺」字，借爲「沈休」之「休」字，音奴歷切。又借爲「便屎」之「屎」字，音奴弔切。説文尾部「屎，人小便也。從尾水，會意」。今禹貢水名皆借用弱字，而休、屎二字用者尠也。清同淨，本字當作瀞。先謙曰：官本作「故爲不絜清」。引宋祁云，越本作「期爲不絜清」。

〔三〕【補注】王文彬曰：「以是」承上文「陰重不泄」，言帝知其人慎密，故得幸入臥内也。至「敝衣溺袴」云云，特牽連及之，非得幸之由。如劉説，是入内供奉者必皆不潔矣。因不潔而得幸，理之所無。且劉既云「人惡遠之」，又何以得至後宮乎？

〔四〕【補注】先謙曰：「於」上，史記有「景帝」二字，是也。此奪。

〔五〕師古曰：是不泄也。

〔六〕師古曰：問以他人之善惡。【補注】先謙曰：下云「然亦無所毁」，則「上自察之」爲無所推薦，而此「問人」，乃是以其人之材賢爲問也。如顔説，則「然亦無所毁」爲贅文矣。

〔七〕師古曰：雖知其惡，不欲言毁之，故云「上自察之」。【補注】先謙曰：史記「如此」作「以此」，屬下讀。與上文「以是」複，班改「如此」爲優。

〔八〕【補注】先謙曰：史記無「終」字，疑此「終」字，涉下文而衍。

〔九〕師古曰：重謂敬難之。【補注】王先慎曰：重雖有敬、難二義，此特言以先帝臣敬之耳。重字當訓敬，不必牽涉下文「仁乃病免」，並訓爲難也。先謙曰：官本注「之」作「也」。

張歐字叔，〔一〕高祖功臣安丘侯説少子也。〔二〕歐孝文時以治刑名侍太子，〔三〕然其人長者，景帝時尊重，常爲九卿。至武帝元朔中，代韓安國爲御史大夫。〔四〕歐爲吏，未嘗言按人，剸以誠長者處官。〔五〕官屬以爲長者，亦不敢大欺。上具獄事，有可卻，卻之；〔六〕不可者，不得已，爲涕泣，面而封之。〔七〕其愛人如此。

〔一〕孟康曰：歐音驅。【補注】先謙曰：官本考證云：「音驅，則各本作『歐』，誤也。」案史記作「歐」，集解音於友反。師古用孟音。

〔二〕師古曰：説讀曰悦。【補注】先謙曰：史記「少子」作「庶子」。

〔三〕師古曰：劉向別録云「申子學號曰刑名。刑名者，循名以責實。其尊君、卑臣，崇上、抑下，合於六經。說者云：刑，刑家。名，名家也。即太史公所論六家之一也。此說非。【補注】劉攽曰：予謂刑名者，即并學兩家術耳。沈欽韓曰：趙策「蘇子謂秦王曰『刑名之家，皆曰白馬非馬』」。孔叢子公孫龍好刑名，以白馬爲非白馬。尹文子「名以檢形，形以定名。名者，名形者也；形者，應名者也。然形非正名也，名非正形也，則形之與名，居然別矣，不可相亂，亦不可相無。今萬物具存，不以名正之則亂；萬名具列，不以形應之則乖。故曰：形名不可不正」。此刑名當爲形名也。管、韓、說苑等書，凡形名皆爲刑字。荀子彊國篇「愛利則形」。韓詩外傳六作「刑」，是其證也。史遷云「法家嚴而少恩，名家使人儉而善失真」。藝文志「申、商之徒爲法家，尹文、公孫龍等爲名家」，二家相去絶遠。漢亦以法家爲刑名，鼂錯學刑名於張恢生者是也。張歐所治，則公孫龍之刑名也。先謙曰：沈說極晰，但歐所治非公孫龍之刑名，即鼂錯所治之刑名，故下云「然其人長者」，若是治名家之學，則「然」字爲贅文矣。又歷言其不言按人，具獄涕泣，以明長者之實，見歐治刑名，然其人不刻深，故可嘉也。下文「然其人長者」，史記作「然歐雖治刑名家，其人長者」，重言以見意，語尤明晳。官本注「一」作「二」，是。

〔四〕【補注】錢大昕曰：公卿表歐代安國爲御史大夫，在元光四年，非元朔也。任御史大夫五年，以老請退，則在元朔中耳。表於景帝五年，書安邱侯張歐爲奉常。據傳，歐爲安邱侯說少子，未嘗嗣侯，此表之誤也。又表於景帝元年有廷尉歐不書姓，疑亦張歐也。先謙曰：表孝武建元元年下書「中尉張歐，九年遷」。元光四年下書「中尉張歐代安國」。是其名歐、敺、毆得互寫也。

〔五〕師古曰：剸與專同，又音之兗反。

〔六〕師古曰：退令更平番之。【補注】宋祁云：注文舊本「番」作「幡」。先謙曰：案若今言平反也。

〔七〕如淳曰：不正視，若不見者也。晉灼曰：面對囚讀而封之，使其聞見，死而無恨也。師古曰：二說皆非也。面謂偝之也。言不忍視之，與「呂馬童面之」同義。【補注】沈欽韓曰：史記作「面對而封之」。按面囚封上其奏，使知當死。必面封者，恐囚有寃也。周禮小司寇「讀書則用法」，鄭司農云「若今時讀鞫已，乃論之」。唐書百官志：「大理寺丞徒以上囚，則呼與家屬告罪，問其服否。」晉説是。周壽昌曰：據晉注，則似本文元有「對」字，奪去也。

老篤，請免，天子亦寵以上大夫禄，歸老于家。家陽陵，子孫咸至大官。

贊曰：仲尼有言「君子欲訥於言而敏於行」，〔一〕其萬石君、建陵侯、塞侯、張叔之謂與？〔二〕是以其教不肅而成，不嚴而治。至石建之澣衣，周仁爲垢汙，君子譏之。〔三〕

〔一〕師古曰：論語載孔子之言也。訥，遲也。敏，疾也。

〔二〕師古曰：與讀曰歟。【補注】先謙曰：史記止贊三人，不及塞侯。後云「塞侯微巧，而周文處諂，君子譏之」，爲其近於佞也。然斯可謂篤行君子矣。案塞侯受誣不自明，君子以爲非直道，故不取之。

〔三〕【補注】先謙曰：石建澣衣，自是孝道，君子譏之，蓋以爲非大臣之體。